天

Borderless

下

博稽古今　融汇天下

天
Borderless
下

博
观

Democracy and Distrust

John Hart Ely

民主与不信任

司法审查的一个理论

[美]约翰·哈特·伊利 著

张卓明 译

法律出版社 LAW PRESS · CHINA

著作权合同登记号
图字：01-2017-4615

作 者 简 介

约翰·哈特·伊利 John Hart Ely

1938 年 12 月出生于纽约市，2003 年 10 月离开人世，享年 64 岁。1968 年任耶鲁大学法学院教授，1973 年转任哈佛大学法学院教授，1982 年至 1987 年担任斯坦福大学法学院院长，1996 年转任迈阿密大学法学院教授。1981 年 5 月 16 日，伊利被遴选为美国人文与科学院院士。2003 年 5 月 26 日，为表彰他对宪法学作出的杰出贡献，耶鲁大学法学院授予其名誉法学博士学位。除影响最大的本书外，他还著有《战争与责任》（普林斯顿大学出版社 1993 年版）、《以宪法为根据》（普林斯顿大学出版社 1996 年版）等。本书原书由哈佛大学出版社 1980 年出版。

译 者 简 介

张卓明

法学博士，华东政法大学法律学院副教授，硕士生导师。美国哥伦比亚大学法学院访问学者 (2014.2—2015.2)。著有《选举权论》（社会科学文献出版社 2014 年版），译有《多数决原则的历史》（载《法史学刊》第 2 卷）、《法律与解释：法哲学论文集》（法律出版社 2006 年版，合译）等论著。曾主持国家社科基金青年项目“选举权的法理研究”，中国博士后科学基金资助项目“选举权的司法保护”。研究兴趣：法学理论、比较宪法。

献给　厄尔·沃伦

若审慎选择，

你无需很多英雄。

目录

前　言

一种错误的二分法，支配着当代的宪法论辩。在这种二分法思维下，要么认为，我们必须严格遵从撰写了我们宪法中关键词句的那些人的想法，只有当他们认为某部法律违宪时，才能宣布这部法律违宪；要么认为，除非再度揣摩制宪者的价值选择，否则法院无从审查立法。双方坚持非此即彼的二分法思维，认为上述两种看法是仅有的选择，这么做，对于论辩中的任何一方来说，都是有好处的。因为，一方只要指出对方的观点如何不可接受，就能为自己的论辩加分。基于同样的理由，倘若论辩如此展开，对双方而言，都是件非常容易的事情。从根本上来说，双方所提出的理论，无论主张“经由任命产生的法官对于社会实体价值的选择拥有最终的决定权”，还是主张“这种价值选择应该遵循去世已有一百多年的制宪者们所持的信条”，都与我们宪法制度背后的民主理念不相协调。因此，在本书中，我将提出司法审查的第三种理论，我将详细说 vii

明这种理论是与我们宪法制度背后的民主理念相一致的，事实上，这个理论是为了支持法院将那些民主理念付诸实践而建构起来的。

本书的写作得益于很多人和机构。这包括：哈佛大学法学院的“基础研究福特项目”（The Ford Program for Basic Research）——它在1976年到1978年为我提供了资助，以及史密森尼安博物馆（Smithonian Institute）的伍德罗·威尔逊国际学者中心（Woodrow Wilson International Center for Scholars）——1978年到1979年我在那里做学术研究（当然，我在本书中提出来的观点，仅是我自己的看法，并不必然代表威尔逊中心的观点）。我同样要感谢印第安大学、杜克大学和马里兰大学的法学院邀请我去做讲座，由此促使我对讲座中的一些观点和想法作进一步的推敲和完善。本书第一章和第二章的早期节略本，曾于1978年2月7日作为艾迪生·哈里斯（Addison C. Harris）讲座的主题报告发表，这个讲座是由位于布鲁
viii 明顿（Bloomington）的印第安大学法学院举办的。第三章的初稿亦曾于1978年3月20日在杜克大学法学院的布雷纳德·柯里（Brainerd Currie）讲座上发表。第四章的内容则曾于1978年4月24日在马里兰大学法学院的莫里斯·埃姆斯·索珀（Morris Ames Soper）讲座上宣讲过。我还要感谢南希·伊利（Nancy Ely）、格里·冈瑟（Gerry Gunther）、亨利·莫纳罕（Henry Monaghan）、艾尔·萨克斯（Al Sacks）和艾维·索伊法（Avi Soifer）这五位优秀的法律人兼好友，他们始终慷慨地给予我智识及精神上的帮助和支持。我的研究助理们，包括迈克尔·切尔托夫（Michael Chertoff）、戴维·斯特劳斯（David Strauss）和汤姆·巴利埃特（Tom Balliett），也提供了有益的评论性意见；我的编辑卡米尔·史密斯（Camille Smith）和我的秘书贝蒂·拉玛基亚（Betty Lamacchia），不仅出色地完成了各自的本职工作，而且还提供了远远超出他们职责范围的帮助。

一个“强化民主”的司法审查理论
——译者导言

伊利教授所著《民主与不信任——司法审查的一个理论》一书,[1]是一部关于美国宪法和司法审查理论的经典著作。根据美国耶鲁大学引证学专家弗雷德·夏皮罗在2000年发表的一项研究成果,自1978年以来,《民主与不信任》是美国法学界引用率最高的一本法学专著。[2] 从1980年出版到2002年,本书已在美国印刷了十四次。围绕本书的评论和研讨,从20世纪80年代初本书问世之际,到20世纪90年代初本书出版十周年之际,再到2003年伊利逝世后,至少经历了三轮热潮。理查德·波斯纳(Richard Posner)、弗雷德里克·肖尔(Frederick Schauer)、

---

〔1〕 John Hart Ely, *Democracy and Distrust: A Theory of Judicial Review*, Harvard University Press, 1980.

〔2〕 Fred R. Shapiro, The Most-Cited Legal Books Published since 1978, *The Journal of Legal Studies*, Vol. 29, No. 1, Interpreting Legal Citations (Jan., 2000), pp. 397 - 407.

威廉姆·埃斯克里奇(William Eskridge)等法理学家,马克·图什内特(Mark Tushnet)、迈克尔·佩里(Michael Perry)、劳伦斯·却伯(Laurence Tribe)、保罗·布莱斯特(Paul Brest)等宪法学家,都曾专门撰写评论文章。《耶鲁法律杂志》《斯坦福大学法律评论》《弗吉尼亚法律评论》等法律杂志还曾召开专题研讨会并推出系列评论文章。[3] 该书译介到我国学界已有十多年,对该书的解读和评论也有若干。[4] 经典著作值得反复解读。译者在译读的基础上,简要梳理了本书的主题、主旨、基本观点、论证思路和方法及其局限,以便读者更好地理解本书,其中也包含若干个人见解,以求教于方家。

一、司法审查与"反多数难题"

本书的主题是美国的司法审查,即司法机关依据宪法审查立法机关以及行政机关的行为是否合宪,在我们国家,常称作"违宪审查""合宪性审查""宪法审查"等。[5] 本书尤其关注联邦最高法院针对立法机关制定的法律的审查,因为本书所要解决的核心难题,正是集中地体现在这里:联邦最高法院依据宪法宣告立法部门制定的法律无效,是否具有正当性?立法机关是人民选举出来的

〔3〕 See *Virginia Law Review*, Vol. 77, No. 4, Symposium on Democracy and Distrust: Ten Years Later(May, 1991). *Stanford Law Review*, Vol. 57, No. 3, Symposium in Honor of John Hart Ely (Dec., 2004). *The Yale Law Journal*, Vol. 114, No. 6, Symposium: On Democratic Ground: New Perspectives on John Hart Ely(Apr., 2005).

〔4〕 最早的中译本为:[美]约翰·哈特·伊利:《民主与不信任——关于司法审查的理论》,朱中一、顾运译,法律出版社2003年版。评论文章参见汪庆华:《对谁的不信任》,载《中外法学》2004年第5期;顾佳:《司法审查正当性新的证成路径及其困难——为使〈民主与不信任〉更好地进入中国语境而作》,载《厦门大学法律评论》第11辑,厦门大学出版社2006年版。

〔5〕 参见林来梵:《中国的"违宪审查":特色及生成实态》,载《浙江社会科学》2010年第5期。

民意代表机关，代表着多数人的意愿，而联邦最高法院的大法官们既非经由选举而产生，也无有效方式要求其承担政治责任，在这种情况下，九个大法官判决代表机关制定的法律违宪，是否与民主相容？

用比克尔的话来说，“选举程序，无论是在理论上还是在实践上，都被认为是民主政治的核心机制，无论是谁，最终都无法否认这一机制的重要性；同样不可否认，通过选举程序产生的代议机关掌握制定政策的权力，是民主政体区别于其他政体的关键特征。而司法审查的运作方式，与此特征背道而驰”。〔6〕比克尔进而将司法审查所面临的此一困境概括为“反多数难题”：“当最高法院宣布立法机构通过的一部法案或选举产生的总统的某一行动违宪的时候，它妨碍了真实的、此时此地的人民所选出的代表们的意志；它行使了控制权，但却不是为了占据优势的多数的利益，而是与之唱对台戏……这也正是人们指责司法审查不民主的原因所在。”〔7〕

面对不民主的指责，大法官们可以用法治原理回应：我们作出违宪的判断并非没有根据，我们是依据宪法作出判决的；宪法是法律，而适用法律，本是法官的职责所在。这也就是马歇尔大法官在1803年“马伯里诉麦迪逊案”〔8〕中的核心推理，正是通过该案美国的司法审查权才得以确立起来。由于美国成文宪法并未明确规定司法审查制度，两百多年以来，对司法审查权的质疑之声从没有消失过，不过，正如本书作者伊利所说，在美国，“总的来说，司法审查制度是被认可的，抨击的对象局限在令抨击者恼火的特定个案上。

---

〔6〕 A. Bickel, *The Least Dangerous Branch*, the Bobbs-Merrill Company, 1962, p. 12. Cited from John Hart Ely, *Democracy and Distrust*: *A Theory of Judicial Review*, p. 4.

〔7〕 参见［美］亚历山大·比克尔：《最小危险部门》，姚中秋译，北京大学出版社2007年版，第17页。

〔8〕 Marbury v. Madison, 1 Cranch 137.

毫无疑问,在司法审查的权力应该完全予以取消这一点上,是不存在任何共识的:即使有共识的话,也是相反,即不应该在整体上取消司法审查权”。[9]

所以,争论的焦点在于法院该如何适用宪法,这是一个宪法解释问题或司法审查的方法问题。在这里,宪法解释遭遇到了法律解释的一个普遍难题,即遇到疑难案件,[10]法官需要发挥能动性时,法官的价值判断如何获得正当化,法官会不会将其自身的价值观强加于人。近代以来,对人类理性的认识逐步深化,法律不需要解释的神话,已被打破,法官造法或法官发展法律的合理性,也已经取得了一定的共识。从法律解释的方法看,体系解释、历史解释、目的解释、扩张解释、限缩解释、类推解释等等,都在一定范围内,获得了正当性。

从法理上说,宪法解释也属于法律解释,法律解释的方法也可用于宪法裁判。然而,适用宪法,跟适用普通法律,毕竟有所不同。法院适用普通法律时的创造性活动,“仅仅是在代替立法机关从事法律规范的创制工作,倘若法院创制了不被立法机关认可的法律规范,也能够很快地得到纠正。然而,当法院基于宪法上的理由裁定政治部门的行为无效时,它是在否定和推翻政治部门所作的判断,而且,这通常不是一般的法律制定程序所能‘纠正’的”。[11] 这就使宪法解释所遭遇的难题更为突出。

20 世纪五六十年代,沃伦法院积极介入政治,依据抽象的宪法条款和一般的宪法原则,频频判决侵害民权的法律违宪,被认为是

---

〔9〕 John Hart Ely, *Democracy and Distrust: A Theory of Judicial Review*, p. 40. 另请参见任东来、颜廷:《探究司法审查的正当性根源》,载《南京大学学报》(人文社科版)2009年第2期。

〔10〕 参见季涛:《论疑难案件的界定标准》,载《浙江社会科学》2004年第5期。

〔11〕 John Hart Ely, *Democracy and Distrust: A Theory of Judicial Review*, p. 4.

能动司法的典型。沃伦法院在实践中起到了保障民权的作用，但在理论上，其能动主义法理学却遭到了广泛的批评。批评者认为，沃伦法院没有遵循文义解释的方法，没有遵循制宪者的意图，即便其出发点是好的，却也逾越了司法审查权的范围，成了超级立法者，从而背离了美国的民主体制。正是在诸多质疑声中，比克尔将司法审查的“反多数难题”明确提了出来，并积极寻求理论上的解决。伊利不满于比克尔的司法审查方法，认为他的方法属于价值导向的方法，这个方法的最大问题在于，无从解决价值的来源或标准问题，从而不能有效回应“大法官们将自己的价值强加于他人”或不民主的质疑之声。伊利带着比克尔的问题意识，做出了自己的一番探寻，提出了程序主义的司法审查方法，形成了一个“参与导向的、强化代议制的”司法审查理论。该理论的宗旨在于，一方面论证沃伦法院时期诸多能动司法判决的正当性，另一方面也试图为司法审查权界定适当的范围，为司法审查提出了规范性的要求。

在第一章，伊利首先勾勒了对立的两种宪法解释理论：“解释主义”和“非解释主义”，“前者主张，法官们在裁决宪法争议时，应该把自己所扮演的角色，严格限定在适用和执行成文宪法所明文规定或明确隐含的规范上，与此相反，后者主张，法院不应拘泥于宪法文本，而应适用和执行单从宪法文本中找是不可能被找到的那些规范”。〔12〕 伊利认为，解释主义较之于非解释主义，更具有魅力。

一则是因为，“解释主义”比较符合我们关于“法律是什么”以及“法律如何运作”的一般观念。“在解释法条的时候，为了判断某个私人行为，是否为法律所允许，或者是否与法律相抵触（这和宪

〔12〕 John Hart Ely, *Democracy and Distrust: A Theory of Judicial Review*, p. 1.

法审查的情形更为接近),法院显然会把自己的角色限定在,探寻和确定法律条文所明示或隐含的规范性目的和禁止性命令上面。"〔13〕"如果实施宪法是你的工作,那么你所实施的就只能是宪法,而不能是当时出现在你头脑中的一个善良理念,无论它多么契合你的心意。"〔14〕

二则是因为,"非解释主义"难以有效回应不民主的质疑。在一个民主的共和国里,为什么应该由非经选举产生的官员来实施"不成文宪法",这样的安排会不会具有太多的英雄主义色彩?相比之下,"解释主义"似乎更能解决宪法解释的难题。"非解释主义者是让无需承担政治责任的法官们,去选择和界定超越于多数统治之上的价值;而解释主义者仅仅是从我们的联邦宪法中提取价值,也就是说,由于宪法本身曾提交给人民批准,人民也确实予以批准了,所以解释主义者所提取的价值最终是来源于人民的。因此,法官们并没有制约人民,制约人民的是宪法,这意味着,最终是人民自己在制约自己。"〔15〕

尽管如此,伊利认为解释主义的论辩,很大程度上是虚构出来的。伊利从解释主义中,剥离出一种盛行的解释主义理论,即狭义的解释主义或"拘泥于条文"的解释主义,在第二章中,他对此给予了有力的批驳。这种解释主义认为:宪法上的各种条文,近似于自足的实体,其解释仅靠语言文字,同时辅之以制宪史就行,无需在这些条文之外向其填充内容。〔16〕然而,在"解释主义者的圣经",即宪法文本中,有一些开放性的条款,其具体内涵,单从语言文字和历史上制宪者意图的角度去探寻,是无法得出答案的。比如第

---

〔13〕 John Hart Ely, *Democracy and Distrust: A Theory of Judicial Review*, p. 3.

〔14〕 John Hart Ely, *Democracy and Distrust: A Theory of Judicial Review*, p. 12.

〔15〕 John Hart Ely, *Democracy and Distrust: A Theory of Judicial Review*, p. 8.

〔16〕 John Hart Ely, *Democracy and Distrust: A Theory of Judicial Review*, pp. 12 – 13.

14条宪法修正案中的正当程序条款、特权或豁免权条款和平等保护条款，以及第9条宪法修正案的“未列举权利”条款，这些条款邀请解释者越出条文的框框之外。这些条文是用开放性的术语写成的，其本身承认成长与发展的可能性。[17]

在伊利看来，可将其立场归于广义的解释主义，[18]持此立场者认为：“宪法上的很多条文，仅靠语言文字和有关制宪史，是很难理解其内涵的，实际上，其中有些条文一看便知需要透过条文之外的渊源来填补其内涵；但是他们仍坚持主张，补充条文内涵时所依赖的理论，应该源自整个宪法文本的总体精神，而不应该源自宪法框架之外的某种渊源。”[19]非解释主义者也认为，对宪法中开放性条文的内涵，联邦最高法院应该予以填充，在这一点上，与伊利的立场一致，但非解释主义者填充开放性条文的方法是：“探寻真正重要的或基本的价值，并且强制政治部门接受这些价值。”[20]伊利认为，这种价值导向的方法论，把价值选择的最终决定权交给了非经选举产生的法官，并没有解决“反多数难题”。在第三章中，伊利检视了这类非解释主义理论，对各种各样用以确定基本价值的方法，以及用来填充开放性条文的各种价值来源，一一给予了有力的驳斥，它们包括：“法官自身的价值观”“自然法”“中立原则”“理性”“传统”“共识”“预测进步”。在伊利看来，这些所谓的“根本原则”或价值标准，要么是空洞的，要么是不民主的。

于是，伊利在价值导向的“非解释主义”和“拘泥于条文的解释

---

〔17〕 John Hart Ely, *Democracy and Distrust: A Theory of Judicial Review*, p. 62.

〔18〕 伊利认为，可以将广义的解释主义，看作是解释主义的一种类型，也可将其描述为介于解释主义和非解释主义之间，这并不重要，重要的是，其试图避免狭义的解释主义所具有的缺陷同时又保留其优势。See John Hart Ely, *Democracy and Distrust: A Theory of Judicial Review*, p. 12.

〔19〕 John Hart Ely, *Democracy and Distrust: A Theory of Judicial Review*, p. 12.

〔20〕 John Hart Ely, *Democracy and Distrust: A Theory of Judicial Review*, p. 43.

主义”之外,发展出一种程序导向的审查模式,这种模式是以宪法为根据的,因而是讲原则的,同时,也是与美国的代议制民主相一致的。由此,伊利提出了司法审查的第三种理论,他称之为“参与导向的,强化代议制”的理论。他的这个理论,我倾向于称之为“强化代议制民主”的理论。简言之,即“强化民主”(democracy-reinforcement)[21]的理论。一方面,在现代国家,代议制被认为是一种基本的民主形式,作者也反复强调自己的方法更加符合美国的代议制民主;另一方面,伊利的思路正是:通过建构一个非但不与民主相冲突,而且还促进和强化民主的司法审查理论,来回应司法审查不民主的质疑。

二、法院的适当角色和应有职能

伊利的司法审查理论,是一个规范性理论,它对法院的司法审查提出了若干要求,实质上是对法院的角色和职能提出了规范性主张。伊利把联邦最高法院比作裁判员。运动场上的裁判员,其所关心的不是比赛结果的好坏,而是比赛的过程是否正常,同样,联邦最高法院也应只关注代议程序,而不是代议结果——代议机关有关实体价值的选择和判断。在一个代议民主政体中,价值决定应该由选举出来的代表作出,如果多数人实际上不同意他们的决定,那么可以通过选票将他们选下台去。联邦最高法院通过对代议程序的监督,来完善代表制,确保人民大众能够自由且有效地选择其代表,确保人民选出来的代表真正代表人民。

伊利所主张的司法审查方法,类似于经济领域中的反垄断,而

---

〔21〕 桑斯坦也指出,伊利是基于“强化民主”此一观念,对联邦最高法院促进政治民主的作用作了辩护。参见[美]凯斯·桑斯坦:《就事论事》,泮伟江译,北京大学出版社2007年版,第18页。See also Cass R. Sunstein, The Supreme Court: 1995 Term—Foreword: Leaving things undecided, 110 *Harv. L. Rev.* 6, 13, November, 1996.

不是“规制”，它并不要求出现某种实体结果，联邦最高法院只是在“市场”（政治市场）机制失灵的时候才介入。政府失灵发生在代议程序不值得信任之时，这有以下两种情形：（1）体制内的掌权者阻塞政治变革的渠道，确保他们自己能够继续掌权，并阻止体制外的无权者进入体制内；或者（2）尽管没有任何人实际上被剥夺发言权或选举权，但是代表们因受恩于事实上的多数人而对少数人采取完全敌视的态度，或者出于偏见不承认少数人与多数人之间的利益共同性，从而在制度上使某个少数人群体处于不利地位，并因此不给那个少数人群体提供代表制下其他群体所能获得的保护。[22]

与代议程序不值得信任的两种情形相对应，疏通政治变革的渠道，以及纠正对少数人的歧视，是联邦最高法院的应有职能，在伊利看来，这正是沃伦法院广泛关注的两个层面。[23] 1938 年“卡罗琳产品案”的第四注脚，[24]给了伊利很大的启发和支持，在那个注脚中，针对涉及违宪争议的立法，休斯大法官列举了不宜适用合宪性推定，而应予严格审查的三种情形：（1）从系争立法表面看，便在宪法特别禁止之列，譬如有违《权利法案》中的禁止性规定；（2）涉及对政治程序的限制，如限制言论自由，因为此类立法本身就堵塞了政治变革的渠道，人们本来“对那些政治程序寄予厚望，希望通过它们废除令人讨厌的法律”；（3）有关宗教、国籍、种族等少数人群体的法律，因为针对“分散而又孤立的少数人”所形成的偏见，“极有可能削弱那些通常可以被信赖会保护少数人的政治程序”。

上述第一点有较强的解释主义倾向，对此，伊利有所保留，认

〔22〕 John Hart Ely, *Democracy and Distrust*: *A Theory of Judicial Review*, pp. 102 - 103.

〔23〕 John Hart Ely, *Democracy and Distrust*: *A Theory of Judicial Review*, p. 74.

〔24〕 United States v. Carolene Products Co. ,304 U. S. 144,152 - 53 注 4(1938).

为解释主义是不充分的，针对宪法中的开放性条款，需要运用其他方法，而第二点和第三点，则给出了非常有意义的提示。第二点意味着：使民主机制处于良好的运行状态，确保政治参与和交往的渠道畅通，是联邦最高法院应有的职责。第三点意味着：联邦最高法院应该关注多数人对少数人做了什么，也就是应特别关注“针对”宗教上、国籍上和种族上的少数人制定的法律，以及在对这些人持有偏见的情况下制定的法律。[25] “卡罗琳产品案”第四注脚的后两点提示正对应着联邦最高法院的两项应有职能。

在代议程序不值得信任的第一种情况下，即当体制内的掌权者堵塞政治变革的渠道时，联邦最高法院应该介入，疏通政治变革的渠道，其实质在于，确保舆论、选举等民主问责机制发挥实效，促使人民代表废除人民不喜欢的法律，并制定人民所喜欢的法律。由此，伊利指出，对于言论自由、结社自由、选举权等政治权利，不管宪法条文是否明文列举，法院都应给予特别保护，严格审查有关立法，因为这些权利对于一个开放而有效的民主程序来说，是至关重要的。[26]

在沃伦法院时期，联邦最高法院突破了传统的“政治问题”回避原则，在有关选举权案件中采取能动司法路线，宣告“一人一票”原则，加大了对选举权的保护力度。[27] 对此，伊利予以肯定，并驳斥了有关质疑。其中一种质疑认为，美国宪法并没有明文提及选举权，至少没有明文提及州层面选举中的选举权。伊利回应道：结社自由没有在美国宪法第 1 条修正案中被提及，却已被联邦最高法院从中推导出来；言论自由和结社自由也没有在第 14 条修正案

---

〔25〕 John Hart Ely, *Democracy and Distrust: A Theory of Judicial Review*, p. 76.

〔26〕 John Hart Ely, *Democracy and Distrust: A Theory of Judicial Review*, p. 105.

〔27〕 参见张卓明：《一人一票　一票一值》，载《法制日报》2009 年 12 月 29 日。

中被提及,但也已被认为包含在其中,可适用于各州;而选举权也是同样的道理,以宪法没有明文规定为由进行质疑,是站不住脚的。伊利指出,选举权案件中的能动司法的反对者,在其他案件中却可能赞成能动司法,"要避孕,可以;要选举,不行"的说法并不罕见。在伊利看来,这恰恰是颠倒了过来:除去民主程序中的障碍,才是司法审查应该特别予以关注的,而剥夺选举权,正是这种障碍的典型。[28]

为了让政治问责机制发挥实效,促使人民代表真正负起责任来,法院还应关注代议机关或立法机关的消极立法问题。伊利指出,在现实中,很多议员把精力花在了联系选民上,而将很多问题交给了不是通过选举产生的行政人员来决定,在一些争论纷纷的议题上,为了顾及不同选民的立场,议员们常常不明确表达自己的态度,而宁愿让行政部门的官僚或某个独立管制机构"去接下这块政治上不可回避的烫手山芋"。具体手段是:"用含糊其辞的法条将皮球踢给"行政机关。在伊利看来,把麻烦的任务留给不需要负政治责任的其他人,这显然是不民主的:"我们的议员通过拒绝立法来逃避责任,而这种责任对于一个民主共和国的良好运行来说是至关重要的。"所以,法院应该敦促议员们去立法,法院应该禁止立法机关无原则地授权:国会将决策权转交给其他人行使,若没有一项"标准"或"可理解的原则"去指导他们的政策选择,那么这种授权是违宪并无效的。对联邦最高法院曾经运用的这个禁止授权原则,伊利给予了支持。[29]

在代议程序不值得信任的第二种情况下,即当多数人敌视或

---

〔28〕 John Hart Ely, *Democracy and Distrust*: *A Theory of Judicial Review*, p. 117.

〔29〕 John Hart Ely, *Democracy and Distrust*: *A Theory of Judicial Review*, pp. 131 – 134.

歧视少数人时，即便少数人在法律上拥有发言权和选举权，法院也应该介入，严格审查此种立法，以确保少数人的利益获得代表，易言之，使少数人获得平等保护。在伊利看来，保护少数人，不仅仅限于保护少数人的政治权利，其理由是，“不管政治程序如何开放，那些握有多数票的人，总是处在一种优势的地位，他们可以通过投票使自己获利而牺牲他人利益，或者拒绝将他人的利益考虑在内”。[30]

多元主义是政治市场机制的核心要素，它假设“少数人可以通过交易以及加强与其他群体的利益联系来保护自己”，伊利也承认，“在某种程度上，民主的实质，就是允许组成我们社会的不同个人和各种群体，可以决定跟其他哪些个人和群体联合起来，去影响立法”。然而，多元主义有时会失灵。政治市场上存在这样一些人：由于其他群体或利益团体拒绝与之在政治上联合起来，他们实际上被排除在政治市场之外，因此总是发现自己在立法中处于不利的地位——立法机关以某种不可信的理由通过立法分类使之处于不利地位。[31] 这些人就是“卡罗琳产品案”第四注脚中所谓的“分散而孤立的少数人”。法院所应关心和保护的这些“在政治上无法保护自己的人”，并不仅仅指数量上的少数人，关键在于他们是“分散和孤立”的，类似于我们语境中无权势的“弱者”。比如黑人和女性这两个群体，数量上并不少，却常因为偏见而遭受歧视，因此属于“弱者”，如果立法分类使他们处于不利地位，就跟外国人、非婚生子女、同性恋一样，法院应给予特别保护。

立法是一个利益分配的过程，在立法中，差别对待是很普遍的，关键在于差别对待是否合宪，在伊利看来，此一问题的判断，主

〔30〕 John Hart Ely, *Democracy and Distrust: A Theory of Judicial Review*, p. 135.
〔31〕 John Hart Ely, *Democracy and Distrust: A Theory of Judicial Review*, p. 152.

要不是取决于利益分配的结果,而应取决于产生该分配结果的过程。当然,如果立法限制的是明文规定的或可正当推论出来的宪法权利,则该分配结果本身就值得重视。然而,如果所分配的利益对于政治参与来说不是至关重要的,或者不是宪法所明文保障的,那么,利益分配上的失调,其原因只能存在于产生此种分配结果的程序当中。[32] 伊利主张,在这种情况下,法院审查时应考虑系争立法行为是否由违宪动机所引发,如果答案是肯定的,那么该立法行为应该被宣告无效。尽管法院从事动机分析,存在一定的困难,但并不表示法院应回避这件事情,而毋宁应给予更多的关注,只有这样,少数人的权利才能获得充分的保障。[33]

伊利进而将其主张的动机分析与可疑分类理论联系起来,认为二者之间是相互支持的:从功能上看,可疑分类所要求的特别审查,尤其是其要求立法分类与立法目的之间达致契合无间的程度,其实就是一种将违宪动机“清除出来”的方法。[34] 在伊利看来,如果某个群体已成为普遍诬蔑中伤的对象,如果某个群体可能是其他群体(特别是那些控制了立法程序的群体)想要伤害的,那么令这些弱势群体处于不利地位的立法分类,就应该被视为可疑分类,法院应特别审查。[35] 在有利于少数种族的“反向歧视”这个问题上,伊利承认这是个道德难题,但在宪法上极力支持纠偏性优待措施(affirmative action):“就多数人歧视自己而言,在宪法上丝毫不具有可疑性”,理由在于:“我们不必担心,构成我们社会中的多数

---

〔32〕 John Hart Ely, *Democracy and Distrust: A Theory of Judicial Review*, p. 136.

〔33〕 John Hart Ely, *Democracy and Distrust: A Theory of Judicial Review*, p. 145.

〔34〕 John Hart Ely, *Democracy and Distrust: A Theory of Judicial Review*, p. 146.

〔35〕 John Hart Ely, *Democracy and Distrust: A Theory of Judicial Review*, p. 153.

人群体的白人联盟，会普遍地剥夺白人获得平等关切和尊重的权利。”[36]

可见，在伊利那里，司法对少数人的保护也是程序导向的，即关注的焦点是立法的过程，而非立法的结果。总之，疏通政治变革渠道与少数人权利保护，这两项联邦最高法院的应有职能，是为了应对代议程序不值得信任的两种情况，意在确保代议程序的公正性，而不是为了确保政策选择和程序结果的正确性，所以，法院的这两项职能不会损害代议民主程序本身，而只会补充和强化代议民主程序。也因此，伊利认为，其司法审查方法是“程序导向”的，其司法审查理论非但不与代议制民主相冲突，而且还促进和强化代议制民主，有助于代议制民主理想的实现。

三、代议制民主与美国宪法

一些评论者指出，伊利在本书中所使用的民主概念模糊不清，甚至相互冲突，一方面在大多数情况下把民主等同于多数决民主，另一方面又基于平等原则提出应该保护少数人，这两种民主概念是不一致的。[37] 在译者看来，与其说它们是不一致的，不如说它们都是伊利所主张的民主原理的一部分。在本书中，伊利没有发展出一套完整的民主理论和民主哲学，他试图通过对美国宪法的解读来说明美国人民所接受的、美国宪法所确认的民主原理，并在此基础上提出自己的司法审查理论。尽管如此，面对民主这样一个

---

〔36〕 John Hart Ely, *Democracy and Distrust: A Theory of Judicial Review*, pp. 170 – 172.

〔37〕 参见顾佳:《司法审查正当性新的证成路径及其困难——为使〈民主与不信任〉更好地进入中国语境而作》，载《厦门大学法律评论》(第 11 辑)，厦门大学出版社 2006 年版。See also Jane S. Schacter, Ely and the Idea of Democracy, *Stanford Law Review*, Vol. 57, No. 3, Symposium in Honor of John Hart Ely (Dec., 2004).

有争议性的概念,伊利势必要在宪法理论和政治理论之间来回穿梭,阐发作为其理论基础的民主原理,以证立自己的理论主张。

伊利认为,其所提出的司法审查理论与美国的民主原理是相符的,这个民主原理就是代议制民主原理,它是美国政治制度的基础:“我们社会从一开始,就接受了代议制民主应该作为我们政府的组织形式这个观念,而现在,它几乎已经成为我们的一种本能反应。”[38]在公民们亲自参与立法程序不切实际的情况下,代议制民主就成了最适合的政府体制。正是通过代议制,将“统治者”与“被统治者”(或“人民”)这两个群体的利益结合在一起。一方面,代表在任职结束之后,将返回到人民这个群体当中,并因此成为被统治者群体中的一员。另一方面,代表们即便在任职中,也将生活在他们所制定的法律的统治之下,而无任何超越于法律之上的特权:他们自身也受法律统治这个义务,将确保统治者与被统治者之间形成利益共同体,并防止出现压迫性的立法。在现实中,权力具有分化统治者与被统治者的内在倾向,必须得有某种力量去抵制这种倾向。在这些力量中,最主要的就是投票选举:人民根据自己的利益选择与他们的利益相一致的代表,并通过定期改选的问责机制,确保代表始终与他们的利益保持一致,特别是确保代表们自己也难逃他们所制定的法律的严格约束。[39]

在伊利那里,代议制民主很大程度上等同于共和民主。伊利指出:“透过规定国会选举以及州政府的共和体制,美国联邦宪法这个文件本身,就清楚地表达了在联邦和州两个层面都实行代议制民主的信念。确实,代议制民主在当时所受到的关切,显然非其他政体形式所能及。”伊利还援引《联邦党人文集》第39篇的一段

---

〔38〕 John Hart Ely, *Democracy and Distrust: A Theory of Judicial Review*, p. 5.

〔39〕 John Hart Ely, *Democracy and Distrust: A Theory of Judicial Review*, p. 78.

文字表明，立宪之时共和民主业已成为有效论辩的前提："我们政府的政体形式是否必须是共和政体？显然，再没有其他政体形式，更契合美国人民的天性，更符合美国独立革命的基本原则，或者更能够贯彻和落实那个鼓舞所有爱好自由之人士的伟大决定，即要把我们的一切政治实验都建立在人类具有自治的能力这个信念之上。"〔40〕

概言之，代议制民主的逻辑前提是人具有自治能力，法律面前人人平等是代议制民主的法治保障形式，而定期选举则是代议制民主的政治保障形式。在自治的逻辑下，以及在民主选举与法律平等的背后，架构起代议制民主原理的是：多数统治观念、平等参与理念以及代表理论。

伊利指出：代议制政府的"根本要义在于，它产生于社会中的大多数人，而非一小部分人或者某个特权阶级……""多数决民主是我们整个政治制度的核心"，"无论怎么解释，无论可设什么限制，统治必须基于被统治者多数的同意，这是美国政治体制的核心"。伊利从制宪和修宪两个角度说明多数统治是美国人民的基本信条。一是，联邦宪法获得批准之后，几乎所有的美国人都立即接受了这部宪法，并且视之为掌控自己命运的根本大法。那些反对批准这部宪法的人，虽不认同该宪法所作的安排，但在联邦宪法批准后予以接受，唯一合理的解释是，他们也承认多数决的正当性。〔41〕

二是，从美国内战以来的宪法修正案来看，多数条款是为了促进人民大众对政府的控制而制定的，其中绝大多数是为了扩展选举权而制定的，可见，国家应由被统治的多数人来掌控这个制宪之

〔40〕 John Hart Ely, *Democracy and Distrust: A Theory of Judicial Review*, p. 6.

〔41〕 John Hart Ely, *Democracy and Distrust: A Theory of Judicial Review*, pp. 6 – 7.

初就有的信念,经过一个世纪的宪法发展,得到了充分强化。“在美国,多数统治的一般观念,无论在理论家那里,还是在普通民众那里,都不曾遭遇过任何重大的挑战。”无论是道德绝对主义者,还是道德相对主义者,他们在各自的理论语境中,都信奉和捍卫民主——前者支持民主,是出于民主是自然法的一个原则这一信条,后者支持民主则是因为,既然道德不具有确定性,那么民主便是再自然不过的制度选择。[42]

的确,伊利很大程度上是借助于多数统治观念来批驳“拘泥于条文的解释主义”以及“非解释主义”的。后者主张“社会实体价值的选择问题,其最终的决定权应该赋予经由任命产生的法官”;前者主张“这种价值选择应该遵循逝世已超过一个世纪以上的制宪者的信念”,[43]而这意味着,昨日的多数(假定是多数)掌控了今日的多数,[44]这些观点都有违美国的多数决民主。

然而,多数决民主并不是代议制民主原理的全部,看似与多数决民主相冲突的少数人保护也是代议制民主的原则要求。这是因为多数统治还伴随着多数暴政的威胁。“倘若多数人决定政策的权力是毫无限制的,那么他们就有可能以少数人的利益为代价来谋取其自身的利益,即便在这两种利益之间,在重要性上并没有什么差别。这个道理,早在制宪之初,就已经为人们所理解,并且,我们的联邦宪法也确实含有若干应对性的机制,以便人们去克服这个问题。”[45]

制宪者至少采取了两种策略保护少数人的利益,以防止多数人可能对少数人造成的侵害。首先是基本权利清单策略,也就是

---

〔42〕 John Hart Ely, *Democracy and Distrust*: *A Theory of Judicial Review*, p. 7.

〔43〕 John Hart Ely, *Democracy and Distrust*: *A Theory of Judicial Review*, Preface.

〔44〕 John Hart Ely, *Democracy and Distrust*: *A Theory of Judicial Review*, p. 62.

〔45〕 John Hart Ely, *Democracy and Distrust*: *A Theory of Judicial Review*, p. 7.

具体列出政府不能对任何人做的事情,不过,在伊利看来,这里的防卫手段主要是程序性的。其次是多元主义的组织策略,它是政府的组织原则之一,在一定意义上,也是整个社会的组织原则,其目的在于保证各种各样的声音都能够发出来,没有任何多数联盟能够主宰一切。[46] 通过宪政实践所确立起来的司法审查制度,则又是一个保护少数人的必要机制。但是,司法机关非民意机关,其在保护少数人的过程中,也蕴含着违背多数人统治原则的风险:司法机关有可能取代立法机关,成为超级立法者。那么,伊利是如何协调“多数人决定”和“少数人保护”这两项原则的呢?他如何将“尊重多数人”和“保护少数人”这两项要求有机地统一在一起?

伊利首先运用平等参与理念将二者结合在一起。他借“卡罗琳产品案”的判决要旨指出,联邦最高法院的两项应有职能都和参与有关:“它们要我们关注的,并不是这个或那个实体价值是否特别重要或基本,而是参与的机会是否遭到不当的限制,不管是参与政治程序——正是通过这些程序,价值得以妥当地辨识和协调——的机会,还是参与分享那些程序已达成的结果的机会。”[47] 在伊利看来,“沃伦法院的事业的特色就在于,追求拓展代议制政府的程序入口与资源分配机会这些‘参与性的’目标,这与传统上以及学术上较为流行的观点,也即坚决要求提供一系列特定的被视为基本的实体价值或善,形成了鲜明的对比”。[48] 多数人决定原则与平等参与政治程序的要求是相一致的,而少数人保护原则又与平等参与分享程序产生的利弊结果是相一致的。通过“平等参与”这个概念,联邦最高法院应有的两项职能,以及背后的大众统

---

〔46〕 John Hart Ely, *Democracy and Distrust: A Theory of Judicial Review*, p. 80.

〔47〕 John Hart Ely, *Democracy and Distrust: A Theory of Judicial Review*, p. 77.

〔48〕 John Hart Ely, *Democracy and Distrust: A Theory of Judicial Review*, pp. 74 – 75.

治与平等主义这两种观念结合在了一起。伊利也因此称其理论是“参与导向”的。

不过,正如伊利所说,大众统治与平等主义这两种观念能够囊括在参与概念的意义之下,并不足以使它们彼此相容。“一个平等参与统治程序的体制,绝不必然跟一个预设人人平等参与分享程序产生的利弊结果的体制相关联;它在很多方面似乎旨在产生截然相反的效果。”“二者经常结合在一起,并不等于二者是统一的,至少从表面看,大众统治原则意味着,多数人单凭投票就能够击败少数人,并因此能够剥夺少数人所追求的善。”[49]要使多数人统治原则和少数人平等保护统一起来,还需将上述两种参与类型统一在一个融贯的政治理论中。此一任务,伊利很大程度上是借助于代表理论来完成的。

在美国独立战争时期,殖民地居民与英国殖民者之间,曾发生一场激烈的代表概念之争,即实质代表(virtual representation)与实际代表(actual representation)之争。当时殖民地居民与英国殖民者抗争的一个重要理由是:“无代表不纳税。”他们声称:我们无权选派代表参加英国议会,却向我们征税,这是不对的,甚至是“违宪的”。这里运用的是实际代表的概念:没有通过选举这种实际的方式向英国议会选派议员,英国议会就无权代表殖民地居民。而英国方面则以“实质代表”的概念回应说:虽然殖民地居民实际上没有选派任何代表,但是他们在议会中“实质上得到了代表”。所以,美利坚立国先贤对“实质代表”这一术语深恶痛绝,在此一历史背景下,该术语后来没有在美国政治理论中复兴,是可以理解的。不过,在伊利看来,实质代表概念所蕴含的洞见,却已在美国的政治

---

〔49〕 John Hart Ely, *Democracy and Distrust: A Theory of Judicial Review*, pp. 76 – 77.

理论中保存了下来，并且从一开始就影响着美国人的宪法思维。[50]

正是运用实质代表的概念，伊利为少数人的平等保护提供了政治基础，同时，通过对代表义务的共和主义解读，将实际代表与实质代表统一了起来。换言之，以选举为保障机制的多数人统治是与实际代表概念相一致的，而司法对少数人的保护则是与实质代表概念相一致的。按照共和主义原理，通过选举产生的代表，有义务代表全体选民。司法介入多数人统治，纠正多数人对少数人的歧视，保障少数人的平等权利，实质上是在确保少数人的利益得到代表，也即通过司法落实代表的义务，促使实质代表的实现。

伊利认为，在一个人们几乎已不再相信人民及其利益在本质上具有同质性的时代里，“如果要继续保持政府乃是为了全体人民的利益而存在的共和理想，那么就必须正面应对多数人的暴政这个问题。现有的代表制理论必须作相应的拓展，我们不仅要确保代表（the representative）不会将其利益与其选民中多数人的利益分离开来，同时还要确保代表不会将多数联盟的利益与各种少数群体的利益分离开来”。尽管这并不意味着构成少数的群体绝对不能得到较其他人更为不利的待遇，但是它确实意味着，代表不能拒绝代表（represent）他们，用德沃金教授的话来说，就是“在设计和实施统治他们的政治制度的时候”不能拒绝给予少数人“同等的关切和尊重”。[51]

在伊利看来，这种实质代表理论已经为美国宪法所承认。美国制宪者理想中的“共和国”，并不是某种“赢者通吃”的体制，在这

---

〔50〕 See John Hart Ely, *Democracy and Distrust: A Theory of Judicial Review*, p. 82. 另请参见张福建：《北美立宪前后“代表理念”的争议》，载《政治科学论丛》1999 年第 10 期。

〔51〕 John Hart Ely, *Democracy and Distrust: A Theory of Judicial Review*, p. 82.

种体制中,政府仅仅追求少数特权者的利益,或者仅仅追求能够组成多数人联盟的那些集团的利益,在制宪者所设想的体制中,代表们将为了整体人民的利益而实施统治。[52] 有些论者提出,联邦最高法院在保护少数人方面的职责,应该仅限于铲除妨碍他们参与政治程序的屏障。对此,伊利驳斥道:“居于我们制度核心的代议制,其所应实现的不仅仅是发言权和选举权——这一认识贯穿于我们的整个宪法文件。”[53]

保障“实质代表”的方法就是,“将无政治权力者的利益与有政治权力者的利益捆绑在一起”,此一保护性装置,对美国最初的宪法制定以及随后的宪法解释都产生了重大影响。[54] 即使在平等保护条款制定之前,至少在特定情形下,联邦最高法院已经打算保护那些并非真正不享有投票权的少数人群体的利益,其方式就是将他们的利益跟那些事实上占据政治权力的群体的利益捆绑在一起——当这些少数人群体的利益并未得到这种“实质代表”的保障时,联邦最高法院也打算介入,为其提供保护。[55] 第 14 条宪法修正案则十分明白地规定了伊利所描述的那种“司法上可予执行的实质代表义务”。由此,伊利总结道:“有时被说成是两种冲突的美国理想——一方面要保证我们的政府是大众政府,另一方面要保护少数人获得平等的关切和尊重——事实上可以被理解为源于代表的普遍义务。”[56] 这便意味着,伊利所主张的联邦最高法院的两项应有职能,以及尊重多数人与保护少数人的两项要求,在美国宪法所确认的代议制民主原理之中得到了统一。

---

〔52〕 John Hart Ely, *Democracy and Distrust: A Theory of Judicial Review*, p. 79.
〔53〕 John Hart Ely, *Democracy and Distrust: A Theory of Judicial Review*, p. 135.
〔54〕 John Hart Ely, *Democracy and Distrust: A Theory of Judicial Review*, p. 83.
〔55〕 John Hart Ely, *Democracy and Distrust: A Theory of Judicial Review*, p. 85.
〔56〕 John Hart Ely, *Democracy and Distrust: A Theory of Judicial Review*, pp. 86 – 87.

四、对掌权者的不信任

经由穿梭在宪法理论和政治理论之间的辩驳与论证，法院“强化民主”的职能，很大程度上已获得了证立。有疑问的是，此项职能，为何应该交由法院来执行。伊利给出了两个理由，一个是弱的，一个是强的：首先法官是程序专家；其次，更为重要的是，法官是远离政治程序的局外人，因而比政治官员更有资格、更适合去执行这些任务。[57]

法律人是小程序保护令方面的专家，经由这种程序，事实得以被发现，对抗的当事人得以提出各自的主张。同时，在某种程度上，他们也是大程序保护令方面的专家，经由这种程序，公共政策问题得以被公平地解决。但是，其他人，特别是全职参与政治程序的人，同样可以主张自己是程序专家。而且，还有很多立法者，他们本身就属于法律人。因此，主张法官最适合承担监督代议程序的职责，其依据主要不在于法官是这方面的专家，而毋宁在于法官所处的位置以及所应持有的立场与视角。[58]

人民选举产生的代表，其本身处在代议程序之中，显然最不应该将监督代议程序的职责托付给他们。然而，经任命产生的法官，在美国政府体制中，相对处于局外人的角色，他们很少需要像议员那样考虑继任的问题。虽然这并没有给予他们某种特殊的管道，可以通向美国人民所真正认同的价值。但是，这确实使他们处于一种有利的位置，可以比较客观地评判下述主张：“我们选举出来的代表事实上并没有代表他们所应当代表的利益，因为他们阻碍

---

〔57〕 John Hart Ely, *Democracy and Distrust: A Theory of Judicial Review*, p. 88.

〔58〕 John Hart Ely, *Democracy and Distrust: A Theory of Judicial Review*, p. 102.

了政治变革的渠道,或者成了多数人暴政的帮凶。”[59]

简言之,代议程序不值得信任,也即政府失灵的两种情形,本是代议制政府中的掌权者所造成的,因此,需要由外在于代议程序的、相对超然和独立的法官介入,来确保代议程序公正运行。这个推论中,包含着对掌权者不信任的逻辑。这个逻辑,不仅贯穿于伊利的司法审查理论,同时也贯穿于美国的宪法。多数决民主机制、分权制衡机制、司法审查机制,最终都可溯至这个逻辑。有评论者认为,本书“所谓的不信任,是对司法审查的不信任,也是对民主的不信任”。[60] 这种说法不无道理,却也不尽准确。

关于民主,如前所述,在伊利那里,多数人决定与少数人保护,已成为代议制民主原理不可分割的两方面内涵,并构成其司法审查理论的基础。即使将民主限定在多数决民主的意义上,也只是部分正确:多数决民主机制确实可能产生暴政,所以需要防范和纠正,但多数决民主机制又是值得依赖的,所以,要保障政治程序的开放和有效,确保真正的多数掌权。信赖多数决民主,基于一个相当合理的假设:“掌有权力的多数是不会过度损害自己权利的。”[61]“既依靠多数,又怀疑多数”[62]的态度,反映的是对人民自治能力的信任以及对掌权者的不信任。所以,与其说伊利不信任民主,不如说伊利信任民主,不信任的是掌权者。

关于司法审查,按照伊利的理论,其承担着“监督代议程序”“强化民主”的职责——“疏通政治变革的渠道”和“确保少数人的利益得到代表”。不难看出,法院因此会获得相当大的权限,就此

---

〔59〕 John Hart Ely, *Democracy and Distrust*: *A Theory of Judicial Review*, p. 103.

〔60〕 参见汪庆华:《对谁的不信任》,载《中外法学》2004 年第 5 期。

〔61〕 John Hart Ely, *Democracy and Distrust*: *A Theory of Judicial Review*, p. 100.

〔62〕 钱锦宇:《司法审查的能与不能:从“麦迪逊式困境”的重新解读及其解决说起》,载《环球法律评论》2007 年第 5 期。

而言,伊利对司法审查是抱有很大期望和信任的。同时,伊利的确对司法审查抱有一定的不信任,不相信法官在价值选择方面来得更加英明,因此将法院正当的能动司法限定在补救代议程序的缺陷方面。从根本上说,这也是源于对掌权者的不信任,因为法院其实也是代议制政府的一个部门,分享着国家权力。

伊利对于“非经民主程序产生的精英,最有可能发现人民真正的价值立场”此一观念抱有深深的怀疑:希特勒曾宣称,“我的骄傲在于,我知道这个世界上没有任何政治家能比我更有资格说,我是我人民的代表”。〔63〕 价值导向的司法审查方法,可能导致同样的错误:法官将价值强加给人民。程序导向的司法审查方法,则能避免这种价值专断。“价值选择适合留给多数人做决定,它是多数人所拥有的一项特权。”〔64〕如果说,司法审查是为了抗衡掌权之多数的专制,那么,多数决民主则是为了避免掌权之少数的专制。〔65〕 本书结语中的最后一句话正是:“宪法适合存在的情形,是代议制政府不能被信任的情形,而不是我们认为政府可以受到信任的情形。”〔66〕这句话揭示了美国宪法背后的基本政治哲学。

五、民主和参与:程序中的价值问题

伊利通过程序导向的方法所建构的“强化民主”的司法审查理论,既是一种政治理论,也是一种法学理论。换言之,其司法审查理论,不仅在政治上是可靠的,有着美国民主传统和政治理论的支持,同时在法律上也是有根据的,有着美国宪法文本和宪政实践的

---

〔63〕 John Hart Ely, *Democracy and Distrust: A Theory of Judicial Review*, p. 68.

〔64〕 John Hart Ely, *Democracy and Distrust: A Theory of Judicial Review*, p. 179.

〔65〕 参见张千帆:《司法审查与民主——矛盾中的共生体?》,载《环球法律评论》2009 年第 1 期。

〔66〕 John Hart Ely, *Democracy and Distrust: A Theory of Judicial Review*, p. 183.

支撑。因此,在伊利的眼中,程序性是美国宪法的根本特质。伊利指出:美国宪法不是“一份普遍价值的宣言”,相反,“实体价值的选择与协调,事实上几乎全部留给了政治过程去处理,而且,这份文件最为关切的是,一方面确保纠纷解决程序的公正性(小程序保护令),另一方面确保人民广泛地参与到政府的统治和资源分配过程中去——在宽泛意义上可称为大程序保护令”。[67] 伊利承认,维护自由是美国宪法的根本目标,“倘若不是这样,就不值得为宪法而奋斗”。但是,为实现这一目的,美国宪法普遍采取的方法,并不是植入一系列实体性的权利,给予它们永久性的保护。相反,美国宪法“通过一系列涵盖面相当广泛的程序保障,以及十分精巧的制度设计,确保作出实体性选择的决策程序,会尽量在平等的基础上向所有人开放,同时决策者会负起责任,将其决策所影响的所有人的利益都考虑在内”。最后,伊利总结道:“美国宪法基本上是一部名副其实的宪法(constitution),其关注的重心在于组织结构上的(constitutive)问题。使美国宪法富有盛名的、事实上也使美国本身富有盛名的是一套统治的程序,而不是一种处于统治地位的意识形态。”[68]

伊利从程序角度解读美国的宪法和民主,并论证其程序导向的司法审查方法,向我们展示了宪法和民主的一个重要维度。其试图化解法官在面对开放性宪法条文时价值判断的正当化难题之努力,无疑值得肯定。其在理论上的融贯性追求更是值得敬佩。但是,其程序导向的方法论是有限度的。伊利把美国宪法解读成一部程序性的宪法,或许避免了“只见树木、不见森林”的弊端,给

〔67〕 John Hart Ely, *Democracy and Distrust: A Theory of Judicial Review*, p. 87.

〔68〕 John Hart Ely, *Democracy and Distrust: A Theory of Judicial Review*, pp. 100 – 101.

人一幅整体的美国宪法图像,但这幅图像无疑包含着其自身的一些想象和判断,至少,如伊利所坦率承认的,有若干条款是异类,不符合其宪法图像,[69]而单单这些异类就足以给其理论造成局限。按照却伯教授和多尔夫教授的分析,伊利对美国宪法的解读,犯了"过度整合式"的谬误:认为宪法含有一套固有的、一元化的和不变的基础价值或基本原则(不管这些价值或原则是程序性的、实体性的还是结构性的)。实际上,各种宪法条款是两个多世纪以来的各个阶段中以各方妥协的形式逐步形成的,它们代表着一种历史偶然性,并且就整体而言,并不总是融贯一致的。伊利将整部宪法解读成具有一个用于完善民主体制的非实质性中心目标时,他可能就越过了解读宪法和起草一份他自己想要的宪法之间的界限。[70]这也就使伊利的宪法和司法审查理论,可能越出了宪法教义学的范围,而成为一种政治宪法学(或政治理论)。

伊利试图通过程序概念来界定和解释美国宪法中的民主和参与,从而避免价值判断的难题。但其程序概念并不是价值无涉的,实际上具有浓厚的价值意蕴。因为,伊利的参与概念并不局限于法律层面,而是在一般层面上讲,且突出了政治层面的含义,也就是伊利所谓的"大程序令"方面:首先应保障公民个人享有参与政治程序的机会,人民正是通过政治程序选择实体价值并解决价值冲突;其次应保障公民个人参与分享政治程序已达成的结果的机会。伊利的民主概念也不局限于选举过程,还包括确保少数人获得代表的实质代表层面,即平等参与资源的分配过程。显然,如何保障平等的参与机会,推进代议制民主,才是宪法所要求的,对这

---

〔69〕 John Hart Ely, *Democracy and Distrust*: *A Theory of Judicial Review*, p. 101.

〔70〕 参见[美]劳伦斯·却伯、迈克尔·多尔夫:《解读宪法》,陈林林、储智勇译,上海三联出版社 2007 年版,第 33~37 页。

一问题的回答是难以避免价值判断的,并且,在程序概念和理论框架之内是无法充分回答的。伊利承认“参与本身显然可以被视为一种价值”。那么,联邦最高法院为什么应追求且只应追求参与这种“价值”呢?伊利概括了三个方面的理由:(1)这些“价值”是我们这部宪法所特别关注的,并且也是处理得最为成功的;(2)“强加”这些“价值”,非但不与美国的代议民主制相冲突,反而巩固了美国的代议民主制;(3)这些“价值”特别适合由远离政治过程的法院来“强加”。〔71〕 然而,仅仅用参与性的价值来解释《权利法案》所追求的价值,是不充分的;说民主和参与是美国宪法首要的价值也会引发争议。图什内特教授就曾批评道:“我们对民主的信奉,并不比对正义的信奉更多。”〔72〕当然,伊利不会认为美国宪法不以正义为追求,只不过认为美国宪法所体现的正义是以民主为视角和以参与为本位的程序正义。但其观点仍会受到美国宪法同样保障实质正义的诘问,正如广为美国法学界所接受的实质性正当程序理论所主张的那样。〔73〕

即使遵循伊利的司法审查理论,在司法实践中也不能使法官回避价值判断,正如布雷斯特教授指出,伊利试图将价值判断排除在宪法裁判之外的努力,是注定要失败的:法院在履行强化代议制的职责过程中,大多数情况下都需要价值判断,并且,有关基本价值的诉求通常都可以转化为强化代议制的诉求。〔74〕 就算参与是

---

〔71〕 John Hart Ely, *Democracy and Distrust: A Theory of Judicial Review*, p. 75.

〔72〕 Mark Tushnet, Darkness on the Edge of Town: The Contributions of John Hart Ely to Constitutional Theory, *The Yale Law Journal*, Vol. 89, No. 6(May, 1980), p. 1047.

〔73〕 1948 年,联邦最高法院大法官首次使用了“实质性正当程序”这一概念。实质性正当程序理论通常被用来证成对契约自由、隐私权等未列举基本权利的司法保护。参见[美]约翰·奥尔特:《正当法律程序简史》,杨明成、陈霜玲译,商务印书馆 2006 年版,第 24、73 页。

〔74〕 Paul Brest, The Substance of Process, 42 *Ohio St. L. J.* 131(1981).

首要的宪法价值，有时候也会发生两种参与性价值相冲突的情形，比如竞选资金规制的合宪性问题，一方面人民有权花钱用于发表各种竞选言论，这是言论自由所保障的；另一方面商业资金不得侵蚀政治选举，这可看作是平等选举权所保障的。在这两种权利相冲突的情形下，要解决具体个案，就难免会有价值判断包含在其中。2010 年 1 月 21 日，联邦最高法院在“公民联盟诉联邦选举委员会案”中，以保障政治言论为由，判定《两党选举改革法》关于竞选最后阶段限制各种企业或组织以赢利或非赢利的目的资助候选人的相关条款违宪，同时推翻了之前联邦最高法院的两个判例，即 1990 年的“奥斯丁诉密歇根商会案”（Austin v. Michigan Chamber of Commerce）以及 2002 年的“麦康奈尔诉联邦选举委员会案”（McConnell v. FEC）。[75] 联邦最高法院在这个问题上的反复，无疑与其价值判断的变化有关。

可见，伊利的司法审查理论，并不会使宪法裁判免于价值判断。这也就揭示了伊利的司法审查理论作为一种法学理论（或宪法教义学）的局限性。无论在法适用的实践领域，还是在法教义学的理论领域，法学涉及的主要是“价值导向的”思考方式。[76] 在充斥着一般条款和法律原则的宪法领域，更是如此。在宪法学思考中，只认可程序性价值，而排斥实体性价值，或者说，要求法官只从事民主和参与方面的思考，而不从事其他实体价值方面的思考，在实践中是不可能的，这就如同要求法官只从事规则推理，而不得从事原则推理一般。当然，司法裁判中包含着价值判断，并不意味着这种判断一定就是主观和专断的，法学对此就无能为力了。法学针对“价值取向”的思考也发展出一些方法，借助于它们可以理解

〔75〕 Citizens United v. Federal Election Commission, 558 U. S. 310 (2010).

〔76〕 参见［德］拉伦茨：《法学方法论》，商务印书馆 2003 年版，第 95 页。

及转述既定的价值判断,在一定的范围内,法官的价值判断是可以审查的,且能对之作合理的批评。[77] 就此而言,伊利的司法审查理论不妨看作是宪法裁判领域价值判断客观化的一种方法,其有助于对宪法裁判的审查和批评,但无法将其他方法一律排除在宪法理论之外。司法中的法律推理既不同于逻辑推理,也不同于价值无涉的科学推理,而是一种有目的的实践活动;在这个过程中难免包含评价和权衡的因素,但在实践理性的约束下,依靠合理的程序和制度安排,司法裁判仍有可能获得一定程度的客观性。[78] 伊利强调程序性价值在宪法上的根本性,以及宪法裁判区别于普通审判的特殊性,反映了其对宪法裁判机构在解释宪法过程中解决实体价值问题能力的不信任,以及对日常民主政治可能受到联邦最高法院侵害的担忧;这说明其司法审查理论不仅仅是一种提供裁判方法的法教义学和法学理论,同时也是一种倡导民主的法律哲学和政治理论;它既确认宪法裁判机构通过判决推动民主事业的正当性,同时又告诫宪法裁判机构须谨守自身功能的界限,防止出现凌驾于民主过程之上的价值专断。

---

〔77〕 参见[德]拉伦茨:《法学方法论》,商务印书馆2003年版,第20页。

〔78〕 参见李桂林:《法律推理的实践理性原则》,载《法学评论》2005年第2期。

第一章　解释主义的魅力

在宪法理论中，有一个经久不衰的争论。这 1
个争论在不同时代有不同的名称，不过，我们今日所惯用的术语，与以前所惯用的术语一样，有其自身的价值。[*] 今天，我们习惯于把争辩双方称为“解释主义”（interpretivism）与“非解释主义”（noninterpretivism）——前者主张，法官们在裁决宪法争议时，应该把自己所扮演的角色，严

* 我们很快能从下文中了解到，“能动主义”（activism）和“克制主义”（self-restraint）这一分类方式，与解释主义和非解释主义的分类方式，几乎是相互垂直交错的。“严格解释主义”（strict constructionism）这个术语，当然可以用来指称解释主义之类的东西，但不幸的是，这个术语更经常地被用来指称与之截然不同的东西，即试图让宪法判决取悦于政治保守派人士这样一种思维倾向，近年来如此使用这个术语最引人注目的也许是尼克松（Nixon）总统。“解释主义/非解释主义”的二分法，还激起了一个遍及所有法律领域的长久辩论，即“法实证主义”（positivism）与“自然法理论”（natural law）之间的论战。解释主义与法实证主义的思维取向大致相同，而自然法的思考方法无疑是非解释主义的表现形式之一。不过，考虑到这些古老的术语背负了太多的包袱从而容易使人迷惑，我们在这里会尽量避免使用。

格限定在适用和执行成文宪法所明文规定或明确隐含的规范上，与此相反，后者主张，法院不应拘泥于宪法文本，而应适用和执行单从宪法文本中找是不可能被找到的那些规范。[1]

倘若有人想当然地认为，宪法裁判中的解释主义方法，与政治保守主义，甚至与我们通常所称的司法克制主义（judicial self-restraint），有着某种必然的联系的话，那么他就理解错了。从我们宪法的语言及制宪历史来看，很难推论说，我们宪法有这样一种意图，即只要求废止历史上曾经出现过的、为人所知的一小部分政府措施就可以了（倘若真是如此，那么这些政府措施早就被轻易地列举出来了）。我们宪法更常见的是，通过非常概括的语言，陈述一些基本原则，而这些原则在各个时代的具体意涵，则必须根据当时
2 的具体情况来确定。解释主义不同于非解释主义的地方在于，它坚持认为，只有当我们确实能从这部宪法中找到可以作为推论起点或前提的规范意旨时，才能据此判决系争政治部门的行为违宪，使之归于无效。然而，这两种对立见解通常都承认，我们很难在这部宪法里找到完整的规范意旨——因为系争情形往往不是制宪者所能预见到的。[2]

我们如果注意到，在20世纪四五十年代，立法机关和行政部门层出不穷地推出危害表达自由的各种新式管制措施时，前大法官胡果·布莱克（Hugo Black）几乎是在与之孤身奋战，那么就不可能认为，严格拘泥于历史的文义解释主义（literalism）会是布莱克大法官的宪法哲学的一部分。不过，布莱克还是被看作典型的解释主义者。这一看法是恰如其分的。[3]有人曾指出：解释主义仅仅是布莱克的晚年思想，我们最好把它理解为一个老年人常会有的保守主义倾向。诚然，在1965年的“格里斯沃尔德诉康涅狄格州案”（Griswold v. Connecticut）[4]中——联邦最高法院在没有特定

宪法条文作为明确依据的情况下，判决了康涅狄格州的生育控制法违宪，本案判决意见书由道格拉斯（Douglas）大法官主笔——时已年迈的布莱克大法官，透过其不同意见书所表现出来的解释主义立场，令人印象深刻。* 但是，说布莱克大法官一直秉持解释主义的立场，并不会有错。[5] 譬如，布莱克大法官在其任职期间，对于第14条修正案中的正当程序条款以及特权或者豁免权条款的解读，长期坚持解释主义的方法。在他看来，按照这些条款的意思，并不是说，只要多数大法官认为州政府的某行为不文明，就可以判定该行为违宪和无效，而毋宁是说，《权利法案》（*Bill of Rights*）中针对联邦政府的禁止性规范，同样得适用于州政府。这是一条解释主义的进路，布莱克大法官为之奋战不息。确实有这样一些人，他们不仅主张这些条款吸收（incorporate）《权利法案》中的规范意涵，而且还试图使这些条款成为废止其他类型的（即《权利法案》未列举的）不文明行为的依据。但是，布莱克从一开始便表明，他不在这些人之列：这些条款确实吸收了宪法在他处所宣示的原则性规范，不过也仅此而已。[6] 每当需要适用宪法中所宣示的原则性规范时，布莱克大法官通常会主张适用富有自由主义色彩的原则性规范，我们也有充分的理由认为，这是非常契合他的心意的。但是，当他的宪法哲学（解释主义）和他的政治哲学（自由主义）出现分歧时，"这位大法官"终究还是会选择依循他的宪法哲学来裁判，就如他在格里斯沃尔德案中所做的那样。

---

* 在"格里斯沃尔德案"中，联邦最高法院通过援引多个相关宪法条款，并运用独特的权利"半影"（Penumbra）理论，推出婚姻隐私权，进而以侵犯婚姻隐私权为由判决系争法条违宪。可参见拙文：《法官能否推定未列举权利？——格里斯沃尔德诉康涅狄格州案述评》，载《云南大学学报》（法学版）2008年第2期。另，布莱克大法官出生于1886年，1937年成为美国联邦最高法院大法官，1971年9月15日从最高法院退休，并于同年9月25日去世。参见［美］霍华德·鲍：《宪政与自由：铁面大法官胡果·L. 布莱克》，王保军译，法律出版社2004年版，"年表"。——译者注

有迹象表明,解释主义可能进入了一个比较受欢迎的时期。[7]这里有几个显而易见的理由。首先,“罗伊诉韦德案”(Roe v. Wade)判决,[8]这个作成于1973年且引发广泛争议的堕胎案判决,是美国联邦最高法院近四十年来,运用非解释主义“推论”(reasoning)最为典型的一个例子。这个判决促使我们宪法学领域
3 内的所有人士去思考这样一个问题:我究竟属于哪一个阵营。结果,很多以前不大在意这个问题的人士,今天会把自己列为解释主义者。第二个理由则可能是,伯格(Burger)任首席大法官时的联邦最高法院,整体而言,在政治上是倾向于保守主义的,尽管也曾作出了罗伊案这样的判决——或者,我们至少可以说,与前任首席大法官沃伦(Warren)执掌的联邦最高法院相比,它来得更加保守。这意味着,对于大法官们按照他们自己的价值标准(或者按照他们对社会价值的理解)来裁判这一事,早先还心满意足的部分人士,现在则会产生一些不安,而且,他们很有可能会转到解释主义的立场上去,把自己的命运转交给制宪者,把宝压到制宪者的价值观上。此外,还有一个带有更多个人色彩的原因:已于1971年过世的布莱克大法官,其声名如今再度显赫。他善于娓娓道来,即便不曾与之论辩的那些人也早已领略其语言魅力;在关键时刻选择立场时,他为所当为,对此,人们也有很深的印象。不过,胡果·布莱克在智识上获得越来越多的赞誉,却似乎是刚发生不久的事情。这是因为,人们直到现在才发现一个事实——其实,对于有心而又有洞察力的人来说,这个事实一向是显而易见的,那便是,在布莱克信奉制宪者这种“落伍的乡下人”(backward country fellow)哲学,以及过于乐观地认为,仅从美国宪法的语言文字中,便能获得宪法裁判所需的指示,这一信念背后,其实有一个经过精心构筑的理论(尽管当然具有可争辩性),它详细阐释了如何正确地行使司法自

由裁量权和怎样合理地运用宪法原则来裁判，以及自由裁量和原则运用的界限。作为布莱克大法官的宿敌，前大法官费利克斯·弗兰克福特（Felix Frankfurter）的光彩余辉如今已然褪去，正因为如此，人们现在才得以在自然的光线下看布莱克，结果，人们发现，他的理论并不平凡，他的思想并不粗浅，原来，他只是把自己装扮成了一个乡下人而已。

然而，解释主义并非一时的风尚。事实上，只要看起来言之有理，联邦最高法院总是倾向于站在解释主义的立场上说理。[9]采用解释主义的方法，确实有其独特的魅力，这主要体现在以下两个（相互关联的）方面。[10]首先，解释主义比较符合我们关于"法律是什么"以及"法律如何运作"的一般观念。在解释法条的时候，为了判断某个私人行为是否为法律所允许，或者是否与法律相抵触（这和宪法审查的情形更为接近），法院显然会把自己的角色限定在探寻和确定法律条文所明示或隐含的规范性目的和禁止性命令上面。如果有一个法官公开宣称：在解释法条时，我并不满足于此，我还会借着对所涉法条的解释，尽力去落实我所认为的美国人一直信奉的那些基本价值，那么，我们就会认为，他并不是在做自己的本职工作，我们甚至还会考虑，是不是要打电话到精神病医院，看看他脑子出问题没有。[11]

解释主义的第二个比较吸引人的地方，在于非解释主义明显 4
难以与作为我们政府存立之基础的民主理论相协调，这也是解释主义具有魅力更为根本的原因。显然，我们美利坚合众国并不是按照市镇居民会议（town meeting）的民主方式运作的（事实上，按照此种直接民主方式运作的市镇，也不是很多）。绝大多数重要的政策决定，是由我们选举出来的代表（或者是由可以对政策决定负政治责任的人)作出的。* 法官,至少是联邦系统的法官——虽然他们不会完全忽视民意——并不是通过选举产生或继任的。“选举程序,无论是在理论上还是在实践上,都被认为是民主政治的核心机制,无论是谁,最终都无法否认这一机制的重要性;同样不可否认,通过选举程序产生的代议机关掌握制定政策的权力,是民主政体区别于其他政体的关键特征。而司法审查的运作方式,与此特征背道而驰。”〔12〕确实,法院一直都在创制法律规范,而且,法官在如此行事的时候,可能还会声称:我们是依循了一定的标准的,那便是非解释主义者所说的,诸如我们社会的“根本原则”之类的渊源。不过,在宪法裁判的领域之外,法官造法的行为可以被理解为,是在填补立法机关制定的法律中所存在的漏洞,或者是在从事立法机关留给司法机关去发展的规范事务。非宪法裁判与宪法裁判显然有一个重大的差别:在非宪法裁判的领域,法院的判决受制于普通法律,立法机关能够予以推翻或更改。此时的法院,仅仅是在代替立法机关从事法律规范的创制工作,倘若法院创制了不被立法机关认可的法律规范,也能够很快地得到纠正。然而,当法院基于宪法上的理由裁定政治部门的行为无效时,它就是在否定和推翻政治部门所作的判断,而且,这通常不是一般的法律制定程序所能“纠正”的。〔13〕司法审查的核心功能,同时也是它的核心难题,就在这里:一个机构,既非

---

* 另请参见第三章注 9。大体上,本书的主题是:对一项最终可以追溯至立法行为的政治决定进行审查这一典型的司法审查。倘若在一个案件中,所涉及的政治决定是由一个政府工作者作出的,而他又不受民选官员的有效监督或控制,那么,这个决定就不能被恰如其分地称为“民主的决定”,本书中的论证也因此至少有一部分会被削弱。一般地,可参见 C. Black, *Structure and Relationship in Constitutional Law*(《宪法中的结构和关系》) 78,89－90(1969)。不过,我在本书第五章会指出:这样一种难以问责的状态(failure of accountability),其本身可以被恰当地看作宪法上的缺陷,因此也可以算作法院应该积极介入予以纠正的情形。

经由选举而产生，又无有效方式要求其承担政治责任，却告诉人民 5
选举出来的代表们，你们不可以随心所欲地行使权力。这究竟是可取还是不可取，依赖于其背后的原理。我们当然会想问，是否有其他更好的原理，可是，一般所谓的非解释主义，因其求诸的观念，既不能从我们的宪法中推导出来，又显然无法在政治部门所作的判断中找到根据，面对“与民主理论不相容”的质疑，显得特别不堪一击。

在美国，与民主不相容的质疑，是非同小可的。我们社会从一开始，就接受了代议制民主应该作为我们政府的组织形式这个观念，而现在，它几乎已经成为我们的一种本能反应。[14]较之早先的任何宪法性文件，我们这部宪法的通过程序，原本就设计得更加民主，就某些方面而言，事实也的确如此。《独立宣言》（*the Declaration of Independence*）根本就没有获得人民的批准，《邦联条例》（*the Articles of Confederation*）则只经过各州议会的批准。但是，我们这部宪法却曾提交给人民，经由“人民自己”而批准，[15]当然，实际上是由各州选举出来的“人民批准宪法代表大会”（popular ratifying conventions）批准的。一些吹毛求疵的人曾指出，由这个专门选举出来的“人民批准宪法代表大会”批准，严格说来，并不比提交给各州议会批准，来得更加“民主”（因为“宪法批准大会”本身必然是代议性的机构，其成员的产生，可能跟一般的人民代表，并没有两样）。[16]可是，不管怎么样，其中的象征意义是非常重要的。[17]另外，通过规定国会选举以及州政府的共和体制，美国联邦宪法这个文件本身，就清楚地表达了在联邦和州两个层面都实行代议制民主的信念。确实，代议制民主在当时所受到的关切，显然非其他政体形式所能及。[18] 摘自《联邦党人文集》(*The Federalist*)*——要知道,这部文集汇编的是,为促使联邦宪法草案获得批准而发表的一系列宣传文章——第39篇的一段文字,充分表明了立宪当时,共和民主业已成为有效论辩的前提:

> 首先需要讨论的问题自然是:我们政府的政体形式是否必须是共和政体? 显然,再没有其他政体形式,更符合美国人民的天性和美国独立革命的基本原则,或者更能贯彻和落实那个鼓舞所有爱好自由之人士的伟大决定(honorable determination),即要把我们
> 6 的一切政治实验都建立在人类具有自治的能力这个信念之上。因此,倘若制宪会议中提出来的宪法草案,与共和政体的性质相背离,其拥护者必须放弃这份草案,因为它已经不再具有任何可辩护性。[19]

出自《联邦党人文集》的这篇文章接着指出:"这样一种政府的

---

* 近年有过关于该书译名的争论。"联邦党人文集"是大陆的传统译法,最为人所知的是商务印书馆出版的"汉译世界学术名著丛书"中的译本(程逢如、在汉、舒逊译,1980年版),新近九州出版社推出的"西方学术经典文库"中的英汉对照本(张晓庆译,2007年版)亦采此译。在台湾(猫头鹰出版社2000年版)和香港(今日世界出版社1966年版)则有谢淑斐的译本,即《联邦论》。早期还有过严欣淇的编译本:《美国宪法原理》(苏州:法声新闻社1947年版),该译本又由中国法制出版社2005年重版。《辩论:美国制宪会议记录》(麦迪逊著,辽宁教育出版社2003年版)一书译者尹宣,曾撰文质疑"联邦党人文集"这个译法,认为该书宜译为《联邦主义文集》或《联邦论》,基本理由是,书中的文章发表时,美国还没有联邦党。参见尹宣:《是〈联邦党人文集〉,还是〈联邦主义文集〉?》,载《南方周末》2006年10月26日。2010年译林出版社推出了其译本,取名为《联邦论》。尹宣的见解,对于辨明书名的真义,颇有意义。其在《联邦论》译本序言中提到,为追求译文的"音美",特意聘请两位大学生,定时为其朗诵《古文观止》和《红楼梦》。其对待翻译的态度和追求,令人敬佩。这里仍遵循传统译法,一则出于尊重广大读者的习惯,二则考虑到"党"的含义,可以不限定在现代政党意义上,古汉语中便有"党"一字,凡是持共同立场和观点,可视为一派者,便可如是称之,如"东林党人"。因而只需说明,此处所谓联邦党人,非现代政党意义上而言,便不致混淆。——译者注

根本要义在于,它产生于社会中的大多数人(the great body),而非一小部分人或者某个特权阶级……"[20]《联邦党人文集》第57篇解释道:

> 谁有权选举联邦众议院的议员?不论贫富、有无知识、出身名门或出身卑微,全部一视同仁。选举人应该是合众国的广大(the great body)人民。他们同样也是各州众议院选举中的选民。[21]

同样具有启发性的是,一旦联邦宪法获得批准,几乎所有的美国人都立即接受了这部宪法,并且视之为掌控自己命运的根本大法。[22]我们或许会问:为什么会这样?因为那些反对批准这部宪法的人,显然不曾认同该宪法所作的安排。[23]所以,如果你细想的话,就会发现这是非同寻常的。对此,我们唯一能够提出的合理解释是,他们也承认多数决的正当性(legitimacy)。[24]

持平民主义立场的(populist)批评家,总是喜欢针对宪法上的两项规定提出批评,一项是关于联邦参议员由各州议会选举产生的规定,另一项是关于总统由选举人团(Electoral College)选举产生的规定。[25]前一项规定其实从来没有引起过重大的纷争,毕竟州议会本身是通过选举而产生的,[26]而且,无论如何,宪法第17条修正案(1913年批准生效)已对此作出修正,参议员改由人民直接选举产生了。总统选举人原本也是由各州议会选出来的。不过,早在1832年,就只有南卡罗来纳州(South Carolina)还坚持实行这种做法,而且,1860年之后,总统选举人全部由各州人民直接选举产生。[27]然而,选举人团这一制度的存在,确实使美国总统选举有可能产生这样一种情况,即选举人团选出来的总统并没有获得全国过半数或相对多数选民的支持,尽管自1888年以来,这种情况从来没有发生过。* 此外，在我们的历史上，对公民选举权所设的资格限制，也始终存在，这也构成了对多数人统治的某种限制。但是，选举权受限的这种情况不断地在改变，并且已经成为一种宪法上的发展，这一过程是持续不断的，甚至可以说是不可阻挡的，正如
7 托克维尔在1848年所评论的："一旦人民开始反对有关选举投票的资格限制，也就迟早会把它全部废除，这是可以肯定的事情。"[28] 就跟任何人一样，托克维尔也难逃他那时代的观念束缚，因而对其自身所处的历史位置作出了错误的判断——他认为当时所见的便是这条漫漫长路的尽头，也就是认为当时的美国已经达到了"普选权"(universal suffrage)的理想境界——不过，对于我们追求大众民主的宿命，托克维尔的直觉和判断倒是相当正确。民主不断扩大的趋势一直持续到今天。如果不把第18条修正案和第21条修正案计算在内——后一修正案废止了前一修正案——那么，在我们最后的十条修正案中，有六条是完全为了促进人民大众对我们政府的控制而制定的。而且，这六条修正案中有五条——还有一条就是前面所提到的第17条修正案——是为了扩展选举权的享有主体而制定的，很多以前没有选举权的人，也因此有了选举权。

因此，过去一个世纪的宪法发展，充分强化了我们国家应由被统治的多数人来掌控这个制宪之初就有的信念。在美国，多数统

---

* 其实，2000年和2016年美国总统选举也产生了这种情况。在2000年总统选举中，布什在选举人票上赢得了微弱的优势，从而当选，但他获得的选民票比戈尔少53万多张。在2016年总统选举中，特朗普赢得了304张选举人票，超过胜选所需的270票很多，希拉里只获227张选举人票。但是，希拉里比特朗普多得286万多张选民票。不过，本书出版于1980年，作者写这句话时并不为错。1888年以前，此类情况发生过三次，分别是1824年、1876年和1888年。此类情况的产生与美国选举人团制度中的"赢者通吃"原则(winner-take-all)紧密相关，按照这个原则，在某州内，只要某总统候选人获得的选民票(popular votes)领先于其他候选人，哪怕只领先一票，便赢得分配给该州的全部选举人票(electoral votes)。参见赵心树:《选举的困境》(修订版)，四川人民出版社2008年版，第166~167页。——译者注

治的一般观念，无论在理论家那里，还是在普通民众那里，都不曾遭遇过任何重大的挑战。“贵族统治的政体，即便是以改头换面的新潮形式出现，也从来不是美国人所想要的。”[29]无论是道德绝对主义者，还是道德相对主义者，他们在各自的理论语境中，都信奉和捍卫民主——前者支持民主，是出于民主是自然法的一个原则这一信条；后者支持民主则是因为，既然道德不具有确定性，那么民主便是再自然不过的制度选择。事实上，在这两个哲学流派的争论史上，有很大一部分内容就是相互指责对方不民主。[30]所以，非解释主义者经常处于一种尴尬的境地，那便是：他们知道多数决民主是我们整个政治制度的核心，但也不得不受到这样一个质疑，即在他们的哲学里面，与某个东西存在不可调和的矛盾，而这个东西恰恰是他们所不敢和不能否定的。

上面的长篇大论可以归结为一个显而易见的道理：无论怎么解释，无论可设什么限制，统治必须基于被统治者多数的同意，这是美国政治体制的核心。然而，同样显而易见的是，那并不代表全部，因为，倘若多数人决定政策的权力是毫无限制的，那么他们就有可能以少数人的利益为代价来谋取其自身的利益，即便在这两种利益之间，在重要性上并没有什么差别。这个道理，早在制宪之初，就已经为人们所理解，并且，我们的联邦宪法也确实含有若干应对性的机制，以便人们去克服这个问题，我在后面会详细地考察这些机制。不过，难就难在，一方面要设计出一种或多种保护少数 8
人的机制，以防止多数人的暴政，另一方面这种机制又不能公然抵触多数人统治的原则：在法律领域，如同在逻辑学领域，从一个矛盾的命题中可以推导出任何结论，因而只说“多数人统治但是多数人并不统治”(the majority rules but the majority does not rule)是不行的。这向来都是个艰巨复杂的任务，并且，我们今天仍然要面对它。非解释主义的方法论难题在于，如何使人们相信其理论不存在上述这种突出的矛盾状况。非解释主义者已经在这方面作了很多努力，对此，我将在第三章作细致的考察。不过，就整体来说，他们一直处于结结巴巴地为自己辩解的境地，这是因为，在非解释主义者的阵营内部，对于“为什么民主原则没有被冒犯”这一问题，各有各的解释，谁也不服谁，事实上，甚至同一论者，其解释也会变来变去，令人难以捉摸。多数人的权力倘若不受限制，确实是非常危险的；可是，如果从这个认识出发，进一步推论说，在一个民主的共和国里，由非经选举产生的官员来实施“不成文宪法”，是一项适宜的应对机制，那么，这个推论显然是非常大胆的，且带有英雄主义的色彩。

布莱克大法官和解释主义流派也有一个推论，难能可贵的是，这个推论似乎既能获得解释主义者的赞同，又能在反对人士那里获得共鸣。他们首先会说，多数人当然有可能去压迫少数人，而这也正是在《权利法案》以及宪法其他规定中明确列举特定权利要求国家给予保护的原因所在。对多数统治原则施加例外的限制，显然是非常有必要的。不过，正如制宪者所作的明智决定那样，比较稳健和安全的做法是，在发生特定争议问题之前，就将这些例外的限制规定下来，而不是等以后碰到特定的政治争议问题时，在争议问题所伴随的激情和狂热中，再去发展出这些限制。他们接着指出，这样的做法也是比较民主的，因为解释主义者将予以执行的这些例外限制，是由人民自己所施加的。非解释主义者是让无需承担政治责任的法官们，去选择和界定超越于多数统治之上的价值；而解释主义者仅仅是从我们的联邦宪法中提取价值，也就是说，由于宪法本身曾提交给人民批准，人民也确实予以批准了，所以解释主义者所提取的价值最终是来源于人民的。因此，法官们并没有制约人民,制约人民的是宪法,这意味着,最终是人民自己在制约自己。

这一推论思路可以追溯到汉密尔顿所写的《联邦党人文集》第78篇以及首席大法官马歇尔在“马伯里诉麦迪逊案”中的判决意见。而且,它在当代似乎获得了广泛的认同——不只是表现出解释主义倾向的人士赞同这个推论思路,就连那些明显对解释主义 9
持批评立场的人士,也不得不表示对它的肯定。[31]我们也因此可以看到,托马斯·格雷(Thomas Grey)教授,这位雄辩的非解释主义方法论的发言人这样写道:

> 布莱克大法官对于宪法裁判所持的见解,确实相当有说服力,而且非常简洁明了……其出众之处主要在于……它正面回应了“司法审查是不民主的”这项指责,从而为司法审查提供了有力的支持。按照他那纯粹的解释模式……当法院判决一项基于多数民主的法律或政府措施违宪无效的时候,针对可能产生的民众质疑声,可以理直气壮地回答说:“不是我们,而是你们自己让这些法律或政府措施无效的。”因为,这些法律或政府措施所抵触的原则,早已为人民所选定,人民把这些原则认定为基本原则,并且把它们明文规定在宪法文本中,由法官们去解释和适用。[32]

第二章　拘泥于条文的解释主义之不可能

11 解释主义的一般理念是富有魅力的，并已成为我们的法律文化，这固然不为错，但也有必要作一些关键的保留和修正。首先，第一章末尾所展示的那种推论思路，不管它有多么的古老和受欢迎，其在很大程度上是虚构出来的。想想我们的宪法修改有多难，我们就可能会认为，一条最近通过的宪法修正案，即使称不上全民共识，也至少代表了我们现在多数人的意愿。[1]但是，在法院经常发生争议的那些宪法修正案——如果说它们曾代表了“人民的声音”——所代表的仅仅是一两个世纪之前的人民的声音。[2]早在制宪之初，就有人对此表示担忧。譬如，诺厄·韦伯斯特(Noah Webster)曾指出：“制定一部永久宪法的想法和努力，是基于一个前提性的假设之上，那便是，我们有权掌控后代的意见，并有权为他们立法，而实际上，我们对他们所享有的权威，就如我们对亚洲国家所享有的权威那般少。”[3]杰斐逊(Jefferson)也曾写信给麦迪逊(Madison)说:“‘我们这块土地的使用权,属于活着的人’,死去的人则既没有权力也没有权利。”他的建议是,宪法每过十九年就应该自动失效。[4]麦迪逊等人表示反对,认为这是不可行的,同时也是不可取的[5](后来杰斐逊显然被说服了,因为在我们共和国的第十九个年头,他正在担任总统,但是他并没有提议根据联邦宪法第5条召开制宪会议)。事实上,我们选择了一条截然相反的道路,即增修宪法条文通常需要由国会参众两院各三分之二的多数同意,且经全国四分之三州的议会批准。我当然不是说这是件坏事情,我的意思是,这对于法官适用宪法——即便是解释主义者眼中的成文宪法——就是执行人民的意志这一理念来说,确实是个致命的打击。由此看来,与民主理论的不相容,似乎 12
是解释主义者和非解释主义者共同面临的难题。[6]

解释主义的一个突出优点是,它比较符合我们关于法律应该如何运作的一般观念:如果实施宪法是你的工作,那么你所实施的就只能是宪法,而不能是当时出现在你头脑中的一个善念,无论它多么契合你的心意。这个论断,就像公理一样具有不可争辩性;倘若接受**这项公理**的人就是解释主义者,那么凡是心智健全的人都必然是解释主义者。但是,关于解释主义的争论,不在于一个同义反复的命题(tautology)的真理性,而在于解释主义所包含的一个深层次的命题,那便是:“实施宪法”必然意味着,在宪法文本明白规定或明确隐含的规范基础上展开工作。

在这里,有必要澄清解释主义这个概念,特别是区分解释主义的两种可能版本,就我所阅读的文献而言,还没有人这么做过。一些人也许会承认,宪法上的很多条文,仅靠语言文字和有关制宪史,是很难理解其内涵的,实际上,其中有些条文一看就知道需要通过条文之外的渊源来填补其内涵;但是他们仍坚持主张,补充条文内涵时所依赖的理论,应该源自整个宪法文本的总体精神,而不应该源自宪法框架之外的某种渊源。有人甚至会希望,这种广义的解释主义,既能避免狭义的(或曰"拘泥于条文的")解释主义所具有的缺陷,同时又能保持我们在第一章考察过的解释主义方法论所具有的比较优势。事实上,我在后面两章,基本也持上述立场,并将详细论述(至于我所提出的见解,应该被看作解释主义的一种类型呢,还是应该被描述为介于解释主义与非解释主义之间,这个问题似乎既难以回答,又无关紧要——尽管,它是否确实能既避免狭义的解释主义所具有的缺陷,同时又能维持其优点,这个问题是可以回答的,也是很重要的)。然而,广义的解释主义立场,有待我们多花些时间去做说明和阐述,通常它不被认为是解释主义旗帜下的一员。[7]相反,解释主义的一般观点是:宪法上的各种条
13 文,实质上近似于自足的实体,其解释仅靠语言文字,同时辅之以制宪史所能提供的帮助就行,而无需在这些条文之外向其填充内容。然而,我们将会看到,这种典型的解释主义陷入了困境——这个局面完全是它自己造成的,并且如此严重,以致难以收拾。因为解释主义者的圣经,即宪法文件本身,包含了有下述意向的一些条款,它们邀请解释者越出条文的框框——如果你愿意,这些条文的邀请意向,至少会使你成为这个意义上的非解释主义者——这些条文的邀请意向是不能另作他解的。

宪法上的条文有如一道光谱,光谱的一端其含义相对明确,光谱的另一端其含义则完全是开放的(open-textured)。在含义明确的一端——譬如担任总统职务者必须"年满三十五周岁"的规定——该用语如此明白,以至于无须参考制宪者的意图。其他一些宪法条文,比如要求总统"生来即为本国公民"(natural born

Citizen)的规定,就可能需要参考该用语在历史上的含义,以便排除其他可能的解释——这里能够想到但不大可能作出的解释是,要求必须是婚生子女(或非婚生子女!)或非剖腹产出生[8]——不过,只要翻翻词典上的解释,这个条文的适用,就会变得比较容易。另外有些条文,比如宪法第 1 条修正案禁止国会法律“剥夺言论自由”的规定,可能就需要更多的参考。一方面,这个简洁的用词,如我所提及的其他用词,在这里是被期待着去处理更为广泛也更为重要的问题。另一方面,也许与前一方面有些关系,我们多少能意识到,这些用词是有发展意向的,即它们并不想把自己的含义局限在 1791 年。当然,这样的认识并不会使布莱克大法官和其他多数解释主义者陷于难堪:他们会回应说,对于解释宪法条文的人来说,其职责就是根据宪法条文的指示,辨识和确定诸种邪恶(sorts of evils),进而将其在当代的对应物一一除掉。这显然很难做到,但它仍然是解释主义的一个信念,即决心为“我们国家早先明确通过并写入宪法文本的决定,确定其在当代的范围和意义”。[9]

还有一些宪法条文,例如第 8 条修正案禁止“施加残酷和非常的刑罚”的规定,则似乎更强烈地要求参考宪法文件本身和“制宪者的词典”之外的渊源。把这项禁止性规定解释成,仅仅涵盖那些
在 1791 年会被认为“残酷和非常”的刑罚,这并非不可能,但是如 14
此解释似乎背离了语言文字的开放性质。解释主义者可以像对待第 1 条修正案那样回应说,即便确实不应该把这条款的意义局限在 1791 年,但也应该把它限制在该条款所针对的邪恶的一般范畴之内。然而,如果你继续循着这一“解释”模式来对待第 8 条修正案——第 1 条修正案也会出现类似的情况——你很快就会发现,自己处于问题缠身的境地,这是最糟糕的,而最好的境况也要把一种理论加到制宪者的头上,这种理论也许符合制宪者所说的,但是

很难从他们的讨论或者词典中找到。即便承认这个困境，解释主义者的灾难也不止于此。禁止“残酷和非常的刑罚”这一条款，确实邀请解释者对它作一定程度的自由解释，当然，这种自由解释是受到约束的。该条款所针对的是刑罚，而非所有的政府行为，甚至在这一有限的范围内，它对解释者的授权也不是全无指引的：只有达到某种严重程度的（残酷的）而且不常见的（非常的）刑罚，才是它所不允许的。

然而，第 8 条修正案还不是处在宪法条文光谱的另一端。第 14 条修正案——后面我将讨论的第 9 条修正案与此类似——所包含的条款，若要负责任地解读，必须在宪法裁判过程中引入大量的、从该条文的语言文字或制定该条文时的有关争论中无从寻找的考量因素，除此之外，别无他法。

正当程序

在这里的讨论中，第 14 条修正案的正当程序条款（Due Process Clause）是被引用最多的宪法条文，它规定：无论何州“未经正当法律程序，不得剥夺任何人的生命、自由或财产”。联邦最高法院对立法行为作全面的实质审查时，就倾向于援引这一条款来“支持”其偶尔为之的冒险行为。在 20 世纪的前三分之一时段里，联邦最高法院频频判定各式各样的保护劳工的法律违宪无效，其所援引作为判决依据的便是这一正当程序条款。说到这些判决，人们通常会想起“洛克纳诉纽约州案”（Lochner v. New York），[10] 这是早期此类判例中的一个，而现在，这些判例普遍被认为在宪法上不具
15 有正当性——其中的原因，对解释主义者来说是显而易见的，对非解释主义者来说则稍微复杂点。联邦最高法院在 1973 年的“罗伊诉韦德案”（Roe v. Wade）[11] 中，判决宣告全国五十州禁止堕胎的法律

违宪无效，同样是以正当程序条款为依据的。这种“实质性正当程序”（substantive due process）观念广为论者所接受。譬如阿奇博尔德·考克斯（Archibald Cox），他虽然也基于其他理由反对罗伊案判决，但对于解释主义者的批评，即宪法对于堕胎问题似乎没有给出哪怕是一丁点的意见，却不以为然。他说：“我认为正当程序条款具有足够的关联性……联邦最高法院不断诉诸实质性正当程序几乎有一个世纪之久，这表明我们的自然法传统在宪法裁判中有多大的影响力，在我看来，抵制这种影响力是不明智的，同时也是徒劳的。”[12]

事实上，如此解释正当程序条款——认为其包含一项一般性的命令，要求法院对立法和其他政府行为的优劣作实质性的审查——不仅不具有必然性，而且很可能是错误的。第 14 条修正案中的正当程序条款，直接取自早先通过的第 5 条修正案中的正当程序条款，只不过后者是针对联邦政府的。早先的那个正当程序条款在其制定时，被理解为仅仅指合乎法律的程序，这是一个广为认同的观点。[13]将这一条款复制进第 14 条修正案时所记录的资料里，也没有任何证据显示这一条文被赋予了程序之外的更多内涵。[14]至此，这一切听来都理所当然，因此相当多的论者得出结论：第 14 条修正案的制定者明显是想让他们的正当程序条款仅适用于程序问题。这也就是为什么斯坦利·莫里森（Stanley Morrison）教授就第 14 条修正案的见解对布莱克大法官大肆攻击时，唯独在一件事情上对他表示赞同：“他想要废弃实质性正当程序，是有充分的历史根据的。如果正当程序条款按照 1868 年该条款的制定者或其他人的理解来解释的话，实质性正当程序理论是站不住脚的。它是……后来从自然法传统中长出来的一颗瘤。”[15]

然而，事情往往没有那么简单。说到第 14 条修正案的制定者之意图的时候，更是如此。尽管原初的正当程序条款具有程序性的意向,美国内战前却有几个判决对正当程序这个概念作了更为宽泛的解释,从而排除了某些实体性的立法内容。其中一个是“维纳汉摩诉纽约州人民案”(Wynehamer v. People,1856),在该
16 案判决中,纽约州上诉法院根据该州的正当程序条款推翻了一项禁酒的法律规定,而该州的正当程序条款在措辞上与第 5 条修正案的正当程序条款一模一样。[16]也许更加臭名昭著的是“德雷特·斯科特诉桑弗特案”(Dred Scott v. Sandford),该案判决作成于上述判决一年之后,联邦最高法院在其中宣告《密苏里妥协法案》(*Missouri Compromise*)违宪无效。时任首席大法官的坦尼(Taney)撰写了本案“判决意见书”(在他的同僚中实际上只有两个大法官对他的理论表示赞同),他在讲到宪法依据时表示,《密苏里妥协法案》侵犯了奴隶主受正当程序保障的权利。[17]当然,我绝不是说,由于这些判决的出现,法律的轨道已经发生改变;我也不是说,第 14 条修正案通过之时,正当程序已被普遍地理解为具有实质性的因素。恰恰相反,我认为:“维纳汉摩案”判决和“德雷特·斯特科案”判决偏离了正轨,它们既无先例的支持,也注定不会成为先例本身(必须面对这些判决的其他法院曾非常尖刻地在判决中指出,实质性地解读正当程序条款,纯属滥用宪法语言)。[18]我这里所主张的是,考虑到这些判决——至少对于其中的一个判决,第 14 条修正案的制定者必定是非常了解的[19]——我们不能断然排除这样一种可能性:假如被问及,第 14 条修正案的制定者中有部分人士可能会同意,偶尔也可以对正当程序条款作实质性的解释。[20]

然而,如此提问,便是只见树木,不见森林。无视“制宪者的意图”*

---

* 此处,“制宪者”(the framers)指宪法和宪法修正案的制定者,作者并不强调制宪者与修宪者的区分。同样,下文说到制宪史(legislative history)时,也包括了修宪史。——译者注

是不对的——尽管站在另一极端的立场上是可以理解的。未经批准之物不能成为宪法之组成部分，而为了知晓批准之物为何，我们有时需要了解其意图之所在［除非我们知道“生来”（natural born）之意究竟是指由美国夫妇所生抑或由已婚夫妇所生，否则我们无从知晓批准者在批准时有什么想法，我们也因此难以确定宪法的命令是什么］。我也不同意虚无主义者的看法，他们认为：从一项过去的行为及其周围环境，推断行为者的真实意图，是不可能的事情。[21]然而，倘若某人认为**承载制宪者之意图的最重要的资料是宪法文字本身**，并以此为前提来设定议题，那就摆明了他已深陷在探索制宪者之意图的迷途当中。这在制宪史特别杂乱无序的情形下——第 14 条修正案正是这种情况[22]——尤为正确，不过，这个 17
论点所能适用的范围更为广泛。首先，对于自己投票赞同的条文，并不是每个制宪者都有强烈的使命感，要把他对条文含义的确切理解（假设他只有一个理解）置于“制宪史”当中，或者奋起指正他所不认同的每一个解释。这一点对于法律和其他集体意志的产物来说，也是真实的。围绕一个权威文本的争论之所以在投票表决后就结束，是因为已经达成足够广泛的共识，而这个共识仅仅要求获得多数人的同意即可。不过，宪法的情况还要特殊，试图通过仔细钻研国会议员的发言记录，来修正或限定宪法语言，更显愚蠢。国会在制定宪法修正案的过程中所起的作用，用宪法上的用语来说，仅仅是向各州“提出”（proposing）修正案条文而已：此条文必须经过四分之三州的议会批准，才能成为宪法的一部分。所以，就决定宪法条文的“真实含义”而言，说国会中提议者的意图比投票批准者的意图来得更加关键，显然是没有正当根据的。然而，这就会导致一个结论：如此众多不同的人民，处在如此多元的环境中，以至于我们无论怎么探究制宪史，都难以期望将他们的意图拼凑出一幅可靠的图像。使问题更加复杂的是,许多有关制定第 14 条修正案的记录资料已经遗失。[23]因此,探究“批准者”在批准时的想法是什么,唯一可靠的根据就是他们批准通过的条文语言本身。当时的论辩(或其他材料)可以当作词典来发挥作用,以解决含混不清的问题,就像生来即为本国公民这个例子那样,但是,若要发挥“词典功能”(dictionary function),探究所提议和批准的条文之意图的关键资料,必定是被提议和批准的条文本身。

> (制宪)会议中的每个成员,都是依自己的动机和理由行事,对于制宪会议通过的特定条款,从最初动议和有关辩论中并不必然能找到会议中多数人的意图……即使我们确信已发现制宪会议的真实意图,它也绝不应该成为支配性的力量,特别当它不是文字所
> 18 传达的最为自然和明显的含义时,更是如此。这是因为,宪法的效力不是源自创制它的制宪会议,而是源自批准它的人民,所以,人民之所欲,才是宪法意图之所在。我们不应该认为,人民在批准宪法条文时,会在条文用语中探寻晦涩难解的含义;人民毋宁是在最显明的日常理解的意义上接受宪法条文的,以及抱着那就是条文所要传达的意思这个信念予以批准的。因此,制宪过程对于正确解释宪法的意义,较之于立法过程对于正确解释法律的意义,更不具有决定性;因为正确解释法律时,我们所要寻求的是立法者的意图,而正确解释宪法时,我们所努力追求的是透过人民代表的讨论和协商探寻人民的意图。[24]

上面这段话,是托马斯·库利(Thomas Cooley)在一百多年前写下的,但是我们今天,对第 14 条修正案,仍有意识地在作“历史性的”讨论,这表明,上面这段话的道理,我们还是有学习的必要。[25]

现在让我们回到正当程序条款的用语上来，尽管已拖延好久。对于该条款的文本，“这么长的时间以来，这么多的人，已经认定它仅仅具有唤起情感的功能”，[26]而你却要说它富有深意，这的确有点尴尬，然而，“正当”后面紧跟的单词是“程序”，则是根本不容否定的事实。没有任何证据表明，一个世纪之前的“程序”概念所包含的意思与现在的有所不同——事实上，正如我所言，历史记录所显示的与此相反——也许只能夸大偶尔的非常规用法，认定那些批准第 14 条修正案的人，脑海里装着一个稀奇古怪的定义。[27]我们经常熟视无睹，因而需要不断地提醒自己：说“实质性正当程序”，在措辞上是自相矛盾的——这就好比说“绿粉红”（green pastel redness）。*

有人可能会认为，这不是个大问题，最多也只能算是修正主义，因为我已经说过，第 14 条修正案的确含有要求引入实质性审查的条款——最显著的就是我即将探讨的特权或豁免权条款（Privileges or Immunities Clause）——而正当程序条款并不属于此类条款。我们为何要在意，实质性审查叫作“实质性正当程序”还是其他什么名称呢？如此提问固然没有错，但事实证明，名称问题 19
也是很重要的，因为实质性正当程序的概念，似乎对正当程序条款发挥正确的功能，即公正程序的保障功能，产生了负面的影响。程序性正当程序的法律大纲，在不久之前都还是非常清晰和没有争议的。“生命、自由或财产”这一短语，是被当作一个整体来解读的，并且被赋予了开放性的和功能性的解释，[28]这意味着政府未经正当法律程序不得对你施加严重的伤害。何种程序是“正当的”，自然会根据不同的情况而有所不同，尤其会根据你所受伤害的严重

* 出于同样的原因，“程序性正当程序”（procedural due process）一词，也是多余的。

程度以及不同情形下程序的有用性与可行性的不同，而有所不同。但是，如果你受到政府的严重伤害，你就有权获得正当程序的保护。[29]然而，在过去的几年里，联邦最高法院已经改变了这一切，其转而认为：在确定你有权获得“正当程序”的保障之前，也即必然在判断何种程序是“正当的”之前，你必须证明自己所受的伤害相当于被剥夺了“自由利益”（liberty interest）或者“财产利益”（property interest）。[30]这在实践层面和理论层面都引发了危害。联邦最高法院的判决不但持续地缩减人们有权获得程序保障的机会，而且其行为——对于这种缩减，美其名曰是在做区别，[31]并对眼前案件的是非曲直，在拙劣的掩饰下匆匆作出草率的判断——看起来还相当愚蠢可笑（你瞧，结果变成，是否具有财产利益，取决于你是否享有财产权利，这意味着联邦最高法院在决定你是否能够就你有无财产权利这一问题获得听证之前，就必须先判断你是否有财产权利[32]）。这一系列的判决已广受学界批评，批评者希望，在接下来的三十年里的某个时候，我们可以将这种危害消除。

不过，想一想这一系列的判决是如何开始出现的，倒是件有趣的事情。正如我所指出的，程序性正当程序的法则并非紊乱不堪，政府未经正当法律程序就可以对你施加重大伤害这一主张，几乎不会指望获得承认。[33]部分原因也许在于近来实质性正当程序的复活。只要洛克纳案依旧声名狼藉，以及实质性正当程序也因此形同消亡——也就是说不存在了，或者被缩减为政府行为必须“合
20 乎理性”这样一种实质上毫无意义的要求——那么，政府施加任何重大伤害都必须依据正当法律程序这个前提，几乎无任何风险可言。那仅仅意味着，人民通常有权获得公正程序的保障。但是，一旦“正当程序”被赋予重要的**实质**内涵，事情会变得非常可怕，法官们自然就会开始寻求各种方法来限缩自己的权力范围。对此，有

人可能已经回应说,错就错在复活实质性正当程序,但是另一方面,这又意味着,真正名副其实的正当程序,已经被压缩了。

即便把正当程序条款限定在保障公正程序这一恰当的功能上面,也不会使该条款变得无足轻重。因为,联邦最高法院即使无权再度揣摩正当程序条款背后的实质政策意图,仍可以通过施加比较严格的程序要求,使政策意图难以落实。此外,联邦最高法院仍有不少自由裁量权的地方还在于:一旦询问何种程序是正当的,就会使联邦最高法院卷入宪法并未提供答案的一些问题中。这也是困扰布莱克大法官的地方,其受此困扰最为明显的也许是,1970 年他在"温希普案"(In re Winship)中发表的不同意见书。在该案中,多数大法官认定,在州的刑事案件中,宪法所要求的证明标准是"排除合理怀疑"(beyond a reasonable doubt),对于此一多数判决意见,布莱克大法官不予赞同。由于排除合理怀疑的标准不能从《权利法案》中的任何地方找到踪迹,布莱克大法官坚持他的"吸收合并"理论,拒绝通过解读将此标准塞进第 14 条修正案。

在我看来,《权利法案》完全可以通过第 14 条修正案而适用于各州……(它)确实用明白的语言规定了在刑事审判中获得律师辩护的权利、非经大陪审团起诉不受死罪或其他重罪审判的权利以及被告有权获知受指控的罪名和理由等权利。宪法中有两处规定了受陪审团审判的权利,但是并无任何一处规定,必须在有罪证据超越合理怀疑的情形下,方可作出有罪判决。宪法就是这样对刑事被告应该享有何种审判程序作了详细而又明确的规定,我坚信,制宪者设下的程序规定,联邦最高法院是没有权力予以添加或缩减的。我知道,用法官个人的"公正"理念代替宪法所规定的公正,要轻松容易得多,但是我无论何时也不会放弃我的信念,即指引我

> 们的应该是宪法文件本身,而不是我们自己关于何为公正、恰当或
> 21 正确的观念……正如我反复所说,我宁愿信赖成文宪法的文字本身,也不愿依赖个别法官一天一个标准反复无常的公正观念。[34]

确实,他已“反复”说过,并且不得不承认,这番话是有价值的,但是在程序的背景中,听起来就不大真实了。诚然,联邦最高法院在判断何种程序为“正当”时,一定会考虑各种各样的成本,主要是金钱和时间方面的成本,而宪法是不会帮助我们评估这些成本的。但这不是正当程序独有的问题。这里所涉及的问题——诉愿人所受的伤害有多大,以及为他提供一个更为有效的听审需要耗费多少成本——截然不同于联邦最高法院在诸如“洛克纳案”和“罗伊案”之类的“实质性正当程序”判决中认定的有关问题,即立法机关决定执行的实质政策,在多大程度上是可取的,或者其重要性如何。此外,类似于禁止“残酷和非常的刑罚”这一条款,这里也必须容许一定的自由裁量,但是这种自由裁量是有限度的。换言之,这里的决定是在有限的范围内作出的。问题不在于究竟是否可以这样对待诉愿人,而在于这样对待诉愿人需要满足哪些程序要求:这个问题是重要的,且有难度,但范围更为有限。最后,何种决定需要有何种程序才算公正,是律师和法官擅长处理的一类问题(只要观察一下由一个法律人和其他非法律人组成的某个委员会,看看这个法律人最终所扮演的角色就一清二楚了)。因此,尽管存在那样的授权,但它是有限度的,并没有那么可怕。

所以,我们可以毫不惊奇地看到,即便布莱克大法官也时不时地动摇立场,行使这一被授予的权力:在法庭存有偏见,基于模糊不清的法条或已知有错的证据作出有罪判决时,就算宪法上无任何一处提及这些缺陷,也认定这些有罪判决违反正当程序。他有

一次甚至在一份主张正当程序的要求包含了排除合理怀疑的标准的不同意见书上连署！[35]倘若布莱克大法官不把他对"实质性正当程序"的主观性方面令人信服的评论，转用到名副其实的正当程序领域，而坚持早先他在 1947 年写给墨菲（Murphy）大法官的短笺中所表达的观点——"我并没有试图将程序性正当程序仅仅与《权利法案》联系在一起。事实上，我认为还存在着正当程序要求予以遵循的其他有关程序的宪法性禁止规定"——那么，他会做得更好一些。[36] 22

特权或豁免权

第 14 条修正案的特权或豁免权条款——"任何州都不得制定或实施限制合众国公民的特权或豁免权的法律"——从其表面的意思上看，似乎包含了那种被错误地归到正当程序条款之上的实质性审查的权力。然而，尽管特权或豁免权条款可能是第 14 条修正案的制定者期望最多的一个条款，但它实际上已垂死百年。在 1873 年的"屠宰场案"（the Slaughter-House Cases）判决中，[37]联邦最高法院的多数意见，将该条款限制在或是宪法明文保障的或是明确隐含在公民与联邦政府的关系中的那些权利上，至少可以说人们普遍如此解读。[38]但是，正如菲尔德（Field）大法官在不同意见书中所作的评论："倘若该条款所保障的……如联邦最高法院的多数意见所认定的，仅仅是该条款被批准之前宪法就已明文列举的或者必然隐含的合众国公民得享有的特权或豁免权，那么制定该条款就是徒劳而无功的，没有任何意义，最多是让国会和人民对该条款的通过空欢喜一场而已。"[39]这番话是完全不可否认的。毋庸赘言，在制定第 14 条修正案的历史中，丝毫不会有证据支持这样的观点，即第 14 条修正案的制定者本来就想要特权或豁免权条款毫无意义。不过，"屠宰场案"判决对该条款的解释，却一直沿用至今。

“屠宰场案”是个特殊的案件,它使联邦最高法院有机会对重建时期制定的宪法修正案做首次解释。此案涉及由白人原告提起的一项宪法诉愿,他们抨击路易斯安那州重建时期的政府为屠宰业建立的垄断制度,认为该制度违反了第13条和第14条宪法修正案的各项条款,该制度的扭曲效果也是显而易见的。想自由从事屠宰业的原告,由于没有其他条文可资利用,不得不大胆解读这些条款,以便支持自己的权利主张。所以米勒(Miller)大法官“和他的四位持赞同意见的同事只看到两种选择:要么将特权或豁免权条款压缩到几乎毫无意义的地步,要么将它解释成能自动生成各种法律权利(包括营业自由)并由联邦最高法院予以实施的不尽源泉。在这一选择上,联邦最高法院的意见五比四分裂。没有人提出第三种意见,这或许是因为一个可理解的(即便是不充分的)理
23 由,即诉讼的对立双方都不能从第三种意见中获得助益……”[40]后来的联邦最高法院,由于正确地诊断出过度反应的问题,在很大程度上已经将“屠宰场案”判决对平等保护条款作较多限缩的狭义解释扭转了过来。但是,联邦最高法院在特权或豁免权上从未动摇过一步。[41]

其中的原因必定是,该条款的文字所提供的解释空间太吓人,[42]因此,问题在于,“屠宰场案”中诉愿人的解释主张所招致的混乱,以及联邦最高法院难以自圆其说的赘述,在这两者之间,是否存在某种明显的中间立场。从重建时期制定的宪法修正案的历史场景出发,有一种可能性值得注意,那便是,特权或豁免权条款(在此点上甚至整个第14条修正案),应该完全按照该修正案的总体精神,即黑人的平等事业这一目的来解释。特权或豁免权条款的关键措辞,取自宪法文本第4条第2款,其规定:“每个州的公民

享有各州公民的一切特权和豁免权。”这是个平等条款，旨在防止各州区别对待本地人与外地人。既然宪法第4条是为了维持本地人与外地人之间的平等，那么，安插在第14条宪法修正案中的类似条款，会不会是为了保障当地居民之间的平等而制定的？菲尔德大法官就曾在屠宰场案的不同意见书中提出了这样的解释：“这里所讨论的条款，其目的是保障一州公民免受他州带有敌意和歧视性的立法之侵害，同样，第14条宪法修正案的目的在于，保障任一美国公民免受带有敌意和歧视性的立法之侵害，不管此种立法的受害者与受益者，是居住在同一州还是不同州。”[43]

第14条宪法修正案的特权或豁免权条款，确实可以被认为，有助于实现黑人的平等事业这一目标：确保实质平等的一种方法，就是赋予任何人都不得被剥夺的资格利益。但是，若说黑人的平等地位，甚或更为广义的平等，是整个第14条宪法修正案所追求的唯一目的，要为这样的主张辩护，就难得多了。废奴主义者的关切，随着时间的流转，已有所扩展——部分是因为关切的动因有所相同，部分是因为废奴主义者所遭受的迫害——从比较狭窄地关注黑人的权利，发展到广泛地关注每一个人的公民权利和自由。[44] 24
第14条宪法修正案的各项条款，反映了这一发展。正当程序条款致力于程序公正，平等保护条款则直接关怀平等（若承认前面关于特权或豁免权条款的解释主张，就会使平等保护条款成为多余，这绝不是个小问题）。特权或豁免权条款还增加了另一层面的内容：它似乎相当明白地宣告，有一些资格权利（entitlements）是任何州都不得予以剥夺的（至少对于美国公民来说是如此）。[45]

因此，菲尔德大法官并没有固守他的平等论，而是接着大谈特谈固有的基本权利（fundamental and inalienable rights），因而也是在试图赋予特权或豁免权条款实质性的内涵。[46]这一明显的精神分裂状态,是无可指责的:在重建时期的宪法修正案制定之前、制定之中以及制定之后,平等观念与实质性权利的观念趋于融合,这是可以理解的。我们既可以(通过指明的方式)直接保障实质性权利,也可以通过平等条款,规定每个人平等地享有权利,来保障实质性权利。同样,我们既可以通过平等保护的规定来保障平等,也可以通过指明我们认为重要的东西,并且宣称每个人都应拥有它们来保障平等。上述两种方式的效果,不分上下。第 14 条宪法修正案,同时采取了上述两种方式,不过,只要稍微留意该修正案的用语,就不难发现,平等保护条款采取的是平等保护令的策略,而特权或豁免权条款则诉诸赋予每个人一系列权利的方式。倘若将特权或豁免权条款解释成仅仅是平等保护条款的简单复制,那么就会在修正案之意图简单化的观念下,错失宪法用语的重要区别。

为赋予特权或豁免权条款确定的独立内涵——当然,通行的解释,丝毫未予采纳——作了最大努力的是布莱克大法官,其最终的定见为:正是该条款"吸收合并了"《权利法案》并使之能适用于各州。在早期的论战中,布莱克大法官对于这一吸收合并究竟是由哪一条款完成的这个问题,态度并不是很明确,而仅仅指出靠的是"作为整体"的第 14 条修正案。[47]这也许是因为,不同于正当程序条款和平等保护条款,特权或豁免权条款可以被解读成,其保护
25 范围仅限于美国公民,而布莱克大法官还想保护美国公民之外的人。不管这是否能够解释布莱克的行为,这一见解想必已对他人造成困扰。在历史记录资料中,并无显示有要将特权或豁免权条款的保护范围限定于美国公民的明确意图,这似乎是众所公认的。[48]然而,多数论者断定,该条文的语言明白地指向此一效果,我们也因此坚守只有美国公民才受此保护这个论断。[49]我当然承认,我们应该遵从清楚明白的宪法语言:因为它最能证明目的。但是,

当一般的解读不符合我们所非常确信的规范目的时，为了制宪者和我们自己，我们至少应该再次审视一下这些语言文字。“任何州都不得制定或实施限制合众国公民的特权或豁免权的法律”，虽然可能意指只有公民才受特权或豁免权的保护，但是并非必须如此解释。它也可能简单地意指存在一组权利，即“合众国公民的特权或豁免权”，这是各州对任何人都不得予以剥夺的。换言之，宪法条文提及公民这一词，可能是为了界定权利的种类，而不是为了限定受益者的种类。[50]既然大家似乎都同意，如此解释将更好地反映我们所了解的规范目的，并且这也契合于宪法文义，因此，实在很难想象，为什么不遵循此一解释。[51]

不管出于什么原因——可能是因为没有其他条款，可以合理地当作吸收合并整个《权利法案》的媒介[52]——布莱克大法官在1968年“邓肯诉路易斯安那州案”(Duncan v. Louisiana)的协同意见书中，已经将特权或豁免权条款认定为发挥吸收合并功能的条款。[53]然而，布莱克从历史角度对制定第14条修正案的一般目的就在于使《权利法案》能适用于各州这一命题所作的论证，早在1947年，在他为“亚当森诉加利福尼亚州案”(Adamson v. California)撰写的不同意见书的一个附录中提了出来。[54]人们一度认为，布莱克的论证显然已被查尔斯·费尔曼(Charles Fairman)教授两年后发表的一篇批评性文章所驳倒。[55]不过，这样的看法现在已不再流行：人们开始意识到，这是一场谁也不会获胜的争论。[56]

布莱克的论证很大程度上依赖于众议员宾厄姆(Bingham)和参议员霍华德(Howard)这两位议会领袖的言论，其中霍华德起草了第14条修正案的第1款的全部内容。从他们的言论中，布莱克 26
大法官获得了一项强而有力的论据。单单霍华德的言论，就足以使合并意图的否定论者踌躇深思。正是霍华德参议员，以联合委员会临时主席的身份，向参议院递交了第 14 条修正案。他下面的这段发言，正展现了他自己所理解的“影响了那个委员会的观点和动机”：

这就是宪法第 4 条第 2 款所讲的特权和豁免权的特色（霍华德刚刚引用过 Corfield v. Coryell 案的法官意见，稍后我将讨论其内容）。这些特权和豁免权，不管它们可能是什么——因为它们的完整内涵和确切性质，没有并且也不可能被彻底界定清楚——至少应该包括宪法前八条修正案所保障的个人权利，譬如：言论和出版自由，和平集会及向政府请愿寻求救济这一全民享有和人人享有的权利，持有和携带武器的权利，未经房主同意士兵不得驻扎在民房的权利，不受无理搜查和扣押的权利以及除依据基于宣誓或代誓宣言的保证而颁发的令状不受搜查和扣押的权利，被告有知晓受指控的罪名和理由的权利以及由案发地居民组成的公正的陪审团审判的权利，还有不被要求过多的保释金及免受残酷和非常的刑罚的权利。

诸位，这些便是特权、豁免权和权利，如前所述，其中有一些为宪法第 4 条第 2 款所保障，有一些则由宪法前八条修正案所保障。并且，很值得注意的是，我们法院的判决取向及当前已确定的原则为：所有这些宪法所承认或保障的豁免权、特权和权利，其保护的仅仅是作为合众国公民以及作为合众国法院的当事人的公民。它们在限制或抑制州的立法上丝毫不起作用……

……因此，该修正案第 1 款的伟大目标在于，限制州的权力，并迫使各州时刻尊重这些重要的基本保障。[57]

27

这段话毫无含混之处，所以，费尔曼转而争辩说，像这样的声明是非常少见的，第 14 条修正案的创制者和批准者，绝大多数没有显露出想要把《权利法案》的要求适用于各州的迹象。[58]对此，布莱克予以承认，不过争辩说，议会领袖的发言正是我们所应重视的，其决定制宪目的，因为投票者在议会领袖的声明中寻找规范目的。

正如我所说，基于制宪史的争论，没有哪一方能获胜。[59]不过，制宪史也确实不应该成为问题的关键。此处（他处亦同）最重要的是，被提议和批准的条文实际上使用的语言文字本身。因此，布莱克大法官争辩道，“任何州都不得制定或实施限制合众国公民的特权或豁免权的法律”，“非常合理地表达了此后《权利法案》应该适用于各州这一想法”。[60]但是对方也有一个论点，似乎同样强而有力——倘若第 14 条修正案的特权或豁免权条款旨在吸收合并整个《权利法案》，那么，第 5 条修正案的正当程序条款也将被并入，如此一来，第 14 条修正案的正当程序条款将会成为多余。这个论点，对于那种强意义上的（布莱克大法官就是在这种意义上提出，第 14 条修正案的意图是“此后《权利法案》应该适用于各州”）吸收合并论来说，是个沉重的打击。但是，它对于现在理应出现的更加切合实际的理论来说，并不构成严重打击。这种理论认为，尽管从最终批准的条文用语中，不一定能得出《权利法案》诸规定“此后”应该算在公民的特权和豁免权的名下这一结论，但是同时，该条文用语（或我们所知的其相关意图）也没有阻止我们得出这个结论。

为回答当前所遇到的特定问题……到有关制宪史的资料中去寻找特定答案，这无异于缘木求鱼。研究再多，在绝大多数情况下，答案也必定是无解。……若说制宪者有意用第 14 条修正案禁止种族隔离，或者将《权利法案》中包含的针对联邦政府的所有限

28 制适用于各州,并非实情;但是,制宪者也没有排除这些可能性,事实上,他们可能还期待有这样的发展。[61]

这种理论还有另外一个优点,因为已讨论过的材料中,并无任何内容可以用来支持布莱克大法官将第 14 条修正案的特权或豁免权条款限定在吸收合并《权利法案》这一功能上面。确实有一些制宪史料表明,存在吸收合并《权利法案》的意图,但是,绝无资料表明,这便是制定特权或豁免权条款的全部目的。而且,事实上,霍华德的言论,即布莱克的吸收合并论最有力的证据,显然与布莱克的限定说针锋相对。特权或豁免权条款的用词的确"非常合理地"表达了《权利法案》应适用于各州这个意图,但是,倘若这是制宪者的唯一意图,那么,他们应该会找到更恰当的用语。所以,布莱克若要论证他所持立场中的限定说,就不能依靠宪法条文的文本或其意图,而必须依赖于他对该条款所带来的法官自由裁量权的不安。我当然能够理解他的不安。但是,一旦布莱克不从宪法文本和历史意图入手,转而诉诸他自认为是正确的观念,那么他也就开始陷入他自己特有的非解释主义。

因此,对特权或豁免权条款的最合理的解释,必定是依据其语言文字作出的解释,那便是:该条款是一项授权,据此,未来的宪法决策者可以保护某些权利,尽管宪法文本没有把这些权利列举出来(至少没有列举穷尽),甚至也没有为这些权利的发现提供任何具体的指示。此一解释符合该条款的语言文字,而且还符合一大块我尚未讨论的非常重要的制宪史料,即第 14 条修正案的创制者在讨论"特权或豁免权"这一短语时,反复提及巡回法院独任法官华盛顿(Washington)在 1823 年"科菲尔德诉科里尔案"(Corfield v. Coryell)[62]中对宪法第 4 条里面相对应的短语的解释。在探讨宪法第4条所保障的外州人有权平等享有的“特权和豁免权”有哪些这一问题时，华盛顿法官试图为此划定界限，但最终却留下了几乎是无穷的空间。

> 问题是，诸州公民的特权和豁免权有哪些？我们会毫不犹豫
> 地将范围限定在那些具有基本权利性质的特权和豁免权上，它们 29
> 是所有自由政府下的公民都拥有的权利，并且，自诸州组成联邦，成为自由、独立和主权的国家起，它们就一直为诸州公民所享有。这些具有基本权利性质的特权和豁免权有哪些？要将它们一一列举出来，与其说是件困难的事，毋宁说是件冗长乏味的事。不过，它们或许可以包括在下述一般性的权利名目下面：受政府保护的权利；享有生命和自由的权利，获取和拥有各种财产的权利，以及追求和获得幸福和安全的权利；当然，政府为了全体人民的普遍利益，可以对这些权利施加必要的限制。一州公民为了贸易、农业、求职或其他目的，途经另一州或居住在另一州的权利；请求获得人身保护令的权利；在州法院提起并展开各种诉讼的权利；取得、持有并处置动产或不动产的权利；以及不被课以高于该州其他公民所承担的赋税的权利；这些权利显然包括在被认为具有基本权利性质的特权的一般类型之内，且可能会作为公民特权和豁免权的特定种类而被提及；除此之外，还有各州宪法和法律所规定和调整的在各州行使的选举权(elective franchise)……[63]

这仅仅是单个法官的意见，而且是附带意见(dictum)，并且至少可以理直气壮地争辩说，甚至华盛顿法官试图将宪法第4条保障外州人平等享有的那些“特权和豁免权”限定在具有“基本”权利性质这点上——尽管这显然不是一个很大的限制[64]——也是错误

的。[65]所有这些说辞,都是为了削弱这一段话的重要性。然而,这有失公正。华盛顿法官针对宪法第 4 条提出的方法论也许是错误的,这只能说明在解释这个条文时,我们不应遵循他的方法论,但绝不可以抹杀,第 14 条修正案的创制者反复提及“科菲尔德案”中的这段话并将其作为理解他们撰写这个条文的关键这一事实,对于该修正案的可靠解释所具有的意义。

我并不是说,应该把“科菲尔德案”中的权利清单看作解决之
30 道:华盛顿法官就曾指出,它是代表性的而非穷尽的,并且你应该回忆起,霍华德参议员在引述时表示它只是部分内容。在此我重提它仅仅为了强调我的结论(这个结论本不应该需要强调),即从字面上去理解特权或豁免权条款,把它看作一项授权,据此,未来的宪法决策者可以保护在宪法第 14 条修正案或其他条文中未列举的权利,这是没有问题的。不同于运用限制性的权利列举方法,像 1866 年《民权法案》中所做的那样,第 14 条宪法修正案的创制者选择的是保护“美国公民的特权或豁免权”。[66]事实上,霍华德参议员就曾“坦率地说,只有未来才能道出特权和豁免权条文会得到怎样的适用”。[67]“到 1866 年,一部措辞宽泛的基本法不经常或轻易修改的传统已经很好地建立了起来,尽管激进派会带着一些革命热情急于要求修改,但绝不可以认为,他们或其他任何人期待或希望将来宪法在美国政府体制中扮演的角色会与以往有所不同。”[68]因此,第 14 条宪法修正案的创制者,很少谈到《民权法案》涵盖范围之外的特定目的。但是同时,“这些创制者明白,他们正在撰写的是宪法条文,这就使他们选择了能够适应社会发展的语言文字”。[69]

平等保护

我们从平等保护条款的字面就可以得知,它意在禁止某些种

类的不平等:"各州均不得……拒绝给予其管辖内的人以平等的法律保护。"我们从平等保护条款的历史中得知,它是为了改变黑人遭受的不平等待遇而特别规定的。[70]不过,我们还知道,修宪者使用一般性的用语,而没有跟种族联系起来,是有意而为的——就算我们不知道,也定会做如此推定。[71]

毫无疑问,州政府的不平等对待措施,并非全都应该禁止。立法时,在分类的基础上,将特定利益或者要求为特定行为的负担,分配给这些人而非另一些人,本就是立法的特征。而且,这样的工作通常是建立在我们知道并不完美的一般化归类的基础之上。我们所有人都要把生活建立在这种一般化归类的基础之上:没有一般化归类,生活将不可能。要不然,一个店主不会接受外地银行开出的支票,即使他或她知道这些银行大都资信良好,这就好比一家 31
航空公司不会雇佣身体过胖的飞行员,即使航空公司知道这些飞行员大都不会突发心脏病。同样的道理,立法机关可能只允许验光配镜师配换眼镜镜片,而不允许眼镜制作工做这个事情,即使立法者知道很多眼镜制作工完全有能力做这个事情。[72]因此,平等保护所要求的基准,一定近似于联邦最高法院在实践中发展起来的所谓"合理基础"(rational basis)的标准,否则,所有基于分类的立法(而这几乎指涉所有立法)都将无法立足。[73]合理基础标准的意义,我们有时假装十分清楚,其实不然,不过,就此处而言,该标准的重要意义在于,反例的存在,并不使分类归于无效,即使反例非常之多,也是如此,只要一个理性的人,能够在所要抗击的邪恶与作为分类基础的特性之间,找到充分的关联。

然而,这还不是全部。尤其是,合理基础的标准,尚不能妥善处理种族歧视的核心论据。正如考克斯(Cox)教授所指出的:"在认真研究之后,诚实的人不仅可能,而且确实有很多这样的人,得出结论说,在种族隔离时期,孩子的学业进步得更快。"[74]一般而言,种族隔离政策,是避免种族冲突的一个合理手段,虽然也会产生误导作用。而且,根据肤色来分配工作,将我们通常认为比较好的工作分配给白人,也可能是合理的,因为统计数据表明,总的来说,我们社会中黑人所受的教育没有白人所受的教育那么好,不管这背后是怎样一段令人反感的历史。[75]因此,若要落实这项修正案的核心目的,并认定种族分类违宪,必须(事实上已经)运用比通常的合理基础标准来得更加严格的标准。结果是,在平等保护条款之下我们至少需要两种标准,也许更多。究竟是什么标准,宪法文本没有为我们提供任何线索,我们只有一个概括性的条文,就其关切的对象来说是一清二楚的,即平等,但是其具体内容为何,从条文本身及其制定者的意图中,是无从寻找的。[76]

一个诱人的做法是:断定这是一个范围有限的主张,类似于我先前针对禁止"残酷和非常的刑罚"这一条款提出的主张,即认为该条款似乎要求对外来的渊源作一定的参考。背后的想法是这样
32 的:正如第 8 条修正案所处理的只是刑罚问题,平等保护条款所处理的也只是在不同类型的人之间差别对待的问题。某种程度的"自由裁量"是不可避免的,但它也是受约束的,"被限制"在平等问题上。此一见解的问题在于,有能力的律师可以将任何提出宪法审查的案件,置于平等保护的框架之下。你未获利益 X(或被剥夺利益 Y),对此事实,如果你想提出宪法审查,那么,你极有可能会找出获得利益 X(或者未被剥夺利益 Y)的人。尽管提出宪法审查的主张并不需要这个步骤,但是这样做的优势在于,将 X 分配给他人而不分配给你的理由,跟你不提及他人只针对未获 X 这一事实提出宪法审查的理由,几乎没有什么两样。这就意味着一件重要的事情:你是否承认我对特权或豁免权条款所作的修正主义式解

读，不是非常要紧。因为，所谓局限于涉及差别对待的案件这一限制，其实根本没有意义，平等保护条款必然与我对特权或豁免权条款所持的主张一样，意味着授权给法官相当宽泛的权限，去审查政府行为的有效性。平等保护条款的具体内涵——对于什么样的区别对待在什么情况下是可容忍的这个问题的回答——从条文用语及其制定者的思路中，是无从寻找的。

平等保护与联邦政府

平等保护条款并不适用于联邦政府。但是，在"博林诉夏普案"(Bolling v. Sharpe)中——该案判决哥伦比亚特区里学校的种族隔离措施违宪无效，就在同一天，"布朗诉教育委员会案"(Brown v. Board of Education)判决各州学校的种族隔离措施违宪无效——联邦最高法院实际上认定，第 5 条宪法修正案的正当程序条款吸收合并了第 14 条宪法修正案的平等保护条款。无论从文法上看，还是从历史上看，这都是胡言乱语。首席大法官沃伦则解释说，法院不希望适用于州政府的宪法标准，高于适用于联邦政府的宪法标准。"考虑到本院的裁决，即联邦宪法禁止各州维持公立学校的种族隔离政策，难以想象，同样一部宪法施加在联邦政府之上的义务会更少。"〔77〕

但是，究竟在什么意义上难以想像？就历史上的意图而言，不 33
会难以想像：重建时期的国会议员很可能相信他们自己以及他们的后继者，但不相信南方各州当时以及未来的立法者。他们知道如何来约束他们的后继者，只要他们有此想法：第 15 条宪法修正案规定，选举权不得因种族而被"合众国或任何一州"加以拒绝或限制。这一文本证据足以表明，决定国会不受平等保护条款的约束，是有意而为的。霍姆斯(Holmes)大法官有一段经常被人引用的话，"倘若我们没有了宣布国会法案无效的权力，我不认为美国就此将终结。倘若我们不能够宣布州的法律无效，我倒确实认为合众国将处于危亡之中"。[78]霍姆斯曾在美国内战时期的安提坦（Antietam）战场上受过伤。[79]

那么，是在1954年难以想像？这也许更有可能，不过，林德（Linde）法官曾主张，国会除了使哥伦比亚特区的政策跟布朗案的判决意见保持一致外，别无选择："由于国会在努力保障民权的立法工作中，多年来只受南方各州抵制议案通过的阻挠，所以，最后的结果不可能有大问题。"[80]或许不会有大问题，但是，这种乐观的说法，低估了立法延迟所耗费和引发的成本，更不用说，为了获得各州的遵从，这两方面的成本合计在一起会有多大。因此，我得承认，如果首席大法官的解释是第5条宪法修正案的语言文字所能承受的，那么我也将勉强地站在他这一边。

然而，我们难以理解，第5条修正案的语言文字，何以能够承受沃伦大法官的解释。而且，更值得注意的是，"正当程序"这一用语，如果认真负责地解读，就是指正当程序，对此事实，如果在第14条宪法修正案的语境中，我们可能会不屑一顾，因为第14条修正案还含有其他一些用语，这些用语似乎确实有"正当程序"被错误解读成了的那种意思。[81]但是，在第5条宪法修正案中，不存在这样的情况，正当程序条款是独立出现的。因此，希望平等保护的概念能够有理有据地适用于联邦政府，如果这是有可能的话，也许得依靠宪法上那个年老的弄臣，即宪法第9条修正案——尤其是下述结论性的观点：首先，从第9条修正案所要达成的目的来理解该修正案是没有错误的；其次，正如从一开始就处于美国宪法核心地位的代表概念所揭示的，这样一个开放性的条文是适宜被解读成包括"平等保护"内涵的。[82]

34

第9条修正案

适用于联邦政府的第9条宪法修正案规定："本宪法对某些权利的列举,不得被解释为否定或轻视由人民保留的其他权利。"对此修正案,偶尔也会有论者表示,应按照其字面意思来解读,但这在以前和现在,都是极少数人的冲动之举。在精明的法律界,援引第9条修正案作为论辩依据,被当作一块笑料(莱斯特,你打算拿什么来支持你的主张,第9条修正案吗?)。这个笑话有点令人费解。确实,按照第9条修正案的字面意思来解读的话,其文义所具有的开放性,几乎足以用来支持任何主张,而这样的想法会引起巨大的恐慌。但是,包容性同样广泛的"实质性正当程序"的概念,在同一个精明的法律界,虽存有疑虑,却还是被广为接受。然而,这完全把世界颠倒了过来,因为正当程序条款说的是程序,第9条修正案则指未列举的权利。

关于第9条修正案的由来,一般的见解——布莱克大法官甚至说"每一个学过历史的人都知道"[83]——是这样的。曾经有人担心,将一份权利清单纳入宪法,会被认为:这意味着,联邦政府的权力,事实上,并不限于宪法第1条第8款所列举的内容,相反,它一直可以扩张到前八条修正案所列举的权利的边界(就像说"联邦政府显然有权力做侵犯言论自由等权利之外的任何事情")。为此,在《权利法案》中添加了第9条修正案,这完全是为了否定前述的推论,重申我们的政府是一个"权力有限的"政府。

并不是每一个学过历史的人都知道下面的情况。对于一个当代的观察者而言,无论怎样难以理解,当时确实有人担忧,增加一份权利清单,可能会被认为:这意味着,国会在宪法条文列举的权力之外,还有其他权力。减轻此一担忧,也确实是麦迪逊将第9条修正案添加进《权利法案》的一个理由。然而，并不能就此得出结论说，那是添加第 9 条修正案的唯一理由，事实上，这个结论似乎
35 是错误的。与第 9 条修正案同时提出和通过的第 10 条修正案，完全能起到这里所提的第 9 条修正案的功能。第 10 条修正案规定："宪法未授予合众国、也未禁止各州行使的权力，由各州各自保留，或由人民保留。"这正是说——与第 9 条修正案相比，用更为明确的语言表达了这层意思——没有授权就是没有授权，《权利法案》的入宪，不应该被认为改变了这个事实。类似的想法，似乎确实构成了第 9 条修正案生命的部分源泉，然而，倘若那是其生命的全部所在，那么它将成为一个多余的条款。

有关第 9 条修正案的制宪史料并不多见，不过，已有的史料毫不意外地表明，第 9 条修正案背后的思想之一，就是该条文用语所表达出来的思想。麦迪逊在 1788 年 10 月写给杰斐逊的一封信中，解释了自己为什么赞同《权利法案》却又未曾竭力推动它入宪：

我个人一直赞同权利法案，只要它的设计不意味着权力不限于列举……我从不认为它是重要的——(1)因为在我看来……权利在某种程度上是通过授予联邦权力的方式而保留给人民享有的。(2)因为有充分的理由让人担心，正面宣示一些最基本的权利可能达不到应有的广度。我确信，特别是良心自由，倘若交由公共机构来界定，其权利范围将远比通过已有权力来界定狭窄得多。[84]

然而，麦迪逊于来年 6 月，在国会发言中解释第 9 条修正案时，写给杰斐逊的那封信中的清晰思路——把未列举的权力问题同未列举的权利问题区分开来——消失了，取而代之的是某种混淆：

还有一种反对权利法案的意见认为，将权力授予的特定例外情况列举出来，会使那些未被置于这一列举式清单中的权利遭受轻视，并且还可能推导出，这意味着将那些未被置于这一列举式清单中的权利——那些未被挑选出来的权利——交给了联邦政府处置，这些权利也因此变得岌岌可危。这是我所听到过的反对权利法案入宪最有说服力的论点之一。不过，我认为不利后果是可以防范的。我已经尝试这样做，诸位看一看第四项决议的最后一个条款就会明白。[85] 36

在这里，不同论点混在了一起。未列举的权利将遭轻视的可能性，似乎成了隐含着未列举的权力这一主张的一个过渡性的前提（但是在第一句话的最后，又倒转了过来，推导出未列举的权力的可能性，似乎是因为对未列举的权利的潜在影响而具有威胁性）。这种混淆放在当时背景下是可以理解的：当时针对《权利法案》的大量争论，在我们今天看来，可以说都犯了范畴错误（category mistake）*，即未能认识到权利与权力的关系，不完全是一山不容二虎的排斥关系，权利其实可以超越或“胜过”权力[86]（就如“禁止州际间运送书籍的法律，虽然可以看作对商业的一种规制，但是它侵犯了第1条修正案，因此归于无效”的情形）。重要的是，即使在这里，麦迪逊也表达了两个论点，尽管他在以前表述得更为清晰，尽管在今天看来他是极不自然地将二者联系在一起——他既想防范对未明示的权力的推定，又想防范对未列举的

* “范畴错误”这个概念是由哲学家赖尔（Gilbert Ryle）在1949年《心的概念》一书中提出来的。当一个人把属于某一类型或范畴的概念归于另一类型或范畴时，就犯了范畴错误。例如，说“时间是红的”就犯了这样一个错误，因为时间不可能是有颜色的东西。参见［英］布宁、余纪元编：《西方哲学英汉对照词典》，人民出版社2001年版，第144页。——译者注

权利的轻视。更重要的是,正如第 10 条修正案明确表达了前者,第 9 条修正案明确表达了后者。当然,这也正是提交给国会和各州议会表决的文字内容。因此,第 9 条修正案明确说到了未列举的权利,此外,有证据显示,第 9 条修正案的创制者知道他们所写下的条文内容为何,尽管我曾表示此种证据并非必要。[87]

然而,这并不意味着大功已经告成。因为一旦流行的“联邦主义”解说被否弃,就会有另外的解说出现。下面的说法还是有可能成立的:制定第 9 条修正案的目的,不在于表明还有其他的联邦层面的宪法权利,而毋宁在于表明,前八条修正案对某些权利的列举,不应被理解为否定或轻视**其他种类的权利**的存在——即不属
37 于宪法层次的权利,至少是不属于联邦宪法层次的权利。也就是说,制定第 9 条修正案,也许是为了表明,不管《权利法案》怎么规定,国会可以创设另外的权利,或者州议会(或者普通法法院)可以这么做,或者州可以在自己的宪法中这么做。

这一解释,较之于流行的“联邦主义”解释,似乎更有可能成立,因为它与第 9 条修正案的语言文字契合得多。但是很显然,它也必须被否弃。从历史背景中看,我们知道有一件事情是确定无疑的,那便是:创制第 9 条修正案,并不是为了授权国会创设其他权利的权力,通过增加一项保护权利的概括权力,来修正宪法第 1 条第 8 款。如果说国会后来真的获得了这一权力,那也要等到七十七年之后第 14 条修正案的第 5 款被批准之时,才得以实现(将“由人民保留的其他权利”说成“国会可以创设的其他权利”也是不妥的)。因此,第 9 条修正案所指涉的,如果不是其他未列明的联邦层面的宪法权利,那么就必然是其他受州法(包括州层面的制定法、普通法或宪法)保障的权利。然而,如此解释似乎也是说不通的。很显然,制宪者的原意只想让《权利法案》控制联邦政府的行

为。同样非常明显，州法，甚至州宪法，无法胜任此方面的工作，因而其作用只能限于控制州政府的行为，这一点在当时也是明白无疑的。我们因此遇到了一个愚蠢到家、无需辩驳的推论。由于仅控制联邦政府行为的《权利法案》，各州人民控制自己州政府行为的努力就不再需要，这一推论有必要反驳吗？*

在有关吸收合并论的讨论中，威灵顿(Wellington)院长曾指出："当代技术的发展，人口在州际间的频繁流动，以及联邦政府在法律实施中发挥的作用越来越大，这些已使得美国作为一个联邦主义的国家，在宪法层面难以维持。"他的意思是：较之于《权利法案》施加在联邦政府上的限制，各州所受的限制要少得多。[88]这一 38
观点也许是对的，但是下面的不同观点至少同样有力：出于尊重联邦法院的判决以及落实基本权利所取得的成效，如果文本上未列明的宪法权利，不能约束联邦政府的行为，那么也不应约束州政府的行为，这一点很重要。当然，这个观点实质上是"博林诉夏普案"(Bolling v. Sharpe)中的主导性论据，但是有一个关键性的差别：不像联邦最高法院用来正当化"博林诉夏普案"判决结果的正当程序条款，第9条修正案的语言文字，确实能够承载这样的含义。事实上，第9条修正案的原意就是为了表明，在联邦宪法明文列举的宪法权利之外，还存在其他的联邦层面的宪法权利，从第9条修正案的语言文字看，只能得出这样的结论。

对于第9条修正案，布莱克大法官所采取的态度，本质上是忽略它。[89]在处理难解的先例时，通常，他都非常愿意回到制宪者的原意，但是，遇到第9条修正案，他对于前辈们的晦涩解释，则表现

* 《权利法案》意味着各州立法机关和法院不能够再通过创设非宪法性的"权利"(nonconstitutional"rights")来安排州内公民之间的关系，反驳此一推论的"需要"，即使有的话，也将变得微乎其微。

出一种莫名其妙的满意。当然,这实际上一点也不莫名其妙——他不喜欢这样一种开放性的条文在法学上所具有的意义:“我把正当程序和第9条修正案放在一起讨论,因为经分析之后发现它们是一回事——仅仅使用的措辞有所不同,二者都主张本法院和联邦司法机关有权将法官们认为不理性的、不合理的或冒犯性的任何立法行为,宣告为无效。”[90]但是布莱克最不应该如此行事。他正确地敦促我们,要像法律人而非独裁者或哲学王那样行事,因此要关心各种宪法条款的指示。但是,公正的分析却表明,宪法中的一些条文,要求我们不拘泥于条文本身。这样的指示,令他十分为难,因为他毕生都在反对一些人的做法,即由于不喜欢宪法条款的文字或意图给出的指示,就忽略宪法条款的文字或意图。由于不喜欢宪法条文具体的实质性意义,就忽略该条文,譬如忽略第1条修正案,和由于不喜欢宪法条文的制度性意义,就忽略该条文,譬如忽略第9条修正案,在这二者之间,当然是有差异的。但是,很难说,这种差异有多大的意义。

39 像布莱克这样的解释主义者,还留有两种可能的答复。第一种答复,我还从未听到过,其内容可能是这样的:假设宪法里面有一个或多个条文规定要保护幽灵,由于我们现在不再相信存在这种东西,所以忽略这些条文,我们这么做,其适宜性,难道会有人怀疑吗?这里的“幽灵”就是自然法,其论证思路会是这样子的:第9条修正案和第14条修正案的开放性条款,在制定之初,被期待着从自然法中获取其内容,因此,当我们社会不再相信自然法时,忽略所有这些条款,便是合理的。

这样的论证也太简单了。尽管在这两个修正案制定当时,确实有人期望透过自然法充实宪法内容,但是这样的想法,还远远没有被人普遍接受,甚至在那些我们首先会想到的“制宪者”中间,恐怕也不占多数。

一些中坚的革命知识分子，譬如詹姆斯·奥蒂斯(James Otis)，确实将自然法和自然公正的原则与实定法联系在一起——称正义的东西就是法律。但是，那些实现了从革命反抗者到"宪政建设者"(constitutionaries)伟大转变的巨擘——像亚当斯和杰斐逊、迪金森(Dickinson)和威尔逊(Wilson)、杰伊、麦迪逊、汉密尔顿这样的人，某种意义上还包括梅森(Mason)和亨利——即使曾经将法律与自然权利联系在一起，也很少犯下混淆二者的错误。这些人在1776年之前，是用自然法则来衡量实定法律，以及判断自己的服从义务，而不是把自然法则当作裁判规则的一种渊源。[91]

这些人——不用说，在重建时期也有这样的人——在撰写和批准各种开放性的宪法条文，将一些事项授权给后人决定时，心中一定不会有自然法的概念，这无疑也是宪法中没有任何地方提到自然法的一个原因。倘若宪法提及了自然法，那么我们就真的有幽灵了。

第二种答复是，即使承认此种开放性的条款构成了宪法权利的基础，也不意味着应该由讲原则的司法机关来执行，相反，它们应该被视为完全由政治部门来落实(这种意见，我曾看到过——令人诧异的是，出自费利克斯·弗兰克福特的笔下，他在20世纪50年代末的书信中表示，希望正当程序条款，此一他所认为的开放性 40
条文，是这样被对待的[92])。说制宪史料中并无证据表明，第9条修正案的制定者，明显想要把该条款交由司法机关执行，这是一个阴招。在联邦宪法制定之初，很少有制宪史料表明，某一特定的宪法条文应该由司法机关来落实：第9条修正案在其中，并无任何特殊之处。另一种略有启发性的说法是,经常作为司法审查符合宪法意图的“证据”而为人所引用的早期判决——尽管这些判决非常之少,是否真的能证实制宪者有此意图,是不明确的——往往是“非解释主义者”作出的判决,而作成其判决的依据,并不是来自宪法文件上的某一规定,而毋宁是来自法外的某个原则。[93]就第14条修正案而言,制宪者似乎确实有此(错误的)预期:认为通过国会,依据其中第5款的规定去落实,而不是通过法院,第14条修正案将获得最充分的实现。并且,在批准第14条修正案时,也确实只有三部国会制定的法律曾被联邦最高法院判为违宪。然而,这并不意味着,司法审查权没有被关注过。“德雷特·斯科特案”判决,使联邦最高法院遭到了猛烈的攻击,甚至在那判决之前,联邦最高法院就受到了攻击。

关于联邦最高法院所受的批评,我们可以总结出两点:第一,联邦最高法院因宣告国会制定的法律违宪而遭受的批评,与其因不宣告国会制定的法律违宪所受的批评同样多;第二,在那些岁月,无论是联邦党人,还是共和党人,他们的批评,显然更多的不是针对联邦最高法院审查国会制定的法律的权力本身,而是针对这种权力运用的结果,即支持或废止某个政党所支持的特定法律。[94]

此外,还应看到,在19世纪前半叶,有大量的州法被宣告无效。毕竟,重建时期制定的修正案,主要是针对各州的。在修正案的起草和批准过程中,共和党人对“德雷特·斯科特案”以及“巴伦诉巴尔地摩案”(Barron v. Baltimore)[95]的批评,没有中断过。自然,有时也会流露出对整个司法审查制度不信任的态度,[96]但是,总的来说,司法审查制度是被认可的,抨击的对象局限在令抨击者恼火的特定个案上。毫无疑问,在司法审查的权力应该完全予以取消这一点上,是不存在任何共识的:即使有共识的话,也是相反,即不应该在整体上取消司法审查权。[97]就目前的讨论而言,更为重要的是,没有证据表明,第 14 条修正案应该在这方面受到任何与 41
其他条文不同的对待。*

然而,这是一个历史不能作出定论、至少不能作出肯定性结论的问题。如果我们对于宪法中开放性条文的司法实施,不能发展出一种讲原则的、有望与我们国家对代议制民主的承诺保持一致的方法,那么,负责任的论者就必须认真地考虑下述可能性:法院完全不应该去触碰开放性条文。主流的"非解释主义"审查模式,在这方面显然是不成功的,由此看来,布莱克大法官拒绝此一授权的直觉是正确的。但是,主流的"非解释主义"审查模式是可以被改善的,至少这是本书以下章节所要做的工作。

---

* 持这里所讨论的观点的那些人,还将不得不面对何者属于精确的用语,何者属于开放性的用语此种区分问题。正如我们所见,宪法中的条文,并没有被划分成精确的条文和开放性的条文两种类型。譬如,那些人将怎样理解禁止"残酷和非常的刑罚"这一条款,以及公正补偿条款?它们可以通过司法机关予以落实吗?那些人只能假设可以。但是,尽管每一条款的意义范围是受限制的,每一条款无疑都要求向其注入宪法文件中找不到的内容。

第三章　探寻基本价值

43 继续追问下去，最难回答的问题是：何种价值……可以被联邦最高法院证明，其足够重要，或足够基本，等等，以至于可以压倒立法机关通过的法案所确认的价值？联邦最高法院又该如何阐发和适用它们？

——亚历山大·比克尔[1]

没有答案是因错误的提问所引起的……

——亚历山大·比克尔[2]

既然解释主义——至少是那种拘泥于条文的解释主义——作茧自缚，已深陷困境，那么，我们就应该再来看看它的传统竞争对手，对之做更为细致的研究。有一段时间，学界的主流观点是：对宪法中开放性条文的内涵，联邦最高法院应该予以填充，其方法是，通过种种准则确定那些真正重要的或基本的价值，并且强制政治部门接受这些价值。事实上，我们被告知，这是不可避免的:“法院根据宪法审查立法,必须不断地在相竞争的价值间,实际上是在一定会有争议的政治、社会和道德的观念之间,做困难的实体选择,法院不这么做,是不可能的。”[3]“宪法如今必须被理解成工具,借此,那些时常被认为具有根本性的理念……得以被赋予效力。”[4]联邦最高法院是“负责阐发和适用社会基本原则的一个机构”,相应地,其“宪法职责”是“确定价值和宣示原则”。[5]

法官自身的价值观 44

> 衡量大法官工作的最终标准,在我看来,一定是善良美德。
>
> ——斯凯利·赖特(J. Skelly Wright)[6]

有人认为,法官在实施宪法的时候,应该运用他或她自身的价值观,来衡量政治部门的判断。此一观点背后的方法论,很少有人会明确表示认同。[7]然而,当我们探究法官或论者所持的各种方法论时,我想我们应该察觉到,在很多情况下,尽管他们的讨论或许是基于某种“客观的”、非个人的辨识方法,但是,实际上他们所“探寻的”很可能是他们自己的价值观,不管他们是否充分意识到这一点。因此,从一开始就理解为什么“法官自身的价值观”的方法具有不可接受性,是非常重要的:此项工作将阐明“探寻基本价值”这整个事业的不可接受性。

为什么有人会持有那样一种观点呢?这在很大程度上可归因于我们有时称作“扭曲的现实主义”(transformed realism)的谬误。大约四十年前,人们“发现”:法官也是人,因而很可能在各种法律活动中,有意无意地将其个人的价值观,悄悄塞进自己的法律推理中。在洞悉了这一惊世骇俗的事实真相后,有人似乎很容易会推论说,这正是法官所应该做的。对此,可以提出两点明白而又妥当的评论。第一,这样一种“现实主义”的裁判理论,根本不是一种裁判理论,因为它并没有告诉我们,法官应该推行何种价值。[8]第二,这种理论丝毫不能得出那个“推论”:偷窃对于人们,总有一种诱惑,但这并不意味着,偷窃是人们所应该做的。这些道理都是显而易见的,这意味着,一定还有其他什么原因。倾向于这一极端现实主义观点的人,一定是有意无意地把联邦最高法院的大法官们,想象成了与他们的想法保持一致的人。这个假设同时解决了我前面所提出来的两个问题。它告诉了你,法官应该推行何种价值(论者自身的价值),而且还解释了,为什么这样的联邦最高法院是值得推崇的(至少论者对此是满意的)。但是,这个假设是言过其实的,这样一种“现实主义”的观点,将因为下述真正现实主义的论点而大打折扣:没有任何人可以保证,联邦最高法院里面终身任职的大法官(或其他联邦法官)一定会与你持有相同的价值观。

45 我们暂不论这一点,姑且承认现实主义者的这个怪异的假设。但是,即便如此,我们所讨论的观点,若要与我们政府的民主基础理论相协调,仍然存在重大而又明显的难题。在这里,有必要做一个区分。在美国,应当由任命产生的法官掌管国家,这个观点是不会被接受的,我们所讨论的观点并不是这个。法官应当掌管这个国家,跟法官应当运用他们自身的价值观去填充宪法中的开放文本,这二者无论如何都是不同的,很多人还主张,这二者有着根本的不同。据说,与民主理论的一致性,可以在下述想法中找到依据:司法部门在国家的运行中其实并不起到很大的作用。[9]这个假设有其深厚的历史基础,一直可以回溯到汉密尔顿在《联邦党人文集》第78篇中所写的内容:

大凡认真考虑权力分配方案者,必会察觉,在权力彼此分立

> 的政府中，司法部门，依其职权的性质，对宪法上的政治权利，危害总是最小，因为它最没有能力去冒犯或损害这些权利……司法部门……既无军权又无财权，既指挥不了武力又支配不了钱财，并且不能主动行事。故可正确断言：司法部门，既无力量又无意志，而只有判断，并且其判断要发挥实效，最终还得借助于行政部门的力量。*[10]

这段话放在我们建国之初是合情合理的：在没有相反历史经验的情况下，自主执行机构的缺乏以及宪法上对司法的各种制约，似乎足以使司法扮演一个无足轻重的角色。然而，“现实主义者”们时至当代，仍在文献中重申汉密尔顿的确信，对于两百年的历史经验，却很不现实地无动于衷，这就很难说是合理的了。[11]联邦最高法院也许没有财权与军权，但是经验表明，它对国家的运作方式，有着巨大的影响力，而且这种力量似乎一直在增长。联邦最高法院也许真的不能永久地阻挠稳固占据多数的意志，[12]但它确实能够让多数人的意志延迟实现数十年之久——劳工赔偿、童工和工会组织等问题，就属于这样的显例[13]——而对于受此影响的人来说，数十年可能意味着永远。

针对联邦最高法院的那些制约形式，显然没有起到多大的作 46
用。国会针对联邦法院预算的控制——注意，根据宪法国会不能减少法官薪水——这一手段，已经被证实不够强硬，毫无实际的控制力。国家需要运作正常、富有能力的联邦法院，这一点每个人都心知肚明。不考虑弹劾所需要的三分之二多数，它或许可以发展成为一项控制法院裁判的有效手段。但是弹劾并没有成为一项

---

* 此处译文部分参考了程逢如、在汉、舒逊的中译本（商务印书馆1980年版），第391页。——译者注

有效的控制手段,部分原因正是因为我们对司法独立理念的忠实信仰。今天,弹劾只是被看作一项应对最糟情况的备用武器(弹劾大法官,并不比弹劾总统来得容易,对此,理查德·尼克松深有体会)。国会在理论上有权收回联邦最高法院对某些类型案件的管辖权,但是,国会的这种权力在宪法上仍然困难重重,[14]以至于一百多年来,这种权力虽时不时地被谈起,却从来没有被用过。[15]改变联邦最高法院大法官的人数,或者“改组”联邦最高法院,这样的做法,在19世纪非常盛行,但是,在格兰特执政(Grant Administration)期间,仅发生过一次,即便是这一次,其是否取得了所期待的效果,也是有争议的。[16]这也是“改组”成功的最后一次。富兰克林·罗斯福(Franklin Roosevelt)总统,曾试图“改组”联邦最高法院,但是他未能得偿所愿,尽管如此,有一段时间流行一个神话,认为是罗斯福总统的努力迫使联邦最高法院修正了自己的政治方向。然而,最近发现的联邦最高法院记录却显示,联邦最高法院立场的“转变”,跟罗斯福总统“改组”计划的发布,没有什么关联(事实上,立场的转变先于计划的发布)。关于这段历史插曲,寓意颇为复杂,但是,现在看来,最重要的寓意是:一位甚孚人望的总统,在推动一项深得人心的事业时,因为对司法独立的冒犯,而遭受重大挫折。

还有一种可能是修宪,但是,即便修宪这种方法可行,也颇为耗时——在修宪期间,联邦最高法院设置的路障,依然横亘在那里——而且,就美国的修宪程序来说,修宪这种方法几乎是不可行的。我们最近所经历的“平等权修宪案”(Equal Rights Amendment)的遭遇,证实了修宪的困难:该修宪草案获得了两大政党的认可,并且几乎没有提出什么激进的主张,然而仍未获通过。在整个美国历史上,联邦最高法院的判决被宪法修正案推翻的情形,只出现过四次。[17]诚然,执行联邦最高法院的判决,常常(却并非总是)需要政治部门的官员协作,但是,无论有多么不情愿,政治部门的官员一般都会服从判决:毕竟,这被认为是他们的法律义务(如果有人想把不服从联邦最高法院的判决当作控制联邦最高法院的有效方法,那么他最好想一想那个美国总统——其并非因为尊重法治而 47
闻名——最后还是交出了那些致命的录音带)。最后剩下的是,联邦最高法院的大法官由总统提名,且经参议院确认,这里面确实有制约的因素存在。但是,要把多数大法官替换掉,通常得延续好几个总统任期,并且要有连续几届参议院的配合。而且,事实已证明,在另一线工作的人,当了大法官之后,会怎样行事,是很难预测的,甚至人们有时会想,被任命为大法官之后,其行事风格跟总统提名他时对他的预期不一样,这种情况是常态而非例外(据报道,杜鲁门和艾森豪威尔,都将联邦最高法院大法官的任命——分别是克拉克与沃伦——看作是他们当总统时所犯下的最大错误[18])。此外,一个大法官在位数十年,也不是件不寻常的事情,在这期间,议题很可能发生重大变化,而不是永远停留在总统将他提名时心中所想的那些议题上。

所以,当现实主义者信誓旦旦地跟我们说,联邦最高法院不具有对国家治理产生严重影响的威胁时,他们不可能真的想要仰赖这些制约形式。他们的论点,往往说得比较玄,通常会用"毁灭"这样的字眼。因此我们被告知,联邦最高法院"本质上反民主的特性,使它经常处于毁灭的危险中":[19]联邦最高法院明白"司法若频繁地介入政治过程,将会在政治上招致巨大的反作用,以至于被毁灭"。[20]即使对20世纪60年代和70年代有关司法审查的文献,稍有涉猎的读者都会发现这个主调:它被作为信条打上了的魔咒,并构成保守"现实主义"的重要基础。[21]但它究竟是什么意思?到底哪种“毁灭性”的危机，潜伏在能动主义者的身边？他们从来没有告诉我们明确的答案，不过，从理论的融贯一致出发，他们的想法必然是：尽管对天真的观察者来说，这些制约形式似乎已经萎缩了，但是对联邦最高法院来说，它更清楚地知道，如果自己闹得太厉害——如果它太频繁地运用公众认为本应由政治部门行使的权力的话——这些制约机制将会被启动。

事情并不是这样发展的，对此，大法官们了然于心。联邦最高法院在其整个历史中，经常被告诫，最好是中规中矩的，否则有被
48 毁灭的风险，[22]然而，不知怎么的，“在美国过去的一百五十多年里，联邦最高法院的司法雄风因公众对其宪法审查的质疑而遭受削减的可能，从来没有变成过现实”。[23]告诫很有可能在沃伦法院时期到达了顶峰，沃伦法院并没有特别在意这些告诫，然而，根本没有毁灭的迹象出现。[24]事实上，联邦最高法院的权力不断地在增长，并且很有可能，在过去的二十年里，其权力是最强大的，前所未见。[25]由于公众人物明白，获取权力最可靠的方法之一，就是宣称拥有这种权力，卡斯特（Karst）和霍洛维兹（Horowitz）教授曾这样写道：“司法能动主义能够自给自足。”“公众已经开始期待联邦最高法院的介入，以对抗重大侵害。所以联邦最高法院必须介入。”[26]“必须介入吗？”我不这么认为，至少不是这里所说的那样。但是“介入后能够顺利脱身吗？”答案显然是肯定的。[27]

这是因为，很少有人会明确主张，法官自身的价值观是宪法判决的渊源，这一点，实际上每个人都心知肚明。所以，探寻的过程必然声称是客观的和价值中立的（value-neutral）；探寻的目标似乎就“在某处”（out there），等待着被发现，不论它是自然法，还是某种假定的来自于历史上的美国、今天的美国抑或未来的美国的价值共识。

自然法

“哦,你应该知道,你所认为的真理,对其他人来说,当然有可能不认为是真理。”那个十七岁的公车司机兼业余哲学家说道。

“那么其他人都错了,白痴!”

——菲利普·罗斯《杰出的美国小说》[28]

在美国宪法最初被批准的那个时代,以及推动第14条修正案入宪的那个时期,有很多人支持存在一个自然法原则体系的主张。[29]“这种与人类相伴随,且由上帝亲手制定的自然法,在效力上当然高于其他任何法律。它对整个地球,不分国别和时代,都具有约束力。倘若人类法与之相悖,则不具有任何效力……”[30]因此,在探寻价值来源,以填充宪法中开放性条款的内容时,某种类型的自然法理论(不必非得是自然神论式的)似乎是一个显而易见的候选对象。

这里的历史记录,并不像它有时所显现的那么简单。如前所 49
述,在我们国家的创建者中,有一些人认为,自然法的概念在任何语境中都不具有意义,而且,即使承认这个概念具有某种意义的人,“也很少犯下混淆法律与自然权利的错误,哪怕曾经犯过这种错误”。[31]所以,宪法文本中没有一个地方提到这个概念,似乎并非疏忽所致。当然,《独立宣言》曾用过这样的术语。这二者之间的差异,其部分缘由无疑是,知识的风尚在那多事的十五年中已经发生了若干变化。[32]但是,这显然不可能成为全部的原因所在——观念的来去并非如此匆匆——更重要的原因似乎在于,这两个文件在功能上有着关键性的差异。《独立宣言》说穿了是一份辩护状(带着诉状的一些特征)。人们在撰写辩护状时,很可能会加入形形色色的辩词，而且，别人也常会建议这么做。人们在为革命而撰写辩护状时，显然不可能用明确的实定法来为自己的主张做辩护，所以最好是依赖自然法。* 在为我们的革命做辩护时，同样如此，将自然法的概念跟英国和殖民地的实定法、真正的“人民意志”“英国人的权利”结合起来——简言之，运用任何看起来有用的东西。[33]“这是一场跟英国人的争论，它迫使美国人向上寻求，把自然法从天上请下来，将之转换成一种政治理论，以作为宪法论辩的武器；在这个角色中，自然法是用来对付英国政策的，而从来没有被当作分析殖民地生活对错是非的方法。”[34]美国宪法不是一份辩护状，而是政府的一个规范框架。一种广为接受的自然法哲学，当然可能在宪法中，特别在《权利法案》中，寻得一席之地。但是，自然法哲学并没有那么广为接受。由于早先促使《独立宣言》产生的那种动力，即为革命“做辩护”的需要，已经不复存在，那些充满争议的信条，至少那些用明确语言表达的自然法信条，便在后来的宪法文件中被略去了。[35]

自然法也是废奴运动中的一种修辞，但是同样，它也只是箭筒中的一支箭而已。废奴主义者，跟之前的革命者一样，依自己的论
50 辩目的，同时运用实定法（当时已表现为既定的宪法条文）和自然法。[36]而且，对于他们来说，援引自然法几乎是不可避免的，因为，坦诚而论，原初的宪法不仅没有禁止奴隶制，而且还刻意地保护奴隶制，较之于单纯地否定这一点，援引自然法更能保持精神的纯洁性。[37]“当口头和书面谈论‘自然’法成为时尚的时候，很少有人会停下来想一想，神学思想、经济学思想、文学思想和科学思想，以及

---

* 这并非新的洞见。“如果成文的律法对我们不利，我们显然必须诉诸普遍的律法，并且还要坚称普遍的律法更加公平和正义。”Aristotle，“Rhetoric”（《修辞学》）1375a，载 The Basic Works of Aristotle（《亚里士多德基本著作》）1374（R. Mckeon ed. 1941）。

政治学思想中老生常谈的自然法,其确切意义究竟为何。这在争议的白炽化阶段运用自然法理论时,尤其如此。在这个时候,占据人们头脑的是取得事业的胜利,而非本体论问题的探讨。"[38]罗伯特·科弗(Robert Cover)最近一本关于废奴运动和司法过程的好书,即《被控诉的正义》,[39]证实了下面这个结论性的观点:对于早期的美国法律人而言,援引自然法和自然权利,仅仅是觉得法律不够好的一种情感反应。[40]这并不是说,"自然法"被认为在法律上完全不具有意义。面对案件,当实定法没有可供适用的规则时,自然法被认为可供间接援用。但是,较之于可适用的法律条文、有效的判例以及宪法条文,自然法处于次要地位,并且,一般而言,它不被看作宪法审查中据以推翻实定法律的价值来源。[41]

尽管如此,对于这方面的历史记录,我们不应寄予太多的希望。倘若确实有自然法这样一个东西,并且能够为人所发现,那么,不管我们的前人是怎样想的,不把它当作宪法价值的一种来源,或不予重视,是十分愚蠢的。愚弄自然之母(Mother Nature)是不好的,即使国会和总统,也不能这么做。然而,在我们的社会,人们并不相信自然法的观念,他们的理由也很充分:"所有自然法理论都出奇的模糊不清,这对于自然法理论的适用来说,既是优点,也是缺点。"[42]优点是,你可以援用自然法去支持任何你所喜欢的观点;缺点是每个人都知道这一点。因此,在我们国家,自然法曾被召唤去支持各种事业——有一些是可敬的,也有一些是邪恶的——并且经常被争议双方同时召唤。在联邦最高法院的意见当中,诉诸自然法最明显的,也许是1872年布拉德利(Bradley)大法官在"布拉德韦尔诉伊利诺伊州案"(Bradwell v. Illinois)中的意见,在该案中,布拉德利否定了布拉德韦尔女士成为一名执业律师 51
的权利:

市民法，以及自然本身，一向确认男女之间，在各自的活动领域和人生目的上，有着广泛的差异……家庭组织乃建立在神的命令以及事物本质的基础之上，其组织原则显示，家庭内务才是女性合适的领地与职责……女人最重要的人生目的和使命，就是做高贵而又仁慈的妻子和母亲。这是造物主的法律。[43]

不过，自然法所支持过的事业，事实上，几乎难以列举穷尽。

自然法可以拥有任何内容，其全然依赖论者的辩护需要。从为神权政治辩护，到为教会与国家的绝对分离辩护；从1776年革命的权利，到最近判决意见中的契约自由；从主张成年人的普选权，到支持严格限制选举权；从1849年梭罗(Thoreau)的哲学无政府主义，到五年之后菲茨休(Fitzhugh)的严格家长主义；从主张脱离联邦的固有权利，到宣称国家至上的自然法；从多数决原则到既得权益；凡此种种，自然法无一不可为之辩护。[44]

自然法确实曾被奴隶制问题的争议双方所同时援用。[45]卡尔霍恩(Kalhoun)引用自然来“证明”黑人的劣等性，[46]1850年肯塔基州宪法和1857年堪萨斯州宪法则宣告，拥有奴隶的权利“先于且优越于任何宪法规定”。因而也难怪像温德尔·菲利普斯(Wendell Phillps)这样的废奴主义者，开始意识到“由于‘自然’不再以一种声音说话，只有法官的良心才最终决定权利的来源”。[47]

因此，越来越明显的是，祈求能充当“自然法”的那些仅有的命题是如此模糊不清，以至于毫无用处，没有人会注意——诸如“任何人不应遭受不必要的伤害”之类的命题。[48]“许多人试图将道德和政治原则建立在普遍人性观念之上，然而，此种努力均以失败而告终。他们不断地陷入两难之中。所承认的普遍目的，或者太少太抽象，以致难以给善的理念充实内容，或者太多太具体，以致难以说有真正的普遍性。我们不得不在平凡和不真实之间做选择。”[49]结果，自然法的概念几乎在美国的话语中消失殆尽。[50]宗教的影响固然已经衰落，但那不是真正的关键：即使自认为是信教的人也不可能认为，全能的上帝从伦理角度所说的话，足够明确清晰，能有助于当代公共政策难题的解决。或许，自然界的法则可以“在某处”被找到，尽管连这样的信念也日益被磨损，但是，无论如何，道德法则无处可寻。1931 年，本杰明 · 赖特（Benjamin Wright）在《自然法的美国解释》中写道：“自美国内战以来，自然法的概念只在宪法领域还有一定的重要性。在这里，传统的个人权利学说已被接收，并被打造成正当法律程序和契约自由。在系统化的理论中，自然法的概念差不多只是作为一个批判对象而出现。”[51]自 1931 年起，有件事情已经改变：宪法领域的法律人已经得此讯息，自然法的概念在宪法语境中也不再受重视。[52] 52

这并不是说，对“道德绝对主义”的批判，不曾被夸大过。引用阿道夫 · 希特勒（Adolf Hitler）有异议的“道德”来证明道德真理的不存在，不见得比引用地平说协会（Flat Earth Society）的观点来证明关于地球形状不存在正确说法，公允多少。有一些道德观点，与我们多数人所持的假设，绝不可能相协调，对于这些观点，我们贴上“不理性”（即便不是绝对精确）的标签，将是正当的。[53]但是，有一些道德命题，将被证明是那些模糊不清以至于可以毫无争议地充当“自然法”之命题的镜像（mirror image）：这里的一个例子便是，施加不必要的伤害在道德上是可接受的。这类明显不被接纳的道德命题，显然不比与其相对的那些明显不可否认的道德命题，与宪法争议有更多的相关性。宪法诉讼涉及的是立法部门或者最终负责的某个政府官员批准的某个行为。该行为在政府律师看来是完全可以接受的，所以在法庭上有政府律师为之辩护。该行为涉及恶（或善）的选择，其所施加的伤害，理由是否充分，有待衡量，
53 并且具有可争议性，而不可能出现可以明确认定施加此种伤害没有必要的情形。

另一个常在此脉络下出现的论点是：表面上看起来是道德上的争议，在分析之后发现，其实是关于事实的争议。这个论点也可以被夸大。有些争议——虐待动物和堕胎便是其中两例——是关于道德世界的恰当范围，而无关事实性的主张。更常见的是，一个明显的道德争议，显然会涉及衡量或比较两种或更多种为人所充分理解的价值——又可以举堕胎的例子，只要我们承认胎儿在道德考量的世界之内——并且，这是一个典范意义上的道德争议。不过，毫无疑问，至少有一些明显的道德争议，其背后确实有不同的事实假定。但是，在宪法语境中，这意味着什么？法院应该找出确切的事实，并将所有人都同意的规范——推定如此，让我们暂且放下这个难题——适用于这些事实，从而来解决争议。这是恰当的道德原则吗？绝不可能。首先，在这种情况下，为什么应该由法官来寻找事实，理由并不明确。广泛的公共政策问题，很可能牵涉到与具体的“裁判性事实”相对的所谓“立法性事实”（如此称谓并非巧合）或作一般归纳的抽象性事实。法院在确定“立法性事实”方面，明显不如立法机关，对于此种体现传统智慧的看法，当然可以作有意义的修正——但是同时，没有任何理由可以假设，法院更擅长这方面的工作。更为根本的是，情形很可能这样：事实本身就相当棘手，不管怎样都难有一个令所有观察者都满意的解决方案。死刑事实上是否可以吓阻杀人行为，这个古老并且最近又成为热点的争议，就是一个很好的例子。这告诉我们，在公共政策的争论

中，真正可能成为热点的是，在经验事实不确定的情况下公共机构应该如何行为的问题。事实的不确定性是某一问题的要素，并不意味着，这不是一个深刻的道德问题，或者这是一个法院更有能力或更有资格解决的问题。

20 世纪 50 年代末，当我还是一个学习哲学的年轻小伙子时，认识论和逻辑学备受追捧，而道德和政治哲学则饱受博学之士的嘲讽：对于道德问题，我们终究无法从事真正的推理，难道不是这 54
样吗？所幸，那个年代已经过去：人们确实对这样的问题进行推理，而且，其中有些人还算得上我们时代最有名望的哲学家。但是，当代道德哲学家的论证中所包含的推理，是从读者可能早已接受的道德原则或论断出发，推到另一个原则或论断的，论者所提出来的该二者之间的关联性，作为读者的他或她以前可能没有想到过。[54]这当然是推理，因为其他领域中的推理，并不包含更多的基本要素。但是，要特别注意一开始求诸对最初命题或论断的接受这一关键：推论的过程是从一个"应然"到另一个"应然"，道德领域中的推论必然如此。我们再度获知，我们能够对道德问题进行推理，但是对道德问题的推理不同于探寻绝对的道德真实。因此，我们还是在原来的地方：我们的社会并不接受（不接受是正确的）一套可供探寻的客观有效的道德原则的观念，至少不接受一套貌似可以用来推翻我们选举出来的代表们所做的决定的道德原则。

中立原则

1959 年，赫伯特·韦克斯勒（Herbert Wechsler）发表了一场著名的演讲，后来这场演讲的内容成为一篇广为流传的文章，题名为"迈向宪法的中立原则"（*Toward Neutral Principles of Constitutional Law*）。[55]他主张，联邦最高法院不应该是"赤裸裸的权力机关"，只对眼前的个案宣告其结论,而应该超越法庭上的个案,以原则为基础来裁判,做到相同案件相同处理。联邦最高法院一旦在某个案件中宣告了一个原则,就应该坚决将此原则适用于其他所有同类案件。联邦最高法院意识到此项义务,对于塑造其在首个案件中宣告的原则以及因此取得的结论,显然会有帮助(他想表达的,简单地说,就是联邦最高法院应该树立讲原则的行事风格)。

但即使这项主张,也不乏抨击者。有这样一些人,他们对于普通法方法的"拜占庭风格之美"(Byzantine beauty)侃侃而谈:在一连串的案件中,取得直觉上看似正确的结论,唯有在后来(假如有的话)才阐明其原则,解释其模式——这就好比连点游戏。[56]这个
55 争论在此与我们并不相关,尽管很明显,要是我不赞成韦克斯勒的那个观点,我就不会写这本书了。在此与我们相关的是,经过后来文献的修饰,韦克斯勒的主张被赋予了另一层意思,这不是韦克斯勒明显想要表达的那层意思。"中立原则"不仅成为对审判活动的一项合理要求,在很多法律专业人士的心中,还成为宪法判决的一项渊源——宪法裁判正当性的一个充分必要条件。这个想法有时似乎是这样的:说出中立原则本身就足以保证联邦最高法院的行为妥当。[57]

我们不必在这个主张上花费太多的精力。明确赞成这个主张的人极其罕见,其谬误也已被他人所指出。坚决主张"中立原则"本身,并没有告诉我们该原则的恰当内涵为何,或者联邦最高法院该如何推导出该原则所包含的价值。[58]这个要求最初是指——这在理论上是很容易的,但是我们都知道,不遵守这个要求的,大有人在[59]——一项原则一旦颁布,就得适用于所有相应的案件,而不仅仅根据裁判者的心情而定。但这是不够的:"共和党人受言论自由的保障"这个原则,不管它如何坚定不移地被适用,我们也不会

心满意足地称之为“中立的”。因此,一项原则要在韦克斯勒的意义上算作是“中立的”,还必须要求有一定程度的一般性(generality)。然而,我们不仅在要求有何种程度的一般性上难以达成共识,就算达成了,我们仍然不会有一个能够保障原则之妥当性(appropriateness)的公式。“立法者可以为所欲为”这个原则——即便(尤其是如果)坚定不移地被适用——显然不会被人接受,但是其原因并非没有足够的一般性。

“中立原则”常常被当作司法保守主义的代名词,或许是因为韦克斯勒本人最初在指责“布朗诉教育委员会案”(Brown v. Board of Educaiton)错判时使用这个概念的缘故。但这是不必要的,因为存在形形色色的中立原则(“永远禁止种族隔离”如何?)。事实上,沃伦法院很可能与其任何前辈同样亲近理想:论者们的问题实际上可能是一般性太多了,而不是太少了。[60]但是,无论究竟是怎么回事,原则之一般性和适用之中立性的要求,不足以成为实质性内容的渊源。

56

理性

> 如果一个社会要建立一个机构,该机构的职责是探寻该社会的道德原则,并决定这些原则在具体情形下如何适用,那么该机构的设置与政策制定机构会大不相同。……它会提供一个让人思考、反思和分析的环境。“理性,而非权力”将是其座右铭。
>
> ——哈里·威灵顿(Harry Wellington)[61]

在过去三十年中占据主导地位的宪法文献时常主张:法官在探寻宪法价值时,用亚历山大·比克尔的话来说,应该运用“与道德哲学中的商谈相类似的理性方法”。[62]“法官有,或者应当有余裕,受过训练,并且追随那些探寻政府目的的学者,超然行事。”[63]这个观点,就像我们所讨论的其他观点一样,很少以纯粹的形式出现(事实上,重要的是,这些不同形式的价值来源,相互间重叠耦合,异常混乱,出现这种混乱是可理解的)。然而,它是比较重要的一种表现形式。

当然,从技术上说,理性本身并不能告诉你任何东西:它只能把前提和结论连接起来。要有所意义,参考之物必须更丰富一些,必须蕴含可供援引的前提,以及依这些前提可作推论的方法。因此,这基本的想法似乎是:道德哲学是宪法所应当关注的对象,从事这种哲学有一种正确的方法,而辨别和运用这种方法,法官比起其他人更为擅长。现在我终于明白法律人何以是一帮骄傲自大的家伙:我们的职业使我们接触许多规训(disciplines),这个事实经常让我们产生错觉,以为自己已经掌握了规训的全部内涵。但是,这里的主张,显然不可能是指,律师和法官是辨别道德哲学好坏的最佳人选。因为,神职人员,小说家,或许还有历史学家,更不用说专门的道德哲学家,他们似乎都是更适合从事这项工作的人选。尽管如此,我认为这样的比较是不贴切的。在我看来,必须证明的仅仅是,在我们所有政府机构当中,法院最适宜从事道德判断,尤其与立法机关相比,法院更适合从事这项工作。

57 由于法官通常是从与立法者大致相同的社会阶层中挑选出来的,因而,此处论点的核心是:作道德判断时,若冷静而不带感情,这样的判断会更佳,由于法官处于相对超然的地位,因而更有可能作成这样的判断。“立法者所处的环境,很难使之免于偏见。针对特定事件(如残忍的谋杀事件),选民们可能会有与普遍道德相冲突的情绪反应,对立法者来说,抵制来自这些选民们的压力,通常是很困难的。”[64]有人可能开始质疑所谓的大众对道德问题的影响与“正确”的道德判断之间的不相容性。事实上,我们有理由相信,我们的道德感应器,在经验的压力之下,其功能运行最佳。我们大多数人,直到看见越南儿童被美国凝固汽油弹灼伤的照片时,才完全醒悟过来,认识到最近发生的这场战争的不道德性。比克尔教授在他书中一段看似无关的文字中说明了这一点:

> 在美国哥伦比亚广播公司(CBS)发自新奥尔良的一则新闻中,有一幕令人难忘的场景。一个白人母亲口沫横飞,努力吸引她那分心的小男孩的注意力,并教他怎样去憎恨黑人。还有那不断重复的、丑陋的、恶毒的咒骂:黑鬼!这一幕以空前的速度对如此众多的人产生影响,其效果,绝对类似于人们(其中包括年轻的林肯)亲眼目睹奴隶拍卖场景所产生的震撼,或者类似于1854—1855年间“血溅堪萨斯”(Bleeding Kansas)的战斗对北方人意识的渐进影响。[65]

因此,我们那“超然的”(insulated)司法,能够较好地表达我们的道德本性的说法,在历史面前变得黯然失色,也就不足为奇了。“难道我们真的可以确信,是马歇尔大法官或者坦尼大法官,而不是克莱(Clay)或韦伯斯特(Webster),在价值宣示的工作方面做得更好?在表达我们共和国的希望和理想这件事情上,内战时期有哪位大法官比林肯做得更好?……在20世纪20年代又有哪位大法官,比诺里斯(Norris)或拉福莱特(LaFollette)更好地道出了美国梦?”[66]

然而,我们现在所讨论的观点,还有个更基本的错误——外行人经常会犯的错误,这就好比非法律人常常会认为,存在叫作“法律”这样的事物,而优秀的法律人能够将其外形丝毫不差地描绘出

来（不管从事什么职业，我想都可以见到这种现象）。这里的错误
58 就是认为，存在某种事物，它叫作“道德哲学的方法”，敏锐的行家能够就其轮廓达成共识：“仅存在两种推理——一种是正确的，另一种是错误的。”[67]事情的真相并非如此。一些道德哲学家觉得功利主义是答案所在，另一些道德哲学家则表示强烈反对。一些道德哲学家把经济上的再分配看成是道德诫命，另一些道德哲学家则认为它应受道德谴责。约翰·罗尔斯的《正义论》和罗伯特·诺奇克的《无政府、国家与乌托邦》，也许是近年来最有名的两部道德和政治哲学著作，然而两者得出了截然不同的结论。[68]根本不存在单一的道德哲学方法。

罗纳德·德沃金（Ronald Dworkin）也陷入了这一错误之中。他于1972年写道：

> 除非宪法把针对国家享有的权利这个问题分离出来，并使之成为自己议程中的一个部分，宪法才可能取得真正的进步。这就要求宪法与道德理论的融合，令人难以置信的是，这种结合尚未发生。法律人害怕受到道德哲学的污染，对那些谈论权利的道德哲学家，法律人尤其感到恐惧，这是很好理解的，因为权利概念幽灵般的意蕴，对理性的墓园构成了威胁。但是，现在有比法律人记忆中更好的哲学可以获得。比如说，哈佛大学的罗尔斯教授出版了一本关于正义的书，这本书抽象而又深奥，宪法领域的任何一个法律人，都不能够忽视这本书。[69]

德沃金对法官的要求似乎很明确：到当代优秀的道德哲学家的著作中，尤其到罗尔斯的著作中，去寻找宪法价值，也就是根据这些著作的内容，去推翻政治官员们所作的决定。罗尔斯的书是

本好书。但是,对于罗尔斯书中的结论,几乎所有评论家都有所保留,[70]在这种情况下,法官该如何回应德沃金的要求呢?宪法固然可以跟随时势,但是,宪法真的应该紧跟《纽约书评》吗?

有人可能会认为,暂且不管法官们以哲学原理为起点能够从中推导出什么,在法官们从事“正确的道德推理”过程中,是不会有系统性的偏见的(“我喜欢罗尔斯,你喜欢诺奇克。6 票对 3 票,我们获胜。法律无效”)。这样显然已经够糟了,但实际情况可能更糟。经验告诉我们,司法对基本价值的选择,事实上是存在系统性 59
的偏见的,其偏向中上职业阶层的价值观,并不令人觉得奇怪,因为多数律师和法官以及多数哲学家出自这一阶层。不难理解,人往往会认为,对自己来说是重要的东西才是重要的,像我们这样的人也不例外。* 因此,本书读者将不难识别出被联邦最高法院以及那些论者奉为基本权利的价值清单:表达自由、结社自由、教育自由和学术自由,家庭隐私权,个人自主权,甚至是不被陈旧的女性角色束缚以及不受其丈夫供养的权利。[71]但是,当有人提到工作、食品或住房时,你就会看到多数基本权利论者开溜了:这些事物显然很重要,但它们不被认为是基本权利。[72]

因此,法官们挑选出来的基本价值,如果不仅仅反映有关个人的政治和道德倾向,那么也很可能带有法官们的色彩。[73]这些价值将是——如果法院的工作就是从事道德判断,那么期待其他结果将是不合理的——亨利·哈特(Henry Hart)曾不带讽刺意味地称

---

* “因此,我们可以得出结论说:在这三部分中,灵魂之中爱智这一部分的快乐,是最快乐的,并且,这个部分在灵魂之中占据统治地位的那种人,拥有最快乐的生活。”“毫无疑问地,他说,当智者说自己的生活最快乐时,他的话是最可靠的。”Plato, *The Republic*(《理想国》),第九卷,载 2 The Dialogues of Plato(《柏拉图对话录》)455(B. Jowett,1953 年第 4 版)。(可参考[古希腊]柏拉图:《理想国》,郭斌和、张竹明译,商务印书馆 1986 年版,第 370 页。——译者注)

作“第一流法律人”的价值。[74]所以，反对将“理性”看作基本价值的一个来源的观点，最好用另外一种形式来表述：它要么跟“中立原则”一样，结果被证明是一个空洞的来源；要么明摆着是精英主义和不民主的，应立即予以摒弃。* 我们的社会名流非但没有作出宪法决定，走向近乎普遍的选举权，而且还倒转过来，将“第一流法律人”的价值观强加在民众的决定之上。正如罗伯特·达尔
60 （Robert Dahl）所评论道：“在将近二十五个世纪之后，对哲学王统治的好处似乎还深信不疑的人，几乎都是……一些哲学家。”[75]

传统

把人架在杆子上逐出城去，至少跟宣告不可剥夺的权利一样，是美国的一个传统。

——卡里·威尔（Carry Will）[76]

传统显然是探寻基本价值的一个去处，[77]但是其问题也很明显。首先，人们已经开始意识到，几乎任何诉求都可以诉诸“传统”。[78]就诉诸何种传统而言，在时间和空间方面，显然有相当大的操纵空间。谁的传统才算数？仅仅是美国的传统？为什么不是整个世界的传统呢？（出于某种原因，弗兰克福特大法官喜欢诉诸“说英语国家人民的传统”[79]）还有，如何框定适当的时间范围？是整个历史？还是仅限于制宪前的历史？关于系争宪法条文的解释，应该参照宪法条文批准之前的历史？为什么不将参照的历史

---

* 处于中上阶层的法官和论者会认为，中上阶层的价值就是基本的价值，其危险之处显然与方法论无关。然而，我认为，当“理性”被看作价值的来源时，危险就会恶化而触及方法论，这部分是因为我们所提及的价值是“从事推理的阶层”的价值，部分是因为“理性”在本质上是一个空洞无物的价值来源，因而特别容易让推理者个人自己的价值填充进去。

扩展及当今？事实上，后者似乎更为常见（然而，一旦这样做，你就走向多少有些不同的道路上去了）。此外，谁说"传统"必定是被多数人认同的？难道亨利·戴维·梭罗（Henry David Thoreau）*不是美国传统的一部分？约翰·布朗（John Brown）**呢？约翰·卡尔霍恩（John Calhoun）***呢？耶稣基督呢？很难说这些就不是美国传统的一部分。我们对于弄清过去年代中有关智识氛围或道德风气的具体情况，显然极无把握，妙就妙在，对于信服你观点的人来说，你几乎能够证明你想要证明的所有事情，[80]或者更坦率地说，传统实际上并不会只提供一个答案，至少这个答案不会如此清晰明确，以至于能够证明推翻立法机关的判断是正当的。****

"加州大学董事会诉巴基案"（Regents of the University of 61
California v. Bakke）[81]判示：对历史上遭受过不公待遇的少数种族给予优待措施，应该（至少在某种程度上）被视为宪法上的可疑分类。[82]在这背后，显然是在诉诸传统。"区分种族和人种的观念，植

---

* 梭罗（1817～1862），美国作家、思想家，著有《瓦尔登湖》和《论公民的不服从》，曾于瓦尔登湖畔度过两年多的隐居生活，在同时代人眼中，他只不过是一个观念偏执、行为怪异的人，一直到后来，梭罗及其著作才得到广泛认可。——译者注

** 布朗（1800～1859），美国废奴主义者，不像多数北方人认为应该通过和平手段解决奴隶制废存问题，他认为应该采取暴力行动。1856年他参加了堪萨斯内战。1859年他武装起义，后被名将罗伯特·李的军队镇压，并遭杀害。他的死被认为是美国南北战争的导火线之一。——译者注

*** 卡尔霍恩（1782～1850），美国政治家，南卡罗来纳州人，是奴隶制度的坚定支持者，1825年至1832年连续任副总统，还曾任参议员、国务卿等职。1957年美国参议院将他评为"最伟大的五位参议员"之一。——译者注

**** 与此相关的一个技术是将立法措施与声名狼藉的传统联系起来，以败坏其名声。譬如，参见 Shaughnessy v. United States *ex rel*. Mezei，345 U. S. 206，217－18（1953）（布莱克大法官的不同意见书）。联系和区别的技术显然可以交替着使用。譬如，参见 Poe v. Ullman，367 U. S. 497，542（1961）（哈伦大法官的不同意见书）（着重号为笔者所加）："我所说的平衡，是这个国家在历史的教训中，考虑其所孕育发展而来的传统，以及其所挣扎摆脱出来的传统，所达成的平衡。"这项技术简直无所不能，因为没有一个检测方法能够区别哪些先前的实践，理应被视为我们传统的一部分，哪些则是立宪者"必定会反抗"的（尽管任何论者几乎都会不假思索地认为，他或她所不赞成的，属于后一种类型）。

根于我们国家宪法与人口统计学的历史。"[83]鲍威尔(Powell)大法官也的确能够收集到一大堆论述,以表明一个人的法律地位不应该因为他的种族而受到影响。[84]然而,这些论述是在讨论是否应该允许白人通过牺牲少数种族的利益来谋取自身的利益的语境中作出的:在纠偏性优待措施(affirmative action)的语境中引用这些论述,而不考虑关键性的事实,[85]那就改变了相关传统的抽象层次,这么做也不难理解,那便是为了使其论证看起来很有道理。[86]

甚至就不利于少数人的种族歧视而言,我们国家也有两个相互冲突的传统:一个是平等主义的好传统,但在过去的一个世纪里,多数官方文件总是口惠而实不至;另一个是截然不同的坏传统,事实上它指向的是同一时期里(当然也包括之前)诸多歧视性的官方和非官方措施。[87]可想而知,没有一个读者会愿意认同后一个传统,不过,我感兴趣的倒是能够将这个传统抹去的观点,很想听听其理由。无论如何,我们可以假设借助某种魔法能够让后一个传统消失,也就是假设存在一个统一的美国传统,它反对运用种族分类使少数人处于不利地位;但是,能否优待少数种族则是个不同的问题,在这个问题上,除非我们使诈,不然即使运用那个诡计,我们也无法弄出一个统一的传统。近年来,已出台诸多官方计划,给予少数种族这种或那种机会或好处。在较早一些时期里,的确没有这种计划,但这可能是因为,那些关注少数种族命运之改善的人们,尽管全力与官方普遍歧视少数种族的行为作斗争,但总体而言是不成功的。事实上,早先实施有利于少数种族的纠偏性优待
62 措施似乎有现实可能性的唯一一段时期,就是重建时期。有一些人确实提出了反对意见,部分显然是基于原则信念——安德鲁·约翰逊(Andrew Johnson)便是浮现于脑海的名字之一——但是明显更有关系的是,重建时期的国会,也就是那个通过了巴基

(Bakke)据以提起宪法诉讼的那条宪法修正案的国会,对于约翰逊总统否决诸如包含在1866年《自由民管理局法》(*Freedmen's Bureau Act*)中明显偏向黑人的此类优待措施的行为,置之不理。[88]在热论中,有人可能会试图将重建时期认定为我们解释第14条宪法修正案所依据的传统之形成期,这当然不比我们所见的诉诸其他传统来得更糟。然而,更为可靠的结论是,我们必须到别的地方去探寻:各种族和各群体之间怎样的相互对待在宪法上应该是被允许的。[89]占据多数的种族是否可以采取措施帮助占据少数的种族,在这个问题上,并不存在一个清楚明白的美国传统,人们只有通过脱离语境的引述,才能使之看起来好像有这样一个传统。

如果仅仅因为某个不平凡的理论,其内涵与意蕴具有可争议性,就否定它,也就是反对一种宪法理论全然是因为其具有不确定性,那是不可能令人满意的。然而,传统作为宪法价值的一种来源,面临着严重的理论困境。诉诸传统,显然带有向后看的特征,这就突显了它不民主的本质:昨日的多数(假定是多数)应该掌控今日的多数,这个主张难以与我们的政体理论相符。当然,宪法的部分要义,就在于制约今天的多数。但是,这个论点仅仅让传统作为宪法价值的一种来源的困境变得更加严重,因为我们正在为之探寻价值来源的条文,是用开放性的术语写成的,也就是承认了成长与发展的可能性(假如有人想使一种传统定型不变,那么合理的做法便是将它形诸明确的文字[90])。而且,"如果宪法只保护符合传统价值观的利益,那么最有可能因其生活方式遭受不利后果的人,将是那些最不可能获得司法保护的人",[91]这就完全颠倒了宪法条文的要义。因此,仰赖传统,看起来既不符合民众掌权的基本理论,也不符合那些我们正试图赋予其内涵的宪法条文的制约多

数之精神。基于这些原因,传统总是一个过渡性的参照物,而用以
63 支撑最主要最常见的参照物,就是当代美国思想中真正的共识。[92]

共识

我们很少有人会愿意,为了维护公民们选择观看剧院里展出的"特定的性行为"的权利,而把我们的儿女送出去打仗。

——美国联邦最高法院(1976)[93]

社会上"广泛共享的价值观",应该成为宪法中开放性条款内容的来源——也就是"我们必须把宪法理解成表达当代规范的宪法"[94]——这个想法其实是多数"基本价值"论者的核心观点。[95]正如那些谈论传统的人,经常以"根据传统来看待今天的价值观"之类的话作为结尾,"理性"与"原则"这种本质上空洞无物的观念,为填补其内涵,最终几乎不可避免地会以当代价值共识之类的话而告终。[96]最近,哈里·威灵顿对共识这一参照物作了最清晰的阐述,他用"约定俗成的"(conventional)或"公共的"(common)道德来表述:"法院的任务就是确定约定俗成的道德原则之分量,并通过道德原则与宪法规范之间的联系,将道德原则转化成法律原则。"[97]

理论上而言,这种方法解决了在前面几种方法中我们所看到的两个问题。但是,这种方法并非不完备。共识或约定俗成的道德,被设想成"在某处"可以被探知发现的事物。同时,它也并非不民主。恰恰相反,威灵顿称其为"以人民为依归"。[98]哈耶克则解释道:"只有蛊惑人心的政客,才会说,对暂时之多数的权力的限制,也即人民所持的长期决定和普遍原则,是'反民主的'。"[99]

我猜想,这种说法也将使我成为一个蛊惑人心的政客,但是,

我认为这两个主张——即司法以民众共识为依归,既非不完备,也非不民主——都是错误的。关于第一个主张,越来越多的文献表明,事实上根本不存在可被发现的共识(如果说看起来似乎存在可被发现的某种共识,那么这种共识很可能仅仅反映了一些群体支配另一些群体的事实)。我们经常会听到这样一种说法:美国共识 64
在20世纪60年代就破裂了。这就足以反驳共识的存在说,但事实上,这一点可能直到最近才被承认:

主人与奴隶之间缺乏共同利益,这是显而易见的。第二次世界大战期间,我们的军队与因为一道命令被送进拘留营的日裔美国人之间的关系,也是如此,联邦最高法院认定这道命令是符合宪法的。后来有关种族因素在政府决策中所起作用的正当性争议,不管是出于隔离的目的,还是出于纠偏性优待的目的,以及关于州政府允许通过堕胎或安乐死终止生命的正当性争议,也都反映出有关正义观念的巨大分歧。[100]

然而,我们姑且假设——尽管这样做实际上是自相矛盾的——存在某种共识,它潜伏在某处,并与我们选举出来的代表们所作的判断相矛盾,即便如此,仍然有一个很明显的问题:那种共识是很难被发现的,至少由法院去发现这种共识是不可靠的。正如路易斯·贾菲(Louis Jaffe)曾经质问的:

诸如某项基本权利存在与否这样艰深难懂的问题,人们如何就此分辨和发现共识?公众也许珍视某项权利,但并不认为它是一项基本权利。公众也许认为父母亲的权利是基本权利,但对于这一类权利是否包含送自己孩子上私立学校的权利,则还没有明

> 确的想法。公众的道德心可能极为模糊;它可能宣称怀有一种传统的理想,但却不愿依此而行事。在这样一种情形下,我们难道不可以说,法官要么依循该传统理想,要么遵循当下实践,全凭他自己的善恶感自由选择?在很多案件中,对于争议事项并不存在统一的认识,这难道不是真的吗?[101]

因此,当我们在具体案件中讨论时,就会发现:诉诸共识,就跟诉诸“自然法”一样,同样存在一个二元难题——毫无用处的一般性与备受争议的具体性纠结在一起的难题。罗伯特·昂格尔(Robert Unger)对诉诸传统这一做法的评论,似乎同样可以用在这里:“在神启的道德真理不再为人所信的情况下,为使道德原则为人所接受,其支持者转而诉诸为众多不同时代和社会的人们所共享的道德观。然而,越是具体地提及这种据称是超越时空的道德
65 共识,其可信度也就越低。因此,客观价值的拥护者,出于辩护的需要,必须将自己局限在一些抽象的理念上,其模糊性几乎允许作任何解释。”[102]如果你对相信道德共识有所意义的人表达怀疑道德共识存在的看法,那么他们很可能会告诉你像“任何人不应从自己的错误中获利”这样一些空洞无物的格言。而请求举出宪法法院基于道德共识正当推翻立法决定的实际案例时,事情就变得有点蹊跷了。在1957年宣判的“布赖特豪普特诉艾布拉姆案”(Breithaupt v. Abram)中,联邦最高法院判定:在诉愿人神志不清的情况下未经其允许从其身上抽取二十毫升血液,进而将之用作控告其醉酒驾驶的证据,这并没有剥夺他正当程序的权利。联邦最高法院在论证中,非常明显地运用了共识方法论:“正当程序不是以个人反应的尺度来衡量……而是以整个共同体对‘公正与得体’的感觉为衡量尺度,透过共同的经验,这种感觉业已转化成何种行

为可接受的认识。本法院正是以此为根基发展起正当程序的概念。”[103]根基实际上是：尽管其口口声声说共同体的感觉，法院却没有指明，九个大法官中有三个持反对意见。我必须马上补充说明的是，归因于共识这种可疑的手法，并非只能服务于“保守派”的事业。在1972年的“弗曼诉乔治亚州案”(Furman v. Georgia)中，布伦南大法官和马歇尔大法官分别发表了协同意见书，他们都直截了当地主张：死刑因不符合当代共同体的价值观而违宪。[104]如此主张，无疑有很大风险，不幸的是，在这个案件中，风险变成了现实。在“弗曼诉乔治亚州案”判决之后，各州简直是一窝蜂地重新制定死刑，共同体的反应如此明显，这当然和联邦最高法院在这个议题上的立场转变有着莫大的关系。[105]

评论家对社会价值的解读，跟大法官们对社会价值的解读一样可疑。比克尔教授写道：“我愿意指出，联邦最高法院在学校隔离案件中的判决的正确性，可以[通过诉诸社会价值的方式]予以证明。但是我不认为，任何类似的证明可以用来表明或者就等于表明……设立最高工时和最低工资的法律，违背了我们社会的根本预设。”[106]我们当然能够理解其背后的目的，这是一目了然的——那就是寻找一种赞同“布朗案”而又反对“洛克纳案”的方法。在我看来，这样一种双重论调可以被认真负责地辩护，但不是 66
用前述方式辩护。我可以假设，到了1954年，我们国家多数人的价值观——暂不论我们国家实行的是联邦制度，假定这里我们应该重视的是全国性的意见——已经转到了谴责“隔离但平等”的教育措施的立场上来，尽管事实上这不大可能，[107]但我可以这么假设。[108]而在洛克纳时代，考虑到当时有合宪性争议的法律存在，对于自由放任的资本主义，在某些方面显然有很大的保留。然而，比克尔教授的**比较性**判断似乎站不住脚：支持隔离教育的种族主义，进入 20 世纪 50 年代后，(甚至直到今天)仍是美国生活中的一股强劲势力；而自由放任的资本主义，则是 20 世纪初广为人所信奉的哲学。[109]威灵顿院长，在阐明其“约定俗成的道德”这一方法的意义时，尽管带有几分迟疑，但还是跟比克尔教授对待洛克纳案一样，基于大众的意见，得出了同样不可靠的判断。[110]不过，他区分哪些主张是约定俗成的道德所支持的，哪些主张则不被支持的这种能力，在堕胎争议的领域中，有着更加令人印象深刻的表现：

> 美国法律协会的《模范刑法典》，允许因遭强奸而受孕的妇女堕胎，也允许为了保住孕妇的生命，或者为了避免“生出带有严重生理或心智缺陷的孩子”而堕胎，对此，我颇感欣慰。该协会所从事的工作，具有分类整理与核查的性质。其结论可当作社会在这些问题上的道德立场的证据。事实上，与州的立法相比，这些证据更加可靠，因为：尽管该协会难免受政治影响，但它绝不是像立法机关那样直接处在特殊利益集团的压力之下。
>
> 然而，美国法律协会还允许另外情形下的堕胎，最重要的情形是当“继续妊娠将产生严重损害孕妇身体或精神健康的实质性危险”时。我希望能够在约定俗成的道德中找到支持这种立场的根据，因为它确实与我个人的偏好相一致。但是，该协会的立场在这里仅仅是最好的证据，却不是充分的证据。我不明白，通过考察公众普遍持有的态度，怎么可能得出结论说，健康的胎儿与生病的孕妇相比，较为不重要。[111]

尽管这段话表述得相当迂回，但是我怀疑，除威灵顿之外的任何人，是否还有发挥的空间。[112]

67 例子还可以举出更多，但到目前为止，已经清楚地表明：透过个人自己的眼光来看待社会的价值——通过支持"新兴而非没落的"价值、[113]"一般而非特殊的"价值,[114]或诸如此类的方法,*在"正确"的方向中解决大众思想中明显的不一致——我们可以确信,一个文明人想要寻求支持的任何立场,都可以诉诸某种共识而获得支持。然而,就跟别处讨论的一样,我们很难主张,单凭这一点就足以构成决定性的论证:没有一个重要的宪法理论,是不需要作判断的。事实上,我认为这个理论比大多数这方面的理论来得更糟,但是无论如何,比克尔教授的比较性判断是毁灭性的:因为在法院和立法机关之间,显然后者更适合反映共识。精巧的评论不厌其烦地提醒我们,立法机关只是一个不完善的民主机构。[115]然而,抛开适当的回答应该是使立法机关更民主这一点不讲,[116]这一论点分析之后,可能会产生事与愿违的效果。存在于国会和州议会中的反多数势力,尽管可能成功阻止立法,但是面对多数的反对,他们并不能使立法获得通过。[117]这使我们所讨论的主张,也即法院应该凭某种假想的相反共识(contrary consensus)宣布立法无效,更加不堪一击。[118]然而,不论这些,我们就算带着沮丧的心

---

* 这种方法一般可见于共识论者的著作中,有时还阐述得相当明确。罗纳德·德沃金就主张,共同体的价值必须经过法官的提炼,剔除成见、情绪化的反应、合理化的文饰以及"鹦鹉学舌般的"模仿,此外还应受到真诚性与一致性的检验。R. Dworkin, *Taking Rights Seriously*(《认真对待权利》),126,240 - 258(1977)。另请参见,譬如 Wellington, "Common Law Rules and Constitutional Double Standards: Some Notes on Adjudication"(《普通法规则和宪法的双重标准:判决的若干评注》),83 *Yale L. J.* 221,251(1973)(法院"必须有合理的自信,确信自己倚重约定俗成的道德,并筛除当代的偏见、偏激和成见,或者事实上,确信自己将道德义务与文化品味区分开来");Perry, "Substantive Due Process Revisited: Reflections on (and Beyond) Recent Cases"[《重访实质性正当程序:对最近案件的反思(及超越)》],71 *Nw. U. L. Rev.* 417,442(1976)("约定俗成的道德文化所认可的诫命与约定俗成的道德文化不仅认可而且认为应该具有法律效力的诫命"之间,应该有所区分)。诸如此类的"清洗"手段,显然是需要的,以免被迫得出下述结论:立法机关通过的法律很可能反映了当代共同体的价值观对系争议题的影响。比较性地参阅 Note, "Legislative Purpose, Rationality, and Equal Protection"(《立法目的、合理性与平等保护》),82 *Yale L. J.* 123,127 - 132,135 - 137(1972)。

情承认立法机关并非全然民主，但这也不致令法院比立法机关更民主。[119]

68 诉诸共识，或者说诉诸经由法官自己的价值调和的共识，在“普通法”语境中也许有一些意义：法院或者是在填充由立法机关留下的漏洞——用卡多佐的话来说，“在法有空隙之时立法”——或者，也有可能是在顺应立法机关对它的广泛授权。法官们既然是在“代替”立法者从事工作，那么想必应该尽力像(好的)立法者那样行事，而这就可能需要将他们对大众意见的最佳估计跟他们自己的最佳判断结合起来。在宪法以外的领域，诉诸这种经过过滤的共识，或许有一定意义，然而，十分常见的是，习惯以宪法以外的领域为专业的论者，还试图将他们的分析方法丝毫不差地运用到宪法领域。[120]毕竟，其推论看起来似乎是可行的，法律就是法律，难道不是吗？如果在宪法以外的领域有意义，那么在宪法领域也应该有意义。问题在于，宪法语境是完全不同的世界：立法机关已经表达了立场，疑问是，法院应不应该将之推翻，而这只靠困难重重的修宪程序可能无法做到。这正是宪法法院必须做的——我将主张，宪法法院必须时常这么做。但是这么做，如果说其理论依据是，立法机关并没有真正表达人民的价值立场，而法院却能做到这一点，那就荒唐可笑了。[121]

非依赖民主程序产生的精英分子，最有可能发现人民真正的价值立场，此一观念有时在文献中被指称为“领袖原则”，[122]事实上，阿道夫·希特勒(Adolf Hitler)就曾说过：“我的骄傲在于，我知道这个世界上没有任何政治家能比我更有资格说，我是我人民的代表。”[123]不过，我们都知道，这并不是右翼精英分子才有的想法。[124]

当你退后几步，想一想我们为何要从事这场论辩的时候，最后的问题，也是最根本的问题，就会进入你的视野之中。一个人想依靠共识来填补宪法上开放性条文的内容，有两个潜在的理由。他可能说，他是想通过确保立法真正反映民众的价值观念，来保障多数人的权利。然而，如果那确是目标之所在，那么立法过程显然比 69
司法过程更适合实现此一目标。诉诸共识的另外一个潜在理由，就是保障个人和少数人群体的权利，以对抗多数人的行为。这当然是我们在本章中一直在讨论的主题。没有人会认为，我们依靠"自然法"或"传统"，是为了确保多数人的意志在实际上发挥作用；相反，诉诸这些事物，是为了避免多数人的意志不受制约的运用，从而保障少数人。现在，再来思考作为一项潜在价值来源的共识，思路就会变得清晰：将多数人的价值判断用作保护少数人免受多数人的价值判断压迫的方法，是根本讲不通的。[125]所以，共识方法源于一种混乱，并因此具有明显的优势：共识方法论，易于为人所接受，是因为其与普通法语境中法院可能采取的适当行事方式具有相似性，事实上，其与宪法裁判领域中法院正当范围内的职责并无任何关联。

预测进步

亚历山大·比克尔的思想，在其 1969 年的霍姆斯讲座的演讲中，就已明显呈现出一种新的取向，后来，该演讲以《最高法院与进步理念》为题结集出版。[126]比克尔认为，沃伦法院曾试图预测未来，也就是对"将来的观察者会视何者为进步而予以认同"作出最佳估计，并依此塑造其宪法原则。在他看来，沃伦法院在这方面是不成功的：沃伦法院"对未来所下的赌注"早已输掉，而成为政治上的输家。比克尔对于自己是否有意将"明日的价值"看作是宪法裁判的一种渊源，有点含糊其辞：他公开明确的主张是，"明日的价值”曾经是沃伦法院的裁判标准，而根据此标准来看，沃伦法院做得并不成功。尽管这个主张是可争议的，但是我相信，在比克尔的实然描述中，夹杂着许多应然判断。无论如何，即使比克尔并非有此意图，在这之前和之后，也有其他人对此一方法表示赞同的。[127]

此一方法的问题，我们已经非常熟悉，只是其问题显得更为严重。首先——假定我们现在确实在讨论一项预测性的任务——没有任何理由认为，法官更有资格预见大众意见的未来发展。比克
70 尔教授的历史敏感度，当然胜过大多数的律师和法官，但是他在十年前，解释沃伦法院废除种族隔离和重新分配议席的伟大判决如何（早已！）变得不再重要时，也曾摔过跟头——至少在 20 世纪 80 年代看来似乎是如此。[128]这仅仅证明他也是人——我们都会错将涟漪当浪潮。而这正是关键之所在：对任何人来说，预测是一件有风险的事情，对一名经任命产生的法官来说，我们也无法保证他就比立法者更善于从事此项工作，以致允许他基于自己的预测去宣告立法者的决定违宪。

此外，这个参照物，就其表面而言，也是反民主的。根据孙辈一代人的价值来控制我们今人，并不比根据祖辈一代人的价值来控制我们今人，更容易为人所接受：“自由的加速器”与“保守的制动器”，同样地不符合民主理论。在这个问题上，我要补充与当代共识方法论有关的一点：强加所谓多数人的价值以保护少数人，是毫无逻辑的方法，而设定此处的多数人是指将来的多数人，也不能在瞬间使之合理。但是，我们即便假定，通过某种逻辑的魔法，我们能够使自己确信，将明日的多数人的价值强加于今日的多数人，是保护今日的少数人免受今日的多数人压迫的合理方法，仍然还会有这样一个神话：先知先觉的法院能够通过价值中立的方法发现“明日的多数人的价值”。由于今日的司法判决（不管其裁判渊

源是什么）将不可避免地对明日的多数人的价值产生重大影响，[129]掌权者的“预言”必定具有自我实现的特征，即使“所预言的”是大众意见时，也是如此。这可能是件坏事，也可能是件好事，但不管怎样，这确实意味着，联邦最高法院基于它是“从未来提取其价值”，而不是将其价值强加于未来这样一种理论，来为其价值的中立性做辩护，是站不住脚的：最高法院所预测的成为事实，这只能证明最高法院就是最高法院。因此，联邦最高法院的大法官们，通过预测未来，将不可避免地塑造未来，而通过塑造未来，他们将不可避免地塑造当前，这正是此一方法论的关键之所在。假如这是可行的，那就相当于大法官们将自己的价值强加于他人。而这正是基本价值论者向我们承诺他们不会做的事情；这样的事情是由镜中人做的，并不能算作一个辩护理由。

亚历山大·比克尔的冒险之旅 71

亚历山大·比克尔之所以成为本章的中心人物，是有理由的。他可能是过去二十年里最富有创造性的宪法理论家。并且，他涉足了基本价值方法论的全部领域。因此，他的生涯*就是一个缩影，并且已经证实，试图回答下面这个错误的问题注定是徒劳无益的：“在那些充分中立、普遍的价值中，究竟何种价值可以被联邦最高法院证明，其足够重要，或足够根本，以至于可以压倒立法机关通过的法案所确认的价值？”[130]他承认，大法官们不能仅仅将他们自己的价值强加于社会：他认识到，由于司法机关具有相当大的影响力，大法官们强加价值这种做法，从根本上来说有悖于我们民主的第一原则，而别人还佯装不是这么回事儿。他也从不认为，在某

---

* 用“悲剧性的缩影”来形容亚历山大，是过于平淡无奇了，就智识或个人风格而言，他从来就不是平淡无奇的。

处存在着一套永恒有效的客观的自然法原则，有待法官或其他任何人去发现。比克尔由此而开始他的探索。他是最先认识到念念“中立原则”的符咒并不会告诉你这些原则应该是什么的学者之一。尽管他对“理性”有诸多的讨论，但是他显然明白，还需要某些其他的成分。传统是太保守了，至少对于一个罗伯特·肯尼迪(Robert Kennedy)自由派人士来说是如此，而比克尔迟至1968年还属于这样的人士。放眼当下，共识被寄予了厚望，似乎它就能解决反多数的难题。但是，比克尔逐渐意识到，提交到联邦最高法院的有关争议，可能根本没有共识存在，虽然他从未全盘放弃共识这个理念。[131]而且，比克尔认识到，即使有共识存在，联邦最高法院也是我们所最不应该信任由其去寻找共识的机构。[132]因此，在比克尔的遗著《同意的道德性》一书中就有信息表明：他也很快认识到，“进步理念”实际上是半遮半掩地将司法者的个人价值强加于当前和未来。[133]那么，用什么东西来填补这个缺口呢？令人遗憾的是，在其诸多混杂的主题中，这一回给予特别强调的是，对于年轻时的亚历山大·比克尔来说并不具有很大吸引力的一个主题：传统。比克尔的好友罗伯特·博克(Robert Bork)，在比克尔的追
72 思会上解释说：这一伯克(Burkean)式的结局，意味着比克尔最终“解决了”其在政治上的自由主义与其在司法上的保守主义之间的“紧张关系”。“阅读他在《新共和》杂志上有关埃德蒙·伯克的篇章，就会发现他的政治哲学已与他的法律哲学趋于一致。”我记得，当博克说到这里时，我激动地无法言语。这倒不是因为我不同意博克的说法，也即比克尔的政治学最终有这样一种转向——不承认这一点，我也无法解释《同意的道德性》一书——而毋宁是因为博克的话表明，曾经有一个有待解决的矛盾存在。因为，一个人完全**可以**既是一个真正的政治自由主义者，同时，出于对民主程序的

尊重,又相信联邦最高法院不应干涉立法机关的价值判断。然而,现在的我已经平静下来,并且能够理解,从比克尔所预设的前提——联邦最高法院的恰当职责就是界定价值和推行价值[134]——出发的人,为何在终其一生的探索之后,很有可能得出下述结论:既然没有任何其他方法可行——因为没有任何非个人的价值渊源存在于某处,等待着被发掘——那么也就可以通过推行其自身的价值来"实现正确之事"。这是一个出于绝望的结论,但是在这种情况下,绝望是不可避免的。错误的问题注定没有答案。

第四章　监督代议程序：作为裁判员的法院

73 至此，我们似乎已置身于进退两难的困境中。解释主义的路径——至少是那种将宪法条文当作自足单元的解释主义路径——经分析后表明，无法与某些宪法条文明确表达的精神保持一致。然而，当我们探寻外在的价值渊源，以填补宪法中的开放文本时，我们却徒劳无获，除非我们愿意让联邦最高法院成为法律修改机关。尽管通常的假设是，这两种路径是我们仅有的选择，[1]但事实并非如此，因为当我们深刻体认到我们的宪法具有开放性而需要填补时，并不是只能用强加价值这种方式予以回应。我们可以找到另外一种不同的路径，而要发现其轮廓，只需看看沃伦法院就可以了。[2]

沃伦法院以“能动主义者”（activist）或干涉主义者（interventionist）著称，这是名副其实的。尽管，在这方面，其与早先持干涉主义立场的联邦最高法院是相似的，然而，早先联邦最高法院所受的大量批评，特别是针对20世纪早期作出“洛克纳诉纽约州案”判决的联邦最高法院及其后继者的批评，消失不见了。尽管沃伦法院时代的评论家一直在谈论探寻基本价值的方法，沃伦法院自己却呈现出一种不同的风范。沃伦法院采取一条不同的路径，并非完全是有意识的行为。有时，沃伦法院也的确会陷入基本价值论的话语中：倘若早先联邦最高法院的那些思维以及当时那些杰出评论家的著述没有产生某种不良影响的话，这倒反而令人觉得奇怪了。[3]不过，沃伦法院所受的不良影响，几乎全是在修辞上的：沃伦法院的宪法判决表明，其所采取的路径与学界所偏爱的以价值为导向的路径，在深层结构上有着重大不同。[4]

在沃伦法院最有争议的判决中，很多是涉及刑事程序的，或是实施可能对个人造成严重后果的行动前，应经何种司法程序或行 74
政程序才是正当的其他问题——这些就是通常意义上的以程序为导向的判决。不过，对更广意义上的程序的关注——调整社会的法律正是通过这种程序被制定出来——同样激励着它作出其他判决。沃伦法院在政治表达与结社领域中表现出来的史无前例的能动主义，明显符合这个广义上的以程序为导向的裁判模式。其他时期的联邦最高法院，早已认识到此类政治活动与民主程序的正常运作具有关联性，但予以重视且最先采取行动的是沃伦法院。沃伦法院也是最先介入选民资格与议席分配不公案件的，并且一旦介入就毫不懈怠。这些判决当然是干涉主义的产物，然而，这种干涉主义的动力，不是来自于联邦最高法院试图表明其所确定的特定实体价值是重要的或基本的这一愿望，而是来自于其试图确保政治程序——通过这种程序确认、衡量和协调此类价值才是正当的——近乎平等地向所有持不同观点的人开放这一愿望。

最后，沃伦法院还有这样一些重要的判决，它们致力于破除社会中习惯性的不平等现象，让那些长期受歧视的人能够享受平等的待遇：最突出的是少数种族，但也包括外国人、“非婚生子女”和穷人。不过，法院的做法不是简单地宣称善或价值 X 如此重要或基本，以至于必须提供或予以保护，法院在此处所传递的信息毋宁是，如果政治官员选择为某些人（通常是跟他们自己一样的人）提供 X 或保护 X，那么他们最好确保每个人都同样能获得 X，要不然就必须准备好非常充分的理由，用以解释为什么不这样做。沃伦法院广泛关注的两个层面——即一方面疏通政治变革的渠道，另一方面纠正对少数人的歧视——是否相互一致，从而形成一种融贯的代议制政府理论，抑或像有些人所主张的那样，它们实际上是相互矛盾的，是一时冲动的产物，[5]这是我接下来将会讨论的问题。然而，不管怎样，我们已经可以清楚地看到，沃伦法院的事业的特色就在于追求“参与性的”（participational）目标，即让人们更多地参与到代议制政府的运作过程和资源分
75 配*中去。这与传统上以及学术上较为流行的观点，也即坚决要求提供一系列特定的被视为基本的实体价值或善，形成了鲜明的对比。[6]为此，沃伦法院受到了褒贬不一的评论，但是，我们至少开始认识到，一种与旧式的强加价值方法不同的做法，曾一度蔚

---

* 这里所指应该被理解为，除了利益之外，还包括免于受到伤害（惩罚、征税、规制等等）的免责或豁免权。因此，它一般是指分配模式。

然成风。*

“卡罗琳产品案”的第四注脚

沃伦法院所采取的进路,早在1938年宣判的“卡罗琳产品案”(United States v. Carolene Products Co.)的一个有名的注脚中,便露出了先兆。斯通大法官代表法院撰写的判决意见,维持了一项禁止在州际间运送加料脱脂乳(filled milk)的联邦法律,其理由是系争法律只需满足“合理的”(rational)标准即可,而它也确实如此,因此是合宪的。然而,第四注脚却暗示,并不是所有的法律,只要满足合理的标准,就是合宪的:

> 如果一项立法,从其表面看,便是在宪法特别禁止之列,那么合宪性推定原则发挥作用的余地就会比较小,譬如,为前十条宪法修正案所禁止,便是这种情形,而且,当前十条宪法修正案的这些条款,被认定为包含于第14条宪法修正案,[因而可适用于各州]时,这些条款同样被视为特别的禁止性规定……
>
> 现在不必考虑,根据第14条宪法修正案的一般性禁止规定,

---

* 参与本身显然可以被视为一种价值,但这并不致使我所描述的两种审查模式陷于崩溃而变成一种。在我使用这些词时,强加价值的审查模式指的是某些善(权利或其他)的配给是如此重要,以至于它们必须免于政治过程可能强加的任何限制,而参与导向(participational orientation)的审查模式,其所关心的是影响价值选择与损益结果分配的决定是如何作出的。另请参见本书第87页的脚注。我当然不是说,这些词必须这样使用(甚至有人怀疑,“participational”这个字是否应该被承认)。我只是说,在这里我是这样使用这些词的,并且不是在相同的意义上使用它们的。如果反对意见所指向的,并不是我没有区分这两个概念,而是有人可能会因为自己的缘故而觉得某种决策程序非常有“价值”,这当然没错:有人可能会这样。对于坚持要用那个术语的人来说,我的主要论点是:联邦最高法院所应追求的“价值”,是我已提及的那种“参与性的价值”,原因如下:(1)这些“价值”是我们这部宪法所特别关注的,并且也是处理得最为成功的;(2)“强加”这些“价值”,非但不与美国的代议民主制相冲突,反而巩固了美国的代议民主制;(3)这些“价值”特别适合由远离政治过程的法院来“强加”。

> 76 限制政治程序的立法,与其他多数类型的立法相比,是否应该受到更为严格的司法审查,我们通常会对那些政治程序寄予厚望,希望通过它们废除令人讨厌的法律。
>
> 我们也不必探究,针对特定宗教上的……或国籍上的……或种族上的少数人所制定的法律,是否也需要更为严格的审查;以及针对分散而又孤立的少数人所形成的偏见,是否可能是一种特殊情形,[因为]它极有可能削弱那些通常可以被信赖会保护少数人的政治程序,[所以]可能需要相应的更为严密的司法审查。[7]

其中第一段纯粹是解释主义的:它表示联邦最高法院应该执行宪法中的“特别”(specific)条款。[8]不过,我们已经看到,解释主义是不充分的:宪法中的有些条款还需要其他的方法。第二段和第三段给我们提供了一个关于其他方法可能是什么的想法。第二段表示,使民主政府的机制处于良好的运行状态,确保政治参与和交往的渠道保持畅通,是联邦最高法院应有的职责。第三段表示,联邦最高法院还应该关注多数人对少数人做了什么,其中特别提及“针对”宗教上、国籍上和种族上的少数人制定的法律,以及对这些人持有偏见的情况下制定的法律。

“卡罗琳产品案”的第四注脚,尽管名气和影响很大,但其实尚未得到充分的阐释。一些论者认为,第一段的内容似乎总是难以与另外两段的内容相协调。[9]担任过斯通大法官助手的拉斯基(Lusky)教授最近披露,实际上第四注脚最初是由他撰写的,第一段的内容则是应首席大法官休斯(Hughes)的要求后来加进去的。[10]实在法有理由要求被尊重,即使其与某种更宏大的理论不相符合,所以,任何隐含的实质性批评似乎都弄错了对象。[11]不过,第二段和第三段的内容更耐人寻味,倒是真的,并且,尚未得到充分阐释的，正是这两个段落之间的关联性。大众统治和平等主义，固然都是美国的古老理想；词典上对“民主”的定义也确实倾向于将二者结合起来。[12]然而，二者经常结合在一起，并不等于二者是统一的，至少从表面看，大众统治原则意味着，多数人单凭投票就能 77
够击败少数人，并因此能够剥夺少数人所追求的善。借用保罗·弗罗因德（Paul Freund）的话，[13]我已经表明，“卡罗琳产品案”判决的两个主旨都和参与有关：它们要我们关注的，并不是这个或那个实体价值是否特别重要或基本，而是参与的机会是否遭到不当的限制，不管是参与政治程序——正是通过这些程序，价值得以妥当地辨识和协调——的机会，还是参与分享那些程序已达成的结果的机会。但是，两个概念能够囊括在同一个词的意义之伞下这个事实，并不足以使它们彼此相容。一个平等参与统治程序的体制，绝不必然跟一个预设人人平等参与分享程序产生的利弊结果的体制相关联；它在很多方面似乎旨在产生截然相反的效果。为了理解这两种参与类型是如何结合在一个融贯的政治理论中，我们有必要集中探讨美国的代议民主制，并且探讨得比第一章更加深入。

代议制政府

代表他人的被授权者，其权力行使包含着一项义务，即必须为了授权者的利益行使权力，这是普遍适用的一个原则……

我们认为，《铁路劳工法》至少对工会法定代表施加了一项平等保护工会成员的利益的义务，这就如同宪法对立法机关施加了一项平等保护授权其立法的那些人的利益的义务。

——美国最高法院（1944）[14]

由于种种原因，公民们亲自出席并参与立法程序是不切实际的，在这种情况下，代议制（或代表制）*民主也许明显是最适合的政府体制。但是，代表制这个概念，正如我们祖先所理解的，意涵比这丰富得多。美国独立革命之前，有一种修辞性的言论，其断定在“统治者”与“被统治者”（或“人民”）之间，永远存在利益冲
78 突。[15]作为一种解决之道，将这两个群体的利益结合起来的思想，被引入代表制的概念中。因此，美国独立革命后新政府中的代表，尽管当然被认为应该具有非凡的能力和人格，但已被想象成为人民“中”的“公民”。按照这种代表图像，代表在任职结束之后，将返回到人民这个群体当中，并因此成为被统治者群体中的一员。而且，这种理念认为，代表们即便在任职中，也将生活在他们所制定的法律的统治之下，而无任何超越于法律之上的特权：他们自身也受法律统治这个义务，将确保统治者与被统治者之间形成利益共同体，并防止出现压迫性的立法。[16]制宪者们认识到，代表的图像必须要有机制来落实：“权力具有分化……统治者与被统治者的内在倾向”，必须得有“某种力量去抵制这种倾向”。[17]在这些力量中，最主要的就是投票选举：人民根据自己的利益选择与他们的利益相一致的代表，并通过定期改选的问责机制，确保代表始终与他们的利益保持一致，特别是确保代表们自己也难逃他们所制定的法律的严格约束。[18]

实际上，我们的代表对待他们自己，是否像对待我们其余人那样，可能并不那么重要。事实上，可能正是因为他们在某些方面优待自己，才会如此竭尽全力地想要寻求连任。确保我们的代表与我们的利益保持一致的，与其说是利益的共同性，毋宁说是他们寻求连任的愿望。如果我们多数人觉得，我们受到了代表们不合理

---

* “（或代表制）”为译者所加，本书中的 representation 通常有代议制、代表制和代表三种译法，考虑到汉译习惯，译者将根据不同语境做不同处理。——译者注

的对待，那么，不管他们是正式地还是非正式地脱离了我们，我们都保有将他们选下台的能力。这样一种政府体制，至少从目前所描述的来看，尚不能确保少数人得到有效的保护，因为少数人的利益与我们其余多数人的利益是有差异的。如果遭不合理对待的不是“多数”，而只是一些少数人，那么，在这种情况下，就不那么容易能够通过政治程序予以纠正。事实上，代表们所依赖的是多数人联盟持续不断的支持，对他们来说，一个或几个少数人群体的支持，并不是必需的，因而可能会有政治压力，推动我们的代表通过不利于少数人的法律。所以，即使假定我们有意愿且有能力做到，让我们的代表对待他们自己，像他们对待我们其余多数人那样，但这也无法保证少数人不会受到不平等的对待。

这并不是说，我们先人曾将压迫少数看作是不可避免的产物， 79
从而打算接受它。他们理想中的“共和国”，并不是某种“赢者通吃”的体制，在这种体制中，政府仅仅追求少数特权者的利益，或者仅仅追求能够组成多数人联盟的那些集团的利益，[19]在他们所设想的体制中——暂且把奴隶制搁在一边，那当然是他们现实中所做的——代表们将为了整体人民的利益而实施统治。[20]因此，据称，每个公民都有权获得同等的尊重，并且，平等也是时常被提及的共和国之关切所在。譬如，平等在《独立宣言》中所处的地位，是再显著不过了。[21]然而，当先人们开始着手制定宪法，描绘共和政府的实际运作机制的时候，对平等的关切反而变得不是那么明显了。这在很大程度上是因为，“纯粹的”共和国政治与社会理论有一个我们曾掠过而尚未强调的假设，即“人民”在本质上是一个同质性的团体，其利益是统一的，而无重大差异。[22]尽管利益的同质性常常被讲得像是个既存的现实，但这最多不过是个理想罢了。事实上，在早期相当多的共和理论中，都含有某种形式的财富再分配构想，从非常激进的方案到非常温和的方案，不一而足；[23] 提出如此多的再分配方案，我们固然可以从人们想要寻求改变这方面获得部分解释，但同时，更是理论家非常有意识地将之与共和主义政治理论结合起来的产物。财富悬殊有多大，利益分殊就有多大，就此而言，再分配将减小利益分殊。倘若同质性的理想能够实现，那么对多数人有利的立法必然也是对全体人民有利的立法，因而也就没有必要再广泛而又深入地关注平等对待。

此处的核心假设，即每个人的利益在本质上都是一致的，对于我们这一代人来说，显然是很难予以接受的，事实上，我们非常明了，我们祖先中也有很多人对这一点抱持矛盾的态度。[24] 因此，在1789 年制定的《美国联邦宪法》和 1791 年添加的《权利法案》这两个文件中，尽管没有一个地方明确援引平等概念，但制宪者并非没有努力，他们至少采取了两种策略保护少数人的利益，以防多数人联盟意志可能对少数人造成的侵害。比较明显的是《权利法案》中所运用的“列举清单”策略，也就是具体列出不能对任何人做的事情，这至少是对联邦政府的要求（尽管即使在这里防卫手段也主要
80 是程序性的）。然而，在 1789 年制定的《联邦宪法》中，更加普遍的策略是，我们可以宽泛地称之为多元主义的策略，它是政府的组织原则之一，在一定意义上，也是整个社会的组织原则，其目的在于保证各种各样的声音都能够发出来，没有任何多数联盟能够主宰一切。[25] 正如麦迪逊——其明确拒绝通过设立非民主的机构来对多数人的价值实施监督（也即“第三章”所讨论）的方法——在《联邦党人文集》第 51 篇中所说：

> 在一个共和国里，不仅要保护社会免受统治者的压迫，而且要保护社会中的一部分人免受另一部分人的不公对待，这一点至关

> 重要。……如果多数人通过共同利益而联合起来，那么少数人的权利就会得不到保障。仅有两种方法能够防止此种邪恶的出现：一是在共同体中创设一个不受多数人影响的独立意志……二是让社会由众多不同背景的公民组成，从而使全体中的多数人要结成不义的联盟，即使并非不可能，也极难实现。第一种方法在一切具有世袭或自封权威的政府中是很普遍的。这充其量也只是一个不可靠的保障方法，因为独立于社会之外的权力，既有可能支持社会中少数人一方的正当利益，也有可能支持多数人一方的不合理主张，并且还有可能同时对这两方采取敌视态度。第二种方法可用美利坚联邦共和国来作范例。[26]

从松散的邦联制转变成拥有强而有力的中央政府的联邦制，这一关键性的转变就这样被构想出来。大家都知道，麦迪逊曾被指责为不懂多元政治理论，[27]但事实上，我们有理由认为，他对多元政治理论有着很好的理解。他的理论源于大卫·休谟(David Hume)，并在《联邦党人文集》中得到了充分阐述，其要旨是：尽管在地方层面一个"派系"很可能具有欺压他人的能耐，但是在联邦政府层面没有任何派系或利益集团能够组建成足以操控他人的多数。[28]基于同样的理念，联邦宪法不仅在联邦政府与州政府之间，而且在联邦政府的三个部门之间，设计了种种分权制衡的政府权力运行机制。[29]

这个制度无疑是富有声望的，但没过多久人们就认识到，从保 81
护少数人的角度来看，光有这个制度是不够的。无论人们最初怎么真诚地相信，每个人的利益是一致的，或者能够使之趋于一致，当我们共和国迎来第五十个生日的时候，这种信念已经走到了尽头。悬殊的贫富差距仍然是个现实，对于敌视有产者和债权者阶级利益的立法的恐惧——这种恐惧当然早在《邦联条款》统治时期就已成形,并且对我们刚才提及的宪法设计起到了重要的推动作用——在“杰克逊时代”*,也即“多数人”开始真正行使政治权力的时代,无疑也没有消除。[30]因此,宾夕法尼亚州最高法院在1851年总结道:

> 当运用适当的立法权力制定影响或可能影响整个共同体的普遍性法律时,倘若有法律是不正义的,且有违我们宪法的精神,那么整个共同体将会竭力通过发出自己的声音促使该法律被废止。这也是公平正义之立法的根本保障。
>
> 但是,当立法针对的是从大众中挑选出来的特定个人,并且有损他们的财产权时……他们从大众中被孤立了起来,面对立法的这种侵害和不义,有谁会站出来为他们说话?或者说,面对这种专横的权力,他们去何处寻求救济?[31]

同样相关的是奴隶制度的继续实行。只要黑人能够轻易地被视为是次等人,那么他们就很难提供证据证明,一部分人正在对另一部分人实施暴政。一旦黑人是次等人的观念变得模糊起来,那么人们就会有另外的理由去怀疑,保护多数人是否必然保护全体人。[32]

我们也终于认识到,现有的保护少数人的宪法机制实在是不充分的。列举有限的权利清单不可能涵盖多数人压迫少数人的所有方式,而非正式的和比较正式的多元主义机制,并非总是靠得

---

* 1829年,安德鲁·杰克逊(1776~1845)入主白宫,从此开启了一个“杰克逊时代”,成为美国历史上一个重要的转折点。在这个时代,“大众民主”逐渐兴起,“权贵”阶层垄断政治的局面有所改变。参见晏虹:《美国史学界关于安德鲁·杰克逊及其时代的研究》,载《世界历史》2005年第2期。——译者注

住。有效的多数常被描述为由诸多少数合作与联合的结果,然而,当联合而成的多数拥有足够的权力,并认为自身是个利益共同体,少数(或少数人群体)则被视为有别于己,此时,就算多数是由诸多少数联合而成的,也难以阻止多数以牺牲少数(或少数人群体)的利益为代价使自身获利。在这种情形下,一定会有很多团体表示支持,同时另有一些团体保有大声抗议的权利,然而这也无济于 82
事。所以,在一个人们几乎已不再相信人民以及人民的利益在本质上是同质性的这一共和信条的时代里,如果要继续保持政府乃是为了全体人民的利益而存在的共和理想,那么就必须正面应对多数人的暴政这个问题。现有的代表制理论必须作相应的拓展,我们不仅要确保代表(the representative)不会将其利益与其选民中多数人的利益分离开来,同时还要确保代表不会将多数联盟的利益与各种少数群体的利益分离开来。自然,这并不意味着,构成少数的群体永远不能得到较其他人更为不利的待遇,但是它确实意味着,代表不能拒绝代表(represent)他们,[33]用德沃金教授的话来说,就是"在设计和实施统治他们的政治制度的时候"不能拒绝给予少数人"同等的关切和尊重"。[34]第 14 条宪法修正案的平等保护条款显然是我们宪法中包含了此一理想的最为引人注目的条款。不过,在那条修正案被批准之前,平等保护原理早就为人所理解,并且作为代表概念的构成要素发挥了作用——有时甚至还被当作司法上可予执行的要素[35]——而代表概念自始便是我们宪法的核心。

古老的"实质代表"(virtual representation)概念,尽管具有讽刺意味,但在这里对我们的讨论是有益的。我们的祖先对"实质代表"这一术语深恶痛绝,因为在他们大声疾呼"无代表不纳税"时,英国就援用了这一术语予以回应。然而,实质代表概念所蕴含的洞见,已在美国的政治理论中保存了下来,并且从一开始就影响着我们的宪法思维。殖民地居民主张说,我们无权选派代表参加英国议会,却向我们征税,这是不对的,甚至是“违宪的”,英国方面则回应说,虽然殖民地居民实际上(actually)没有选派任何代表,但是他们在议会中“实质上得到了代表”(virtually represented)。在论辩中,英方指出,英国曼彻斯特(Manchester)等地虽无权选派代表参加议会,但依然得缴税;接着英方下结论道,然而无疑,谁也不能否认这些地方的人民得到了代表。殖民地方面的反驳意见,至少就其中的主流而言,其实并没有否定实质代表概念的一般意义,而毋宁是否定这个概念可以适用于殖民地的情形。因此,丹尼尔·杜拉尼(Daniel Dulany)反驳说:

> [曼彻斯特等地]无选举权人(non-electors)免受压迫的安全保
> 83 障就在于,对他们的压迫同样会落到选举人(electors)和代表们的身上……选举人只有在利益上与无选举权人有着密不可分的联系,才可能恰当地被看作无选举权人的代表……选举人所选出来的成员,也因此才可能恰当地被看作是选举人和无选举权人的代表。

然而,

> 在大英帝国的选举人和殖民地的居民之间,并不存在那种密不可分的利益关系,否则对二者的课税必然是相同的。事实并非如此,在英国没有一个现实中的选举人会因为对美国的课税而有切肤之痛……即使其压迫性和侵犯性达到了无以复加的程度,在英国也可能广受欢迎,原因便在于这样一种承诺或希望:压榨殖民地的非常措施将减轻大英帝国居民的负担。[36]

尽管“实质代表”这一术语没有得到复兴——这一点我们可以

理解——但是通过将无政治权力者的利益与有政治权力者的利益捆绑在一起的方法保障“实质代表”的保护性设计,对我们最初的宪法制定以及随后的宪法解释都产生了重大影响。宪法第4条的特权和豁免权条款,其原初意图就是禁止州立法机关通过各种规定区别对待外州人和本州人,给予外州人较差的待遇,这也为后来的宪法解释所确认。“当初制定这一条款的目的就在于,确保A州公民进入B州后享有与B州公民同样的特权。”[37]宪法第4条并没有表达任何实体性的权利,而“只是”保证一州居民认为适合自己享有并通过投票确定的任何权利资格,通常也应给予来访者。在这里,当然能够用平等的道德理想来解释,但是宪法文件特意禁止不平等对待非本地居民而不是其他人,其原因也是一清二楚的:非本地居民在政治上是典型的无权阶层。而且,通过类似于实质代表制的方式为他们提供保护:在宪法上将外州人的命运与拥有政治权力的本州人的命运绑在一起,制宪者们确信这样一来外州人的利益就能够得到很好的照顾。宪法第1条第8款的州际贸易条款仅仅规定国会有权管制各州之间的贸易。但是,早期的联邦最高法院也赋予了这一条款“自我运作”(self-operating)的维度,这同样是出于保护政治上无权者的需要,并且同样采取了确保实质 84
代表的方式。因此,譬如在19世纪初,联邦最高法院指出:一州不得对产于他州的货物征收未课予本地产的货物的税赋。[38]通过这种方式,在宪法上将他州制造者的利益与州议会里面有代表的本地制造者的利益绑在了一起,这就提供了一个政治保障,确保对前者所征之税不会提高到难以承受甚或不合理的水平。[39]

这些例子都涉及对地域上的外人的保护,在那种情况下,他们确实不享有选举权。但是,即使那些在法律上有权选举代表的人,也可能发现自己在实际运作中属于无权势者,并因此需要由比他们更有权势的人做某种“实质代表”。[40] 从某个角度看,保护这类群体,使其免遭多数暴政的主张,比保护外来人群体的主张会更加有力:因为他们毕竟是对其实施伤害的这个共同体的成员。然而,从另一个角度看,他们的主张似乎更加微弱:他们确实拥有选举权,并且抽象而言,期待他们就像我们其余人一样(在理论上)能够讨价还价,在他们较不关心的议题上做出让步,“帮其他人抓抓背”,从而其他人也会帮他们抓抓背,相互帮忙支持,此种期待似乎并非不合理。“任何群体只要有意愿进入政治过程并且与其他群体联合,就不应该‘一直完全地’处在权力之外。”[41] 如果这里的“一直完全”是永远的意思的话,也许还谈不上“一直完全”,但是,某些在法律上被授予了选举权的群体,已经发现他们长期处于无力保护自己免受各种歧视待遇的境地。这些群体就好像被剥夺了选举权一样。

这里所隐含的问题——涉及在何种情形下,若多数人与某个少数人群体尚未自然形成可感知的利益共同体,则在宪法上将二者利益捆绑在一起是合适的——显然需要更多的关注和探讨,我将在第六章从事此项工作。此处有意义的论点是,即使在平等保护条款制定之前,至少在特定情形下,联邦最高法院已经打算保护那些并非真正不享有选举权的少数人群体的利益,其方式就是将他们的利益跟那些事实上占据政治权力的群体的利益捆绑在一起——同样,当这些少数人群体的利益并未得到这种“实质代表”
85 的保障时,联邦最高法院也打算介入,为其提供保护。在1819年宣判的具有里程碑意义的“麦卡洛克诉马里兰州案”(McCulloch v. Maryland)中,联邦最高法院宣告马里兰州一项针对所有未获该州议会许可的银行(其中大多是合众国银行)征收营业税的法案违宪无效。在首席大法官马歇尔主笔的判决意见的末尾处,有一个可能令人难以理解的限定性语句:“本判决……并不适用于针对该银行不动产连同该州内其他不动产的课税;本判决也不适用于针对马里兰州公民在该银行中可能有的利息连同该州内其他相同种类财产的课税。”[42]他当时脑海中究竟在想些什么?如果说他知道他所提到的那几种财产税事实上较为不繁重,这是不可能的,因为在判决意见中,他丝毫没有表示,被法院宣告无效的那种税事实上是难以征收的,甚或是繁重的。实际上,在马歇尔的论证思路里面,关键的一点就是,根本不必证明:“征税权包含一种毁灭性的权力”,向银行征收轻微的营业税,就跟征收重税一样,不被允许。无论如何,向合众国银行在当地的分支机构征收不动产税,同样具有潜在的毁灭性。任何一种税收,倘若失去控制——事实上并没有出现这种情况——都可能毁灭合众国银行。

现在我们应该马上能够看出马歇尔大法官的用心所在:其表示对该银行不动产征税必须“连同该州内其他不动产”进行,对公民在该银行所拥有的利息征税也必须“连同该州内其他相同种类的财产”进行。通过这种要求平等对待的方式,将合众国银行的利益与所有马里兰州的财产所有人的利益统一起来,从而确保合众国银行不致因税赋而遭受严重打击,甚至陷于瘫痪。对不动产或动产课税的权力是一种潜在的毁灭性的权力。但人不是旅鼠(lemmings)*,尽管人们为了服务于某种更高的社会利益,可能同意牺牲自己的部分利益,但他们并无自毁全身的习性。[43]

“麦卡洛克案”中的系争赋税,也即向未获该州议会许可的银

---

* 旅鼠,分布在北美和欧亚大陆的北极地区。传说,当旅鼠数量达到顶峰时,它们就会自发地集体迁移,奔赴悬崖或大海自杀,只留下少数同类留守并担当起传宗接代的神圣任务。有科学研究表明:“集体自杀”实属偶然意外。由于数量太多,它们不得不集体迁徙到数量相对较少的地区,由于数量多速度快,它们有时慌不择路,相互拥挤就纷纷掉到悬崖下或是掉进水里。——译者注

行征收的营业税,则表现出不同的利益构造。合众国银行针对马里兰州议会自然不拥有选举权,但任何公司都不拥有选举权。组织机构的利益保护,一般是通过与其利益密切相关的人——主管、
86 雇员和股东——来实现的,就这些方面而言,我们没有理由假设合众国银行较其他任何组织机构处于更弱势的地位。因此,至少在其他公司也没有选举权的意义上,合众国银行并没有被剥夺选举权。然而,向该银行征收的营业税仍被宣告为无效,其中的原因是一清二楚的:该赋税仅仅向银行征收,事实上仅仅向未获该州许可的银行征收。合众国银行本来或许跟其他任何一家公司一样,拥有一张有效的"选票",但是,当仅向未获该州许可的银行征收营业税时,显然它会发现自己在政治上永远处于弱势的地位,因为最好的情况也只是能够在这个问题上获得两三个"非法"银行的支持——然而连这种情况似乎也没有出现。在这里,我们也就有理由假设,只有真正得到了实质代表的保障,才可以说获得了宪法的庇护——例如,假设向合众国银行征收的营业税,也同样向马里兰州内的所有商业公司征收。[44]

我当然不是想要主张,"麦卡洛克案"就是"卡罗琳产品案"第四注脚的前兆,已在一般的意义上宣告,对分散而又孤立的少数人应提供特殊的司法保护:倘若合众国银行不是一个联邦机构,它很可能不会得到这种特殊的照顾。不过,联邦最高法院在此案中的意见依然是具有启发性的。它甚至在那么早的时候,就借着对财产税的讨论,表达了一个明确的假设:代表们应该代表其全体选民,而不应武断地将不受欢迎的少数区分出来,对他们施加比较不利的待遇。并且,它还通过宣告对合众国银行征收营业税的立法违宪无效,表达了一个深层次的预设:至少在某些情形下,当现有的代议程序不能充分代表少数人的利益时,即使这些少数人并非

没有选举权,司法介入其中也是合适的。我并不是主张,这些论题在美国内战之前就经常得到明确的阐述,但是,这些论题被提到的次数并不是目前的重点。无论之前是怎样的情况,第 14 条宪法修正案十分明白地规定了一项我所描述的那种司法上可予执行的实质代表义务。我举上述例子的主要用意在于提出一种思路,按此思路,有时被说成是两种冲突的美国理想—— 一方面要保证我们的政府是大众政府,另一方面要保护少数人获得平等的关切和尊重——事实上可以被理解为源于代表的普遍义务。对此,麦迪逊同样早就作出了精辟的阐述: 87

> 在众议院的情况下,我还要补充一点,作为防止代表采取压迫性措施的第五个条件,这就是他们所制定的法律,对他们自己和他们的朋友,同对社会上绝大多数的人一样,必须一体适用。……也许有人会问:用什么来防止众议院制定歧视性的法律,使他们自己以及社会上某一特殊阶级受益?我的回答是:整个制度的英明,正义与宪法的本质,尤其是激励美国人民的警惕性和勇敢精神……[45]

本章剩余部分将包含三个论证,用以支持参与导向的、强化代议制的司法审查方法。第一个论证较之于另外两个论证,将花费更大的篇幅,因为它需要对美国宪法本身做一个探索,尽管这个过程不是琐碎冗长的。此一探索将揭示,与通常观念所认为的美国宪法是"一份不朽的但不断展开的普遍价值的宣言"[46]相反,实体价值的选择与协调,事实上几乎全部留给了政治过程去处理,而且,这份文件最为关切的是,一方面确保纠纷解决程序的公正性(小程序保护令),另一方面确保人民广泛地参与到政府的统治和资源分配过程中去——在宽泛意义上可称之为大程序保护令*。[47]在这种情况下，基于同类解释规则（ejusdem generis）**的主张似乎特别有道理，因为我们正试图为之确定内涵填充模式的宪法条款，譬如第9条宪法修正案与特权或豁免权条款，似乎蕴含着“我们在这里一定遗漏了些什么东西，所以还是相信后人，让他们去补充我们所遗漏的东西”这样一种精神。[48]因此，在我愿费口舌
88 的时候，我特别想主张，本书所阐发的司法审查模式，最终是解释主义的。*** 我们的考察还将揭示其他一些事实，其与我们所正在讨论的问题也许更为相关，即若干制宪者曾做出过一些努力，试图通过明文规定在宪法文件中给予特殊保护的方式将实体价值冻结起来，然而，其结果通常都惨遭厄运，或者是正式地被废止，或者是通过解释被悄然废止。这对于赋予宪法开放性条文以内容这项任务来说，具有重要的启示意义，也即维护基本价值不是一项恰当的宪法任务。

另外两个论证，论述可以简短一些，但并不意味着，较第一个

---

* 我不想参与到有关这个说法的任何争论当中去。参见第75页的脚注。然而，应该承认，我所主张的司法审查方法，在详加阐述时，其程序导向性，甚至比目前人们可能想象的，来得还要彻底。一般地，请参见第六章。

** 一项解释规则，指在列举数项特定的事物之后，紧接着采用了一个总括性表述的单词或短语时，该总括性词语只能解释为包括与其列举者同类的事物。参见薛波主编：《元照英美法词典》，法律出版社2003年版，第462页。——译者注

*** 正如我曾经指出的，我并不认为人们对这个术语的理解是完全一致的，或者这个术语问题特别重要。显然，我所主张的进路，既不是通常意义上的“解释主义”进路（其将宪法条款视为自足的单元），也不是通常意义上的“非解释主义”进路（其在个人对社会基本价值的诠释当中，而不是在宪法文件较为宽泛的主旨当中，寻找宪法判断的主要基础）。真正重要的，并非它是否“确实”是广义上的解释主义或者说它所持的立场不能完全归入任一阵营，而是它能否忠实于宪法文件的承诺——就这方面而言，我已论证拘泥于条文的解释主义并不能做到——以及同时能否避免非解释主义的价值重负所遭受的指责——这种指责最重要的根基就是民主理论。就此而言，本章最后的两个论证——它们明确回答了与民主理论的一致性以及立法机关和司法机关在制度上的相对能力——至少和源于美国宪法本质的论证（考虑到美国宪法的复杂性，不管怎样这个论证必定是有限度的），同样重要。

论证，来得不重要。首先，强化代议制的司法审查方法，不同于与其对立的保护价值的司法审查方法，它非但不与美国代议民主制的根本前提相冲突，而且还(相当有意地)完全给予支持。其次，同样迥异于与其对立的方法，强化代议制的司法审查方法，意味着有一些任务，需要由法院去执行，因为司法者作为程序专家以及(更为重要的是)政治上的局外人，比政治官员更有资格、更适合去执行这些任务。

美国宪法的本质

> 在美国，立法程序的基本宪章，可以在成文宪法中找到。……我们应该经得住诱惑，防止涉及实体性问题的宪法修正案充斥于宪法文件中。……[此类尝试]显然是不明智的，因为其试图在今天解决明天的问题。但是，更深层次的危险在于，其将削弱美国宪法本身的道德力量。
>
> ——朗·富勒[49]

我们殖民地时期的祖先当中，有很多人是用“宪法”用语来控诉英国统治的。然而，很少有人主张某种宝贵的善或实体性权利 89
被剥夺了：美国殖民地居民，至少就白种男性而言，是当时世界上最为自由和富有的人，大概他们也知道这一点。[50]因此，他们“在宪法上的”主张常常是关于管辖权的——比如说，英国议会无权管理殖民地“内部的商业活动”——这些主张的根据，通常是我们殖民地居民在英国议会中没有代表[51](显然，殖民地居民不是因为被征税而比他人更为恼怒，他们谴为暴政的是**没有代表**却被征税)。或者，他们的主张是关于平等的：他们要求享有“英国人的权利”，尽管这种主张有时具有自然法的意味，但是从字面来看，这些词更为通常的含义是,要求获得跟生活在英国的那些人同样的待遇。[52]所以,殖民地居民的"宪法"主张,与我们一直所讨论的参与的两个主题相契合,即(1)他们对统治程序的参与是不足的,以及(部分作为结果)(2)他们没有得到别人所得到的东西。汉娜·阿伦特(Hannah Arendt)就曾写道:美国式的革命,"实际上仅仅宣告,对全人类而言,文明政府是必要的;法国式的革命……则宣告,存在着独立于且外在于公共团体(body public)的权利……"[53]

正义与幸福的最佳保障,不是一劳永逸地对其作出永久性的定义,而毋宁是参与统治程序,通过这种程序与时俱进地对其内涵作出界定,这一主旨已经载入我们至为重要的宪法文件中。即便是我们最为著名的"自然法"宣言——《独立宣言》,在宣告了一些令人向往的但无疑具有开放性的目标之后——通过用"追求幸福"的字眼替代洛克早已为人广泛引用的"财产"一词,使目标更具有开放性[54]——也表达了对(民主)程序这一关键角色的重视:

> 90 我们认为下面这些真理是不言而喻的:人人生而平等,造物主赋予他们若干不可剥夺的权利,其中包括生命权、自由权和追求幸福的权利。为了保障这些权利,人们才在他们中间建立政府,而政府的正当权力,则来自被统治者的同意……[55]

美国宪法以同样的调子开篇,就不大令人诧异了,它并不试图确立某种主导的意识形态——宪法序言中所提到的诸种价值,其包容性几乎不能够再强了——而毋宁是确保有一个经久耐用的政府组织结构,以解决持续不断的政策争议:

> 我们合众国人民,为建立更完善的联邦,树立正义,保障国内

安宁，提供共同防务，促进公共福利，并使我们自己和后代得享自由的幸福，特为美利坚合众国制定本宪法。

倘若有人得知，最初的美国宪法正文几乎完全集中在政府组织结构方面，明确各个行为角色——联邦政府、州政府、国会、行政部门、司法部门——谁有权做什么，而且还相当详细地规定这些人员如何被选出来以及如何去执行他们的职务，我相信这不会令他感到诧异。即使乍一看似乎意在确保或排除特定实体性结果的宪法条文，细细思量之后，我们会发现，这些条文主要也是关乎程序的。因此，比如，考虑到掌权者可能会将异议分子视为叛国者而予以清除，为避免出现这种情况，宪法规定构成叛国罪的行为“只限于同[合众国]作战，或者依附敌人、为敌人提供支持和帮助”，这个条文至少在基本考量方面已成为第1条宪法修正案的先驱。[56]禁止授予贵族爵位的条文，则明显是在追求政府统治之下所有人一律平等的民主理想。[57]禁止法律溯及既往(Ex Post Facto)和褫夺公权(Bill of Attainder)的条款，经分析之后表明，其实是权力分立条款，其要求立法机关针对将来立法，并且制定的法律必须是一般性的规则(正如按照宪法第3条所隐含的要求，司法机关应该针对过去裁判，并且必须是针对个案裁判)。[58]我们已经看到，宪法第4条的特权与豁免权条款，具有平等条款的功能，即保障政治上的无 91
权者获得实质代表，州际贸易条款也具有这样的功能(这至少是其一部分的功能，另外的功能则是赋予国会权力)。

在20世纪的大部分时间里，不得损害契约义务的条款*并没有发挥重要的作用。[59]曾有一种有力的主张，认为该条款的重要意

* 任何一州都不得制定损害契约义务的法律，参见美国宪法第1条第10款。——译者注

图在于，限制州政府对私人契约之缔约主体与具体内容的控制。[60]然而，早在19世纪初，联邦最高法院就拒绝了这种宽泛的解释，认定该条款只在于保护州议会的法律通过之前就已存在的契约，限制州议会通过立法更改或废止这些契约中的条款，因此并不影响州议会对未来契约的立法规制。[61]而且，尽管在过去两年里，联邦最高法院已有强化这种见解的迹象，[62]但是，通常而言，联邦最高法院也并不是非常热衷于保护既存的契约，其见解实质上是，只要州议会通过立法更改契约内容是合理的，便被允许（这其实取消了该条款发挥任何独立功能的空间）。[63]由于联邦最高法院长期以来，将不得损害契约义务的条款，解释成只保护立法前已经存在的契约，人们很容易得出结论，认为该条款的功能仅仅在于对抗溯及既往的立法，并因此如同禁止法律溯及既往的条款，本质上是个权力分立条款。然而，得出这个结论，稍微快了些。禁止溯及既往条款中的"溯及"概念，是指通过一项立法将不利后果加诸之前就已完成的行为，但通过立法有效废止已存在的契约中的条款，实际上并不是这个意义上的"溯及"，而毋宁是不承认先前的（缔约）行为能够抗拒或免于当前立法者想要施加的法律规制。[64]因此，不论认为该条款的意义在于限制政府介入私人契约，还是认为该条款只保护立法前已经存在的契约，这两种解释都将契约的存在看作一道特殊的屏障，可用来对抗立法对未来行为的调整，尽管，在长期为人所接受的狭义解释中，只有早已存在的契约，才能发挥这种功能。

在这里，人们又很容易下结论说，这个契约条款具有划定不受政府干涉之领域的制度功能或"分权"功能，通过契约进行自我决定的领域，起到了制衡统治权的作用。[65]这一说法的问题，不在于说不通，而在于总是能说通：我们很难想象，有哪种宪法权利不能被描述为创设了私人领域，在该领域中，我们的行为即使有违我们

选出来的代表们的愿望,也是可以采取的。由于这个原因,上述说 92
法似乎不能当作一项有意义的说明(或者,不能以之为基础,可以负责任地推断出更显著的宪法主题)。[66]所以,不论哪种解释更符合这个条款的实际意图,都难以避免推出下述论断:契约条款的创制者和批准者,试图挑选出一种实体价值给予特殊保护,使其免于政治过程的侵害——但请注意,这里仅涉及州的政治过程——对这种实体价值的侵害,仅仅依靠统治程序或狭义理解上的程序,不能获得充分的令人信服的合理化。就联邦最高法院拒绝的广义解释而言,给予特殊保护的价值是契约,也就是达成有拘束力的协议的能力。就联邦最高法院采纳的狭义解释(即仅将该条款适用于法律通过时就已存在的契约)——我需要重申的是,联邦最高法院也不是非常热衷于追随这种解释,一直到最近才有所改观——而言,给予特殊保护的是范围有些狭窄的信赖利益,也就是确保人们通过缔结契约的方式,使自己免受选出来的代表们将来改变立场或想法的影响。

这未必使我们身陷困境:我的主张仅仅是,最初制定的宪法,其主要的着力点,我甚至想说其主要着力点,在于对程序与组织结构的关注,而不在于对特定实体价值的确认与维护。如果主张美国宪法纯粹只关注程序与组织结构,显然是荒谬的(对任何同样复杂的人类事务,作任何类似主张,都是荒谬的)。在最初制定的宪法文件中,也的确存在几乎完全是价值导向的条款,尽管在我看来,这些条款实属凤毛麟角。* 因此,"血统玷污"(corruption

---

* 我知道,强调制宪者曾挑选出某些价值给予特殊保护的少数情形,是有风险的,可能会给人以"那就是宪法多数条文的特征"这样的印象。我的观点当然与此截然相反,但是,我还没有极端到要列出所有明显只关乎程序的宪法条文。如果你自认为,我在这里不是在为自己的论点做辩护,那么你翻一翻几页美国宪法,就会明白我是可以这么做的。

of blood)*被禁止当作一项对叛国罪的惩罚。人们因为父母犯罪而受惩罚,是一种实体上不公正的结果,因而是非法的:这种惩罚,不管经由何种程序,也不管是否针对所有罪犯的子女,都是不允许
93 的。联邦政府以及各州政府,均不得对从一州销往他州的货物征税。这里也完全是对一个结果的预先阻止,其所保护的价值,也许可以称作州际自由贸易的经济价值。[67]然而,这一简短的清单,几乎囊括了原初宪法给予特殊保护的所有价值——除了一个价值之外。这个尚未列举的价值,还是一个相当重大的价值。尽管我们不难理解,制宪者对奴隶制讳莫如深,因而在最初的宪法文件中并没有出现这个字眼,但它绝对算得上是原初宪法试图给予特殊保护的一个实体价值,至少在短期内保障它免受普通立法程序的干涉。1808 年以前,国会不得禁止任何需要奴隶的州进口奴隶的贸易活动,[68]各州还有义务将外逃的奴隶遣返至他们的"家园"。[69]

制定《权利法案》的想法,一直到制宪会议将近结束时才被提出来,尽管如此,这个提议在当时被否决了。其中的原因,不是因为制宪者不关心自由,而毋宁是因为,在他们看来,《权利法案》并不属于宪法,至少不属于他们所起草的那部宪法。正如汉密尔顿(Hamilton)在《联邦党人文集》第 84 篇中解释说:"正在讨论的这部宪法,其目的只是在于调整国家的一般政治利益,在这样的宪法

---

* "血统玷污"是古代英国针对叛国罪的一项惩罚,即禁止犯有叛国罪者家属继承其财产。它通常是褫夺公权法案(Bills of Attainder)的一部分。"在英国历史上,特别是在 16 世纪和 17 世纪,英国议会可以通过一项法案,宣布某人犯下了叛国、颠覆政府或其他重罪,给予处死的惩罚。由立法机关通过一项法案来定某人的罪,而不是由司法机关即法庭通过审判案件来定罪,这种做法是非常特殊的。这样的法案就叫作 Bills of Attainder。这样的法案除了对被定罪者处以死刑外,还可以没收其财产,不让罪犯的后代来继承,也就是说,不仅惩罚本人,还连带惩罚其后代。这叫作 corruption of blood。"参见丁林:《非法之法不是法》,载《读书》2001 年第 5 期。另见美国宪法第 3 条第 3 款:"国会有权宣告对叛国罪的处罚,但是,如果剥夺叛国罪犯的公权,不得造成"血统玷污",除非被剥夺者依然在世,否则也不得没收其财产。"——译者注

中，对特定权利详加列举，确实是不大适合的……”[70]而且，制宪者为打造这部宪法所做的努力，很大程度上就是为了维护个人自由。“在经历所有激辩之后，事实真相是，无论在论理意义上，还是在有效目标层面，这部宪法本身就是一个《权利法案》。”[71]“接受正在讨论的这部宪法，将为共和政府、自由及财产提供更进一步的保障，这主要体现在：联邦体制对地方势力的制约……防止各州穷兵黩武……明文保障各[州]的共和政体；普遍而又绝对地禁止授予贵族爵位……”[72]

当然，很多州尽管批准了这部宪法，但仍然心存忧虑，后来也的确产生了《权利法案》。然而，对于这份资料，同样不易把握。第1条宪法修正案中与表达有关的条文——“国会不得制定关于下列事项的法律：……剥夺言论自由或出版自由；或剥夺人民和平集会和向政府请愿伸冤的权利”——其核心意图就在于：促进我们政府 94
程序的运作，确保政治议题得到公开而又充分的讨论，并且在政府逾越其权限时，对其进行监督制约。[73]我们可以赋予表达自由种种其他功能，其中有些功能必定已经发挥了作用，[74]但是，这无疑带有刻意雕琢的痕迹：不考虑表达自由对于政府程序运作的意义，表达自由本身就是我们非常重要的权利，这一见解具有浓厚的精英主义的味道。实在法自有其内涵主张，我也不是说，即使在条文语言能合理容纳之内，也不应赋予此类其他目的：第1条宪法修正案中的用语并没有局限于政治言论，也不应如此作限缩解释（即便假设有人可以对“政治”作一个明确的定义）。但是，我们目前正在探索的问题是，我们祖先将各个条文组织整合在一起而形成的文件是何种性质的文件，他们当时是如何想的，就此而言，联系到保护言论、出版、集会和请愿的政治意义，是很有启发性的。

第1条宪法修正案的宗教条款——“国会不得制定关于确立

国教或禁止信教自由的法律”——则是一个不同的问题。毫无疑问,将这些贯穿不同领域的要求联合在一起,其部分目的在于,确保教会与政府相互给予对方自由活动的空间:因此该条文发挥着结构性的或分权的功能。[75]但是,我们不能因为一种解释符合这个资料就推论说这是唯一适当的解释,这里我们也不能无视下述明显适当的解释:信教自由条款必然也可以解释为,对制宪者而言,宗教是一种重要的实体价值,他们想将其远置于至少联邦立法机关无法触及的领域。

第2条宪法修正案保护“人民持有和携带武器的权利”,(至少如果你只看到这些文字)其目的似乎只是将另外一种“重要”的价值,即持枪的权利,置于国会权力的控制之外。然而,这个条文向来不是这样解释的,相反,它已被解释成:仅仅保护州政府维持民兵组织(国民军)并且将其武装起来的权利。作此狭义解释的理由说明,以往通常是历史方面的,即制宪者论及这一修正案的目的时说得最多的就是维持各州民兵组织。然而,我们不能仅仅因为一个特定目的比其他目的获得了制宪者更多的关注,就限缩宪法条
95 文的文字意涵(而且,事实上,今日持枪拥护者所推崇的制宪目的,即**个人**自我防卫的权利,在制宪当时也曾被多次提及)。不过,错误理由支撑的论点可能是正确的,在这里,第2条宪法修正案仅保护各州维持民兵组织的这一论断,尽管容有辩论的空间,[76]但是我认为大致是正确的。第2条宪法修正案有自己的一小句序言:“管理良好的民兵组织是保障自由州的安全所必需的,因此人民持有和携带武器的权利不得侵犯。”所以在这里,几乎唯独在这里,[77]制宪者和批准者显然拒绝将制宪目的留给后人论断,相反,明确规定后人应据此对该条文进行解释的制宪目的。

第3条宪法修正案禁止在和平时期未经房主同意进驻军队,

这无疑又是一个你所喜欢的条文。如同禁止确立国教条款,这个条文在很大程度上也是出于对不当势力的担心,这一次是担心军队势力:从这个方面来看,该条文也可以算作是一个“分权”条款。不过,又一次,我们不能就此止步。为确保人民控制军队,其他条文也有规定,尽管那无疑是该条文的目的之一,但显然还有其他利害攸关的目的:想要保护家庭隐私,使家庭免受政府窥视,更不用说免于不速之客的骚扰了。程序和价值在这里似乎都牵涉到了。

第5条至第8条宪法修正案似乎只与诉讼有关,因而我们倾向于认为这些条文是程序性的——工具性的规定,其意图在于促进诉讼程序的公正与效率。其中绝大多数条款确实如此:无论是大陪审团、民刑事小陪审团、告知起诉,还是对质权、强制作证程序,甚至律师协助辩护,保障这些程序的意义,主要是为了确保法院作出可信赖的判决。[78]这些条文无关法律的实体内容,而是有关法律据以实施的方法。不过,这同样是不全面的。第5条宪法修正案中不得被迫自证其罪的特权,当然与发现事实真相这一目的,有很多关联:强迫招供(coerced confession)是不大可靠的。但是,至少如联邦最高法院所解释的那样,[79]除此之外,不得被迫自证其罪的特权,需要有更深层次的理由支撑:其所提供的理由是,国家诘问某个人是否实施了犯罪,并期待他作出回答,这肯定具有不道德的因素——尽管事实表明,要精确说明不道德的因素究竟是什么,并非易事。同一条宪法修正案还规定:任何人不得因同一犯罪行为 96
而两次遭受生命或身体的危害,这个权利保障条款就有点复杂了。就它禁止宣告无罪后再度审判而言,它似乎主要是一个程序性的保障条款,其意图在于防止无辜之人被定罪。但是,就它禁止定罪之后再次起诉或判处刑罚之后再次施加刑罚而言,它发挥了非常不同的(实体上的)功能,这种功能显然也存在于宣告无罪后不得再度审判的情形,即确保被告得享安全感,使被告可以确信,在某个明确的节点上,痛苦的经历已经结束,结果也已见分晓。[80]

第4条宪法修正案规定:"人民的人身、住宅、文件和财产不受无理搜查和扣押的权利,不得侵犯。除依据可信的理由,以宣誓或代誓宣言保证,并详细说明搜查地点和扣押的人或物,不得发出搜查和扣押状。"当刑事被告试图否定非法搜查或逮捕取得的证据之效力时,最常援用的就是这个条文。但是,如果因此而推论说,它纯粹是一个程序性的条文,那就犯错了。事实上(正如通过证据排除规则所落实的那样),为了服务于一个或多个其他被认为更加重要的目标,第4条宪法修正案会阻止精确判定案件事实这一程序性目标的实现。[81]其他更为重要的目标,代表性的说法是隐私,而隐私有时也确实是这个条文所涵盖的。[82]但是,这个条文的用语所涵盖的,还要更广泛一些——所以,就此而言,我们所知道的海关滥权与其涵盖范围有莫大的关系——倘若完整地解读该条文,"隐私"的概念显然不足以用来解释该条文的全部内涵。第4条宪法修正案除了规范对人及物的搜查之外,也规范对物的扣押以及逮捕(对人的扣押),并且,它没有区分公共场合与私人场合的不同情形:倘若没有可信的理由而采取行动,那么,不管是在公共场合实施逮捕或扣押物品,还是搜查私人领域,二者都属非法,并无二致。因此,第4条宪法修正案固然"保护个人隐私免受某些政府行为的干扰,但是其保护范围还要更广泛一些,其保护对象有时与隐私完全无关"。[83]

第4条宪法修正案的主要目的,显然是防止政府肆意侵扰我们的生活:政府若要干扰我们的生活,至少得有适度可信的理由。与此紧密相关的另一个出发点——历史上的海关滥权也与此相
97 关——是担忧官方的自由裁量权。执法官员在决定干扰谁的生

活——也就是依该修正案规定的方式，搜查或逮捕谁，或者扣押谁的物品——时，必然会有相当大的自由裁量权，并且行使起来还相当隐秘。此外，在这种情况下，他们作决定时很可能会考虑社会地位等其他本不应该考虑的因素。因此，该修正案不仅要求具有一定可信程度的理由，而且在可能的情况下，还要求获得搜查扣押的令状，这种令状由“中立而超然的治安法官”基于自己的判断签发。从这个角度来看——显然这只是众多视角中的一个而已——第4条宪法修正案可以看作是第14条宪法修正案的另一个先驱，着力于防止出现无正当理由的差别对待。这种解释显然更容易运用于第8条宪法修正案中禁止“施加残酷和非常的刑罚”的规定。很明显，这个条款的部分目的，是将某些公认的为人所厌恶的酷刑宣告为非法，但是制宪者在制定这个条款时决定使用开放性的用语，不大可能是疏忽所致。[84]其中的部分目的，也有可能是禁止施加与犯罪行为不相适应的非常严重的惩罚。但是，其中更多的考量，必定与下述认识有关：在施加惩罚时，对不属于“我们自己”阶级的人，很有可能会恣意不公地处以“非常”(unusually)严重的刑罚。[85]

第5条宪法修正案中“非经公平补偿，私有财产不得充作公用”的规定，初看起来似乎仅仅指明要给予私有财产这一实体价值特殊的保护，使其免于政治程序（尽管从条文文意来看，最初只是针对州的政治程序）的侵害。然而，我们必须再一次追问，这是为什么。因为私有财产被认为特别重要？这并不能说明全部，而且请注意：私有财产并不能根据这个条款免于被征收。相反，该修正案预设私有财产有时是可以被征收的，而且还规定应予公平补偿。仔细阅读第5条宪法修正案，就会发现——这一看法也完全与历史情况相符[86]——这又是一个防止多数人侵害少数人的保护机制：“这是对政府权力的一种限制，防止政府将特定的人划分出来，要求其为普遍利益作牺牲。”[87]这个宪法条文的要义在于:“政府组织机构的运作成本,应由全社会来共同分担,而不是强加给社会
98 中的一小部分人。”[88]如果我们想要高速公路或公园,那么我们可以拥有它,但因此而产生的成本,应由我们全体来分担,而不是强加给某个孤立的个人或群体。*

除了一个重要的例外,重建时期所制定的宪法修正案,没有明确规定某种实体价值,给予特殊保护,使其免于政治程序的侵害。[89]第 14 条宪法修正案的正当法律程序条款,我们已经知道,其所关切的是小程序保护令,经由这种程序,法律实施于个人。特权或豁免权条款则相当费解,它仅仅指明应该存在某些没有明文在宪法文件中列举出来的宪法权利:它是我们正为之寻找解释指引的条文之一。平等保护条款同样模糊不清,但它至少为我们提供了一个线索,由于它明确对州管辖范围内的人之间的平等表示关切,从而成为宪法文件中最明确地(但不是唯一的)承认下述事实的一个条款:从法律上讲,有权进入程序,并不总是足以保证那些推定被代表的人,被真正地代表。[90]第 15 条宪法修正案禁止基于种族原因限制选举权,这使政治程序之门得以向过去曾被排除在外的人开启,同时,这也是落实代表的平等关切与尊重义务的另一个方法。本段一开头所讲的例外,当然涉及我之前所曾提到的一个价值:奴隶制。废除奴隶制度的第 13 条宪法修正案,勉强可以套用“程序”模型来解释——奴隶不能有效地参与政治程序——并且它也确实充分反映了对平等的关切。然而,同样确定无疑的是,

---

* 对第 5 条宪法修正案的这一见解,也有助于判断一个特定的政府行为,是否首先应该被视为一项征收,而不是比如说一项规制或一个税种。联邦最高法院在最近有关这个问题的讨论中,开始询问审查中的这项法案,究竟是划分出少数人,给以非常苛刻的对待,还是影响到一个阶级,其成员足够广泛,以至于在政治上保护自己有相当大的希望。譬如 Penn Central Transp. Co. v. New York City,438 U. S. 104,132(1978)。

它包含着一个实体性的判断:奴役人的制度在道德上是完全不能容忍的。因此,我们宪法在这个问题上从来不是持中立的态度。奴隶制是原初宪法文件挑选出来给予特殊保护使其免于政治部门干涉的少数价值之一;而如今,禁止奴役成为宪法文件挑选出来给予特殊保护的少数价值之一。

在建国后的第二个世纪里,我们国家的宪法所发生的变化——尽管背后的原因少有人问津——对于我们理解根本大法适 99
合从事什么任务,非常具有启发意义。在 1870 年和 1913 年之间,没有一条宪法修正案,但是自 1913 年以来,宪法修正案有 11 条之多。* 其中有 5 条修正案扩展了选举权的范围:第 17 条修正案将参议员选举改为由各州人民直接选举,第 24 条宪法修正案废除了联邦选举中作为投票资格要件的人头税;第 19 条宪法修正案将选举权扩展至妇女;第 23 条宪法修正案将选举总统的权利扩展至哥伦比亚特区居民;第 26 条宪法修正案将选举权扩展至年满十八岁的美国公民。因此,自第 14 条宪法修正案制定以来,选举权不断地扩展至以前被排除在政治程序之外的群体,已经成为我们宪法发展的一条主线,并且,它与我们一开始就曾指出的两个明显的宪法主题完全相符:促使政治程序在平等的基础上向所有人开放;并最终落实代表的义务,也就是对待少数,如同对待多数,应给予平等的关切与尊重。另外三条宪法修正案——第 20 条宪法修正案、第 22 条宪法修正案和第 25 条宪法修正案——是关于总统任职资格与继任的。第 16 条宪法修正案授权联邦政府征收所得税,因而

---

* 本书出版于 1980 年,从目前来看,自 1913 年以来宪法修正案有 12 条之多,因为 1992 年又通过了一项修正案,即第 27 条修正案,该修正案限制改变议员薪酬的法律的生效时间,显然,这也是一个程序性的条款。——译者注

在先前已分配给中央政府的权力清单中,又添一项权力。* 至此还剩下两条宪法修正案没有提及,其中一条修正案确实为一种实体价值提供了特殊保护,从而使其免于政治程序的干涉,这就是第 18 条宪法修正案,它所保护的价值是禁酒(temperance)。该修正案在十四年之后,被第 21 条宪法修正案废止,这不足为奇,在笔者看来,这正是因为试图冻结实体价值的努力与宪法的性质不相容。在 1919 年,禁酒显然被看作一种基本价值;在 1933 年,它显然又不是了。

宪法里其他内含价值的条文,也经历了类似的变化,并且同样富有启发意义。其中有几个条文固然存活了下来,但这主要是因为:它们的文字如此含混不清以至于难以成为议题(血统玷污、进驻军队),或者与程序性的考量交织在一起,以至于它们在宪法中看起来似乎是恰当的(自证其罪,双重危害)。那些文字足够明确、 100
意图足够清晰从而容易引发争议的价值保护条款,就难以存活下来。[91]最引人注目的例子,当然是奴隶制和禁酒。这两种价值都通过修宪的方式从宪法中清除了出去,其中,为取消奴隶制,还带来了史无前例的大屠杀。另外两种实体价值——人们至少可以主张其受宪法保护,政治程序不能干涉——则是通过司法解释予以取消的,那就是:个人携带武器的权利,以及自由订立契约条款不受州政府严厉规制的权利。[92]也许,我们的祖先实际上并不是当真想要保护这些价值,但是联邦最高法院在面对至少具有一定理由的相反主张的情况下,还如此乐意通过解读宪法将这些价值

---

* 此外,非常有可能(尽管这种可能性也许还不是很充分)成为第 27 条宪法修正案的“平等权修宪案”(Equal Rights Amendment),类似于平等保护条款,保障的是分配公平:它并没有指明宪法应给予特殊保护的任何实体价值。(平等权修宪案的核心内容为:“合众国或任何州不得以性别为理由剥夺或限制法律上的权利平等”,该修宪案在 1972 年获国会参众两院通过,但是未能成功获批。——译者注)

剔除出去，这一事实本身也有助于说明美国人对宪法的期望是什么。最后，还有宗教价值，它依然为信教自由条款所保障。不过已发生若干变化。近年来，信教自由条款主要用于保护那些必属分散而又孤立的少数人群体，比如阿米什人（the Amish）、基督复临安息日会（Seventh Day Adventists）以及耶和华见证人（Jehovah's Witnesses）。不管信教自由条款的本义是什么，在该条款的实际运作过程中，其主要功能已类似于平等保护条款，因此它完全适合存在于宪法中。

请不要误解我的意思：我们的宪法对于自由的维护，向来有实质性的关注。倘若不是这样，就不值得为宪法而奋斗。不过，与我们此处探究相关的问题是，我们的宪法是如何致力于维护自由这一目标的。关于这个问题的基本答案，我们已经有所了解，那就是：通过一系列涵盖面相当广泛的程序保障，以及十分精巧的制度设计，确保作出实体性选择的决策程序，会尽量在平等的基础上向所有人开放，同时决策者会负起责任，将其决策所影响的所有人的利益都考虑在内（宪法中很多条款都预设：确保某人的利益被考虑的最佳方法就是确保其能够参与到决策程序当中来。事实通常也的确如此。不过，还有一些条款——核心条款是平等保护条款，但不限于这个条款——则意识到仅仅确保其能够参与到决策程序当中，并不总是能够保证其利益会得到妥善的考量）。因此，为实现维护自由这一目的，宪法普遍采取的方法，并不是植入一系列实体性的权利，给予它们永久性的保护。相反，宪法从一个相当合理的预设出发，那就是：掌有权力的多数是不会过度损害自己权利的；
101 同时，宪法试图保证掌有权力的多数不会有组织地亏待他人而优待自己，其方法是通过构造方方面面的决策程序努力确保：首先，在作出实体性的决定时，每个人的利益都会在实际上或实质上得到代表(通常二者兼有)；其次，个案适用中的程序不会被操纵，以至于理论上不被允许的歧视，在实践中出现。我们已经指出，有若干条款与此一模式并不是很相符。但它们是异类，不难理解，它们是特定历史环境下的产物——枪支、宗教、契约等——而且，无论如何，这样的条款毕竟少之又少。把它们看成我们宪法文件的主调，无异于只见树木，不见森林，只看到若干表象，而没有抓住事物的本质。

因此，美国宪法基本上是一部名副其实的宪法(constitution)，关注的重心在于组织结构上的(constitutive)问题。使美国宪法富有盛名的是，事实上也使美国本身富有盛名的是一套统治的程序，[93]而不是一种处于统治地位的意识形态。[94]林德(Linde)大法官曾写道："宪法，作为一个国家的总章程，若要历经时代的变迁，代代相传，如同我们的这部宪法(而不是像其他国家意识形态更浓的宪法)，那就得规定正当的程序，而非正当的结果。"[95]

民主与不信任

在前面的论述中，我已审慎地指出：依据美国宪法整体轮廓所作的论证，必然是有一定局限性的。在我们的宪法文件中，明示特定实体结果的条款确实很少(通常来说也是不成功的)，但是，我们的宪法过于复杂，以致难以对这个文件做任何精确的定性。此外，这一论证的前提是，解释开放性宪法条文所需的辅助，恰好可以在整个宪法的本质中找到。尽管争论各方似乎都已接受这个前提，但它并不是一个没有争议的前提。因此，接下来的两个论点——显然都是规范性的论点——与我前面所考察的论点相比，有可能更为重要。第一个论点到目前为止已经十分清楚，那就是：与强加"基本价值"的司法方法不同，代议制强化导向的司法方法——我

102 已勾画出它的轮廓，并将作进一步的阐述——不仅不违背美国的代议民主制，而且还完全支持美国的代议民主制。我所主张的司法方法，不认为任命产生且终身任职的法官，比选举产生的代表，能够更好地反映约定俗成的价值，相反，它致力于通过监督代议程序来完善代表制，确保我们选举出来的代表真正代表我们。这里可能有一种迂回的错觉：我的方法更加符合代议制民主，那是因为这种方法就是如此设计的。但是，这当然比不上一开始计划建造一架飞机，最后却以某种飞行物告终，来得更加迂回。

最后一个值得重视的论点是，（同样与基本价值的司法方法不同）按照代议制强化的司法方法分配给法官的职责，显然是法官最适合承担的。* 在这里，我的依据主要不是专业知识方面的。法律人是小程序保护令方面的专家，经由这种程序，事实得以被发现，对抗的当事人得以提出各自的主张。同时，在某种程度上，他们也是大程序保护令方面的专家，经由这种程序，公共政策问题得以被公平地解决：如何确保每个人都有公平的发言机会，似乎确实是法律人所擅长的，事实上很难看出法律人还具有其他什么特殊价值。但是，我们不应过多依赖这种说法。其他人，特别是全职参与政治程序的人，同样可以主张：在政治程序如何分配发言权和权力方面，他们也是专家。当然，还有很多立法者，他们本身就属于法律

---

* 基于某些目前为止还模糊不清的理由，有一段时间我曾经担忧：这里所主张的司法方法可能比较不利于对公民自由的保护（这种司法方法当然会否定法院凭空创设权利的机会：这在很大程度上是它的要点和优点。我当时心中所虑的是：同样的自由，基于参与导向的司法方法推导出来，与基于它们是“善的”从而给予保护相比，其所获得的保护，可能总是会比较弱）。经再三思索，我已确信：事实正好相反，自由若能在支持我们整个政府体制的理论中找到根据，而不是因为法官判案时觉得它们重要而获得保护，那么，这样的自由将更加牢固。比较性地参阅 C. Black, *Structure and Relationship in Constitutional Law*（《宪法中的结构和关系》）29 - 30（1969）。事实上，并非按部就班地作成“卡罗琳产品案”判决的那个法院，显然也是非常保护公民自由的。

人。因此,主张法官最适合承担监督代议程序的职责,其依据主要不在于法官是这方面的专家,而毋宁在于法官所处的位置以及所应持有的立场与视角。

我所主张的司法裁判方法,类似于经济领域中的所谓反垄断,这跟针对经济事务的“规制”截然不同[96]——它并不要求出现某
种实体结果,而只是在“市场”(在我们这里是指政治市场)机制失 103
灵的时候,才予以介入(把法院比作裁判员也并不离谱:裁判员只在某个比赛队伍获得不公正的优势时才会介入,如果某个“不该得分的”队伍得分了,那是不会干涉的)。倘若仅仅是因为我们的政府机制有时产生我们所不赞同的结果,不管这种不同意见有多么强烈,那是不能恰如其分地称之为政府“失灵”的(宣称政府机制所达成的结果,实际上“人民”是不同意的——或者“他们如果了解实情的话”是不会同意的——这种主张很可能是一种自欺欺人的自我投射)。在一个代议民主政制中,价值决定应该由我们选举出来的代表来作出,如果我们多数人实际上不同意他们的决定,那么我们可以通过选票将他们选下台去。政府失灵发生在**代议程序**不值得信任之时,这有以下两种情形:(1)体制内的掌权者阻塞政治变革的渠道,确保他们自己能够继续掌权,并阻止体制外的无权者进入体制内,或者(2)尽管没有任何人实际上被剥夺发言权或选举权,但是代表们因受恩于事实上的多数人而对少数人采取完全敌视的态度,或者出于偏见不承认少数人与多数人之间的利益共同性,从而在制度上使某个少数人群体处于不利地位,并因此不给那个少数人群体提供代表制下其他群体所能获得的保护。[97]

显然,如果要确定上述政府失灵的任何一种情形,我们最不应该将这项工作托付给我们选举出来的代表。然而,经任命产生的法官,在我们的政府体制中,相对处于局外人的角色,他们很少需

要考虑继任的问题。这并没有给予他们某种特殊的管道,可以通向美国人民所真正认同的价值:事实上,在确保他们不会拥有这种特殊管道方面,甚至有点过分了。但是,这确实使他们处于一种可以客观评判下述主张的位置——尽管没有人会否认,这种评价是充满判断意味的——我们选举出来的代表事实上并没有代表他们所应当代表的利益,因为他们阻碍了政治变革的渠道,或者成了多数人暴政的帮凶。

亚历山大·比克尔教授始终在探寻一种令人满意的宪法裁判方法,他在开启这一条探索之路时,如此描绘了这一挑战:

这必定是在探寻一种职能……这种职能唯独法院适合承担;除法院之外,其他部门都没有能力承担这种职能。这种职能的行使,能够为普遍分享着汉德(Hand)法官所谓"共患难感"的社会所接受。当社会需要时,法院就会行使这种职能;法院对这种职能的行使,不会剥夺其他部门的尊严和减轻它们所应承担的责任并因此降低它们的工作质量。[98]

104 上面所引述的,是一套十分适当的规范说明(specifications),完全符合这里所主张的参与导向的司法审查方法。不幸的是,比克尔教授加上了另一项说明(我已用省略号代替)从而使他成为价值导向的信奉者——"这种职能可能(事实上是必然)涉及政策制定,但跟立法机关与行政机关的职能有所区别"——他在理论中安置了一个不可化解的矛盾,因此,其失败也是必然的。

第五章　疏通政治变革的渠道

言论自由 105

几乎所有人都认为，法院应该不遗余力地严格审查侵害言论自由、出版自由和政治性结社自由的法律。那些自认为是解释主义者的人，自然会充分利用第1条宪法修正案中的文字："国会不得制定关于下列事项的法律：……剥夺言论自由或出版自由；或剥夺人民和平集会和向政府请愿伸冤的权利。"布莱克大法官通常会强调"不得制定法律"这一用语，而且他有一个观点：对于加强语气的用语，必须认真对待。不过，其他用语所能提供的帮助较少，如果我们要更深入地理解这个条文，仅靠其特定用语和制定史是根本不够的。"国会"一词，从其字面看并不包括总统、法院或行政部门的大批工作人员，而"法律"一词，也仅仅是可以认为包括行政命令或者国会调查。已（无多大争议地）被认为应该得到充分保护的政治性结社自由,甚至没有在条文中提及,而州政府当然不是第1条宪法修正案所能直接规范的。这就需要有一种理论,告诉我们法院究竟做了些什么。正确的理论是,像这些权利,不管它们是否被明文列举,都应受到严格的保障,因为它们对于一个开放而有效的民主程序来说,是至关重要的。

这一领域的司法审查,至少必须要求消除那些无助于促进政府利益的言论压制。这种类型的审查有多个名称——“过于宽泛”,[1]“限制程度较低的替代措施”,“刚好适合”,甚至“管理方便”不是政府压制言论的正当理由之规则[2]——但是,这些名称很
106 大程度上都指向同一件事情:对言论的不当压制不容姑息,即不得压制第1条宪法修正案所保障的自由,除非在特定情况下限制他或她的自由,对于维护政府利益来说是必要的。像这类易于操作的“手段审查”是有吸引力的,并且也可能是合理的,然而,这是不够的。“美国诉罗贝尔案”(United States v. Robel),正是在联邦最高法院最热衷于作“过于宽泛”分析的时候达成的判决。在该案判决中,首席大法官沃伦代表多数意见指出:这种分析本身,实际上与政府利益的大小丝毫没有关系,而只要求近乎机械性地将多余的限制剪除:“曾有人建议,应该通过‘衡量’[系争法律]中所表达的政府利益与被告所主张的第1条修正案中的权利来解决这个案件。我们拒绝这么做……我们仅仅裁定,宪法要求立法尽可能地缩小规制范围,协调好国会权力与个人权利的关系,避免二者发生冲突。”[3]这段话也许是很好的宣传言论,但它并没有准确反映出“罗贝尔案”以及类似案件中的实际判案思维。立法机关不会毫无理由地限制言论自由(或者其他此类自由),因而,去除完全多余的限制,等于什么也不用去除。所以,判决意见认定限制过于宽泛,其真正的观点必然是:在系争禁止性规定所涵盖的领域外围,施加

了一项重大的限制，这项限制并非没有理由，而是理由相对而言还不够重大。在这种边缘性案件中，需要比较系争法律所能促进的政府利益与系争法律对言论自由所造成的威胁，评价就发生在这样的“边缘地带”。因此，判案过程可能包含更具有可公度性的因素，而不仅仅是对系争法律整体作一个行或不行的权衡。[4]但不管怎样，这个过程依然存在评价的因素。[5]

我当然能够理解，人们直觉上倾向于认为，司法机关对政府所提出的支持其规制手段的利益之重要性作评估的机会越少越好。但是，如果真的要进行司法审查的话，对这个问题有所关注是不可避免的——这恰恰是因为立法机关不会毫无理由地压制言论。而且，一旦要求进行审查，必然要求这种关注贯穿始终。法院必须监督对言论和其他政治活动所施加的限制，因为我们无法信任选举产生的官员能够担负起这一职责：体制内的掌权者总是想阻止体制外的无权者进入体制内。那当然意味着不能允许掌权者毫无理由地压制言论。但是如果要有一定意义的话，还必须意味着不能 107
允许掌权者基于某个站不住脚的理由（实际上是拿它当借口）来压制言论。但即便这样也是不够的。位置、立场和角度是非常关键的，一个依靠消除其他声音来维系其权力的人，很可能会**真心实意地**使自己确信：一个在相对客观的旁观者看来并不充分的理由，其实是有说服力的。

然而，宪法审查的标准一旦跟系争特定言论所造成的威胁联系起来，法院就很容易认同立法者和公诉人所曾感受到的那种恐惧，因而，第 1 条宪法修正案最终有可能沦为一个纯粹理论上的权利保障规范。在根据 1917 年《间谍法》提起公诉的系列案件中，联邦最高法院首次对该修正案作出重要判决。霍姆斯大法官明确表明：他的审查方法与系争言论所造成的特定威胁紧密相关。“我们承认，在很多场所以及在平时，被告在传单中所说的话，都在他们的宪法权利范围之内。但是任何行为的性质都取决于其所处的情境。”这个一般性的方法在著名的“明显且即刻的危险”（clear and present danger）这一审查标准中得到了体现：“每个案件都有这样的问题：这些言论是否在特定情形下发表，是否具有特定性质，以至于产生了明显且即刻的危险，即其将造成实质性的邪恶结果，而国会有权阻止这一结果的出现。”[6]明显且即刻的危险这一审查标准，已成为相当多的自由主义者怀旧的对象，而且从表面上看，它至少不是苛刻的要求。[7]问题在于，在引入这一审查标准的三个案件中，被告全都因为一些平淡无奇且没有实际影响的言论进了监
108 狱。* 事实上，他们坐了十年的牢。尽管这完全是能够理解的：国家正处于战争状态，被告所表达的观点是不受欢迎的，因而，大法官们乐于接受被告行为具有危险性的推定，也就不值得大惊小怪。

在两次世界大战之间，联邦最高法院在这方面的表现就稍好一些（这同样完全能够理解）。霍姆斯大法官开始在一系列不同意见书（当时布兰代斯大法官加入了其阵营）中，给明显且即刻的危险这一审查标准装上若干牙齿，试图让其发挥实质作用。到了20世纪20年代末以及30年代，联邦最高法院的多数意见开始推翻某些定罪判决。然而，第二次世界大战之后对“共产主义”的恐慌一

---

* 因此，在具有里程碑意义的“申克诉美国案”（Schenck v. United States, 249 U. S. 47, 1919）中，被告由于印制和散布一个小册子而入狱，这个小册子向被征入伍者呼吁“不要屈服于胁迫”，但是其至少在形式上将自己限定在和平方式上，譬如通过请愿的方式要求废除有关法律。同上，第51页。一个星期后，联邦最高法院肯定了对尤金·德布斯（Eugene V. Debs）的定罪，他之所以被定罪是因为在一次演讲中，他不是很谨慎地说“他不得不谨慎些，不能把他所想的都说出来，因此暗示他的听众，他们可以推断出他想要表达的更多的意思，”他接着还讲了“有关社会主义的发展、少数族群的光荣以及国际社会主义运动必将成功的预言的个人体会与说明。其中还提到‘你们要知道，你们不是奴隶和炮灰，你们有资格过更好的生活’”。Debs v. United States, 249 U. S. 211, 213 – 14 (1919).

直延续到 20 世纪 50 年代，这种恐慌情绪笼罩着整个国家，联邦最高法院也随之回到了早期模式。当然，要给共产党人定罪，明显且即刻的危险这一审查标准不得不做一定的修正（即取消危险必须是立即的这一要件），在 1951 年“丹尼斯诉美国”（Dennis v. United States）一案判决中就是如此。我们被告知，当前的审查标准是：“‘邪恶’后果的严重性，因该后果不大可能发生而有所减弱，此时还能否正当化对言论自由的侵犯，假如这种侵犯对于避免出现这一危险来说是必要的。”[8] 当然，这完全能够理解：倘若一个立即的但相当小的威胁——比如劝诱一些人不要应征入伍——能够正当化对“言论自由的侵犯”，那么一个不是立即的但比较严重的邪恶——比如试图推翻政府——为什么不能够正当化对言论自由的侵犯呢？在丹尼斯案中，弗兰克福特大法官在其独立发表的协同意见书中，则更进一步地追问：为什么不坦率地承认，适当的审查标准就是压制言论的成本与收益之间的权衡，而非得要用一个数学计算公式作伪装呢？的确，他说得很有道理：事实上，联邦最高法院的解释，非常关键地提到了“减弱”和“正当化”，所以与弗兰克福特说的几乎没有什么不同。但是，弗兰克福特没有再深入：如果审查标准确实只是系争言论压制的利弊权衡而已，那么联邦最高法院凭什么用自己的判断取代政治部门的判断呢？毕竟，就收集和评估与共产主义威胁之严重性有关的事实而言，国会无论如何都处于更有利的位置。事实上，弗兰克福特所兜售的审查方法——通过对立法判断的大体尊崇而有所节制的个案平衡方法——最后也确实被联邦最高法院用了一段时间，并且，一直要到我们进入 20 世纪 60 年代（摆脱麦卡锡主义的魔咒）之后，我们国家才恢复了足够的自信，从而可以指望联邦最高法院废止将共产党人做犯罪化处理的立法。

109 对于这段历史,我们耳熟能详,我们也完全能够理解。这是一段令开放的政治程序这个理想备受挫折的历史。第1条宪法修正案怎么也不可能在变动不居的对特定威胁作个案评价的基础之上立足。解决方法当然是寻找更好的基础。布莱克大法官和道格拉斯大法官过去都常说(不过布莱克比道格拉斯来得更执着些),他们是“绝对主义者”,他们说这个话是要表示:言论绝对不应受官方的惩处或其他妨碍。这听起来似乎比联邦最高法院过去多年来所提的审查标准要好一些:面对依第1条宪法修正案提出的权利主张,联邦最高法院若支持该主张将严重危及共和政体或其他事物的情形,即使的确有,也是极少的。然而,如此作比较并不妥当:如果依第1条宪法修正案所提的权利主张,全都予以支持,那么将会产生其他更麻烦的事情,我至少会担心,比如说,江湖郎中宣传癌症治疗偏方的虚假广告或者出版有关(以前没有公开过的)氢弹制造方案的书。有人可能会做这样一个辩护——事实上布莱克大法官就曾雄辩滔滔地这样辩护——大法官一定深知,没有一个人会真正地主张,不能对言论自由施加任何限制,但即便如此,这样主张依然是有价值的。[9]然而,我们绝大多数人并不是大法官,因此我们应该直面这样一种“绝对主义的”审查方法的有效性,并且认识到:一个人绝对不可能享有站在看守不严的监狱台阶上,鼓动暴徒对囚犯施加私刑的宪法权利。[10]从其他地方的表现来判断,道格拉斯大法官可能会说,那是“由行为组成的言论”,因而不受保护;[11]而布莱克大法官可能称之为“多余的言论”,或者根本“不是言论”,因而同样不为之提供保护。[12]这些大法官在这里的表现,一点也不值得信赖,因为像这样的“答案”根本是不负责任的。为什么不提供保护,真正的理由是什么,他们闭口不言,这种明显缺乏原则性的做法,实际上降低了“言论一律受保护”这种声明可能具有的激励价值。我们完全可以同意,更好的做法可能是:加强对监狱的看管,让脾气暴躁的人说他想说的话。但那并不总是可行的,当不可行时,他就绝对不能享有任意发表言论的宪法权利。因为实际情况确实是这样:某种可能有实际影响的言论,或许是我们所担忧的,但即便如此,也不会使之不成其为一种言论。

然而,那并不是唯一可选的方案。还有另一种更加可行的“绝对主义”审查方法,它不认为一切言论或表达都受宪法保护,免受 110
政府规制,而是认为除非属于少数明确严格界定的言论类型,一切言论均免受政府规制。任何能够直面问题的负责任的审查方法,都不可能对特定类型的言论可能造成的危险视而不见:鼓动暴徒施加私刑的例子已经告诉了我们这一点。然而,这种“不受保护的言论”审查方法,不同于那些败坏了我们自由事业的“特定威胁”审查方法,区别之处就在于,这里的方法是在特定案件的具体情形之外,预先全盘考虑可能造成的危害。问题就会产生了,比如,(为了处理鼓动暴徒施加私刑之类的案子)“鼓动非法行为”是否应该被划为不受保护的言论类型?这样的限制显然过于宽泛了:[13]正如我们会看到,联邦最高法院实际上已经将它限缩为“煽动立即的违法行为”。然而,不受保护的言论类型一旦固定下来,就无需再估算可能的后果,只要不属于这些类型的言论,就应径直给予保护,不管该言论的发表者或听众其身份为何。

不过,这种方法也并不总是能够行得通。比如“选伊利进国会”——我想不出还有比这更好的例子了——没有人会认为这属于不受保护的言论类型。不管在什么情况下,这个言论应该完全受到保护,是吧?其实,并不尽然。假设我租了一辆宣传车并把音量开足,或许,我有这样发表言论的宪法权利。然而,假设我买了一个扩音喇叭,并且在凌晨三点对着你的卧室窗口(或者我的对手会用更绝的方法）大喊："选伊利进国会，我知道你在里面，选伊利进国会！"这不可能是宪法上的权利，其并不能够像那些显然应当受保护的言论一样获得保护。同样，我也没有朝着心脏病患者大喊"选伊利进国会"的宪法权利，没有权利于午夜时分在纽约时代广场（Times Square）举行一个"选伊利进国会"的集合活动，更不用说向邮局扔燃烧弹以便引起对我施政纲领中邮政服务政策要点的关注了。某言论内容具有"绝对受保护"的特征，并不能使该言论的各种表达形式都免于规制：情境——特定表达行为产生的威胁——显然是重要的，有时甚至会起到决定性的作用。[14]

围绕第 1 条宪法修正案的诸多争论，是在下面这个预设的基础上展开的：我已经指出的两种一般性的审查方法——我称之为
111 "特定威胁"方法（其包括明显且即刻的危险以及个案平衡）与"不受保护的言论"方法（我已表明这是唯一可理解的"绝对主义"审查方法）——对于解决第 1 条宪法修正案所产生的所有问题而言，是相互排斥的。通过聚焦于某些案件，每一方都能使另一方相形见绌——"不受保护的言论"方法简直是莫名其妙的，而"特定威胁"方法几乎是毫无用处的。不过，我想要表明：与其将这两种方法看作是对立的，不如将它们看作是互补的，每一方都能在保护表达自由中发挥正当的和不可缺少的作用，这样的话，第 1 条宪法修正案将获得最大限度的实现。[15]

如果政府所要防止的邪恶与受到规制的言论思想无关，也就是政府防止这种邪恶，并不是出于担心人们对言论的内容将作如何反应——前文所引的例子就是这样的情形——在这种情形下，"特定威胁"方法是唯一能够做到条理清晰的审查方法。[16]政府的这种规制必然会适用于所有言论，而不仅仅适用于被认为特别危险的包含特定的一个观点或一派观点的言论（如果是后一种情况，

那就应该用另一种审查标准来处理)。这就明显减少了将“特定威胁”审查标准适用于因其思想内容而被视为具有威胁性的言论时我们所看到的危险,也就是政治机关有意或无意地夸大其威胁性,而司法部门则不难理解地予以认可的危险。当然,这不可能达到完美的程度:出于言论内容之外的原因对某些形式的言论行为实施的规制,事实上可能歧视某些派别的言论(这种歧视甚至可能是有意的,尽管我们可能难以证明这一点)。比如,那些难以有机会使用比较昂贵但不大烦人的媒体进行宣传的人,会更经常地使用宣传车。这当然需要纳入计算考量的范围之内:对言论的限制,如果可能导致言论发表者没有其他有效的方式让同样的听众接收其言论,那么就要求存在更严重的威胁才行。[17]然而,如果危害不是源于跟情境无关的言论思想,并且需要评估系争言论行为所产出的特定威胁,那么,处理这样的案件,几乎就不存在明白易懂的方法。

不过,当政府所要防止的邪恶,被认为是源于言论所传递的思想所具有的特定危险时,政治上予以歪曲和司法上予以认可的危险是最高的。受到规制的言论思想,显然是那些施加规制的人明 112
显不予同情的言论思想。弗兰克福特大法官最后的论点的确有些夸大:未经选举产生的法官,在评估一种异端思想观点所具有的危险性方面,很可能比选举产生的官员更加客观,因此,即使个案平衡确实是这些情形下唯一可理解的方法,还是有理由赋予司法机关真正的审查权力。然而,总的来说,法官跟选举产生的官员一样,都是来自相同的政治社会阶层,并且他们所担心的问题也有很多是相同的。如果我们简短回顾的那段历史给了我们一些教训的话,那就是:试图评价表达一种异端思想观点的言论所产生的威胁时,这种评价必然会与那些评价者的意识形态倾向密切相关,当然也会与那个时代的自信度或偏执度密切有关。第 1 条宪法修正案若要真正发挥确保一个开放的政治讨论和程序这个核心功能的话，我们必须想方设法尽量减少容许政府评估人们想要表达的各种思想内容的危险性的机会。那就意味着，当政府官员认为某个思想言论过于危险从而想要让它销声匿迹时，我们必须坚持主张：只有当这种言论属于我们事先已经确定不受保护的某种明确严格界定的言论类型时才行。即使不是个优秀的律师，也能认识到：最明白的文字公式，也可能被操纵。但是，如果认为可操纵与可任意操纵是同一件事情，那他就是个极糟糕的律师。"不受保护的言论"方法并不能绝对确保自由——没有什么方法能够做到这一点——但它是人们可以运用的防止司法向政治屈服的最可靠的屏障。正如勒尼德·汉德（Learned Hand）法官在（他早期职业生涯时[18]）写给泽卡赖亚·查菲（Zechariah Chafee, Jr.）的一封信中所指出的：

我不是很喜欢霍姆斯式的审查标准，理由是这样的：一旦你承认系争问题是个度的问题，那么，虽然你可能将其归入其真正所属的地方，但是你显然使其成为一个行政管理的问题，也就是说，你给了舞厅操控音乐的人，张三、李四、王五太多的自由［此处汉德毫不留情，说得非常犀利，"好像出于自己的恐惧一般"］，以至于快步舞曲立马就响了起来。除了有几分神秘性，这九个年迈的政治家，甚至不能证明自己可以完全免于"从众本能"（herd instinct）的影响，而且，今日看起来是"立即和直接的"危险，明年看起来可能变成是非常遥远的，即使言论表达的环境没有改变，也可能出现这种
113 情况。就我自己而言，我会倾向于定性化的公式，这种公式更加稳固，因袭性更强，也更难规避。如果它在经历了时间和先例的沉淀之后，能够变得神圣不可冒犯，那么它就可以更进一步用来抑制激

情的洪流……以防民主被卷入其中……[19]

联邦最高法院早已理解这一分析的前半部分内容。在1944年作出判决的“普林斯诉马萨诸塞州案”(Prince v. Massachusetts)[20]中,联邦最高法院支持将马萨诸塞州的童工保护法(child labour law)适用于一名分发耶和华见证人资料的儿童。显然,该州政府压制了思想言论的传播,尽管就言论内容而言,无论按照谁的界定,这种思想言论都是应受到保护的。但是,即使这名儿童所从事的工作不包含任何言论传播的因素,也会产生该州政府试图防止的邪恶。因此,考虑情境因素是完全适当的。同样,通过运用类似于平衡法的审查标准,允许市政府对宣传车至少作有限度的管制,[21]联邦最高法院已经允许对言论作某些限制。但是同样,政府通过这种管制所要保护的价值是平静和安宁,即使不是政治言论,而是毫无意义的呻吟和静电(通常不要管它如何产生),同样会对这些价值产生威胁。* 这种解决第1条宪法修正案难题的方法,并不针对因特定言论内容具有危险性而予以规制的情形,这种方法已再次被沃伦法院所肯定。[22]

---

* 这里所提出的两分法,还有解决所谓“言论—行为”(speech-conduct)难题的价值。政治暗杀行为,或者在抗议征兵时打破征兵事务中心的玻璃窗的行为,显然含有言论表达的重要成分,但是,也显然不能获得第1条宪法修正案的保护。通常诱人的做法是,基于这些案件涉及“行为”而非“言论”,或者也可能说涉及“行动”而非“表达”,从而驳回这些案件的诉请。表达无疑要通过行为来完成,事实上,前面所提到的两项行动完全是非言词性的。但是,还有很多其他类似的行为,最高法院却会恰如其分地视之为受保护的言论:举手行礼,举起紧握的拳头,戴上臂章等。将暗杀和打破玻璃窗的行为相对区别于其他行为,其依据不在于它们不属于表达,而在于它们导致的危害并不是来自于行为所传递的讯息。暗杀和打破玻璃窗的行为是有危害的,不管有没有人能够看到其中的表达性成分;而佩戴臂章的行为,只有在人们知道其中表达的意思的时候,才可能导致麻烦。一般地,参见 Ely,“Flag Desecration:A Case Study in the Roles of Categorization and Balancing in First Amendment Analysis”(《亵渎国旗:第一条宪法修正案分析中的类型化与衡量的作用之案例研究》),88 *Harv. L. Rev.* 1482(1975)。

然而,这只是容易理解的前半部分内容:事实上,我们已经看到,20 世纪 60 年代,联邦最高法院在所有关乎第 1 条宪法修正案
114 的案件中,都遵循了这种考虑具体情境并且需要衡量的方法。令人振奋的是,在沃伦时代行将终结之际,有证据表明,联邦最高法院开始认识到,如果因为言论内容具有危险性而压制言论,在这种情况下,需要一种截然不同的方法,来保护我们第 1 条宪法修正案中的自由,这种方法与不受保护的言论类型相适应,在这方面,哈伦大法官起到了引领作用。在"科恩诉加利福尼亚州案"(Cohen v. California)中,联邦最高法院推翻了对一个青年的有罪判决,这个青年觉得只有穿着印有"我操征兵"(Fuck the Draft)这样的字眼的夹克衫到处游行展示才能充分表达自己的情感。跟我们刚才讨论过的案件不同,州政府在科恩案中主张这个青年的行为所造成的伤害,是令人震惊和不悦,这些伤害完全源于科恩的言论内容(倘若科恩的"听众"不懂英文,那就显然不存在州政府介入的理由)。联邦最高法院正确地指出,本案应该运用"不受保护的言论"方法,并判定科恩的言论不属于任何一种这样的言论类型。[23] 为了得出这个结论,联邦最高法院必须否认州政府提出来的那种言论类型,同时限缩另外两种联邦最高法院早就承认的言论类型。州政府提出,科恩的言词——至少当这些言词强加于不情愿的听众时——是"冒犯性的",并且我也不怀疑,这些言词一定也冒犯了哈伦大法官——这位为本案撰写了多数判决意见的大法官。然而,他的判决意见显得相当有智慧,其认识到:对我来说是冒犯讨厌的东西,对你来说也许不觉得冒犯讨厌,而且,事实上那些非常有价值的自由言论,也就是那些唤醒了公众愤而反抗曾被认为理所当然的事物的言论——过去很有可能是很多人觉得冒犯讨厌的一种言论。所以,对言论内容作情感方面和认知方面的审查所具有的

危险，促使联邦最高法院拒绝将“冒犯性的言语”归为不受保护的言论类型。“挑衅性的言词”长久以来被视为不受保护的言论，但是哈伦的判决意见明确指出，这个短语已不再被理解为争论性的言语或脏话的一种委婉说法，而是应该被理解为相当明确地要挑衅滋事。“淫秽的”或极端色情的言论内容也不受保护——其中的理由很难令人信服——但是正如哈伦大法官所说，要是某个人因为看到科恩的夹克衫上的字样而躁动不安，那他一定有很大问题。所以，没有一种适当的不受保护的言论类型能够涵盖科恩的言论，科恩的有罪判决也因此被推翻。

“布兰登堡诉俄亥俄州案”（Brandenburg v. Ohio）判决比“科恩案”判决早两年作出，它也同样遵循了“不受保护的言论”方法。[24] 115
不过，这个判决似乎更加重要，因为它所集中关注的（并且作了实质性限缩的）言论类型可能是所有言论类型中最为敏感的。在该案判决中，联邦最高法院宣告俄亥俄州的《有组织犯罪防治法》（*Criminal Syndicalism Act*）违宪无效，法院的一致判决意见指出：“言论自由和出版自由的宪法保障，不允许州政府禁止或取缔鼓吹使用暴力或违抗法律的言论，除非这种言论是要煽动或制造即刻的非法行为……”[25]现在看来，这是非常有说服力的观点，若将此观点适用于早期涉及《间谍法》的案件以及稍后涉及共产党人的案件，这些案件的判决结果很可能会相反。[26]我们不知道，联邦最高法院是否有足够坚强的意志，在下一个恐慌时期仍然能够坚守这一观点，不过，它通过以此为基础来判决这个案件，而不是简单地讲，在该案情境中，布兰登堡的言论不具有很大的危险性，已经大大提高了这种可能性。

很重要的一点是，不要把我所提出来的区分，误解为或者简化为，仅仅是“宽松审查”（permissive review）和“严格审查”（strict review)之间的区别。如果某个言论因其内容具有威胁性而受到压制,这种情形当然需要更为严格的审查,但是这样说过于简单了,以至于有这样一种危险:将严格审查的要求转换成仅仅要求某种比较严格的平衡法或特定危害审查标准——令人不幸的是,最近的几个判决似乎就是这么做的。[27]然而,这跟我所主张的,相去甚远,因为我的一个重要观点是:在涉及言论内容被认为具有危险性的情形下,任何类型的特定危害审查标准,都有可能在感受到危机的时代遭到侵蚀。因言论内容具有危险性而取缔言论时,这种情形所适合的审查形式,若不被理解成,凡是不属于某种不受保护的言论类型的言论,都受"绝对"的保护,那也就没有把握住我的核心观点。

当然,如果对不受保护的言论类型界定得过于模糊,从而可能遭受另一种侵蚀,或者界定得过于宽泛,从而会减少受保护的言论种类,这同样可以轻易地使我的观点遭受挫败。[28]而且,我们也不应遗忘两分法中的另一方,当言论受规制不是出于言论内容具有危险性时,这种情形所适合的审查形式,不应沦落为实质上的"合理性"审查。尽管当言论规制仅仅出于噪音控制、交通管理等原因
116 时,若要对这些规制实施审查,不考虑情境因素是不可想象的,但是,这些规制措施有可能对言论自由造成重大伤害。因此,法院没得选择,只能运用特定危害审查方法来分析这些规制措施,但是同时,法院应该运用最严格的特定危害审查标准,也就是着重强调具有产生重大邪恶的明显且即刻的危险的审查标准。在涉及所谓颠覆性的、煽动性的或挑衅性的言论表达的情形下,明显且即刻的危险这一审查标准几乎不可避免地会沦落为软弱无力的衡量标准,而在政府担心出现的邪恶与言论内容无关的场合,沦落为软弱无力的衡量标准的理由会得到实质性的削弱。但是,无论如何,法院

在任何情境下都得防止出现这种沦落现象。

因此,当言论受压制不是出于其内容的原因时,采用“不受保护的言论”方法可能是不适当的,但是,只要涉及言论自由的场合,“严格审查”总是适当的。正如乔赛亚·昆西(Josiah Quincy)在建国之初就曾指出:“抑制自由,防止其泛滥,要比抑制权力,防止其膨胀成为专制和压迫,来得容易得多。”[29]这话放在今天,可能尤为贴切。虽然我不会同意激进分子的不实之词,认为我们这个社会与其他社会相比,是一个充满压迫的社会,但是,我们这个社会当然也没有因为有太多的政治自由而处在危险之中。允许人们用粗暴和夸张的言词攻击我们的耳膜,对我们所珍视的制度大加指责,有时会令我们感到不爽、厌烦和恼怒,甚至会让我们怀疑我们这个社会的稳定性;然而,那正是这类言论的意图所在,并且也正是我们应该毫不犹豫付出的代价。让这些人保持沉默,我们或许保护了某些东西,但是我们显然将无法保护“美国道路”。在 20 世纪 80 年代,对此问题有所思考的人,大都会意识到这一点。难就难在,在我们未来可能会经历的危机时期——不管这种危机是实际的还是想象的——仍然保持这种意识。或许我们将做不到这一点,但是,我们今天通过在言论自由周围筑起尽可能安全的保障壁垒,将大大提高这种可能性。

选举权

选举权[30]同样是参与民主程序的一项核心权利,不过,论者们对选举权案件中司法能动主义的适当性,存在较大的分歧。有人可能会认为,这是因为选举权并没有在宪法中明文提及——至少 117
州层面选举中的选举权没有明文提及[31]——但是,我们都知道,这种观点是经不起推敲的。结社自由没有在第 1 条宪法修正案中提到,宪法其他条文也没有提到,第 14 条宪法修正案既没有提及言论自由,也没有提及结社自由,然而,它们都相当妥善地得到了保护。而且,那些反对在选举权案件中实行能动司法的人,通常不会因为在其他案件中运用"实质性正当程序"而不安:类似于"要避孕,可以;要选举,不行"的说法,并非罕见。[32]毫无疑问,在我看来,那恰恰是颠倒了过来:除去民主程序中的障碍,是司法审查应该特别予以关注的,而剥夺选举权,正是这种障碍的典型。*

有时候,选举权案件,尤其是有关议席分配不公的案件,会受人赞扬,其缘由据称是"这些案件处理了立法机关拒绝处理的问题"。这种说法有几分道理,但却是不完整的,并且是有危险的。有很多事情"立法机关不予处理",但那正是立法机关不应介入的事情。一个更为完整的解释应该是:这些案件关系到(1)对民主程序来说至关重要的权利;以及(2)这些方面完全留给我们选举出来的代表处理是不安全的,因为他们是既得利益者,显然倾向于维持现状。[33]在"克莱默诉联合自由学校第十五选区案"(Kramer v. Union Free School District No. 15)中,首席大法官沃伦为法院撰写的判决意见指出:

如果法院认为,州法所作的区分具有"合理的基础",那么,一般会推定其合宪,通常也会认可其分类,但是,当我们审查剥夺某些居民选举权的法律时,合宪性推定的一般原则就不能适用。……在其他类型的立法当中,之所以推定其合宪,认可其"合理"的分类,乃是基于一个假设,即州政府的组织机制健全,足以充分代表全体人

* 其他触及人民选择他们的代表以及表达他们的喜好这一权利之核心的做法是:拒绝将小党列入选票上候选之列以及拒绝让人民已经选出来的代表就职。沃伦法院也相当积极地介入这两个领域。

民。然而,当挑战这个法律实际上是在挑战这个基本假设时,这个假设也就不能再充当推定合宪性的基础了。[34]

那么,为什么会有如此多的人反对在选举权案件中实行能动的司法审查呢?事实上,批评的火力主要是集中在我们即将探讨的议席分配不公的案件上。不过,哈伦大法官有一个更为根本的反对理由——这个反对意见同样适用于选民资格案件——那就是制宪者完全没有要将平等保护条款适用于选举权的意图,而联邦最高法院曾依据这一条款对这两类案件作出判决。[35]实际上,制宪史并没有像哈伦所主张的有那么清晰,[36]但确实有可能的是,第14条宪法修正案的大多数创制者(以及批准者),并没有明确期待这一修正案的第一部分会适用于选举权案件。[37]问题就出在哈伦认为其意见能够说明什么的地方。* 在所有这些问题上,我们为什 118

* 针对哈伦大法官的反对意见,一个替代性的回应是:无论在选民资格案件中,还是在议席分配不公的案件中,依赖平等保护条款也许是不必要的。有好几个宪法条文明确提及各种联邦选举中的选举权,而美国宪法第4条的共和政体条款,不管它可能包含其他更为丰富的内涵,其最低限度的含义就是各州必须实行普选(popular elections)。譬如,参见 re Duncan,139 U.S.449,461(1891)。当我们称某一事物为权利时,其中的一个意思是:它不应被剥夺,也不应遭稀释,除非有很好的理由。就州层面(而非联邦层面)的选举而言,上述替代性的论辩方案有一个很明显的难题,那就是:历史上联邦最高法院曾经认定,根据共和政体条款提出来的诉讼请求属于"政治问题"(political questions),因而不适合司法裁决。实际上,正如威塞克(Wiecek)教授讨论这一条款的书所表明的,那个一般化的结论建立在错误的分类基础之上。Luther v. Borden 案(7 How. 1,1849)是一个早期的案件,该案要求联邦最高法院判断,根据共和政体条款,两个对立的政府中哪一个才是"真正的"罗得岛(Rhode Island)政府,这个案件确实涉及政治纠纷,法院将其留给国会去处理可能是英明的。然而,据此推断,根据共和政体条款提起的所有案件也因此必然涉及政治问题,如以后案件所做的那样,这就犯了逻辑上的一个巨大的错误。一般地,参见 W. Wiecek, *The Guarantee Clause of the U. S. Constitution*(《美国宪法的保障条款》)(1972)。事实上,这个不适宜的原则——即一切与共和政体有关的案件都必然是涉及政治问题的案件——似乎很有可能在某一天全然从舞台上消失。这一原则的支持者和反对者都开始意识到,尽管各种有关州层面选举权的案件在沃伦法院和伯格法院那里都是被当作平等保护案件而予以判决的,但是,如果没有一种很强的"州层面选举中的选举权乃是一项非常特殊的宪法特权"的观念——这种观念单单从平等保护条款的用语中是无

119 么应该——尤其是哈伦大法官为什么应该[38]——对制宪者的具体意图念念不忘呢?[39]正如我们已经知道,创制并批准了平等保护条款的那些人,其最主要的意图显然在于规定一个普遍的理想,而这个理想的具体应用则留给了后人来补充。他们当然不会有要将平等保护条款适用于反种族通婚法或者种族隔离教育措施的具体意图。但是,正如首席大法官沃伦在"布朗诉教育委员会案"中正确地指出,专门有关学校教育的制宪史,并"不是决定性的"因素。他本来还可以接着说,跟所有具体适用相关的制宪史,并"不是决定性的"因素。[40]在选举权分配上理由不充分的差别对待,完全可以包括在平等保护条款的语言文字之内,并且显然违反了平等保护条款所表达的理想(同样也违反了共和政体条款所追求的理想)。

法解释出来的,而从文本用语来看很自然地包含在共和政体条款当中——的话,上述这些判决是很难令人理解的。在主张创制者并没有要将平等保护条款适用于选举权的意图时,哈伦大法官特别倚重众议员宾厄姆的一段发言:"第二款的规定排除了下述论断:依据第一款的规定,选举权受国会法律调整;事实上,各州人民享有共和政府的权利以及选择他们在国会中的代表的权利是宪法保障的权利,除了这一例外,依据这一修正案,当出现麦迪逊所假设的情形时,即当叛乱可能使一州的政府形式从共和政府转变成独裁政府,并因此剥夺人民的选举权时,可以直接给予救济。"Reynolds v. Sims, 377 U. S. 533, 598 – 99(1964)(哈伦大法官的不同意见书)。引文中的着重号是哈伦加上去的,它们不大会分散我们对接下来的那部分文字的注意力。在宾厄姆的头脑中当然不可能会有现代案件所涉及的情形,即宣告这样一种可能性:剥夺选举权可能违反共和政体条款或者规定国会议员选举的宪法条文;要做到这一点,这些条文必须得有所发展。但是,哈伦的主张是第14条修正案的第一款完全不适用于选举权,就此而言,宾厄姆的那段话中未加着重号的那部分文字是致命性的(加有着重号的那部分文字则是哈伦的主张所需要的)。事实上,第三十九届国会中有好几个议员明确表示:共和政体条款授予了国会废除某些选民资格限制的权力。参见 Van Alstyne, "The Fourteenth Amendment, the 'Right' to Vote, and the Understanding of the Thirty-Ninth Congress"(《第十四条修正案、选举"权利"与第三十九届国会的认识》), 1965 *Sup. Ct. Rev.* 33, 50 – 51, 63 – 65。仅这一点就具有破坏力了,但是宾厄姆的发言中还有第14条修正案的第1款为这种主张提供另外的救济这样的话,这无异于雪上加霜。

这才是应该被看作重要的因素。*

适合选民资格案件的审查类型，跟适合言论自由案件的审查类型相关。我们无法信任掌权的既得利益者，不能任由他们决定谁没有资格，应排除在外，因此，法院不仅要确保任何人的选举权不被毫无理由地剥夺，而且在有（或可能会有）理由的情况下还要确保这个理由得是相当令人信服的理由，这是法院义不容辞的责任。所以，在1965年作出判决的"卡林顿诉拉什案"（Carrington v. Rash）[41]中，联邦最高法院宣告德克萨斯州的一项法律违宪无效，这项法律剥夺了那些因服兵役而迁入该州的人的选举权；在一年之后作出判决的"哈珀诉弗吉尼亚州选举委员会案"（Harper v. Virginia Board of Elections）[42]中，联邦最高法院又宣告弗吉尼亚州的人头税（poll tax）违宪无效。按照联邦最高法院的说法，上述选民资格的限制都是不合理的。但是，实际上不是这样的。军队服役人员与其他人相比，确实更像是路过之人，而且，正如德州政府所主张的，军队服役人员有可能主宰军事基地所在市镇或附近市镇的政治。此外，认为拥有一定财富的人通常是比较"有责任感的"公民，或者似乎更有道理地认为，愿意为选举支付一笔钱，在某种程度上反映了对选举的浓厚兴趣，这些看法也可能是正确的，至少并不是不合理的。因此，所谓不合理的说法是夸张的说法，上述 120

* 从第15条修正案在两年之后获得批准来看，说创制者完全没有要将第14条修正案适用于选举权的具体意图，似乎是非常不恰当的。如果说第14条修正案的支持者，对该修正案适用于选举权的可能性有所保留的原因是选举权有可能扩展开来的话，那么他们所顾虑的也是选举权有可能扩展至黑人。参见 Oregon v. Mitchell，400 U. S. 112，174（1970）（哈伦大法官的部分协同意见和部分不同意见书）。比较性地参阅 R. Berger，*Government by Judiciary*（《司法的统治》）（1977）。然而，选举权扩展至黑人正是第15条修正案所促成的，最近有研究表明，第15条修正案的支持者跟第14条修正案的支持者基本上是同一批人。参见第二章注70。无论如何，这个保留并没有在第14条修正案中表达出来，而且还与它表达出来的理想特别地不一致。

两个案件的真正关键在于,一群人——其中一个案件涉及的是军队服役人员,另一个案件涉及的是那些穷困之人,对这些穷人而言,交一笔钱的要求,意味着将他们挡在投票站的门外——因为一个不是很令人信服的理由而被排除在决策程序之外。[43]

"议席分配不公"案件,涉及的是一个人的选票价值仅仅是另一个人的选票价值的几分之一(有时这个分数值小得可怜)的情况。在这类案件中,对法院有同样的原则性要求。二分之一选票价值,仅仅意味着半张选票,六分之一选票价值,较之于根本没有选票,几乎好不到哪里去,在这种情形下,那些掌权者为了维护既得利益,同样会倾向于保持事物的现状。[44]不过,评论者们的批评,其矛头所指向的,正是这些有关议席分配不公的判决。[45]弗兰克福特大法官过去常说,议席重新分配问题是个"政治棘丛",法院应该予以回避。[46]批评者们很喜欢引用他的这句话,但是这句话究竟是什么意思,其实并不清楚。有时这句话是用来指,不可能有容易操作的判断议席分配合法性的标准。[47]然而,至少在当前的背景下,
121 就此项争议,若提出这个论点,那简直是愚昧无知。因为联邦最高法院在具有里程碑意义的"雷诺兹诉西姆斯案"(Reynolds v. Sims)[48]中所选择的标准(这也正是弗兰克福特及其后继者即在此案中持批评意见的哈伦大法官所厌恶的标准)——也就是"一人一票"这个标准——肯定是具有可操作性的标准。事实上,可操作性是它的长处,比较麻烦的问题是它还有其他什么值得称道的地方。在另外一些场合,"政治棘丛"的批评,传达了一个"现实主义的"观点,那就是:法院若命令重新分配议席,则将使自己陷入困境当中,且有降低声望的危险。[49]我已经指出过,以这个观点为基础来发展宪法或非议宪法,是有问题的。不管怎样,批评者的上述观点是错误的:每个人手中的选票,其价值应该是平等的,这已成为

多数人所认同的观念，[50]而且，无论如何，立法机关一旦重新分配议席，就不会有动机“再去不公平地分配议席”，事实上，立法机关可能没有多少选择，而只能赞同法院在这方面的倡议（批评者的失误在于没有认识到，经选举产生的代表，其动机并不必然是朝向不公平地分配议席，而毋宁是朝向维持议席分配的现状，不管这种现状是好的还是坏的，这样才能维持他们现有的地位）。所以，“政治棘丛”的那种批评，不管它在过去是否具有某种似是而非的正当性，都已是明日黄花了。1967 年，路易斯·贾菲拒绝“修正和延续”他早先的评论，他相当坦率地承认：“在我们这些不赞同‘贝克诉卡尔案’（Baker v. Carr）判决的人当中，至少有一些人开始认识到……它非但没有毁损，事实上反而提升了联邦最高法院的威望。”[51]

然而，平等保护条款通常所要求的仅仅是，实行差别对待必须能够提供合理的解释。在雷诺兹案中，首席大法官沃伦代表法院撰写的判决意见试图表明，对“一人一票”这一标准的任何偏离，都是不合理的。但在我看来，这是胡扯。很多州政府以及联邦政府经常打破常规，合理地给予我们社会中的某些群体特殊的照顾。比如，农民常常会获得政府的特殊照顾——补助金、税收减免甚至免受反垄断法和其他刑事法律的规制[52]——这是为了培育强大的农业经济。同样为了追求这个目标，另一个完全合理的做法是，给予农村地区每一人口单位更多的议会代表。

此类辩护的确存在问题，但不在于不合理，甚至也不在于未能满足联邦最高法院在选举领域所正当设置的更高要求。问题毋宁在 122
于，只要你愿意，这类辩护是太有效了，它们甚至可以轻而易举地用来论证我们所有人都会认为与我们宪法的要求不一致的政府制度。如果保护农业经济对于一个州来说真的是很重要的，而对某些州来说显然是如此，那么，给予农民 90% 有效的投票权力，即使他们只占到总人口的10%，也就不会是不合逻辑的。然而，任何人都会觉得这太过分了。显然是为了避免出现此类扩展性的推论，在“雷诺兹案”以及类似案件中持不同意见的斯图尔特（Stewart）大法官，在平等保护的基本要求——即选票效力上的区别对待必须基于合理的理由——之外，又增加了另外一项要求：系争制度设计“必须是不会让国家全体选民的多数意志遭受系统性的挫败”。[53]

现在很明显，这种限定性的要求并不是源于第14条宪法修正案或既有的平等保护传统：如果没有这种加强版的要求，那么有理由的区别对待通常都会存活下来。相反，它来自于宪法所规定的有关代议制政府类型的某些预设，说这些预设包含在共和政体条款当中是最适合不过的。因此，要理解“雷诺兹诉西姆斯案”判决，包括其中的多数意见和不同意见，必须将其看作平等保护条款和共和政体条款的共同产物。所以，如果我们关注一下共和政体条款的话，我们也许就可以证明“一人一票”原则的正当性，至少在理解“一人一票”原则上，可以有一些进展。相关的建制性基石当然是可资利用的。在讨论“民主”的含义时，无论多么认真地指出在理解上存在的歧义，就其核心定义而言，似乎总是包含政治平等或一票一值的原则。[54]这也不是最近才出现的理解：在制宪者当中有很多人强调，“相同人口应有相同的代表”对于他们所正在打造的体制来说，是相当重要的。[55]

然而，我们正在解释的是美国宪法，它并没有明确这么说，而只是规定各州应该保持一个“共和政体”。而且，尽管可以肯定，在
123 制宪者当中曾有很多人表示，他们对“共和政体”的理解，就是我们今天所说的“代议制民主”，但是对于其他人来说，它似乎仅仅意味着政府不应该实行君主制。[56]后一观点当然只是设定了一个底线，而包含政治平等理念的代议民主制，显然也与上述两种观点相一

致。共和政体条款也无任何特殊之处可以表明:其成长或发展(就跟联邦最高法院通过解释促使其他宪法条款成长或发展一样)是不合适的。[57]然而,一个明显却又常见的错误看法是:将一个宪法条文解释成我们所喜欢的含义并不构成对这个宪法条文的曲解这一事实本身,就足以正当化推动宪法发展的这个解释。"一人一票"肯定是共和政体条款能够包容的一个原则,但是斯图尔特的"仅仅不会系统性地挫败多数人的意志"这个较弱的原则,同样能够为共和政体条款所包容。那么,为什么应该选择前者,而不是选择后者,可见,还需要这方面的论据。

在判断此类宪法发展适当与否时,回顾自共和政体条款创制而成两百多年以来,我们的宪法文件经历了怎样的发展道路,无疑是妥当的,事实上,在我看来,这是必须的。不仅第 14 条宪法修正案强调了我们对平等分配各种善——尤其是确保人们在其他事物的分配当中具有保护自身的能力的那些善——的承诺,而且其他好几个宪法修正案,都将选举权扩展至以前曾被剥夺了选举权的那些人身上,事实上,近些年来通过的修正案中,多数条文是关于此内容的,由此反映了我们宪法的一个不断强化的信念:所有符合条件的公民,在公共决策的过程中,都可以发挥作用。因此,如果一个人的选票价值相当于另一个人的几分之一,那么这显然削弱了这一宪法发展所反映的信念。现在我们终于有所进展,不过,斯图尔特大法官可能还会给出一个回答:当然,这些宪法条文所共同产生的那个普遍理念,就人们对政府决策施加影响方面而言,至少会要求实现大致的平等,但是,人们发挥影响的方式可以是多种多样的。我想他会接着说,有些群体特别容易影响国家行政人员、市政府或媒体等,因此,为了抵消这种比较优势,在考虑选举议员等官员的选票权重时,给予其他群体一些优势,并非是不合理的,事

124 实上,这最终可能有助于实现真正的平等。在某些州可能会有这样的想法:城市工人不需要拥有跟农民在议会同样的影响力,因为,从历史上看,他们拥有影响州长的特别渠道。[58]

这样争论就集中到了焦点之上,我们也就可以更好地理解联邦最高法院的下述论断:一人一票是法院唯一可以接受的适用标准。联邦最高法院本身似乎没有完全意识到这个推论的理由,或者至少没有明白地讲出来,让我们也知晓,但是,其中的理由必然是多伊奇(Dcutsch)教授所给出的那个,即斯图尔特大法官的"折中"标准,将会要求联邦最高法院去探究各州盛行的权力联盟(其计划则在之前早已形成),此种调查探究既是困难的,同时又是不合适的。

斯图尔特所拥护的审查原则……将会……要求联邦最高法院去详细调查立法部门中实际运作的领导机制,不仅控制选民和市政府同时也控制选举产生的代表的政党机制——简而言之,有关细小的腐败行为以及人际关系网络的所有细节,这些在地方自治体的政治运作中常常构成决定性的权力来源。然而,考虑到联邦最高法院的制度设计,它只有通过要求下级法院建立起有关这些问题的记录档案,才有可能调查这些问题……即使假设所有证据都是可利用的并且是唾手可得的,一个政治大亨就其凌驾于选民之上的权力的来源以及他对选举产生的官员所实施的控制程度提供证词,而法院则就其证词的准确性庄严地予以裁定,你说,我们社会有可能将这一壮观的司法场景当作日常生活中的寻常之事予以接受吗?[59]

因此,结果表明有两种方法可以避免不可操作性的棘丛。一种方法就是完全置身于这个领域之外。然而,这将意味着,掌权的既得利益者，通过将一个人的选票价值削减为另一个人的六分之一，可以轻而易举地继续保有他们的权力和利益。[60]任何人，只要没有很多既得利益，都会认为，这跟我们宪法的基础——代议制民主理论——是不相一致的，这跟全然剥夺部分人民的选举权并没有什么差别。因此，联邦最高法院介入了其中，而且，恰恰出于可操作性的考虑，它很快发现自己没有其他的选择，而只能迈向一人一
票的标准。[61]实际上，这样的做法是沃伦法院的特色，沃伦法院好几 125
次采纳了理论上看似比较冒进，实践中其实是比较谨慎的规则。“吉迪恩诉温赖特案”（Gideon v. Wainwright）[62]的判决，要求在所有重罪案件中必须为请不起律师的被告指派一名律师，其背后的部分原理就在于，以前普遍实行的“特定情形规则”，尽管要求指派律师的情形来得更少，但实际上需要对每个案件进行事实调查，而这常常是件棘手且容易产生矛盾的工作。[63]“米兰达诉亚利桑那州案”（Miranda v. Arizona）[64]的判决，要求警察在所有讯问之前必须向嫌犯告诫一系列固定的事项，这也是出于同样的动机。有时，冒进是谨慎。[65]

迈向透明的立法程序

到目前为止，我在本章中所关注的是，确保人民大众能够自由且有效地选择其代表，这也是联邦最高法院最关注的问题。但是，如果我们不知道代表在做什么，那么，选择代表的意义也就相对要小。最近，联邦最高法院已经开始对这一认识作出回应，或者至少在运用平等保护条款时已显示出有这样的思考。传统上，最高法院很乐意援引任何不被禁止的可用来支持分类（classifiction）的立法目的，不论这种立法目的是否在法律通过时被提及，甚至也不论它是否被政府律师所引用。[66]然而，在过去几年里，联邦最高法院——按照杰拉尔德·冈瑟（Gerald Gunther）的建议[67]——已经

开始指出:至少在某些情境下,分类除非与“明确表达的”立法目的,即那些已经为“州政府所明确指出的”立法目的有所关联,才有可能得到法院的维持。[68]那么,究竟应该由谁来明确表达这种立法目的才算数——立法机关、州法院,抑或为州政府辩护的律师[69]——在这个问题上,联邦最高法院有点游移不定。事实上,联邦最高法院经常无视这个教义,相比之下,运用这个教义的情形较少。[70]我们通过考察该教义可能呈现的各种形式,就不难理解联邦最高法院的犹豫。

运用该教义逼迫立法目的展示出来,是为了让选民可以更好地对这些目的作出回应。这看起来完全是值得称道的,而且,传统上,这也是宪法所应该关注的。问题在于,你越是努力指明联邦最高法院可以迫使立法目的明确表达出来的一种方法,你越是会明
126 白成本小于收益的方法并不存在。就促进政治问责而言,很难想象,联邦最高法院的传统做法,即依据自己所假设的立法目的来支持一个分类,与依据州政府律师在其诉状或辩词中所说的立法目的来支持这个分类,在这二者之间有任何区别。无论通过何种方法向立法者问责,想要再次当选的立法者都可以回答说:“那是他们所说的,我的投票是基于不同的理由。”某个立法目的,只要有用,即使州政府律师不敢肯定立法者曾想到过这个立法目的,他或她还是会毫不犹豫地将它用作自己的论据,如果不这样认为的话,那就是没有看到诉讼的原动力。律师想要打赢官司,为了实现这个目标,律师愿意援引任何立法目的,只要该立法目的对胜诉有所帮助——也就是说,律师可以引用任何一个并不是显然与宪法相抵触的立法目的。[71]毕竟,律师不是在为立法目的背书,而只是在推测另一群人可能会有怎样的立法目的。[72]就州法院的法官而言(假设这个案件是通过州法院系统提起的),否决地方法律的效力

(或者让地方法律成为联邦最高法院宣告无效的对象),既不会提升他们州的形象,通常也不会有助于他们个人职业的发展。

即使保护地方立法机关之产物的这种动机不存在,我们还是会认为,州法院(当然还有州检察长)通常会将挽救系争分类所必要的立法目的归属于地方立法。最适合为一项分类提供合理基础的立法目的——也就是与法律上条文用语最吻合的立法目的——最有可能是实际导致该法律产生的目的。* 因此,决定不惜一切代 127
价维持该法律的法院不会认为,在宪法审查中最有用的立法目的是实际催生该法律的立法目的;而非常坚决地想要宣告该法律无效的法院,通常也不会持此见解[73](如果相关的立法目的在政治上有点令人难堪,那么,同样,法院不是在为该立法目的背书,法院仅仅是推想它可能发挥过一定的作用)。所以,明确表达立法目的这一要求在这里有所意义的唯一情形——即州法院或政府律师拒绝

* 正是由于这个原因,声称依据"实际"催生立法的那些目的来检验分类的分析,必然是装腔作势的,以此为基础宣告法律无效,也必然是没有说服力的。譬如参见 Eisenstadt v. Baird,405 U. S. 438(1972),该案判决否定了州最高法院的结论,该结论认为阻止婚前性行为是系争州法禁止未婚人士为避孕获取避孕用具的一个立法目的,结果,联邦最高法院以不合理为由,宣告该法违宪无效。这当然不是说,实际催生分类的立法目的在宪法上是不相干的。如果该立法目的是违宪的,那么该分类也就难以立足。一般地,参见第六章。但是,如果不是这样的话,它就没有更进一步的宪法功能可言:特别是它无法有意义地用作检验分类的标准,因为分类和实际催生该分类的立法目的之间,始终是非常吻合的。一般地,参见 Note,"Legislative Purpose, Rationality, and Equal Protection"(《立法目的、合理性与平等保护》),82 *Yale L. J.* 123(1972)。另请参见 Trimble v. Gordon,430 U. S. 762,783(1977)(伦奎斯特大法官的不同意见书):援引这样一种检验标准的诉愿人,必然是要精神分裂地"首先向本法院证明立法机关在制定该法时有一特定立法目的,然后又向本法院证明该法根本不适合于实现那一目的"。我们现在所正在考察的提议则有所不同,该提议是:拒绝以没有明确表达的立法目的为依据来维持分类,试图以此来促进政治问责。然而,在我看来:如果州法院系统或州政府律师所明确表达的立法目的也可以算数,那么,这一方法只要认真负责地得到适用,同样会陷入依据实际的立法动机来检验分类的套路当中——也就是说,如果不能证明存在违宪的立法动机,那就不能宣告任何法律无效——因为认真负责的州法院和州政府律师,会将宪法允许的最能用来解释分类的立法目的归属于该法律。

认可唯一可以挽救该法律的立法目的的情形——将是我们不得不质疑他们如此做的动机的情形。

我们因此必然得出一个结论,即便是一个天真的观察者,也不难得出这个结论:如果我们要求明确表达立法目的,最终意图是让我们选出来的代表更加坦诚,那么唯一可行的方法就是要求那些代表明确表达立法目的。有关这一要求的最显著的说法就是:可以援引的立法目的,必须是能够在立法史的某个地方找得到的。当然,我们讨论的可能不是其论辩记录在案的州议会,而毋宁是,比如说乡镇议会或行政委员会,而且,就我所知,在法案签署之前行政首长的审议也经常不予保存。但是,可以主张说,这些是重要的细节:如果上述想法有道理的话,那么就只能够增加立法者的责任,要求他们把立法目的记录在案,以便可以提交给联邦法院。更严峻的是,人们常常基于自己认为充分的理由而投票支持法案,即便这些理由尚未记录在案。对于这一事实,凡是参加过某种类型的集体审议的人都是知道的。又一次,我想,答案只能是必须来一次改
128 革,尽管成本显然会很高——需要经历大量烦琐而成本又高的诉讼,直到人们明白上述想法,而人们一旦付诸实行,又需要大量繁琐而成本又高的记录,将每个立法者所持的立法目的记录下来。

这又将产生何种积极的意义?这个制度一旦为人所理解,政治上比较难堪的(但常常是关键性的,因此在法院审查中可能是最有帮助的)立法目的——比如"这是为了保护重要的防腐剂产业"——可以由即将卸职者或者来自安全选区(safe districts)*者来表达,而其他人可以按照自己的说法自由解释自己的投票。因而,我们可能会不得不要求某种更加权威的表达形式——也许是采取

* 所谓"安全选区",简单地说就是某一政党所掌握的或者有当选保障的选区,与之相对的是"绝望选区",介于二者之间的是"边缘选区"。——译者注

委员会报告的形式（这就给那些不是委员会成员的人施加了一个负担，他们需要到委员会成员面前，说服这些成员将他们希望纳入的那些立法目的纳入委员会报告中）。然而，这很可能会导致产生洗衣清单一样的立法目的清单，或者，更有可能会出现一些抽象程度较高的可以囊括一切的立法目的，从而可以用在委员会发布的每一个报告当中。[74]我们很难想象，透过这样一种制度，政治问责会得到很大的提升：对于这个样板文件，立法人员仍保有相当大的自由，他或她可以拒绝承认其中所列举的某些立法目的，同时可以加进另外一些对自己的理解有用的立法目的。*

要求在法律的开头或其他地方明确表述立法目的，乍一看似乎有意要削弱立法者个人逃避政治责任的能力：毕竟，他投票赞同了这一立法目的，不是吗？事实上，这一方法似乎会产生相当大的额外成本。很多宝贵的立法时间，将耗费在何种立法目的应该表述在法案当中这一问题的辩论上，而不仅仅把立法时间用在应该 129

* 在这一点上看起来，似乎我是在假设立法者是不诚实的，这当然是我所担忧的部分理由。然而，我确信，有很多立法者不会想在他们的立法目的上有所误导（当然，从来没有什么事物可以阻止这些人去详细说明他们的立法目的，但是若有人去查阅立法资料，期待找到很多令人震惊的坦率说明，将会徒劳而返。大概那些最讲究向选民“开诚布公”的人，也是最不可能持有粗俗不堪的立法目的之人）。然而，我完全不相信，我所表达的担忧仅仅适用于立法者不诚实的情形，这主要是因为，在同一次立法当中各种立法目的之间的选择——不像在两次不相协调的立法之间的选择或者对同一部法律的两个相互冲突的解释之间的选择——并不是非此即彼的选择。无论什么场合，对于一项行为，只要存在两个或更多个相容的解释理由，任何人，包括行为人本身，都将难以厘清“实际”引发此项行为的目的是什么，而愿意相信比较值得称道的目的在其中发挥了关键性的作用，则完全是人类的天性所致。除此之外，很少会有这样的动机，它在政治上如此粗俗不堪，以至于就其自身而言，无论在外部还是内部，都不能被认定为是值得称道的。所以，一名议员投票支持仅仅允许验光配镜师配换眼镜片的法律，他可能部分是为了取悦验光配镜师的游说团体，但是，他可以相当坦诚地合理化其投票，不仅仅是基于验光配镜师更有可能受过确保其工作做好的专门培训这一理由，还可以基于保持验光配镜职业的“健康”发展是相当重要的这一理由。由于后者也可以被看作是一个公共健康目的，因而他可以理直气壮地说，其全部的关切点在于公共健康。

制定何种具体规则这一问题的讨论上。除此之外,许多因为受到立法者多数的支持而必须被视为值得通过的立法,由于缺乏在立法目的上的共识,很可能永远都无法获得通过。为了避免出现这种情况,立法机关将不得不陷入我曾描述过的那种套路,就跟有关委员会报告的套路一样,而法院也将不得不予以认可。所添加的样板条文如此软弱无力——当然,法律中的序言早已有这样一种倾向——以至于政治问责并不会得到很大的提升。[75]

因此,虽然我认同冈瑟教授提出那个建议的动机,而且其建议似乎有时也被联邦最高法院所采纳,但是,迫使立法目的明确表达出来的这个方法,是否能够塑造得既可行又有益,对此,我表示怀疑。接下来的问题是,这一结论在多大程度上会使我们感到不安,我的回答是,出于几方面的原因,它并不会使我们有多大的不安。我这样说,并不是因为选民不关心他们的代表在有关议题上的立场。固然还有其他很多因素跟政治上的成功有很多关联,但是,有一点很清楚,我们的代表是基于下述预设而行为的,即他们采取的立场将对他们未来的成功产生重大影响,[76]而且我也知道,没有理由在这一点上怀疑他们对选民的判断。同样,我也不是说,多数人民无法有效地获知他们的代表对各种法案投了什么票,更不用说他们就这些法案说了些什么。事实上,相当多的人确实在密切关注——通过媒体断断续续的报道——他们所最感兴趣的那些议题。但是,对于其他人来说,竞选的一个重要功能就是给政治上的对手一个巨大的激励,促使他或她去检查竞争对手的言行记录,并将其发现带入公众的视野当中。最后,我的意思也不是,我对确定人民之意愿的可能性有所怀疑,甚至对确定组成立法会议那样大小的团体的人群之意愿的可能性,也有所怀疑。与此截然相反,此
130 类探究遍布于我对宪法解释与实施所采取的路径当中。但是,正

如我在第二章(讨论第 14 条宪法修正案的语言文字是否应该作扩张解释或限缩解释,以符合制宪者所主张的但尚未成文化的观念时)所强调的那样,以及我将在第六章(当我转向讨论基于违宪的立法动机而宣告某些法律无效的可能性时)所表明的那样,此类探究最为重要的因素,应该是系争法律或条文的实际用语,并从其可以预见的效果以及健全的常识这样的角度来解读,而不是依据其立法史来解读,尽管,立法史有的时候是有助益的。

上述认识对于当前的问题似乎也具有关键意义。我们已经看到,法院劝导的立法目的之表达,有可能如此含混不清或足以囊括一切,以至于毫无益处。但是,即便有方法能够使之提供更多的信息,它也只是在选民最不需要帮助的地方帮助选民。举例来说,如果系争法律规定,只有获得许可证的动物标本制作师才会被允许去制作鸟类标本,反对者会把这部法律——不管呈现在法律序言或立法史中的是什么——说成讨好某个强大的特殊利益集团,而支持者则会主张说,不让张三、李四和王五随意制作鸟类标本,这有合理的健康和安全的理由,或许还会主张说,国家也需要一个稳定的标本制作产业。在这里,普通选民也许可以利用某些信息,来评价这些主张的分量,因为这些主张的分量,很大程度上取决于对论争者的智慧和诚信的评价。然而,明确表达立法目的这一要求,对此并不会有所帮助:因为它只会将那些可以起到正当化作用的理由带到台面上。然而,选民——当然是在目前的在职者及其竞争对手的帮助下——似乎只要看看法律的表面文字,就完全能够做到这一点。*

---

* 倘若有人指出,明确表达立法目的此一要求的推动力,是建立在“普通选民过于幼稚以至于难以发觉对强势利益集团的施与和交叉补贴”这一想法之上,那么,幼稚的似乎正是这个想法。在今日美国,难以兜售的主张就是,立法者总是基于公共利益来投票的。

事实上，在我看来，通常难以问责的情形，不是立法机关已经作出区分但其目的并不是很清晰的情形，而毋宁是立法机关（在很
131 大程度上正是为了逃脱责任）拒绝做出在法律上可操作的区分，把这件麻烦的工作留给不需要负政治责任的其他人。因此，让我们的代表在立法中的所作所为更加透明的最有效方法，或许是敦促他们立法。

迈向议会主导的立法程序

在理论上，立法部门制定法律，行政部门执行法律。[77]然而，任何目睹了国会实际运作的人——我不是很了解各州议会的实际运作情况，不过我猜想很多州议会在这方面是相似的[78]——都会知道，实际的情况几乎正好相反。绝大多数代表的时间，很多都不是用在思考立法上，而是花费在为他或她的选民操办（大大小小的）差事上——“替家乡的商人和利害关系人给公共部门打电话，引入私人法案，以便允许其选民的外国亲戚进入美国或者留在美国，答复数量极庞大的来信来函”。[79]这并不是说，我们的代表不关心实质性的问题。但是，这种关心确实经常不通过立法的形式表达出来，而毋宁是通过对行政领导和行政官员的决策进行事后批评的方式来表达——也就是通过听证会以及各种较不正式的方式对他们进行质问。因此，法律的很多内容实际上留给了众多不是通过选举产生的行政人员来决定，而这些行政人员的职责，也渐渐变成赋予法律里面宽泛的授权条款可操作性的意涵。关键点不在于，这些“幕后官僚”必定会像我们那些差劲的议员一样，做不好这项工作，而毋宁在于，这些人既不是通过选举产生的，也不需要经受改选的考验，而仅仅由通过选举产生的官员时不时地控制一下（在联邦行政部门里面，经选举产生的官员当然只有总统和副总统）。

发生这种颠倒错位的事情，其原因并不难发现。原因之一就是：听差办事兼巡察监督的工作，要比真正的立法工作简单得多，而且，在政治上会获得更多显见的红利。只要投票去支持确保汽车安全、空气洁净或促进反歧视诸如此类的法案，而实施这些法令所必要的具体操作办法则留给别人去操劳，这有多么舒服啊。此外，还有多么安全——这是关键的原因，我们现在来探讨。因为，事实似乎是，在多数艰难的议题上，我们的代表显得相当精明，他 132
们不愿意公开表明自己的立场，而宁愿让行政部门的官僚或某个独立管制机构"去接下这块政治上不可回避的烫手山芋"。[80]正如国会议员莱维塔斯(Levitas)所说："当我们不得不作出艰难的决定时，我们就会用模棱两可的法条将皮球踢给那些机构。"[81]并且，正如国会议员弗劳尔斯(Flowers)所补充说明的那样，这样的结果是绝无坏处的："于是，当我们的选民深受各种规章和规则的折磨或压迫时，我们会站在一旁说，'嘿，这不是我做的。我们的原意并不是这样。我们已经制定了那部充满善意的法律，我们原本希望那些人……能够根据我们的本意去执行那部法律，但他们并没有这么做'。"[82]

这种做法之所以是错误的，并不是因为它不符合"原本设定的运作方式"——在某些情形下，机构之间的职责交换，可能会招致较少异议——而是因为它是不民主的。不民主之处很明显：我们的议员通过拒绝立法来逃避责任，而这种责任对于一个民主共和国的良好运行来说是至关重要的。曾经有过一段很短暂的时间，联邦最高法院对此问题相当重视。在"巴拿马炼油公司诉瑞恩案"(Panama Refining Co. v. Ryan)[83]以及"谢克特家禽公司诉美国案"(A. L. A. Schechter Poultry Corp. v. United States)[84]这两个皆作成于1935年的判决中，联邦最高法院宣告了"无效授权"的法律违宪无效,也就是说,国会将决策权转交给其他人行使,若没有一项“标准”或“可理解的原则”去指导他们的政策选择,那么这种授权是违宪无效的。随着这些判决的出台,这个禁止授权原则逐渐跟20世纪30年代早期用以宣告新政改革性立法无效的其他原则联系在一起,比如说,实质性正当程序原则以及对国会调整州际贸易的权力作限缩性解释的原则——事实上,“谢克特案”判决本身就把后面那个限缩性解释原则描绘成另一个判决理由——而当这些原则消亡时,禁止授权原则也随之而消亡(认为政策应该由“专家”来制定,这当然是罗斯福新政的信条之一)。从那时起,国会实质上就经常透过立法的方式,向行政机关表示:“找出这个领域里的问题,并解决这些问题。”而当这些问题正好提交到联邦最高法院跟前时,法院会支持这种授权。马歇尔大法官在1974年准确地概括了禁止授权原则在当代的地位:“宪法严格限定了国会对行政机关授权此一国会权力,这一在20世纪30年代曾流行过一阵子的
133 观念,实际上差不多已经被联邦最高法院所抛弃……如果事不至此的话……这一原则无疑跟同时代的实质性正当程序方法一样,已经濒临死亡——联邦最高法院很乐意为此撰写一份讣告……”[85]考虑到前一年度的堕胎案判决,“如果事不至此的话”是正确的。

不过,这是一个因牵连致死的案例。除非重要的决策是由通过选举产生的官员作出的,否则,为选举权和其他个人政治权利的分配问题而忧虑,实无太大的意义。因此,法院不仅应该确保行政人员遵守立法机关已经作出的政策指示——就这一主张而言,并无多少争议——而且还要确保立法机关已经给出这样的指示。[86]这个主张没有成为通行的观念,[87]其原因或许主要和历史因素有关,不过,有时也可以给出几个理由来。其中一个理由是说,我们所处的是一个复杂多变的世界,因此,依赖立法机关给出详尽的政

策指示，只会被证明是不可行的。[88]对此，可以有两种不同的答复，它们看起来都是妥当的。第一种答复是，大多数立法机关，当然也指国会，可以启用专家成员，就跟行政机关那样，[89]并且，至少在联邦政府层面，他们也有权获得行政部门技术人员的支持。第二种答复，也是更为根本的答复是，禁止授权原则，甚至在其盛行时，对授权也必须具体详尽的主张，从未超出可行性的范围，同样，它也从来没有不切实际地主张，问题应该得到永久的解决。所要求的仅仅是要有政策指示，而政策指示恰恰是当代诸多立法所缺乏的。

因此，反对禁止授权原则的第二个理由，更经常地被说成决定性的理由，这个理由就是：禁止授权原则对于立法者解决政策争议来说，在政治上经常会是不便的。这一论点已被反复提及，但是从来没有像理查德·斯图尔特最近说得那样简明扼要："政治家们往往觉得，在有争议的经济社会政策议题上，采取一种鲜明的立场是得不偿失的。"[90]这的确是个论据，这没有错，但究竟是哪方的论据？立法者往往觉得禁止授权原则不便于其逃避责任，这恰恰是支持禁止授权原则的理由。倘若结果表明，被迫去治理的立法者，并没有精力旺盛地去从事此项工作的勇气，这通常会很糟糕——尽管获得非正式授权的行政人员，通常也不会积极主动地去从事此项工作，这是不难理解的[91]——但起码这是我们的制度。虽然自由派人士可能不喜欢它，但是我们召开具有广泛基础的代表会 134
议的一个原因，就是为了在政府介入之前就某些事情取得共识。[92]正如赖特法官在 1972 年所说："在人民的代表犹疑不决或不能达成共识时就让专家来决定，此一主张是家长主义的和反民主的。"[93]

最近，有关立法目的之公开透明的问题获得了广泛的关注，这确实是代议制政府的一个重要问题。然而，联邦最高法院以及评论者的探寻可能是没有出路的,因为不大可能存在一种有效的方法,可以让我们的代表们将他们的立法目的填进一张表格里,来告诉我们不能从立法的语言文字中获知的信息。问题似乎更为根本:问题可能不在于代表们作出政治上有争议的决定时不告诉我们为什么这样做的一种倾向当中,而在于代表们拒绝作出政治上有争议的决定——而留给其他人来决定,这些人通常不是经由选举产生,或者这些人通常没有受到经由选举产生者的有效控制——这样一种倾向当中。倘若我们能够只让我们的立法者立法,那么我们将能够很好地理解他们的目的。我不是说,这样一来,我们的代表当中就不会有相当多的小丑了,但是,如果出现这样的结果,那至少是我们应该承受的。

第六章　确保少数人的利益得到代表

有些论者已提出：联邦最高法院在保护少数人方面的职责，应该仅限于铲除妨碍他们参与政治程序的屏障。[1]然而，我们已经知道，居于我们制度核心的代议制，其所应实现的不仅仅是发言权和选举权——这一认识贯穿于我们的整个宪法文件。不管政治过程如何开放，握有多数票的那些人，总是处在一种优势的地位，他们可以通过投票使自己获利而牺牲他人利益，或者拒绝将他人的利益考虑在内。“在这些情形下，所谓‘一人一票’，是对平等原则的曲解。”[2]不久以前，在政治学理论中占据主导地位的是多元主义政治理论，该理论确信：任何群体，只要其成员不被剥夺选举权，就能通过政治市场中的谈判与交易来保护自己。[3]然而最近，在美国的政治学中，由于更加注重不可否认的权力集中现象以及相互竞争的不同群体之间的不平等现象，多元主义受到了强而有力的攻击。[4] 当然,多元主义模式有时的确可行,少数人**可以**通过交易以及加强与其他群体的利益联系来保护自己。但是有时它会失灵,单单举一下我们的社会是怎样对待黑人这一少数群体的例子(甚至在黑人已经获得了每一项参与政治程序的法定权利之后),就足以证明这一点。

我们都知道,美国宪法,特别是平等保护条款,不可能表示"每个人都有权获得每部法律的同等对待"这层意思。事实上,大多数法律,其主要目的就是对人们加以区分,并实行差别对待,通常,差别对待还相当显著。同样,我们也不可能有条理地将美国宪法解
136 释成:已概括出了某种"正确的"分配模式,根据这一模式,可以比照着来检视损害与利益的实际配置是否合宪。[5] 因此,要决定实际配置的合宪性,多数不能只依赖于看谁最终得到了什么,而是要看产生系争分配结果的程序究竟如何——即依照罗伯特·诺齐克所说的"历史性"(而不是与之相对的"最终结果")的方法。[6] 此一方法并不适合审查这样的法律,即该法律限制了宪法赋予我们的一项可推定的宪法权利,譬如选举权。这个权利简直是不能被剥夺的(除非政府律师能够提供令人信服的理由)。在此类案件中,联邦最高法院的工作就是:将这个权利看作好像明确规定在宪法中的那样,并询问该项权利事实上是否被剥夺了,如果是这样,那么接着考虑,有什么理由可以提出来,用以支持褫夺该项权利,而无需关心导致该项权利被剥夺的实际原因。* 倘若出现一个障碍,导致我们的制度失灵,那么联邦最高法院就应该把它铲除,而不用关心这个障碍实际是如何产生的。然而,如果所分配的利益——善、权利、豁免或者其他任何东西——对于政治参与来说不是至关重

---

* 当然,对掌权者自私自利的动机的不信任,显然推动了这整一项事业。

要的,或者不是宪法所明文保障的,那么我们可以说,这在宪法上是不作要求的——尽管它们显然有可能是很重要的——而且,这些利益分配上的失调,其原因只能存在于产生此种分配结果的程序当中(当然,该分配模式可以提供有力的证据,证明该程序很可能会是怎样的)。我明白,在此处,这个一般性的结论,如果看起来确实有理的话,也仅仅是有一定的道理,但是,我相信,在我详细阐述这样一种程序导向的审查机制的运作方式之后,这个结论会变得更具有说服力。

立法(和行政的)动机

基于一个违宪的理由而实施的一项官方行为,是否因此应该被宣告无效,在这个问题上,联邦最高法院已经徘徊了好多年,[7]晚近,它依然摇摆不定。就像在不久前的1971年,联邦最高法院指出,"本院历来的判决从未"——有关历史的这个主张显然是错误的——"表示:一项立法行为会仅仅因为投票支持该法案的那些人 137
的动机而被认为抵触了平等保护原则",[8]接着,联邦最高法院认定,密西西比州杰克逊市议会关闭游泳池这一行为(不久之前被要求取消种族隔离)背后显然存在的种族动机,在本案中不具有相关性。然而,在1976年和1977年作成判决的两个案例中,联邦最高法院又作出了截然不同的表示:"有关种族歧视的立法目的或意图的证据是需要的,以便证明抵触了平等保护条款。"[9]简言之,这是一个给联邦最高法院(以及其他法院)添麻烦的问题。但是,细细思量后,实在难以明白,它何以会成为一个麻烦问题。

假设国民警卫队中的一位警官,需要从他领导的六人小组中挑出三个成员,去执行一项特别危险的任务,即去平定一场内乱,结果选中了温肯(Winken)、布林肯(Blinken)和诺德(Nod)三人。

如果这三人被选中是因为他们在枪击测试中成绩是最好的,这显然不存在违宪的问题。即使这三人是随机选中的,大概也不会有违宪的问题。然而,假设他们被选中,是因为他们三人是波兰人,或者是卫理公会教徒,或者是共和党人——或者事实上仅仅因为这位警官比较喜欢他领导的六人小组中的另外三个成员。在这些情形下,我们的直觉告诉我们,温肯、布林肯和诺德所受到的待遇有违宪之虞。当然,在此类案件中,要举出证据证明违宪可能存在很大的难题(特别是如果选中的这三个人,事实上也是枪击测试中成绩最好的三个人),但是,重要的是,这个例子告诉我们:同样一个政府行为,既可能是合宪的,也可能是违宪的,结论全然取决于该项行为背后的动机。这在理论上也是讲得通的。专门挑出一部分人剥夺他们的权益,倘若是基于种族、宗教或政治的原因,甚或纯粹是因为有选择权的官员不喜欢他们,这是有悖于宪法规范的。[10]如果运用了这样一种挑选原则,那么我们的制度就已经功能失调:我们确实可以准确无误地为这种选择,贴上违反正当程序的标签。一个正常运作的制度,也许会出现同样的结果,也许不会。但是,当正当程序已被违反时,通常确实会出现同样的结果,而补救的办法就是,舍弃功能失调的程序之产物(除非此产物是因明显非偏见性的错误所致),重新开始。[11]

对于通常给出的拒绝关注动机的理由,布莱克大法官在"杰克逊市游泳池案"(Jackson pool case)中代表法院撰写的判决意见已经作了概括:

138

> 首先,法院很难查明某项立法行为背后的某个动机或所有不同的动机……对任何法院来说,要确定立法者群体所做选择背后的"唯一"或"主要"动机,是相当困难的,或者是不可能的。再者,

司法机关试图以一项法律的支持者有不良动机为由而宣告该法律无效，此种努力多半也是徒劳的。倘若一部法律被宣告无效，是因为这个原因，而不是因为其显见的内容或效果，那么，一旦议会或有关统治机构基于不同的理由再次通过这部法律，它大概就会有效。[12]

其中第1条理由，有狡辩的成分在内。认为动机具有相关性的主张，所要求的不是发现“唯一”的动机（难道总是正好有一个动机?）或者“主要”的动机（不管它可能有什么意思），[13]而是询问一个违宪的动机实际上是否对该项选择产生了重大影响：如果真的是这样，那么这个程序就是不正当的——即违反了“立法的正当程序”[14]——该程序之产物也就应该被宣告无效。不过，布莱克大法官的总体观点是正确的：要确定一个不正当的动机是否对一项决定有影响，是件非常困难的事情。事实上，作出某项决定，只要有可能提出一个看似正当的理由，法院几乎就不可能确信无疑地断定：此项决定受到了某个违宪动机的影响。[15]但是，这又能证明什么呢？这只能证明，法院常常不可能确信无疑地断定，系争行为是某个违宪动机的产物，而不能证明，法院不应该从事这方面的探究。而且，通过回顾一些已经判决的案件，我们将看到，会有不少这样的情形出现，即事实上提不出另外的正当理由来说明系争行为，在这样的情形下，就有可能确信无疑地推断出：该行为是违宪动机的产物。布莱克大法官所谓“徒劳”的理由，显然与此紧密相关，因而适当的回应也大抵与此相同。其论点是：基于违宪的理由而作出的一项行为，在被宣告无效后，有时会再次作出，并且据称，这一次是基于正当的理由而作出的，对此，法院只能予以认可。然而，由于两方面的原因，这种情况不大会经常发生。首先，最初导

致法院得出结论认为该行为由违法动机推动的理由，肯定会使法院对随后动机变化的主张有所怀疑。其次，动机变化的主张要看
139 似合理，必须得提出一个看似正当的理由，来说明系争行为，但是正如我前面所指出的，要是提得出这样的理由，那么法院在最初就很有可能不会认定，是由违宪动机引发了系争行为。但是，我们即使假设，一项先前因违宪动机而被判为无效的行为，被重新作出了，并获法院维持，偶尔出现这种情况：那又如何？当某个人的有罪判决因陪审团带有偏见而被撤销，之后又被无偏见的陪审团判为有罪，发生这种事情，我们不会觉得这套制度已经失灵：事实上我们还觉得这套制度相当可靠。[16]

不过，这样的说法可能还过于晦涩难懂，因此这里最好通过回顾一些已经判决的案件来说明。[17]应该会形成两个结论，而且，如果想要消除有关疑虑，大概也需要形成这两个结论：第一，在现实世界中，确实有这样一些案件，在那里，违宪动机（即便是立法机关的违宪动机也）能够相当确信地被推断出来；[18]第二，在某些案件中，你的直觉会告诉你，所涉及的违宪行为，除了用动机理论来解释，无法用其他任何理由做合理解释。让我们从一种常见的情形开始，即从陪审团成员的挑选说起。一个世纪以来，世人都明白，若有人提出异议认为，在挑选陪审团成员的过程中存在着种族或其他方面有违宪法的歧视，那么他必须提供证据证明歧视是蓄意的，倘若他能够证明这一点，那么异议就会成立。正如道格拉斯大法官在 1970 年写道："我们过去常说，陪审团不需要合比例地反映一个社会的横切面……陪审团成员的挑选大体上是随机的；不管被告是什么种族，他都得承受这样的风险：审判自己的陪审团，在成员构成上可能并不利于自己。法律只是要求：陪审团成员构成上的不具有代表性，不应该是蓄意的结果。"[19]自然，存在违宪动机

的推断,很有可能起因于影响的样式,就像在我们的案件中多半会出现的那样。对于一个引人注目的有关陪审团歧视的统计学上的论据,也不大可能出现有力的反驳。但是,影响本身并不具有宪法意义,在少数案件中,比例失衡的统计数据是可以作合理解释的——比如说,倘若政府可以令人信服地说明,"白人姓名"所占比例过高只是巧合而已,因为这是从这个城市的电话号码簿中随机挑选的结果——因此异议也就会被驳回。

违宪动机引发的立法行为,同样也是违宪的。[20]在1957年,阿拉巴马州(Alabama)议会通过立法重划塔斯克基市(Tuskegee)的边界线,从而使该市的图形从原来的四方形变成一个"具有二十八 140
个边的怪异图形",其结果是:将该市内四百个原先享有选举权的黑人居民几乎全都排除在外,其中只有四五个黑人选民得以幸免,但同时没有一个白人选民因此被排除在外。在1960年的"戈米利恩诉莱特富特案"(Gomillion v. Lightfoot)中,联邦最高法院全体一致通过判决,宣告阿拉巴马州的这个立法行为无效,并且指出:"通常情形下合法的行为,如果是为了实现非法的目的,那就可能变成非法的行为。"[21]阿拉巴马州的立法行为是因违宪动机而引起的,这一点是显而易见的:事实上,阿拉巴马州政府没有提出任何反驳意见,而只是主张联邦最高法院不应该去触碰这个问题。在八年后的"美国诉奥布赖恩案"(United States v. O'Brien)中,联邦最高法院在其又一次否定官方动机具有相关性的判决意见里,声称"戈米利恩诉莱特富特案"的立场"并不支持立法动机是宣告法律违宪无效的适当基础这一命题,而毋宁是支持法律必然产生的显见影响可能导致其违宪无效这一命题"。[22]然而,那是胡言乱语,联邦最高法院后来也承认这一点。在美国,有好多城市和选区,白人是其主要居民,甚至是唯一的居民(更不用提那些其主要居民属于新教徒、天主教徒、犹太人、保守派、自由派、共和党人或民主党人的城市和选区了)，它们中有很多与其他完全不同的社群相毗邻。在没有证据表明存在蓄意歧视的情况下，要求它们获得近乎“平等”的对待，将意味着迈出联邦最高法院长期以来拒绝迈出的步伐——即：迫使政府官员在作决定时，把会受提议法案影响的每个人的种族(等)因素都考虑在内，并且变戏法似地弄出(几乎?)均等的数字来。[23]因此，在1964年作出判决的“赖特诉洛克菲勒案”(Wright v. Rockefeller)[24]中，联邦最高法院以不能证明存在蓄意的歧视为由，驳回了纽约州里面相毗邻的第十七和第十八国会选区(其中一个选区白人占到94.9%，另一个选区黑人以及波多黎哥人占到86.3%)存在种族歧视的这个主张。在我看来，道格拉斯(Douglas)大法官和戈德堡(Goldberg)大法官这两位异议者，在事实层面的争论上占据了上风。但是，需要引起我们重视的是，他们的辩驳意见也是围绕基于种族因素的蓄意挑选而展开的，他们并不认为，即使没有推断出存在种族歧视动机，单单不合比例的影响本身就会构成违宪。

前文论证了违宪动机的相关性，在这个过程中，我并没有说
141 过，这种相关性仅限于涉及种族歧视的案件。在1968年的“埃珀森诉阿肯色州案”(Epperson v. Arkansas)中，针对一项禁止在阿肯色州公立学校传授人类起源于其他物种的理论的立法，联邦最高法院作出了违宪无效的判决。判决的依据是违背了政教分离原则，因为该项立法是为了推广原教旨主义基督教。[25]同样，这也得依赖于动机方面的论证，因为单单根据这项立法的影响，不能得出这个结论。在大多数情况下，生物学概论或者有关人类起源的所有理论的学习，完全可以取消掉，而不涉及违宪问题，即使这将意味着学生们将接触不到达尔文理论。[26]而且，除了进化论之外，还

有其他很多哲学理论和科学理论，它们同样会削弱原教旨主义的信念，其冲击力不亚于进化论，甚至有过之而无不及，但是，“埃珀森案”显然不意味着学校有义务传授所有这些理论。然而，只要稍微思考一下进化论对于20世纪有关我们人类起源假设的重要意义，就足以表明联邦最高法院推断这项立法存在宗教歧视动机是合理的。将进化论而且仅仅是进化论从课堂上排除出去，显然不仅仅是因为不得不取消某门课程而随意作出的一个决定，此外，阿肯色州政府也没有提出另外的解释理由。

虽然不是全部，但在某些涉及言论、出版和结社自由的案件中，政府官员的动机也具有相关性。如果政府完全有义务尊重某项权利，那么它就必须这么做，它不这么做的理由，在宪法审查中不具有相关性。然而，如果争议中的政府分配所涉及的利益或权利，并不是肯定要求提供或满足的，那么政府在分配那种利益时，必须在各种政治信念之间保持中立，正如政府必须在各种族和宗教之间保持中立一样。在这类案件中，官方的动机就变得很重要了。比方说，宪法上并不要求，每当一个政治团体想要举办一场集会时，政府就必须将市立体育馆提供给其使用——在某些城市甚至可能还没有一个体育馆——并且，倘若提出申请的较多，不能一一予以满足，此时，抽签决定提供给谁使用，完全是合宪的，即便这很可能意味着某些“观点”比另外一些观点的中选概率更高（相反，要是政府官员试图对申请者的观点加以类型化，并据此分配许可，以便出现全然“均等”的分配结果，我们不难想象，这将会是一个梦魇，一个令第1条宪法修正案的价值遭受极度损害的梦魇）。然 142
而，如果能够证明，官员们在处理申请和颁发许可时，系统性地偏向或厌恶某一种观点或某一类观点，或者事实上他们已经将能够产生这种效果的一种特定的挑选方法制度化了，那么就可以断定违宪情形的存在。

在1968年作出判决的“奥斯特赖希诉选征兵役局案”(Oestereich v. Selective Service Board),实质上是与我们国民警卫队(National Guard)有关的案件。该案涉及一名年轻男子,他将征兵登记卡退还给政府,以表示对越南战争的反对,于是征兵局宣布他是拒服兵役者,并且将他的类别从IV-D调整为I-A。* 该案据以判决的理由,并没有考虑征兵局的动机。联邦最高法院认定:宣布奥斯特赖希是拒服兵役者并且将他重新归类,完全没有法律依据。不过,联邦最高法院接着指出:

> 我们认为,地方征兵局的行为,基本上是缺乏法律依据的。就宪法意义而言,这个案件跟出于下述目的将一位经过圣命的牧师或其他明显免于兵役的人征召入伍的案件无任何区别:(1)因其政治观点而对之打击报复;或者(2)因其宗教观点或种族态度而对之进行压制;或者(3)为更好地满足征兵局某位官员的情感利益而将其驱逐出镇。[27]

联邦最高法院提及“明显免于兵役”的人,这使此段文字在法律意义上无多大价值;如果某个人依据法律免于兵役,那么他就不能被征召入伍,而用不着考虑征兵局的动机。但是,联邦最高法院又提及“宪法意义”,这显然不仅仅表示这个意思,联邦最高法院所要表达的是:倘若征兵局以信仰或言论为基础(或者,如同联邦最高法院正确补充的,是为了满足征兵局成员的个人利益),从法律上符合条件者当中挑选士兵,那么就会被视为违宪。这个推论无

---

* 根据美国《兵役法》,IV-D是指免于服兵役的人员类别,原告当时是神学院的学生,因此属于此一类别;而I-A是指服兵役无任何限制的人员类别。——译者注

疑是正确的，但是同样，若离开了动机的考量，这个推论就无法得到证实。[28]即便事实表明，那些被征召入伍的人，绝大部分甚至无一例外地都是表达过反战言论的人，如果征兵局能够证明，这实际上是随机挑选的结果，或者是根据某个合法的标准，比如健康或者年龄，这样的挑选也不至于抵触宪法。然而，如果被征召入伍者能 143
够证明，征兵局是依据一个宪法上不允许的标准而选中他的，那么他就有权获得救济。

在 1936 年作出判决的“葛罗斯金诉美国出版公司案”(Grosjean v. American Press Company)中，联邦最高法院宣告路易斯安那州的一项执照税违宪无效。该税向每周发行量超过两万份的刊物征收，税率为这些刊物预收款的百分之二，在路易斯安那州的 163 份刊物中，有 13 份这样的刊物。在“奥布赖恩案”中，联邦最高法院试图表明动机不具有相关性，因此这样描述“葛罗斯金案”:“本院曾经总结指出，出版机构免于征收某些种类的赋税的权利，属于第 1 条宪法修正案所保障的出版自由，并因此宣告一项显然正是课加了这样一种赋税的法律违宪无效。”[29]葛罗斯金案的判决意见，是模棱两可的杰作，不过，其中确实讲到，对报刊的课税，在历史上曾被视为有违宪之虞。然而，联邦最高法院显然没有想要将针对刊物总收入的一切课税都宣告无效。[30]我们会看到，事实上，受该税影响最深，负担最重的报纸，是那些与政府唱反调的报纸。但是，这种影响效果本身并不足以使该税无效，这就跟累进税一样，它并不会因为其影响效果是将对共和党人造成更大的负担而违宪。[31]因此，正确的理论似乎是联邦最高法院实际所援引的那种理论，也就是说：如果能够证明对征税对象的分类是为了抑制或惩罚某种思想观点，那么这样的分类就站不住脚。

> 本案所涉及的税赋,其之所以是邪恶的,并不是因为它从被上诉人的口袋中掠走钱财。如果仅仅是这样的话,那么就会出现一个完全不同的问题。其之所以是邪恶的是因为,从其历史和现在的背景来看,这是一个精心策划的以税赋的名义来限制信息传播的政府行为,而根据宪法所保障的权利,公众有权获得这样的信息。[32]

存在违法动机这一主张,联邦最高法院仅仅用了下面这段话来支撑:“课税的形式本身就令人生疑。课税的衡量标准或者界限划分,不是根据广告的数量,而只是根据刊登着广告的出版物的发行量,这显然是有意挑选出一组报刊,限制它们的发行量,并惩罚它们的出版商。”[33]然而,根据发行量而不是根据广告量来划分界限的这一事实,从其表面看并不能证明,存在着一种偏向那些拥护
144 特定思想观点的报刊的意图:在某些情形下,这样的界限划分可能会起到完全相反的作用。该州 163 份刊物中只有 13 份刊物受该税影响的这一事实,可能有点令人生疑。更为重要的是,记录资料(虽然不是判决意见)显示,在发行量超过那个数字的 13 份刊物中,有 12 份刊物其立场与朗(Long)这位政府核心人物相敌对。然而,两万份的发行量(跟二十八边的选区图形有所不同),并不是一个自然令人生疑的数字,要是没有进一步的证据,那么巧合将成为一个可辩解的理由。

联邦最高法院为什么会确信无疑地得出存在违法动机这一结论,要充分理解这一点,就得深入探究记录资料。原来,在议会审议这部法案的当时,一份由该州的朗参议员以及艾伦(Allen)州长签名的文件曾在议会内部散发,这份文件解释了这部法案的目的:“路易斯安那州的这些大报,每说一次谎就能赚到一块钱。这个税

应该叫作说谎税，一次谎两分钱。”朗参议员曾对那家采取合作态度的发行量超过两万份的报刊说过这样的话：“哎，我们曾想方设法免除‘查尔斯湖美国出版社’（Lake Charles American-Press）的广告税，但是仍然办不到，要是我们有办法的话，一定会这么做的。”[34]当然，对于立法史，我们始终应该谨慎对待：某位议员就系争立法所表达的动机，并不必然是其同僚赞同该立法的动机。然而，“葛罗斯金案”是一个不同寻常的案件。在该案中，根据那两个（关键）人物的言论，就足以证明存在违宪的立法动机，这一论断是正确无疑的。联邦最高法院在该案中所面对的问题，不是该立法所运用的挑选标准究竟是合法的，还是不被允许的，而毋宁是两万份这样一个分界点的选择，究竟是运用了一个不被允许的挑选标准的结果，抑或主要是随意挑选的结果。朗参议员公开发表的言论，连同与其阐明的立法目的相一致的立法效果这一关键事实，构成了强而有力的证据，其足以表明：倘若没有依据有关报纸所拥护的思想观点，是不会选择两万份这一分界点的。选择这一数字，不仅仅是因为需要在某个地方划一条界线，背后的动机没有这么简单。

有一点前面虽然有所提及，但这里还是要予以强调，因为，如果不加以留心的话——谁知道联邦最高法院会不会基于新的发现热衷于对某些案件的动机分析呢——可能会对我们宪法所保障的自由造成灾难。在本章中，我所关心的，不是我们根据实体性的宪 145
法权利所拥有的那些利益，而毋宁是我们不能根据实体性的宪法权利而拥有的那些利益（利益可能仅仅是相对而言的，如同在“葛罗斯金案”中，所涉及的利益是免于政府所强加的捐税）。对官方动机的分析，只应适用于这些利益被剥夺时，也就是当这些“宪法上不作要求的”利益被不当地剥夺时，才适合做动机分析。[35]我的观点向来是，某种利益即使不是宪法权利，也不意味着可以（无论是明显或是不明显）基于违宪的分类标准对它进行分配。然而，如果诉愿人被剥夺的利益是其所享有的宪法权利的话——因为这种利益是宪法条文所明文保障的或者对于民主政府的有效运作来说是至关重要的（或者二者皆而有之）——那么它被剥夺的理由就不具有相关性了。[36]政府律师能够提出何种用以正当化剥夺或不提供这种利益的理由，在法庭上可能成为重要的因素，但是，实际上促使政府剥夺这种利益的理由，绝不可能成为重要的因素：对某种利益享有宪法权利，就意味着可以主张这种利益，而不管政府实际上为什么剥夺这种利益。要是联邦最高法院已萌发的动机具有相关性的这种意识过度膨胀，进而发展成为一种彻底错误的观念，即认为剥夺宪法权利，除非是蓄意的，否则不构成对宪法权利的剥夺，那么这将是最大的悲剧。

可疑分类

虽然布莱克大法官的论点——即要证明存在违宪的官方动机将是件困难的事情——是站得住脚的。但是，这并不表明他从这个论点推出的结论是正确的，也就是说，这并不表明联邦最高法院应该回避这件事情，而毋宁是应该给予更多的关注，只有这样，少数人的权利才能获得充分的保障。如果说对那些其本身并非宪法所要求的利益进行分配，违宪只可能存在于作出分配决定的方法当中，那么这是否意味着根本不需要动机分析？情况并非如此，因为“可疑分类”这一我们比较熟悉的理论，在分析后表明，与我们通常所理解的不同，它其实起到了辅助动机分析的作用。

可疑分类与动机分析是两个相互支持的理论。与系争分类最契合的目的，显然是立法者心中实际所追求的目的。[37]倘若这种目

146 的能够直接被识别，并且属于违宪的立法目的，那当然好：该分类

就是违宪的。但是,即使不可能如此确信无疑地指明动机违宪,实际上由违宪动机所推动的分类,依然会发现自己面临着严重的宪法难题,无法轻易地通过司法机构的合宪性审查,这得归功于可疑分类理论所产生的间接压力。因为,一个违宪的立法目的,显然无法用来为立法辩护。这也就是说,如果真正的立法目的是违宪的,那么与该立法分类最契合的这个目的,就不会被用来为该立法分类辩护,若要为该立法分类辩护,将不得不援用其他与该立法分类联系比较微弱的目的。如果联邦最高法院的审查标准仅仅要求在分类与目的之间有“合理的”联系,那就会不大要紧:即使与分类最契合的那个目的,没有资格用来为该分类辩护,也很可能会有其他宪法容许的目的,其与该分类的联系足够紧密,以至于可被称作合理的联系。[38]然而,针对可疑分类的“特别审查”有如下要求:较之于其他任何分类,系争分类与用来为其辩护的目的之间有更为契合的联系。然而,与该分类有如此紧密的契合关系的目的很可能只有一个,那就是立法者心中实际所追求的目的。如果这一目的因为违宪而无法援用,那么该分类也就难以立足。因此,从功能上看,特别审查,尤其是其要求分类与目的之间达致契合无间的程度,其实就是一种将违宪动机“清除出来”的方法。[39]这种方法不会有直接探究动机所带来的证据难题,此外还允许法院(和诉愿人)更有策略性地宣告(抨击)违法动机的产物无效,而无需透露和明说那就是他们所正在做的事情。[40]

孤立地看,主流学说对可疑分类的诸要求——即政府得(1)提出具有实质重要性的目的,并且(2)证明该分类与该目的契合无间——容易被看作毫无章法地组合在一起。然而,一旦将可疑分类理论放置在适当的背景下,将其看作动机分析理论的一个变种,我们就能够明白,这些要求组合在一起,具有很好的功能意义。关键的一步是,我们必须从两阶段论的形而上学思维中跳出来,这种形而上学思维在目前的案例和文献中占据着主导地位。根据这种思维,我们首先判断系争分类是否属于可疑分类,答案如果是肯定
147 的,那么接下来——在另外一个独立的分析阶段中——主张该分类必须满足具有实质重要性的目的以及与该目的契合无间的特别要求。我们必须将这两个阶段看作是一个整体,并且不把目的之重要性与契合方面的特别要求,理解成新的要求,也就是不把它理解成由于该分类可疑而作为一种惩罚加诸其上的要求,毋宁是把它理解成深入探究的方法,以确定最初因分类引起的怀疑是否具有可靠的基础,或者经过更充分的探究这种怀疑是否能够消除,只有这样,我们才能理解这整个的思维过程。

举一个很显然属于可疑分类的例子,假设你面前有这样一部法律,它通过种族条款来分类,使少数种族处于不利地位。你自然会怀疑(这是个正确的措辞),这部法律的动机纯粹是为了使该少数种族处于不利地位,因为种族条款最自然地显示了这一点。但是政府不会同意这一点,因此,你听其辩解。那么,怎么样才能消除你的怀疑呢?首先,如同使少数种族相对处于不利地位的那个目的与该分类之间相当契合一般,政府在辩解中所提出的目的与该分类之间也应相当契合。因为,如果政府现在所提出的目的与该分类之间的契合度,比不上那个招致不满的目的与该分类之间的契合度,那么你就会问,为什么不用比你现在所主张的目的更为贴切的目的来分类呢?因而你最初的怀疑,即法条字面所显示的目的是真正的分类目的这一怀疑,也就难以得到消除。然而,如果政府所主张的目的,如同你一开始所怀疑的那个招致不满的目的,与该分类真的也相当契合——请注意,至少就法律上的种族分类而言,这必然意味着不存在其他更直接的可实现政府所主张的目

的的方法——那么你就应该开始有所迟疑。我之所以说“开始有所迟疑”,是因为在你的怀疑得以被消除之前,还应该满足另外一个要求,这也是联邦最高法院实际上所要求满足的,那就是:政府所主张的目的,必须在某种程度上具有实质的重要性。

后面这个要求,一直遭受两种批评。这两种批评都与联邦最高法院未能将可疑分类与违宪动机这两个观念联系在一起有关。认识到了这一点,就可以很好地理解这两种批评:它没有提供一项标准(多么重要才算足够重要),[41]以及它与这里为人所想到的邪恶并无功能上的关联性,该邪恶毕竟是与分类的理由有关,而与作为分配对象的利益或负担的重要性无关。[42]但是,一旦将可疑分类与违宪动机这两个观念联系在一起,这个要求也就变得具有意义,并且据此也能提出一项标准。因为,即使系争分类与政府所主张的目的之间达到了契合无间的程度,倘若政府所主张的这个目的 148
如此不重要,以至于你不得不怀疑它只是一个托词,实际上并不是这一目的促使政府作出了此一选择,那么也就不足以消除你最初的怀疑。布雷斯特(Brest)举了这样一个案例:一位校长在毕业典礼上,让黑人学生坐在场馆的这一边,让白人学生坐在场馆的另一边,并以审美的理由为之辩解。[43]在这个案例中,就分类与目的之间的契合而言,也许不存在任何问题,但是,在此情境中,该校长所辩称的目的如此微不足道,以至于你不得不相信,此一目的只是文饰而已,背后其实有种族动机在推动。可以拿另一个案例来比较:一位典狱长为了平息一场种族骚乱,将黑人囚犯和白人囚犯暂时隔离开来。[44]在这个案例中,在分类与目的之间的契合方面,同样是毫无问题的(假设需要作出即时性的反应[45]),而且,除此之外,保护这两个种族的囚犯之生命与身体安全此一目的,还是一个我们可以看作具有说服力的目的——此时,我们便可以从功能层面出发,对于该目的是实际上的动机这一主张是否可信作出解释。[46]因此,结果表明,特别审查的两项要求,即分类与目的之间要紧密契合以及目的要有实质重要性,是合理的,尽管联邦最高法院没有为这两项要求辩护,尽管这两项要求从表面上看不具有相关性——只要在可疑分类理论和违宪动机理论之间建立起关键性的联系,就会得出如此结果。

在沃伦法院时期,联邦最高法院非常有勇气,努力将可疑分类的范围,扩展到种族分类这一核心类型之外。通过分类使外国人、"非婚生子女"甚至穷人相对处于不利地位的法律,全都曾经被当作属于可疑分类的立法来处理。在伯格法院时期,联邦最高法院也口口声声对这一处理模式表示支持。确实,布莱克门(Blackmun)* 大法官,是历史上第一个——当然,除了斯通大法官在"卡罗琳产品案"中原创的第四注脚之外——在联邦最高法院的判决意见中指出:"分散而孤立的"少数人有权获得宪法的特别保护,以避免受政治程序的侵害。[47]然而,伯格法院在这方面的表现与其豪言壮语并不相符。伦奎斯特(Rehnquist)大法官,** 自加入联邦最高法院以来,就一直倡导将可疑分类的范围缩减至种族分类及其"近亲"原始国籍分类,[48]而且,他的倡导似乎正在奏效。光彩一时的那场改革,曾将宪法的特别保护拓展至穷人,如今却已从中退却,并演变成一场溃败,虽然在某些场合也有例外。[49]然而,伦
149 奎斯特发动的那场运动,存在不同寻常的观念难题,至今仍未得到

---

* 布莱克门(1908 ~ 1999)于 1970 年任大法官,一直到 1994 年从大法官席位上退下来。1953 年至 1969 年,沃伦(1891 ~ 1974)任首席大法官。1969 年至 1986 年,伯格(1907 ~ 1995)任首席大法官。此处讲的就是布莱克门大法官在伯格法院时期的作为。——译者注

** 伦奎斯特(1924 ~ 2005)于 1972 年任大法官,1986 年起又担任首席大法官,直至去世。——译者注

圆满解决，而且，事实上，那撤退早在沃伦时代末期就已经开始了。[50]不过，可疑分类在其他方面的撤退，是由伯格法院自己开启的。近些年的判决，在不利于“非婚生子女”的立法分类方面，一直反复无常，而总的发展趋势则是给予较少的保护。[51]不利于外国人的立法分类，曾一度比较可靠地列在“可疑分类”的名单之内：事实上，正是在这一背景下，布莱克门大法官让当代的联邦最高法院认可“分散而孤立的少数人”有权获得特别的宪法保护这一原则。然而，在 1978 年，这种立法分类似乎也从“可疑分类”的名单中除去了（或者至少，情形已变得相当令人困惑）。[52]

伦奎斯特大法官想要缩减“可疑分类”上的名单，使其退回到种族分类和原始国籍分类上，所给出的理由据称是基于原初意图的考虑，即第 14 条宪法修正案的创制者只想使这两种分类受到特别审查。虽然种族是当时大多数创制者心中所想的对象（毫无疑问，第 14 条宪法修正案的批准者也是如此），但是，制宪者作出的决定，并没有将该修正案限定在种族分类上，因此至少为扩展的可能性留下了空间，此乃制宪者有意为之，这一点相当明确。当然，伦奎斯特大法官有一个观点，并且这也是本书所主张的一个观点，即那不意味着后果将不可预料，我们可以按照我们的喜好任意解释该修正案，可靠的说法是，只有那些在某个重要方面“与种族相似”的分类，才可以给予相似的对待。但是，即使伦奎斯特大法官也懂得，把该修正案的精神旨趣完全限定在制宪者所讨论的那些分类上，也是不对的：倘若这是正确的方法论的话，我们将不得不认真考虑这样一种可能性，即只有黑人（而不是其他少数种族）才应该获得宪法的特别保护，当然，我们扩展“可疑分类”的名单，将原始国籍包括在其中的做法，也将变得毫无根据。伦奎斯特大法官认为，他看到了原始国籍和种族之间的家族相似性，但是，各种分类之间的关系跟人与人之间的关系实际上不是一回事，将一种分类定为另一种分类的“近亲”，是需要一个理论的。没错，只有“与种族相似”的分类才应该被视为可疑分类，但是我们还得弄明白，在此语境中，所谓“与种族相似”究竟意味着什么。

很可能正是因为联邦最高法院以及论者在理论层面上的不足，伦奎斯特大法官才得以一步步达成其目的。在文献中经常提
150 到的一些因素，依直觉来看，似乎已触及要害——并且，深入分析之后，我们还将看到，其中有些因素确实间接地触及要害——但是，不知怎么，其中就没有一种因素能够完全令我们相信，它就是要害所在。因此，比如经常提及：分类特征的不可变性，应该是一项分类成为可疑分类的决定性因素。[53]这并没有催生出其倡导者所想象的那样长的一份可疑分类名单。（通常）外国籍[54]以及（至少在理论上）贫穷属于可以改变的状况；在法律上被剥夺了权益的“非婚生子女”，也与此类似，至少按照大多数里程碑案件中的系争法律，是如此；[55]而且我想，甚至性别也正在成为一个可以改变的状况。经过这样的削减之后，就相当接近于伦奎斯特大法官所主张的那份简短的可疑分类名单了。这确实不应算作一个反对理由，虽然，我可以向你保证，对于大多数提议将分类特征的不可变性作为可疑分类标准的那些人来说，会觉得这是一个反对理由。不过，还有一个真正的反对理由，那就是：还没有一个人想到要去填补一个逻辑上的鸿沟，告诉我们究竟为什么应该怀疑依据不可变的特征进行分类的立法者。当然，人们对一个因为自身无法克服的原因而欠缺行为能力的人，一定会感到难过和遗憾，但是，我想不出有什么理由可以假设：经选举产生的官员是与众不同的，肯定不会有此同情之心。况且，依据身体残疾和智力状况进行分类通常被认为是合法的，甚至主张分类特征的不可变性具有相关性

的那些法官和论者,也是这么认为的。倘若要求给出解释,那也只能说:这些特征(跟论者试图据以认定可疑分类的特征不同)通常与合法目的相关。[56]在这一点上,不可变性此一理论并无多大的发挥空间,不是吗?

很多论者主张,不利于少数种族的分类之所以属于可疑分类,是因为其"通常将被看作劣等的标记和耻辱的象征",并试图在"布朗诉教育委员会"一案中找到依据。[57]这就混淆了两个问题,并因此误读了布朗案。[58]耻辱感对于判断政府声称"无伤害的"一项分类,譬如"隔离但平等的"教育措施,实际上是否对这个或那个阶层造成了伤害,的确具有相关性。但是,布朗案在这方面具有特殊性:政府的分类对其区分出来的某一阶层造成的伤害存在与否,很少成为一个议题。同样,我们也不能接受下述见解:为了证实伤害所应达到的某种程度,"劣等的标记"之存在是必要的。此一解释是说不通的,除非"区分所致伤害越大则审查越严格"是联邦最高法院所遵循的惯例,然而事实并非如此。税赋区分差值高达一百 151
万美元,跟税赋区分差值只有一百美元,两者所受到的审查几乎是相同的——也就是说,实际上不存在任何差别。

看起来比较中肯的解释,我在前面已经多次提及,其出自斯通大法官在"卡罗琳产品案"中所做的第四注脚,最近布莱克门大法官又代表联邦最高法院(在其对外国人地位的看法彻底改变之前)作了重述:"作为一个阶层的外国人,是'分散而孤立的'少数人的最好例子……对于这些人来说……给予更多的司法关怀是恰当的……"[59]伦奎斯特大法官(和其他人)以不确定性为由提出了反对意见,其表示:这么一来,"律师们不用费心就可以到处发现'分散而孤立的'少数人"。[60]如果在十分有限的意义上来理解这句话,那么这句话无疑是正确的。在某种意义上,每个案件中的诉愿人都在为这样的群体说话:正是因为其所属的群体(至少这一次)成为了政治上的少数人(他们是政治上的输家),既分散(他们在立法上是不利的一方),又孤立(他们无法联合足够的力量挫败立法),他是不会诉至法院的。但是,显然这不是斯通大法官的本意。斯通大法官毋宁是针对那种“多元论”才提出“分散而孤立的少数人”此一原则的。按照多元论者的看法,组成我们社会的各种少数人群体通过谈判、交易与联合可以有效保护他们的利益,斯通大法官则试图指出:对这些少数人群体而言,这样一种“共同防御协定”机制经常会失效。

但是,即便如此理解,“分散而孤立的少数人”此一方法,还是将难以完全立足,至少如果不对“此等少数人为什么是分散而孤立的”这个问题加以关注的话会如此。也许,最显而易见的反对意见,是经常轻而易举地被提出来的那个反对意见:法院不适合去从事这种实践性的政治分析。外国人的地位可能是一个简单的例子——因为外国人通常不能参与投票——但是除此之外就会变得困难起来。然而,倘若结果将表明,此一探究在宪法上是恰当的,我们就会想要询问——即使承认法院将会面临困难(这也可能仅仅意味着,法院只有在相当确信的情形下才应介入)——是否有其他某个机构更适合从事此项工作,此一问题的答案显然是:没有。“分散而孤立的少数人”此一方法的要义就在于:弄清楚社会中到底有哪些群体,其需求和愿望显然得不到经由选举而产生的官员的关心和照顾,并给予这些群体一定支援。倘若此一方法是合理的话,那么将执行者的角色分配给法院之外的其他任何机构,都是行不通的。

152 然而,还有一些反对意见比这更为严峻。首先,有人可能提出:“分散而孤立的少数人”此一原则,未能涵盖黑人这个群体,但是任何人都不会否认,根据第14条宪法修正案,这个群体应该受到特别的保护。“如果确实存在一些群体,他们不能发出声音或者形同隐身,以及实在无法让人听到他们的心声,那么,显然,城市中的黑人绝不可能是这样一个群体。从数量上讲,在很多大城市,黑人已经成为了多数,并且,在大多数城市,黑人是一个日益强大的选民集团。在数量之外,他们的声音也比以前大得多,其心声越来越能够为人所听见……”[61]这段话写于1972年,也就是吉米·卡特(Jimmy Carter)当选总统四年之前。卡特总统的当选,无论最终可能或不可能带来什么结果,它的确表明黑人具有将自己的政治利益与其他群体的政治利益联合起来的能力。让我们期盼这一天的到来:到时,我们都将认为,第14条宪法修正案保护黑人此一具有历史意义的核心目标,已经相当过时,以至于可以弃之,而无需再追求。然而,如果有人认为这一天已经到来,那么他一定对种族歧视特别不敏感,普通人是不会这么认为的。将黑人排除在第14条宪法修正案保护范围之外的理论,就如同将平等保护原则仅仅适用于政治性隔离的理论,至少是需要重新审视的。[62]

然而,不管这些例子多么清楚,关于何者将被涵盖到或何者将不被涵盖到的主张,必然总是难以完全令人满意:如果某种理论是正确的话,那么我们就应该接受其结果。但是,虽然此处总体观点可能是足够清晰的——即法院应该保护那些在政治上无法保护自己的人——不过对此一观点的论证尚不够清晰。在某种程度上,民主的实质,就是允许组成我们社会的不同个人和各种群体,可以决定跟其他哪些个人和群体联合起来,去影响立法。我们并非在所有方面全然相同,事实上,在某些方面,我们的利益确实存在重大差异。因此,无法排除这样一种可能性——目前所正在阐释的理论同样如此——可能存在一些群体或利益团体,其他群体或利益团体将基于相当充分的理由,拒绝与之在政治上联合起来。

所以,有必要增加另外一个要素,也就是:讨论中的少数人是这样一些人,他们被阻挡在多元论者所谓的政治市场之外,并因此总是发现自己在立法中处于不利的地位——立法机关以某种不可信的理由通过立法分类使之处于不利地位。被我们看作对"卡罗琳产品案"中的审查方法的标准解读,譬如前文所引布莱克门大法官的解读,并不包含此一要素:在该解读中,"分散而孤立的少数

153 人"仅仅有权获得"更多的司法关怀"。然而,斯通大法官的本意,比这要丰富得多,他是想指出:"对分散而孤立的少数人的偏见,可能是一种特别情况,它往往会导致那些通常被指望着保护少数人的政治程序的失灵……"此处"偏见"一词本身具有模糊性,我们有必要进一步阐明其含义,但是它确实提供了标准解读中所缺失的那个要素。不管怎么说,偏见是一块能扭曲真实的镜片,此乃偏见的基本含义。我们是一个由少数人群体组成的民族国家,我们的制度也因此依赖于各个群体理解其中的共同利益(overlapping interests)的能力和意愿,正是这种共同利益促使这些群体联合起来,在特定议题上形成多数意见;而偏见则阻碍人们认识到实际存在的共同利益。正如弗兰克·古德曼(Frank Goodman)在八年前相当中肯地指出:"种族偏见,一方面促使具有很多共同利益的不同群体(黑人和贫穷的白人)分裂开来,另一方面促使除了敌视少数种族之外较少拥有共同利益的不同群体(富有的白人和贫穷的白人)联合起来。总而言之,种族偏见使得'社会中的多数'具有'侵犯其他公民的权利的共同动机',而在麦迪逊看来,这在一个多元社会中是不可能出现的。"[63]

如此调整我们的主要视角,即从纯粹政治层面转到更为关注作出决定的心理层面,具有另外的优点:这么一来,就直接跟我们

已发现的可疑分类理论的功能性意义——即能够将违宪动机清除出来——联系了起来。“偏见”与此有很多关联,分散性和孤立性则似乎没有(除非在推导的意义上,它们很可能反映和造成有偏见的行为)。此一联系还使我们可以开始阐明此种背景下偏见的种种含义。如果说,可疑分类理论是揭示官方出于自身利益施加不平等对待——让某一群体处于不利的地位,不是出于某种重要的社会目标,在很大程度上,仅仅是为了让这一群体中的成员遭受不利——的一种间接方法,那么似乎可以推论说,我们应该视之为可疑的那些分类,是那些令下述弱势群体处于不利地位的分类:我们知道,这些群体已成为普遍诬蔑中伤的对象,我们知道,这些群体可能是其他群体(特别是那些控制了立法程序的群体)想要伤害的。[64]

请注意,我建议探究的并不是:对于被系争官方行为置于不利地位的某个群体,是否存在着广泛的不正当的敌意——这将意味 154
着直接要求对立法机关的判断作再度揣摩——而仅仅是:是否存在广泛的敌意。当然,在此一探究中,还是有相当多的裁量空间,而法院也必须审慎行事,避免充当立法者的角色。稍后我会作出更为详细的阐述,从而给此一探究套上缰绳。不过现在,或许有必要回想一下:为一项分类贴上“可疑”的标签,其功能性的意义就在于,已初步查明其具有可疑性后,还应该继续探究其可疑性。如果能够直接表明,此项分类的确在追求一个实质性的目的(而不是纯粹为了使某些人处于不利的地位,此一目的在宪法上是不被允许的),那么此项分类就能经受住合宪性的审查。因此,譬如,对于入室盗窃者这一群体,社会上肯定是存在广泛敌意的,使入室盗窃者成为罪犯的立法,也的确使入室盗窃者处于相对不利的地位。然而,这样的立法显然是合宪的,因为,它明显是在追求一个实质性的目的，即通过惩罚那些破门而入的窃贼来保护我们的家庭，而且，在此一目的和此一分类之间，契合度如此之高，以至于这样一个分类在其他情形下可能产生的无论什么嫌疑，[65]马上就能够得到消除，甚至不等把该嫌疑记录下来就已消除。

虽然关于什么因素适合导致可疑分类，还有更多的说法，但是，目前我们已经可以开始全面地看待分类特征的不可变性此一标准的意义（和局限）。一部使入室盗窃者成为罪犯的法律，并不可疑——或者，如果你喜欢，你也可以说，嫌疑马上能够得到消除——因为令入室盗窃者的生活变得不愉快这一目的，马上可以用另一深层次的目的来说明：阻止他人闯入我们的家宅，窃取我们的财物。然而，一部使黑人处于不利地位的法律，如果我们解释说，该法律是为了阻止人们成为黑人，这就说不通了。为了阻止人们加入（或鼓励人们加入）某个群体，而通过分类使该群体处于不利的（或有利的）地位，此一论点的有效建构，显然建立在特征的可变性之上，而此种特征便构成分类的基础。不过，我们不应该走极端，断然下结论认为，以不可变的特征为基础的分类，一定是可疑的分类：除非增加或降低分类特征的发生概率是政府所能提出的唯一合理目的，否则就难以得出此一结论。禁止盲人成为飞行员，
155 对于人们拥有好视力，并无多少助益，但是，此一禁止显然还是站得住脚的，因为该分类与另一个目的非常吻合，而这个目的，不用我说，是很重要的。因此，分类特征的不可变性，不可能成为某些人所希望那样的附身符，但是，也不能说它完全无关紧要，因为对于以个人无力改变的特征为基础的分类，无法以改变该分类特征的发生概率为由直接作出能够消除嫌疑的解释。

另一种说法日益频繁地被提起，事实上，它也的确是比较中肯的说法，那就是：植根于“陈规旧习”的分类，应该被视为可疑分

类。[66]此种说法,不作解释和说明,是不行的。词典告诉我们,所谓"陈规旧习"是指"对于一个人、一个群体、一个理念等等,众多人所持有的一种固定不变的或约定俗成的想法或观念,而不考虑个别特殊情况……"[67]因此,以"陈规旧习"为基础的立法也就是一般化的立法,其中所运用的分类,从数据上看一般是正确可靠的,而且,没有给个别特殊情况留下回旋的余地。然而,这是立法通常所采取的方法,在大多数情况下,立法必须这么做。想一想那个熟悉的例子:法律只允许验光配镜师配换眼镜镜片,而不允许眼镜制作工做这个事情。[68]现在假设有一个眼镜制作工,他想要表明:尽管在大多数情况下,验光配镜师确实比眼镜制作工更有资格配换眼镜镜片,但是就他而言,事实上他比自己所认识的好多验光师更有资格,至少同样有资格配换眼镜镜片。他所提出的主张将会被驳回,理由是:立法分类所依据的是人们所承认的比较一般化的观点(陈规旧习),此种一般化的分类方式不可能十全十美,对此,我们必须予以容忍;倘若要求政府创设出根据每个案件的具体情况一一作出决定的程序来,那么势必会产生难以承受的成本。* 即使不得不承认这一点,这个眼镜制作工接下来也可能提出:尽管此种一般化的分类方式通常是被允许的,但是此种分类所产生的不公正, 156
涉及包括他自己在内的许多人,而且此种不公正如此严重,以至于该分类无法以节约成本为由获得正当化。如果分类与目的之间的契合度,可以在无需成本的前提下再提高一些,那么法院可能将该

---

* 依据一般性的规则来处理,而非依赖于个案式的决定程序,这还有助于减少决策者的自由裁量权,并因此有助于保护个人和少数人群体免受令人厌恶的歧视。另请参见第 172 ~ 177 页;Cleveland Bd. of Education v. LaFleur,414 U. S. 632,658(1974)(伦奎斯特大法官的不同意见书):"多数研究政府的学者认为:从国王的代表作个案式的决定,到依赖于一套立法机构制定的相对统一的规则来做决定,此一决定模式的转变,是迈向文明的政治社会的一个重要步骤。"

分类认定为“不合理的”分类，并要求作出更为细致的分类。[69]但是，在现实的立法中，要做到契合得更加紧密，几乎无一例外会要求付出某种另外的代价——或者是允许某些不符合资格的人从事某项职业所产生的代价，或者是以个案决定的方式来检测是否符合资格条件所产生的代价——因而，联邦最高法院通常拒绝再度揣摩立法机关所作的成本与收益之间的衡量，联邦最高法院这么做是正当的。

所以，陈规旧习，至少就该术语的通常意义来说，是立法无法避免的要素。如果这个概念提供给我们的，不仅仅是引发论辩的出发点的话，那么我们必须对它进行提炼和细化，从而使可接受的陈规旧习跟不可接受的陈规旧习——如果你愿意那样说的话——区分开来。最初看起来可能最有吸引力的方法，应该是会把那些以陈规旧习为基础的，反例的数量特别多或比例特别高的一般化分类，视为可疑分类的方法[70]（提出一个公式来，显然会是困难的，但是，只要这个一般性的观点是说得通的，我们就需要为之担忧）。客观地说，这听起来还真不错：当然，其中的观点是，联邦最高法院不应该简单地将它所不喜欢的那些一般化的立法分类宣告为无效，但是，倘若联邦最高法院将那些特别不准确的立法分类宣告为无效，就应该不会有什么反对意见。然而，这个观点是行不通的；一般化的立法分类不能仅仅依据其中所包含的反例的数量或比例而得到合理的评价。有些时候，比如在涉及死刑的时候，任何并非无关紧要的反例的存在，都将是不可容忍的。另外一些时候，比如当我们试图防止那些易患心脏病的人成为民航飞行员时，即使反例占据相当高的比例，有时甚至超过一半的比例，也完全是适当的。所以，决定可接受的反例发生率，在最低的限度上，必须要求在下述两种代价之间作比较：一是，被“错误地”排除出去或包括进来的那些人所付出的代价;二是,我们其余人所要付出的代价,这种代价有时是时间和金钱方面的,但更多时候在于试图更加精确地调整这种做法所将增加的风险。[71]因此,以反例的发生率是不是“过高”此一问题为中心的审查模式,也就难以与下述这种让人无法接受的理论区分开来:每当法院不认同立法机关在成本与收益方面的衡量结果时,法院就应当以宪法的名义进行干涉。

所以我们弄错了,但结果表明,错的并不多。我们应该列为可 157
疑的,不是那些反例发生率“过高”的一般化分类,而毋宁是那些反例发生率比立法机关原先所估计的要高出许多的一般化分类。无论立法机关将多少因素纳入了成本与收益的衡量范围之内,对反例发生率的误解(或者对个别化决定之成本的误解),将导致整个决定发生扭曲。正如我们对于任何基于有关事实的错误认定而作出的重要裁决,都会要求复审,在这里,我们应该也会有此要求。[72]当然,此一偏见种类跟前面所讨论过的那种“一级”(first degree)偏见有所不同,[73]但是,二者都牵涉到平等保护原则。本质上出于厌恶的心理而将某个群体置于不利的地位,这当然剥夺了这个群体中的成员获得平等的关切和尊重的权利,特别是通过降低他们的福利使他们处于不利的地位时,更是如此。然而,为了实现某个重大的社会目标,需要将一千个人置于不利的地位,而经过更加个别化的(但成本更高的)检测或处理程序,这一千个人当中,其实,只有五百个人符合那个归类条件,因而应该将另外五百人排除,否则,也就忽视了这五百个人的存在,在这种情况下,是通过将他们的福利降至零点,而剥夺了他们获得平等的关切和尊重的权利。

难就难在联邦最高法院应该如何将这种情况辨识出来。完全让联邦最高法院的法官们按照自己的整体感觉和印象来判断,显然是无法让人接受的,这就相当于把不受限制的实质性审查权交给了联邦最高法院(我并不是说大法官们会心怀恶意,但是,如果一个大法官在直觉上就倾向于不认同立法机关所作的成本与收益方面的衡量,那么他就很有可能会相当真诚地认为,立法机关“一定是”高估了作为其立法基础的一般化分类在统计数据上的可靠性)。因此,联邦最高法院不应该仅仅关注立法之产物,而且还应该关注该产物得以产生的过程,看看是否能够发现某种或某些表明立法中出现此种错误的认识是可能的因素。斯蒂文斯(Stevens)大法官在最近的一个不同意见书中就作出了此一方面的努力,他表示,我们应该特别提防以那些已经成为传统的一般化分类为基础的立法。“较之于一项新创设的分类,一项传统的分类更有可能在未考虑其正当性的情况下就被毫不犹豫地加以使用。是习惯,而非分析,使其看起来是可接受的和自然的……”[74]就其根本观点
158 而言,这当然是正确的,也就是说:我们所要寻找的是有理由认为存在严重错误认识的一般化的立法分类,而斯蒂文斯试图将此一探究置于一个客观的基础之上,从而超越了单纯的实体性分歧,这是必须给予鼓掌喝彩的。不幸的是,其论点就具体方面而言,似乎是有问题的。某个一般化的分类,长期以来经常为各种各样的人所引用,此一事实的确可能不是支持此一分类最强而有力的论据,但是,在抽象的层面,此一事实似乎也不像是一个反驳此一分类的论据。就历史悠久的一般化分类而言,虽然有一些的确是不准确的,但另外一些则并非如此。

在推定我们日常生活中的某个一般化的分类具有多大的可信度时,我们总是想要知道此一分类的来源——是谁提出了此一分类,此一分类是否服务于他们的利益。此一常识性的洞见,再辅以其他见解,对于此一宪法性探究来说,似乎也是相关的。以比较一般化的观点为基础进行分类,与试图提出一个比较强调区别对待

的公式,这二者之间的选择,必然要求在更大程度的个别化处理所导致的公正性提升及其所带来的成本增加这二者之间加以衡量。然而,如果这个一般化的分类是一个维护决策者利益的分类,那么,这个衡量过程中所固有的某些危险就会显著增加。当这个一般化的分类明显增加了他们的财富时,这些危险可能是最显而易见的:一方面,像他们对待自己一样对待他人的成本很有可能会被高估,另一方面,据以作为分类基础的一般化观点的可靠性也很有可能会被高估,并因此会导致个案公正方面的利益被低估。但是,即便看不到他们获得了实质性的利益,他们仍然有可能在自我吹捧的一般化分类当中,获得心理上的满足。[75]多年以来,社会心理学家们已经明白[76]——其实,即使他们没有明确指出来,这一点也是相当明显的——“自我推销的最简单的想法,就是表明自己比其他人更优秀”,[77]并且,几乎每个人都愿意听到和乐于接受关于其所属的群体比其他群体更为优秀的描述。[78]这个现象在孩子们身上就可以观察到,[79]并且在成人们身上也一直保存了下来,在很大程度上,这似乎已经成为自我保护的一种手段。“自从亚里士多德将人分为天生的主人和天生的奴隶以来,统治阶级就一直趾高气扬地宣称,他们位居高位,而他人位居底层,这是自然的事物秩序, 159
或者说,这是上帝安排的事物秩序。”[80]

因此,类似的一般化观点,比如说,白人一般比黑人更加聪明或更加勤奋,男人一般比女人在情绪上更加稳定,或者,本土出生的美国人一般比海外出生的美国人更加爱国等,很容易——而且事实上我们知道它们已经——为一些群体所接受,而从人口统计学上看,美国的立法机构正是这些群体的代表。很少有人会认为,此种一般化的观点,不存在任何反例,但是,其在整体上的可靠性,却很可能会被欣然接受。通过抓住对其所属群体有利的说法和对其他群体不利的说法,或者采择有关这两类群体中的一些或大部分成员的真实情况,立法者就跟我们其余人一样,很可能会十分欣然地认为:此种分类,并不会导致"他们"群体中很多人的权益遭受不公的剥夺,而"我们"群体当中的很多人,也不会因此获得不当的权益。与之相反的一般化观点,则认定多数立法者所属群体之外的某个群体更为优越——比如说,黑人篮球运动员通常更优秀或者犹太裔学生通常更优秀——这又是另外一个问题。此一类型的一般化观点,有时也会被勉强接受,但是,我们可以肯定,这类观点在统计学上的不完美性是很容易被认识到的。此外,还会有一些解释——就上述两个例子而言,比如说,这一定跟"他们受到培养的方式"有关——这些解释将说服立法者采取个别化的检验方法,或者至少确保此一立法上的推定将是可以反驳的。[81] 建立在验光配镜师与眼镜制作工的资格比较基础上的立法区分,则处在中间的状态,因为多数立法者既不属于验光配镜师这一群体,也不属于
160 眼镜制作工这一群体。* 这样一部法律——以及具有此种"他们—他们"模式的多数立法分类——也许缺少自贬式的一般化分类似乎会提供的特殊保护措施,但是它也没有自肥式的一般化分类的特殊危险,因此可被正确地归类为在宪法上不具有可疑性。

我们早已明白,分类特征的可变性,何以经常会使一项分类马

---

* 实际上,这样一部法律不大可能会规定:验光配镜师能够配换眼镜镜片,眼镜制作工则不能配换眼镜镜片;而毋宁会规定:只有验光配镜师才能从事此项工作。因此,作为其基础的一般化观点,从字面上看,是认为:验光配镜师之外的每个人(包括立法机关中多数成员),而不仅仅是眼镜制作工,处在比较劣势的地位。然而,由于立法者典型的自我形象,有可能包括他是白人此一事实,却不大可能包括他不是验光配镜师此一事实,比较性地参阅 R. Lane and D. Sears, *Public opinion*(《公众舆论》)40(1964),其中的比较大概会被认为是在验光配镜师和其他主张有资格从事此项工作的人(譬如眼镜制作工)之间进行的,而不是在验光配镜师和"像我们这样的"人之间进行的。显然,此处的关键是立法者对该情形可能持有的想法。倘若事实上他将该分类视为自我贬抑式的分类,那么此一想法会增加该分类的不可疑性。不过,那似乎是一个相当牵强的说法。

上可以依据一个正当的社会目的而获得辩护,并因此消除最初对该分类的怀疑。我们现在能够理解,分类特征的可变性(或者类似事物),何以在另一方面也可能是重要的:这跟决策者的普遍化能力会受到其自身观点的扭曲此一可能性相关。* 举例来说,(中年人占据主导地位的立法机关制定的)很多法律,使得比如说 21 周岁到 65 周岁的人相对于那些更年轻或更年老的人处于比较有利的地位,对于这样的法律,我们可能都会产生不同程度的怀疑,然而,立法者至少可以主张说:我们所有人都曾年轻过,并且多数人总有一天会变得很老,此一事实应该足以抵消此种怀疑。[82] 当然,与分类特征的不可变性有所不同,外国籍通常是一个可以改变的状况,从理论上讲,贫穷,甚至性别,也是可以改变的。但是,不管怎样,多数立法者未曾是一个外国人、穷人或女人,而这似乎是相当重要的事实。不过,他们全都曾经年轻过,此一事实可能促使他们更客观地看待该区分所可能产生的后果。[83]

虽然,人可以感同身受,而不必身临其境,但是,这里有必要提及分散性和孤立性这一具有相关性的概念。[84] 虽然,从理论上讲, 161
单单依靠这一概念本身是无法起到有效作用的,但是,它能够非常明显地强化和修正以视角的扭曲效果为着眼点的方法。不过,为了使这一概念有用,我们有必要认识到它的两个组成部分,即政治

* 只要"污名"此一概念被用来表示系争法律所产生的一种特别伤害,它就似乎与可疑性问题无关。然而,倘若它是表示"普通人"对于被打上污名标记的个人所可能采取的态度,那它就显然与面向决策者观点的可疑性理论具有关联,并且可能会产生过于普遍化的后果也是明显的。"我们普通人对一个带有污名的人所具有的态度,以及我们对他所采取的行为,是众所周知的……我们认为带有污名的人不会是好人……我们建构出一种污名理论,也就是一种意识形态,用以解释他的劣等性以及用来说明他所具有的危险性……我们倾向于将他各式各样的缺点都归咎于他的劣根性。"E. Goffman, *Stigma*(《污名》) 5(1963)。另请参见 Karst, "Foreword: Equal Citizenship under the Fourteenth Amendment"(《前言:第十四条修正案下的平等公民权》),91 *Harv. L. Rev.* 1,7(1977)。

层面的内涵和社会层面的内涵，并将二者拆分开来讨论。政治层面的参与当然是很重要的，但是它不足以保护一个群体（除非这个群体掌握了多数控制权）免于我们考察过的第一类偏见，即公然敌视性的偏见，而且，它甚至也无助于有效地纠正多数人群体比较隐晦的自我吹捧式的偏见。倘若发言权和选举权就是我们正在讨论的全部内容，那么偏见就很容易继续存在下去（甚至有时偏见还会扩大）：[85]其他群体可能继续拒绝与之协商合作，多数人群体可能继续用投票压倒该少数人群体。* 然而，分散性和孤立性还有一个社会层面的内涵——当然，这两个组成部分会经常结合在一起——并且这部分的内涵，对于消除阻碍合作的偏见来说，似乎更为重要。相互之间社会交往的增多，不仅可以减少经常因为不熟悉所带来的敌意，而且还可以在一定程度上抑制我们通常习惯于夸大我们所属群体的优越性此一倾向。我们对那些在某些方面有所不同的人了解得越多，我们也就越能理解和包容他们的不同之处，[86]而这正是政治合作的开始。

基于此一分析，针对外国人的歧视似乎是一个相对简单的例子（联邦最高法院于 1978 年在此问题上的明显转向也因此是错误的）。外国人在任何一州都无选举权，这意味着，外国人所能得到的代表，无一例外将仅仅是“实质性的”代表。此一事实，至少要求提供特别强而有力的证据，来证明存在一个同情外国人的良好环境，然而，这正是我们社会所缺乏的。对“外国人”具有敌意，是一个历史悠久的美国传统。[87]而且，我们的立法机关几乎都是由带有

* 这也就是为什么针对少数种族的歧视性立法仍然应该受到特别严格的审查，尽管不可否认，其中有些少数种族——最显著的就是黑人——不但已经可以表达心声，而且已经成为相当重要的政治力量。同样，这也就是为什么下述主张不管看起来是多么的迷人，但是过于乐观了，这种主张认为：只要认真落实第五章中所讨论的那些种类的权利，那么本章中所从事的那种分析就会变得没有必要。

此种敌意的公民所组成的。最后，在这种形势下，此种根深蒂固的成见，也没有因为近来的移民和那些立法者之间相当程度的社会 162
交往而获得改变。

除没有法定选举权这一点之外，类似的分析似乎可适用于穷人。然而，此一看法与目前所讨论的主题，可能不是很相关，因为，以财富多寡为基础的立法分类，也就是通过比较穷人和较接近立法者的那些人的特性，而形成的比较一般化的立法分类，现在已经很少见了（在我的记忆中，不久前，确实有这样一种法律上歧视的案件，而联邦最高法院居然判决该法律是有效的！[88]）。对穷人来说，典型的不利状况是，政府方面（或其他任何人）不向他们提供种种好处或服务，以减轻他们的贫穷状况。诚然，认定一部法律是可疑的，不要求该法律必须是公然地歧视一个不受欢迎的群体：这正是前面有关动机的探讨所揭示的要点。[89]然而，不向穷人提供种种好处或服务，就像我们中的有些人，对于穷人常常无动于衷，这通常不是出于一种施虐狂式的想法，希望他们长期处于悲惨的境地，通常也不是出于一种对他们品性的成见，而毋宁是因为不愿意提高税赋，去支付这方面所需要的开销——无论如何，可以用此种合宪的理由来解释，有关嫌疑马上就能消除。* 所以，对于穷人来说，可疑分类理论只能偶尔提供一点帮助，因为他们的问题，并非经常是分类所产生的问题。

多年来，同性恋者一直是“一级偏见”（first-degree prejudice）的受害者，同时也是那种比较隐晦的“我们—他们”之成见的受害者。然而，似乎有相当比例的人是“同志”，因此，我们中多数人一定经

---

* 然而，所提供的东西和不提供的东西之间的区分可能是罪恶昭彰的，其足以表明有歧视的意图，该意图与其说是为了损害穷人，毋宁说是为了妨碍某种宪法权利的行使。譬如参见 Maher v. Roe，432 U. S. 464（1977）（联邦最高法院维持了州政府资助生育但不资助堕胎的规定），这已在本章第 38 注中作了深入讨论。

常跟同性恋者打交道。按照我们上面的分析,那不是在很大程度上有助于我们消除偏见吗?在这种情形下,答案是否定的,因为一个人的同性恋倾向,并不是一个普通的特质,通过一般的社会交往就能够为他人所意识到,如果自己不是同性恋者,仅仅通过比如说
163 一起共事,是很难知道他或她的同性恋身份的。我们身边的人可能是同性恋者,他们很可能不符合我们的成见,如果不认识到这一点的话,我们的成见——比如说,男同性恋者是娘娘腔,女同性恋者是男人婆;同性恋者是不可靠的,特别对儿童有威胁,等等——很可能继续稳固地保存下去。

当然,有很多特征并不是一目了然的。高血压就是个例子,很不幸是个自传性的例子。你可能已经认识我多年,却还不知道我有高血压,结果,我(以及其他像我这样的人)就无法作为你成见中的反例起作用——在你的成见中,遭受那种病苦折磨的人,总是过于肥胖、脸色红涨、精神亢奋、容易恐慌(或者,如果没有这些特征的话,那么就是黑人)。但是,如果认为基于高血压而剥夺某些资格的立法在宪法上是可疑的,那是没有道理的。不可否认,多数人没有高血压,并且很可能没有意识到,他们身边的很多人患有高血压。但是,同样不可否认,我们当中有相当数量的人——在美国大约有三千五百万人——患有高血压,在日常生活中他们与你有很多交往,甚至可能跟你的孩子结婚,在这种情况下,你还会公开说出你那不符合事实的成见吗?更不用说试图以此为基础进行立法了,你肯定会预料到,我们会说"等等,莱斯特(Lester),我们当中有很多患有高血压的人,并不符合你的一般化观点"这样的话,否则,我们就要承担保持沉默的后果。

那么同性恋者会怎么样呢?也有很多同性恋者,他们与我们有很多日常交往,如果他们选择保持沉默,不纠正我们的成见,那

也行，但是，当我们以此为基础行动时，为什么应该允许他们在法庭上得到救济呢？这里所犯的错误，跟“普莱西诉弗格森案”(Plessy v. Ferguson)[90]中所犯的错误，在性质上是一样的。在普莱西案中，联邦最高法院向国民郑重宣告：如果黑人因为隔离措施而被冒犯了，那也是他们的选择，而不是法律上可识别的伤害。同性恋者之所以不说“等等，莱斯特，我是同性恋者，但我的手劲并不小”这样的话，是因为我们其余人大都对同性恋者抱有偏见，这使他们一旦承认自己是同性恋者，就会付出相当沉重的代价。[91]因此，正是偏见和隐蔽性这两个因素结合在一起，才使得不利于同性恋者的分类属于可疑分类。[92]偏见，有时可以通过社会交往而得以消除；分类特征的非显在性，通常也没有任何理由应该被视为宪法上的重要因素。但是，当这两个因素结合在一起时，给人以初步的 164
合理怀疑的那种偏见，还会使通过社会交往消除偏见的可能性降低。[93]

女性的例子是适时而又复杂的。* 现在，女性受一级偏见之害的情况显然比较少见了，[94]但是那些明显夸大的成见——常见的比如说，女性不适合出去工作，因此最好待在家里——长期以来在男性人群中相当盛行，因此，在我们几乎清一色由男性公民组成的立法机关这一群体中，那些成见也相当普遍。这在表面上看好像全然是为了迎合女性，甚至可以看作对女性的保护，但实际上却使女性付出了极大的代价。所以，我们必须将以性别为基础的不利于女性的分类视为可疑分类，除非有强而有力的证据可以消除此种嫌疑。然而，虽然对女性的成见是显而易见的，但是女性这一群体显

---

* “平等权修宪案”(Equal Rights Amendment)的批准，会让这个问题变得没有意义。目前来看，这似乎还不大可能。然而，的确有相当多本应属于我们讨论对象的州立法(特别是那些允许就业歧视的立法)，已经被联邦立法(特别是1964年《民权法案》第7条)所取代，因而不再成为问题了。

然没有被孤立起来。男女之间的交往，可以说是最普遍的交往，而且，从历史上看，女性这个群体，也的确没有像同性恋者那样，一直处在“隐蔽的”状态。最后，还有一点，我不会遗漏的是，女性群体拥有差不多一半的选票，或者更多。如果说，她们并不是分散而又孤立的群体这一点还不够的话，那么她们甚至还不是一个少数人群体。

尽管有这么一长串连珠炮似的反驳，但是，女性在政治程序的运行中，一直处在一种不公正的弱势地位，这一主张似乎还是有道理的，不过，要明确说明我们为什么会有这样一种直觉，则是件棘手的事情。虽然女性可能是一个多数人群体，但是，对于那些以性别为基础的各种立法，她们实际上未曾表示**过同意**，这是一个颇有吸引力的看法。通常，选民所面对的，不是单一议题的公决，而毋宁是一整套观点的集合，我们称这一集合为候选人，在这一点上，女性选民和男性选民并无不同。大多数女性，并没有因为以性别为分类基础的立法——比如说，剥夺女性经营酒吧、看守铁路交叉口、管理不动产的机会——而直接受到伤害；并且，她们帮忙选上的代表也不准备废除这些法律，此一事实可能仅仅意味着，她们觉
165 得还有其他更加重要的议题需要优先解决。这可能的确如此，但是，这一论证更改了我们的论辩规则。* 一旦我们开始把关注焦点，从是否有某种因素阻碍了纠正反映在立法中的成见的机会，转移到试图解释为何那些有此机会的人不去纠正成见，而是选择去追求其他目的时，我们也就开始迷失我们的方向：何者在**宪法上**具有相关性这一问题将会消失，取而代之的是，我们对立法的实体性价值的不认同，对此，我们是无能为力的。不过，那个回答引出了

---

* 民调显示，支持“平等权修宪案”（一次很好的关于我们正在讨论的那种法律的公决）的男性比例高于女性比例。该民调结果同样会削弱这一论证，因为事实并非如此。譬如参见《华盛顿邮报》（*Washington Post*），1978 年 8 月 16 日，A5 版，栏目 6（NBC News poll）；《人民》（*People*），1979 年 3 月 5 日，第 33 页。

一个比较有前途的问题——女性本可通过投票的方式或通过对她们接触的男性施加个人影响的方式,去纠正很多男性所持有的且经常作为立法基础的那些夸大的成见,但是她们已经“选择”放弃利用那些机会,这种说法究竟公道不公道。女性在这两条战线上都不见行动的主要原因是,或者我们至少可以主张说:很多女性已经接受了那些夸大的成见,因此,她们不觉得有必要通过投票或个人劝说去“纠正”那些成见,而且,她们的有些行为甚至还强化了那些成见。当然,那可能意味着,那些成见毕竟还不是很夸大,但是,它也可能意味着另外一点:我们的社会,包括女性在内,已被男性支配,支配如此之深,以至于女性相当自然地接受了男性对女性以及在其他问题上的成见。[95]

这个一般性的观点在某些情形下是很有价值的。偏见倘若极深,就难以被纠正。因为极深的偏见不仅使受害者处于“隐蔽的”状态,而且还能使受害者相信它的正确性。在 1977 年作出判决的“卡斯塔涅达诉帕蒂达案”(Castaneda v. Partida)中,联邦最高法院指出:挑选大陪审团成员的过程中,对墨西哥裔美国人存在有意歧视的初步证据,在宪法上并不受墨西哥裔美国人在所涉郡县属于“统治的多数”此一事实影响。发表了协同意见书的马歇尔大法官给出了其中的理由:“社会科学家们认为,少数人群体中的成员,在面对歧视和偏见时,通常会试图使自己脱离该群体,甚至接受多数 166
人对该群体的负面态度。”[96]而且,上述洞见似乎并不仅仅关乎那些数量上的少数人群体:在美国南北战争前的南方,奴隶的数量超过了主人,在有些州,甚至超过了白人,但是,那显然没有妨碍他们中的很多人,去认同众多用以正当化他们被奴役的神话。[97]

然而,将上述观点全部运用于1980 年的美国女性处境,则显然属于类比过度。的确,女性通常没有结合成一股非常有凝聚力的政治力量,去推动那些承诺支持“女性观点”的候选人当选。然而,宪法上具有可疑性的根据,应该是参与的渠道被堵塞了,而不是选举的结果是“不合意的”。在政治市场上,有很多群体,同样如此不团结,但是,这并不自动地表明,他们具有一种“奴隶心态”。其中的原因,往往是(不管合理与否):所涉之人对于他们所共有的特征之意义,并无一致的认识。因此,不能仅仅因为一个群体没有作为一个政治集团发挥作用,就认定其具有可疑性。还须进一步考察周围的环境,看看是否有阻碍参与的制度性障碍(我当然不是说,这种障碍非得是官方设置的)。就此而言,今日在男性之间,女性之间,以及两性之间,有关女性适当“位置”的普遍讨论,显得十分重要。那些将女性排除在许多活动之外以“保护”女性的法律,是某种成见的产物,而这种成见,正在遭受公开且频繁的抨击,但同时,也得到了相当热情的辩护(人们十分公开地描述着这种普遍的成见,而且争论着,并没有谈到有关少数种族的成见时那般敏感和谨慎,这本身就能表明,这方面的交流是比较自由的和不受威胁的)。既然对于这种传统成见,有如此公开的议论,那么,下述主张,即数量上的多数正处于“被支配的”地位,女性其实是“奴隶”,她们实际上不能做选择,而只能认同这种成见,就不可能继续坚持下去,除非把它看作一种极度夸张的修辞说法。如此公开的议论,还使这个比较宽泛的主张自相矛盾,因为在当前热烈讨论的背景下,提出这样一个主张,至少必须暗中假定下述成见是正确可靠的,即女性在心态上其实就是婴儿,他们会相信男性叫他们相信的
167 任何事情。的确有很多女性似乎更喜欢老的成见,而不是新的解放。你我可能都认为,这是一个错误的选择。但是,我们一旦开始将一个选择上的严重分歧看作选择者不能控制自己思想的证据的话,那么,我们也就撕毁了我们的规则手册,把实体上的错误判断

当作了违宪的检验标准。

然而,大多数根据性别分类的法律,并不是今天早上或者是前天才通过的:事实上,自新政以来,以性别为基础的立法分类,已经相当罕见。从总体上看,一直到 1920 年,第 19 条宪法修正案被批准之时,女性被剥夺选举权的情况才得以改观,大多数剥夺女性选举权的这些法律,可能是在此之前通过的:它们都应该被宣告无效。然而,在这里的整个讨论中,我所关注的是比选举权被剥夺更加微妙的因素,而且至少可以证明:一直到最近,在美国的女性人群中,仍然有相当多的"卡斯塔涅达那样的"(Castaneda-like)人,她们接受男性的偏见,这些偏见未经公开讨论,其有效性是通过非常表面化的宣传得以确立起来的。倘若可以根据某种因素恰当地认定某种分类具有可疑性,那么我们就不必非得一一询问:不利于某个群体的此项区别对待,是否应该被视为可疑分类。就女性的例子而言,系争法律通过的时间应该是重要的因素。这个因素看起来确实比联邦最高法院对下述问题的探讨来得更有帮助:当初制定系争法律的那些人,是否把某个"过时的且过于宽泛的一般化观点"[98]作为该立法的基础;或者,比如说,他们是否真的试图保护女性,防止女性遭受特定身体伤害(因为从统计数据来看,女性特别容易遭受这些伤害),以及他们是否意识到有反例存在,并且对这些反例的发生概率作出了适当评估,最终他们是否觉得辨识出这些例外情形所需的成本实在是太高了。我在前面曾指出:试图直接去判断特定法律是否因为一个夸大的成见所产生,是相当危险的做法,它会陷入主观性的泥淖,因为,从表面上看,该立法一定会符合有关决策过程的那些规定,而且,立法史必然是不完整的,很容易受操控。系争法律获得通过的时间,似乎是更可靠一些的数据,它至少给司法上的探究套上了缰绳。然而,那是题外话了,因为，系争法律通过的时间，跟我们的分析已表明的那个更有希望解决可疑性问题的方法，毫无疑问是相关的——那个方法试图去发现官方或非官方的障碍，这些障碍使因系争法律处于不利地位的
168 人，没有机会通过论辩或例证去反驳从决策机关的人员组成看可能有的那些夸大的成见，要是没有这些障碍的话，我们就可能会对这些成见产生怀疑。

通过对下述问题的探究，女性的例子可作进一步的思考：某项分类的可疑性没有被消除，因此构成违宪，法院在作出此一司法判断之后，接着该怎么做？在这里，答案也不是只有一个：我们已经考察了数个关于可疑性的标志，它们所蕴含的救济方式也是有所不同的。如果一部法律具有可疑性，是因为我所说的“一级偏见”，或者，这部法律事实上是在某种比较隐晦的成见影响下通过的，而遭受不利影响的群体，在这部法律通过之时，被阻挡在有关讨论和决定的程序之外，而且**现在依然**无法有效地参与其中，那么，唯一适当的救济方式就是宣告该立法分类无效，并且——倘若立法机关还是要坚持分类的话——则坚决要求有一个不同的资格检测标准，一般来说，这个标准会更加精致细微。另一个显而易见的替代性救济方式，会要求司法机关重新作实质性的衡量：在这个过程中，试图不让明显影响立法机关的偏见发挥作用，并且，只有在结果依然表明，从某种实质价值看，该分类是不能被接受的时候，才宣告该分类无效。在我看来，这一方法是很不妥当的，对此，你应该不会觉得意外。我们可以举出若干例子，说我们的司法者比我们选举出来的立法者更不容易受赤裸裸的一级偏见的影响，但是，我们也可以举出另外一些例子，说我们的司法者的表现并非如此。而且，此种偏见的实例，几乎同样都是与自利式的比较有关的，其中的缘由是显而易见的。法官和立法官员往往同属于一个大的类

别——比如说，他们中的多数人是生活在贫困线之上的白人、异性恋和男性——并且没有任何理由假设，法官能够免于那种常见的自夸式概括的诱惑。如果在某个特定的场合，你的概括无法被信任，而我的概括也无法被信任，那么，如果有可能的话，最好的解决方式就是不要概括，这也表明：联邦最高法院通常所主张的，即一项分类，如果其可疑性没有被消除，那就完全不能运用这一分类，是个明智的观点。如果立法分类事实上纯粹是出于使那些被剥夺资格者处于不利地位的想法而作出的，那么它很有可能会被完全否弃，这一结果似乎是可取的。然而，如果某种类型的立法分类看起来的确是必要的（尽管立法机关所运用的这一分类在宪法上是不能被接受的），那么完全予以否弃的救济方式，将会给立法机关 169
带来时间和金钱上的成本，因为它通常会要求一个更加个别化的资格检测标准。不过，有些时候，立法常常愿意承担这些成本，而且，当宪法保护的利益将受到一项不合适的分类威胁时，法院有时也会强迫立法机关这么做。[99]自夸式概括可能导致扭曲的异常危险，也会要求我们承受因追求更加个别化的正义所带来的成本。

像女性这样的例子，似乎有所不同：在过去，女性的政治参与渠道被阻塞了，但是如果说现在仍然如此，那是不可信的，这意味着，比较温和的救济方式可能是妥当的。如果那些处于不利地位的群体，在一级偏见或自利式成见的影响下，其政治参与渠道仍然是阻塞的，那么，选择将问题“送回”到政治程序当中去，由政治机关作“再次审查”，[100]是令人难以接受的：我们不会把案件退回给一个受操控的陪审团。然而，在这里，此种“再次审查”的方法，似乎是合理的。从法律上讲，在所有案件中，只要可疑性未得到消除，法院的判决都会是一样的：“正当的立法程序”由于没有被遵守，通过该程序所形成的法律必须被宣告为违宪。如果在该法律被宣告为违宪后，立法机关又重新作出审议，并再次通过了同样的或类似的法律——不大可能出现这种情况，因为政治参与的程序不再被阻塞了——出现这种情况的时候，判决就会有所不同。立法的正当程序，在1908年没有被遵守，或者甚至在1939年没有被遵守，此一事实并不一定意味着，如果在1982年又没有被遵守，那么这部新的法律就应该被认定为合宪。* 事实上，我的下述假设可能是错误的：女性现在可以保护她们自己了，只要她们愿意，因此我们在未来不大可能会看到我们过去所曾经历的那种官方的性别歧视。[101]但是，如果女性在未来不努力地去保护她们自己以免于性别歧视的话，那么也不会是因为她们没有能力这么做，而毋宁是因为这个或那个原因——实质性的分歧或者更有可能的是，她们
170 没有把这个议题放在优先的位置——她们选择不去这么做。我们当中有很多人可能会从实体上看，认为这是一个愚昧无知的选择，从而予以谴责，但是，这已经不属于宪法层面的争论了。

纠偏性优待措施的题外话

有利于少数种族或其他少数人群体的“反向歧视”，引出了一个很伤脑筋的伦理问题。如果我们想要有一次治疗我们社会种族主义伤痛的机会，那么我们就需要相当多的少数人群体之成员，从事各种专门化的职业，进入社会的上流阶层中去。不管有多么复杂的原因，在可预见的未来，我们似乎难以实现这一点，除非我们把少数人的地位考虑在内，并在分配机会时，给予特别的关照。但是，不管我们把它叫作什么——优待措施、配额或者追求多元

* 要求那些受不利影响的群体，运用最近疏通的政治参与渠道，去将那些冒犯性的法律废除掉，给他们施加这样的负担，无异于在他们的道路上放置了另外一个障碍，而我们其余人要保护我们自己可不需要对付此一障碍——若意识到他们过去曾被不公正地阻挡在政治参与程序之外，这很难说是一个适当的回应。

性——给予特别的关照，比如说，给予黑人特别的关照，这必然意味着，其他人将会因为自己天生不是黑人就被剥夺了相关机会。[102]因此，我承认，在这个折磨人的道德难题上，我有点为难，不知道该把不平和义愤放在哪一边。

在1978年"加州大学董事会诉巴基"一案的判决中，这种优待措施的宪法地位究竟为何，仍然留下了诸多不明之处。[103]但是，一个道德难题并不必然产生一个宪法难题。既然我们已理解那些会导致一项分类成为可疑分类的因素，我们也就能够进一步理解每一个因素都是一个单向式的棘轮。[104]我们不必担心，构成我们社会中的多数人群体的白人联盟，会普遍地剥夺白人获得平等关切和尊重的权利。此种危险并不存在。白人不会因为种族偏见而歧视所有白人，同样，白人通常也不会倾向于低估白人的需求和应得——白人更倾向于低估比如说黑人的需求和应得——或者高估设计一套调节更加细致的分类系统所需的成本，这套系统给黑人所带来的好处，同样会带给某些白人。[105]我们已经明白，平等保护条款的功能，主要是通过要求那些能伤害他人者必须同时伤害他们自己——或者至少必须同时伤害他们再次当选所依赖的那些选民大众——来保护人民，以避免遭受实质性的迫害。[106]然而，这个论点倒过来主张则是不可行的，类似的论证并不能支持下述观点：
我们的代表不能伤害他们自己或者他们赖以支持的多数人，除非 171
同时伤害其他人。不管"施"是否比"受"更有福，毫无疑问，这种情形具有更少的可疑性。[107]

我不打算在有关少数人的司法保护这一章中继续探讨纠偏性优待措施这个问题——我在其他地方已经探讨过这个问题[108]——但是有一个忧虑值得去面对，正是这个忧虑导致某些犹太人团体反对招生政策上优待黑人的措施，在这里明确反对此一忧虑,我想是有益的。不知怎么回事,此一忧虑竟然是:这些优待“黑人的名额”,大多数会从犹太人的名额中挤出来。我从来没有不重视我们社会中存在的反犹主义,同样,我们也不能随随便便地把犹太人担心出现的情景,看作追求种族平等“所必须付出的代价之一而已”。这是一个令人难以接受的情景,同时也是一个有违宪法的情景。美国的一个州的立法机关,也许跟以色列的立法机关有所不同,它追求降低犹太人医生的比例此一目的,是不可能具有正当性的。在我们社会中,通常是白人,而不是其中的犹太人,才是多数人群体,因此,只有在针对一般意义上的白人的时候,种族歧视才不具有可疑性。[109]然而,很难理解的是,歧视犹太人此一危险,如何能够成为反对优待黑人或其他少数种族这一宪法主张的基础。一个“裁量性”的遴选机制,已经给各种各样不可原谅的偏见留下了运作空间:不管人们认为这样一种机制具有怎样的优点或危险——就我自己的看法而言,对这样一种机制,我从来没有非常乐观过——优待黑人的一个决定,不会使这个问题有多大的改变。在这个场合偏向反犹主义的行政官员,在另一个场合也很有可能会偏向反犹主义,而逮住他们的机会——即证明他们的所作所为是不合法的——似乎也不会是这种情形高于另一种情形。倘若推出一项优待黑人的招生计划时,犹太人的名额不成比例地减少了,而且又没有提供适当的解释,或者甚至遴选机制因此发生了改变,给反犹主义留下了更多的活动空间——遴选机制包含了更多的自由裁量空间,或者对来自纽约市学生的数量设定了上限——那么适当的司法回应无疑是必要的。这个时候我们就有理由去怀疑,这项招生计划是出于种族的偏见,故意以某一少数种族不成比例的牺牲为代价,让另一少数种族获利,因而这项招生计划应该被宣告为无效。[110]反犹主义是有危害的——我们无论如何都应该运用一切可利用的工具与之战斗，包括运用宪法诉讼这一工具——但是此一危害跟一项优待黑人的决定没有什么关系。* 因此，就多数人歧视自己而言，在宪法上丝毫不具有可疑性，但是，我们永远也不能放松警惕，要防止“挂羊头卖狗肉”的事情出现。 172

“程序性权利”与少数人保护

在第五章，我们看到，诸多权利虽没有明文规定在宪法中，却依然应该得到宪法的保护，原因便在于这些权利有助于保证政治变革渠道的畅通。类似的分析也可运用于当前所关注的问题，即确保少数人的利益得到保护。事实上，正如前面有所提及，《权利法案》中就有一些权利，它们之所以被挑出来加以保护，完全可以从我们后来概称为平等保护的这个预防性关切的角度来解释。我曾表示，第 4 条宪法修正案至少可以透过这面棱镜来观察。当然，至少现在，如果有证据证明，选中某个人对其实施逮捕或搜查是出于不良的动机，这就足以使该行为归于无效。但是这样的证据往往难以获得。作出逮捕或搜查决定的理由不会即时被记录下来（除非我们要求记录），而选择确定嫌犯的方式，由于影响这类决定的因素复杂多样，以及决定不采取行动的理由很可能没有记录下来，也很难予以分辨。因此，就需要预防性的措施和间接性的控制，让这类决定的恣意性和有害性降到最低。第 4 条宪法修正案通过两种方法追求此一目标——即要求拿到许可令（除非有很好的理由无需拿到许可令[111]）以及要求具备可信的理由。许可令的

* 如果表明某些对地区或校友的照顾方案，很大程度上是反犹主义推动的结果，那么我并不会感到很惊讶。但是如果认为，引入一项有利于少数种族的纠偏性优待方案，会是反犹主义推动的结果，则是个令人难以理解的想法。一般地参见本章注 109。这并不是说，如果对纠偏性优待方案的关注会导致地区或校友照顾方案的废除，不是件幸运的事情，只是这些议题在宪法上并不是相互关联的。

要求，使得一名“中立而超然的治安法官”的判断介入其中，更为重
173 要的是，它还使得据以采取行动的那些事实因素即时被记录下来。可信理由的要求，显然不能保证恣意会消除：在那些有可信理由予以怀疑的人中间进行恶意选择是有可能的。然而，通过对目标选择设置一种实质性的界限，它至少要求不得在缺乏比较明显的有罪迹象的情况下，也就是，不得仅仅依据宪法上毫不相关的因素，专门挑出某个人对其实施逮捕或搜查。

很明显，类似的关切也可用来解释第 8 条宪法修正案中的“非常”一词。[112]如果我们当中任何人实际上都平等地受制于一种严厉的（或残酷的）刑罚：假设我们处在公正执行刑罚的体制之下，那么，我们可以依靠政治程序，阻止将斩首作为偷税漏税行为的处罚措施。然而，如果存在缓冲机制，如果死刑制度的架构得以让“像我们这样的人”实际上不会面临此种处罚的危险，那么，就需要某种非政治性的监督机制，防止刑罚过于严厉。在 1972 年的“弗曼诉乔治亚州案”（Furman v. Georgia）中，联邦最高法院，至少其中占相对多数的大法官，确实相当重视第 8 条宪法修正案背后的这种理论。联邦最高法院以五比四的票数，判决当时所施行的死刑违宪。正如我在前面曾指出，投赞成票的五位大法官中有两位，即布伦南大法官和马歇尔大法官，很大程度上是基于死刑不符合当代共同体的价值观此一论点而投赞成票的。此类论点成为无稽之谈，往往大有可能，这两位大法官所持的这个论点便是如此：在“弗曼案”判决之后，各州纷纷重新制定死刑的立法活动，很不幸地证明了这一点。选择了正确道路的是，另外三位占相对多数的大法官——道格拉斯大法官、斯图尔特大法官和怀特大法官——尽管清晰程度有所不同，但他们都将自己的论证集中在了下面这个事实上：联邦最高法院所审查的这些州的死刑制度（在这一点上，其

他州也是如此)一概都将“被告是否……应该处死或监禁的决定,留给法官或陪审团去自由裁量,而不施加控制”。[113]这里的重点并不是说,判刑中的种族歧视或其他恶意歧视实际上可以获得证明(虽然,在某些州,存在此种歧视的证据的确是非常令人信服的,[114]但是,证明比如说阿肯萨斯州存在此种歧视,跟比如说蒙大拿州死刑的合宪性,又有什么关系呢?),[115]而毋宁是说,此种歧视是很难证明的,因而在作出谁该死谁该活的决定中,这些死刑制度给种族的、宗教的、社会阶层的偏见以及类似的偏见“留下了活动空间”。“因此,这些具有裁量性质的法律条文……蕴含着歧视,而 174
歧视是一个与平等保护理念不相容的因素,在禁止残酷和非常的刑罚此一宪法条文中含有平等保护的理念。”[116]

立法上对“弗曼案”最明显的回应是,针对特别邪恶的谋杀行为实行强制死刑制度,很多州都这么回应。然而,在1976年作出判决的一连串案件中,联邦最高法院宣告强制死刑制度违宪,同时也维持了这样一些立法,它们试图通过列举陪审团应予以考量的诸多因素来规范自由裁量权。[117]在1978年的“洛基特诉俄亥俄州案”(Lockett v. Ohio)[118]中,联邦最高法院似乎选择了最大限度的自由裁量权,从而完成了U形调头,因为其认定:在被告是否应该被处以死刑这个问题上,将可能合理的因素排除在陪审团的考量范围之外,是违宪的。死刑的反对者可以在这场捉迷藏的游戏中找到一些慰藉,因为在实践中,它意味着过去相当多的死刑判决会被推翻,这些判决是根据强制死刑制度所产生的,按照联邦最高法院过去的观点,这个制度是必要的。然而,从理论倾向上看,联邦最高法院完全处在错误的方向上。正是通过减少而非增加陪审团的自由裁量权,并因此在某种程度上消除那些确保像我们这样的人永远不会被处以死刑的缓冲机制,我们才得以去保护那些无法免于这种“非同寻常的”刑罚执行体制的人,而第 8 条宪法修正案的核心,就是要排除此种体制(以便让政治性的防御机制发挥作用,防止出现过分严苛的刑罚)。

不幸的是,联邦最高法院究竟应该采取何种行动来限制自由裁量权,并不是很清楚。从表面上看,针对特定类型的谋杀案件实行强制死刑制度,似乎是一个合理的答案,但是深入分析之后,其实并不是。其原因倒不在于联邦最高法院在 1976 年的那些判决中所强调的那个论点,即强制死刑制度没有留给陪审团足够的自由裁量空间,而毋宁在于联邦最高法院一带而过的那个论点——其与前一论点相矛盾,但恰恰是正确的——经验事实表明,陪审团对于那些规定适用强制死刑判决的一级谋杀案件,很少作出有罪认定,因此,有理由怀疑这样一种制度使陪审团的实际裁量空间变得更大了,而不是更小了。“强制死刑立法,不但没有使判刑过程变得更加理性化,反而有可能使‘弗曼案’中所看到的问题更加恶化,因为刑罚之决定完全取决于陪审团的意愿,而缺乏对其行为加以
175 调整的法律。”[119]然而,联邦最高法院在 1976 年的那些案件中表明愿意接受的那些答案,甚至更加糟糕。就举一个例子,[120]被联邦最高法院认定为合宪的乔治亚州立法,这样“指示”陪审团:在法定的十种“加重情节”中,只要发现有其中任何一种情节,就应该判处死刑。这听起来好像是一个合理的方法,但是,你一旦开始阅读这些标准,就会觉得不对劲。比如这样一条规定:杀人犯是否“凶残无耻或极其恶劣,令人恐怖或毫无人性”,以至于到了“丧心病狂”的地步?这还没完:即便发现有一种或多种加重情节,陪审团仍然有权饶恕被告一命,只要发现有更加重要的减轻情节(没有被列举出来),“本着公正和怜悯之心,这些情节被认为可以减轻或降低”道德可责性或应罚性。[121]“这样,陪审团的自由裁量权就受到了

规范”，斯图尔特大法官代表多数意见说道，“陪审团再也无法随随便便和反复无常地作出死刑判决；它总是要受到法律上的指导标准的限制”。[122]在不太严肃的场合，这个话可能会被认为是在说笑。

那么，难道联邦最高法院在1976年已发现了正确的原则，但只是尚未发展出适用此一原则的技巧？显然并不是如此。我确信，在规范陪审团的自由裁量权这件事情上，较之于1976年联邦最高法院予以支持的那些立法机关所做的——联邦最高法院维持了其所创设的“种种制度”——我们可以做得更好一些。但是，我同样确信，我们不可能做到非常好。只要陪审团被委以决定被告是否“恶意在先”（这通常是谋杀的构成要件，并因此与过失杀人相区分）以及“有预谋”（这是一级谋杀的构成要件）的任务——很难想象会有一个强行将这些历时已久的术语从定义中删除的决定——那么在某些环节必然会有相当大的活动余地。而且，即便在规范陪审团的自由裁量权方面，我们可以做得十分成功，但是，正如查尔斯·布莱克（Charles Black）所表明的，在整个诉讼程序中，仍然存在自由裁量的选择机会——无论是审前该提出何种指控（或接受一个请求）的决定，还是审后基于怜悯的决定，都是如此。[123]

就像本书的很多读者一样，我在十几岁的时候，就对律师会是怎样的有了一个初步的印象，并且跟任何愿意听我讲的人争辩死刑的不道德性。我想，在我当时所拥有的重要道德信念当中，关于死刑不道德性的信念，是最强烈不过了。然而，现在我已不再是个十几岁的青少年，并且伴随着其他方面的变化，我在这个问题上的 176
坚定态度已有所软化。当我读到有人把汽油倒在一个不幸的酒鬼身上，并且用火把他烧死，或者某个“宗教”领袖劝诱他的信徒们，给他们的婴儿喝下掺有氰化毒物的水果饮料（Kool-Aid）时，我的第一反应是，这些猪猡应该去死。但是，接着我就会思考绝对不能忽视的平等保护问题。我知道,像我们这样的人通常是不会犯谋杀罪的,但是,有时我们的确会犯谋杀罪。然而,“搜遍我们的历史资料也没能发现,我们社会富裕阶层中的某个成员曾被处决的记录”。[124]显然,有一系列非常有效的缓冲机制在这里起作用,保护着那些制定法律的人以及其他具有类似阶层地位的人,使他们免于重刑的处罚。而且,我们显然不应该假设,那些掌管刑罚制度的人会得到一些激励,试图去消除那些缓冲机制,从理论上说,此一任务似乎更不可能。由于死刑是一种最极端的和不可挽回的刑罚,[125]人们至少可以有力地主张:从“预防性的平等保护”观点来看,认定死刑违反第8条宪法修正案是妥当的。死刑如此残忍,以至于我们都知道判处死刑是非同寻常的。*

---

* 此一论据很难归入不可能对之提出回应性的不同意见的论据之列,这主要是因为此一论据似乎可适用于任何刑罚,尽管在其他情形下,论据的力度会有所减弱。然而,有三个与众不同的特征使得死刑与其他刑罚区别开来。首先,界定一级谋杀罪的用语,比界定其他多数犯罪的用语,要模糊得多(我想,这种情况是必然的,如果我们不愿意将所有蓄意谋杀罪都归入此种情形的话)。这就使得整个诉讼程序中所存在的自由裁量空间变得更大。其次,由于死刑被认为是我们社会中最严厉的处罚,我们最不容许对死刑作效果上的强制性规定。当然,陪审团考虑到强制死刑判决过于严厉,有可能会避免适用强制死刑制度,但是在性质和程度上是有差异的:判处监禁常有获得减刑的机会,对此,陪审团一清二楚。而死刑一旦执行,就无回转的可能了。当我们认识到,反对死刑的宪法论据,不仅仅在于平等保护条款,而且还在于正当程序条款时,最后一个特征也就变得更为清晰。古老的以及无法规避的正当程序原则告诉我们,结果越严重,我们对程序条件的要求就应该越严格。死刑是最高的刑罚,因此,我们也应该最为谨慎,甚至于相当重视下述认识:任何程序制度都无法完全排除恣意选择的潜在可能性。一般地,参见 C. Black, *Capital Punishment*: *The Inevitability of Caprice and Mistake*(《死刑:任性和错误的必然性》)(1974)。

另一个显见的选择是,追随联邦最高法院在过去几年所大致遵循的路线,也就是在作出死刑判决的案件中,坚持主张,背后的程序已经是相当完美了。然而,如果说人类能够做到十全十美的话,这种情况也是极为少见的,这就意味着,按照这一路线,只有极为少见的死刑判决才会站得住脚(此一事实只会进一步恶化平等保护的问题)。也许,理论上保持死刑,实践中又很少作出死刑判决,的确会有一些威慑效果,但是,这样一种制度,无论在金钱方面,还是在人性方面,代价都会相当高,同时,对于死刑的支持者而言,也不会令其感到很高兴。然而,我很难想象,作出死刑判决时必须遵循最严格的程序规则这个主张,与死刑在宪法上完全无效的主张有所不同,是一个回应性的不同意见。

不管我们是否乐意走到全然废除死刑的地步,我们都得承认, 177
在“弗曼案”中促使联邦最高法院作出判决的那种预防性的关切,也就是对施加严重后果时不受控制的自由裁量权的关切,是我们宪法的重要主旨之一。不过,此一关切在其他领域的潜在适用性,尚未得到充分的探究。在联邦最高法院的其他判决中,的确可以清楚看到它(有时)特别关注刑法条文不得过于模糊这样的要求——这里当然含有“公平警告”(fair warning)的意味,但是,在法律适用过程中遭受恶意歧视的威胁,也引发了同样的关切——以及联邦最高法院在第1条宪法修正案领域中对具有裁量性质的颁发执照或其他许可制度进行严格审查时,也不例外。联邦最高法院所做的这些工作,令人敬佩,但是,我们有时却会有这样的印象:联邦最高法院在整体性的把握上有所不足,我们看到的只是一个个孤立的关切点——“模糊的法律无效原则”、禁止“事前限制”等。对系争后果的严重程度有一些关注,总是会起到一定的作用,但是,一个裁量性的选择机制,总是会给恶意歧视留下潜在的机会,而不仅仅是在一些我们所熟悉的案件类型中,才会如此。这样一种机制意味着代议制的失灵,因为制定法律的那些人(通过拒绝积极地制定法律的方式)设置了一种缓冲机制,从而使他们自己以及像他们这样的人实际上不受那些法律的约束。因此,禁止授权原则——你可能已经注意到,此一原则实质上就是我们所正在探讨的主题,尽管此一探讨是从另一个角度出发的——不仅仅有助于确保决策的民主性,而且还有助于减少“适用于弱势者的实际上是另一套规则”的这种可能性。

州际“旅行权”已成为沃伦法院和伯格法院的喜爱之物。宪法上无一处提及这样的权利。如今我们已经明白,宪法有没有明文列举这项权利,并不是决定性因素,但是,为什么推定这项权利是妥当的，我们有权要求联邦最高法院作出解释。近些年来，联邦最高法院一直神气十足地拒绝作出任何解释。[126] 不过，回到1868
178 年，在“克兰德尔诉内华达州案”(Crandall v. Nevada)中，联邦最高法院倒是试图给出解释，而且，其所给出的解释，事实上与(第五章所表明的)宪法上正确的路线颇为一致，即各州之间自由旅行的权利，对于我们比较显而易见的政治权利的行使来说，具有关键性的意义：

每个公民……都有权利来到政府所在地，向政府提出任何他可能享有的权利主张，或者办理他与政府之间可能存在的任何事务。比如，寻求政府的保护，分担政府的公务，参与管理政府职能，等等。他有权利自由进入政府的港口码头……财政局、土地管理局、税务局和各州法院，并且，该项权利就其本质而言不依赖于任何一州的意志，所以，在他行使这项权利的时候，可以穿越任何一州土地。[127]

这一解释有几分道理，尽管在我看来，如果基于此一理论，那么这项权利就可以恰当地被限制在出于政治目的而旅行的范围之内。然而，如果说，这一解释在“克兰德尔案”之类的一些案子中尚有意义的话，那么，它在现代的一些案子中则是少有意义或者是全无意义的。“克兰德尔案”涉及的是一项税收，内华达州对途经该州者课以税收，结果被法院判为侵害公民的权利，而现代的一些案子涉及的是连续居住满一定期限的要求，此一被州政府附加在很多权利和服务之上的要求，常被法院宣告为无效。因此，在现代的案子中，系争权利不仅仅是进出某个州的旅行权利，而毋宁是一项迁移到某地的权利——如果你愿意，可以称之为迁徙权。

不管怎样,既然我们已经开始探索一种可能性,即,可以被正当地推论出来的权利,可能不仅仅限于跟参与民主决策程序的能力有关的权利,而且还包括跟一个社会中持不同意见的或“特立独行”的个别居民所处的困境有关的权利,那么,我们就可以为迁徙权建构一个不同的或更恰当的理论基础。事实上,正是基于这些理由,在我们的历史上,个人迁移的权利已被看作是一项非常重要的权利。在很大程度上,美利坚共和国正是由一帮从压迫性环境中逃脱出来的人所建立的。[128]在殖民地时期,迁移是相当自由的,“因此,对他们自己共同体的权利和正义观念有不同意见的殖民地居民,大都可以轻易地迁移到自己更加中意的共同体中去。”[129]当然,就“边疆”一词的主旨而言,无论在象征意义上,还是在实际意义上,很大程度上蕴含着这样一个观念:一个人有权选择离开原住地,到别的地方重新开始生活。[130]显然,我不是在主张,这个传统足以使阿尔伯特·赫什曼(Albert Hirschman)所说的选择“退出”的自由成为一项宪法权利。[131]我援引此一传统,毋宁是因为在我 179
看来,它向我们指出了正确的方向:迁徙权并不是多数决民主的某种附属物,恰恰相反,与迁徙权联系在一起的观念是,一个人应该有权选择离开与自己不相容的多数人之群体。如此看来,迁徙权十分符合本书所主张的宪法理论。正是因为价值选择适合留给多数人作决定,它是多数人所拥有的一项特权(前提是,多数人通过立法和行政所提供给人们的规则,是一体适用于他们自己和其他人的),对于持不同意见者来说,“呼吁”的自由似乎是无济于事的,因此,持不同意见者应该拥有退出的自由,他们有权选择到其他在价值观上与其自身更为相符的共同体中去居住。我知道,越来越多的社会交往——更不用提大幅度增加的联邦管制措施所施加的同质化压力——已经使各州之间的差别缩小了,但是仍然留有一些差别——也许，与这些差别最为相关的是，各种各样的异类事物，在多大程度上被法律或执法政策所容忍或压制，以及诸如教育和福利之类的政府服务在多大范围内提供。[132] 在我看来，那是一个古老的理念，它至少可以追溯到卢梭所说的“移居的权利”（droit d'émigration）：对于此一理念，联邦最高法院尚未给予重视。这是令人遗憾的，因为此一理念事实上已经为旅行权确立了理论基础，而这正是联邦最高法院所未能提供的。

结 语

一个强化代议制的司法审查理论,可以从很 181
多方面来阐述,本书第五章和第六章所作的阐述,显然只是其中的一种版本而已。但是,不管怎么阐述,其一般原理就是:根据宪法中开放性条款所作的司法审查是有界限的,坚决主张它只能适当地关注参与的问题,而不能关注受到抨击的政治选择之实体结果的好坏。

当我说得如此明白的时候,我也就使自己处在一种为人所熟悉的攻击之下:“你要把法院的职能限制在纠正代议民主机制的失灵上,而不容许法官们再度揣摩实体结果的好坏?为什么?那意味着你将不得不支持一部规定了的法律!”这里有两种填空方式。第一种填空方式的范例,是迈克尔·佩里(Michael Perry)最近所发表的一个评论,他指出:“决策的程序比决策的内容具有更高的价值这样一种怀疑论观点,在后大屠杀时代是一个很难立足的观点。”[1]我想,不会有很多人主张程序比实体具有“更高的价值”，尽管我们当中有些人会说：在我们社会中，实体性的决定一般是通过民主程序作出的，宪法裁判一般也应该限制在监督决策和分配机制上。佩里的那种生动的说法，是我们时代最有力的主张：“你不容许法院再度揣摩实体结果的好坏？为什么？那意味着你将不得不支持大屠杀的合宪性！”光回答说我们这里不可能会有大屠杀是不够的。我们可以祈祷大屠杀不会发生，我也相信大屠杀不会发生，但我们还是应该假设这种情况可能发生，并在此基础上设计我们的制度（**任何人的**宪法理论在这种情况下都有可能产生障碍，不管是什么障碍）。但
182 是，不能忽视大屠杀这个例子的理由，也恰恰包含在本书所主张的宪法理论中。在一个民主政体中，出现这样恐怖的一个政权，之所以仍然可以想象，正是因为这样的恐怖政权通常必然会使分散和孤立的少数人遭受牺牲。

因此，像佩里所举的这类例子是重要的，我们应该牢记在心，但是，此类例子只会支持我所主张的审查方法。另一种填空的方式是利用这样的法律：它是按照自由公开的民主程序通过的，因此没有挑选出一个弱势的少数人群体作为牺牲品，但是它确实令我们所有人感到惊恐。哈里·威灵顿提供了一个例子：“一部法律规定，任何一个人将另外一个人的胆囊摘除，都是犯罪行为，除非是为了拯救自己的生命而将另一个人的胆囊摘除。”显然，这样一部法律必定是违宪的，他说道。[2]现在，威灵顿可以将我一军了：我不认为这样一部法律是违宪的。我的理论就此完蛋了？我引导读者们一路走下来，难道仅仅是为了在本书的最后承认错误？当然不是，因为这样一部法律获得通过是不可想象的。

“但是，假设这样的法律获得了通过。”

“行了，这样的法律不会获得通过的。我们的问题已经够多

了,没有必要假设如此荒唐的事情。”

“姑且假设这样的法律获得了通过。”

“好吧,我就跟你玩下去。如果通过了这样一部法律,我想,我们可以很快地将它废止。”

“如果我们废止不了这部法律,该怎么办?”

“那么,我会猜测,我们选举出来的代表们,对胆囊已经有了你我都还不知道的新发现。”

“假设他们对胆囊没有新发现。假设他们的行为完全是荒唐的。”

“那就用选票把他们选下来,罢免他们。接着废止这部法律。”

“没有办法把他们选下来。大多数人认为代表们所做的这件事情是正确的。”

“这么说,大多数人都处在疯狂的状态中?”

“对的。”

“我想,我们没有办法跟他们理论。”

“没错。”

“你知道你在跟我讲什么吗?你是在跟我讲,你不相信民主。我敢肯定,像你这种带有神经质的人,除了担心‘实体性的审查还是参与性的审查’之类的问题外,一定还会担忧很多不同寻常的问题。例如,我是否会在明天的报纸上读到,有关方面正在考虑将我的小狗任命为农业部长。”

“别让你的小狗(以及我的精神状态)进入我们讨论的主题。假设他们通过了这部法律。你该怎么办?”

“我会去查找更多有关胆囊的资料。如果这部法律确实很危
险的话,那么,我想我不会服从这部法律。我不认为这是一个很好 183
的例子,但是,每个人的确有一个容忍的限度。我想,如果人民实

际上得了重病,因为立法者和选民们已同时发疯,那么,我就会去国会大厦静坐抗议。”

“那么,如果你是一名法官呢?显然,比较好的选择是宣布这部法律违宪,而不是去占领国会大厦。”

“那是废奴主义者所曾有过的一个古老的争论:作为一名法官,是应该扭曲(美国内战前的)宪法,假装宪法并不支持奴隶制,还是应该辞去法官职务,到别的地方参加战斗?无论作出哪种选择,都是好同志。但是,我想我会赞同这样一些人的观点,他们认为:如果你将某个制度在道德上看作罪大恶极的制度——尤其是那些事实上已经写入宪法,因此立法机关无权废除的制度——那么你就应该尽一切可能与之展开有力的战斗,即便那意味着你应该继续留在法官席位上,在司法裁判中从事一点公民不服从的运动。在这个时候,很难说你是作为一名法官在行事,更不用说当你在占领国会大厦的时候了,但是,不管怎样,那也许是你应该做的事情。我不是很确定。”

我也不是很确定,但那不是我们关心的议题。对于那部关于胆囊的法律,回答说这样的法律是不可能获得通过的,并且拒绝跟你进一步讨论下去,完全是合情合理的。事实上,我们的宪法原理是无法适用于那些不可能获得通过的法律的——除非扭曲我们的宪法原理,因为宪法适合存在的情形,是代议制政府不能被信任的情形,而不是我们认为政府可以受到信任的情形。

注 释

第一章 解释主义的魅力

〔1〕 参见 Grey,"Do We Have an Unwritten Constitution?"(《我们有一部不成文宪法吗?》),27 *Stan. L. Rev.* 703(1975)。这些特定的术语可能是新的,但这个问题却和我们相随,贯穿于我们的整个历史。例如,参见 T. Cooley,*A Treatise on the Constitutional Limitations*(《论宪法的局限》),164,168(2d ed. 1871)。

〔2〕 但是,请参见 R. Berger,*Government by Judiciary*(《司法的统治》)(1977)。

〔3〕 另,请比较 Shapiro v. Thompson,394 U. S. 618,662(1969)(哈伦大法官的不同意见书)[在平等保护的审查上,基本利益(fundamental interests)必须在宪法中找到依据作为基础]与 Poe v. Ullman,367 U. S. 497,542 - 543(1961)(哈伦大法官的不同意见书)(在实质性正当程序的审查上,基本利益必须能从我们国家的传统中找到依据;认为其必须在宪法中的某处明确指示出来,则是一种误解)。在我看来,哈伦大法官并没有试图调和这两种立场。这两种立场看起来是多么的不一致。

〔4〕 381 U. S. 479,507(1965).

〔5〕 由于布莱克在大法官职位上待了太长的时间，确实有一些例外的事情发生。他的类推能力，以及在不熟悉的场景中对于宪法原则之意义的感知力，都因年迈而有所衰退。譬如，Cohen v. California，403 U. S. 15，27（1971）（布莱克大法官加入的由布莱克门大法官出具的不同意见书）；Wyman v. James，400 U. S. 309（1971）；Katz v. United States，389 U. S. 347，364（1967）（布莱克大法官的不同意见书）。而且，这位年迈的大法官，由于这么多年来一直致力于修筑和拓展法律救济的渠道，当有人舍弃寻求救济的法律渠道，转而诉诸公民不服从的运动（civil disobedience）时，便产生一种被辜负的情感，以至于影响到分析问题的严谨性。譬如，Brown v. Louisiana，383 U. S. 131，167 – 168（1966）（布莱克大法官的不同意见书）。不过，解释主义确实是他一直所持的立场。另请参见，譬如，Freund，"Mr. Justice Black and the Judicial Function"（《布莱克大法官与司法职能》），14 *U. C. L. A. L. Rev.* 467（1967）。

〔6〕 参见 Adamson v. California，332 U. S. 46，89 – 92（1947）（布莱克大法官的不同意见书），Duncan v. Louisiana，391 U. S. 145（1968）（布莱克大法官的协同意见书）。

〔7〕 参见 Grey，"Origins of the Unwritten Constitution：Fundamental Law in American Revolutionary Thoughts"（《不成文宪法的起源：美国革命思想中蕴藏的根本
186 法》），30 *Stan. L. Rev.* 843，846（1978）。

〔8〕 410 U. S. 113（1973）.

〔9〕 譬如，参见 Bork，"Neutral Principles and Some First Amendment Problems"（《中立原则与第一条修正案的若干难题》），47 *Ind. L. J.* 1，3 – 4（1971）；Grey，前引注 1，第 706 页："如果法官们宁可选择糟糕的解释，也不愿诚实地说明那些虽未明文规定却是根深蒂固的理念，那一定是因为，他们对于后一种裁判模式的正当性（legitimacy）有所怀疑。"

〔10〕 还有一种颇有吸引力的看法，即认为解释主义的进路有助于减少裁判的不确定性和提高判决的可预测性。这个观点可以说是对错参半，具体要看在什么意义上讲。一旦某项争议妥当地被认定为是宪法上的争议，对于裁判者采纳"解释主义"哲学后便会使判决结果更加具有可预测性这个观点，我深表怀疑。因为宪法语言往往是含混不清的，并且制定和修改宪法的历史也是断断续续、前后不一的（这决不是解释主义独有的问题。任何宪法理论——也许要把完全否定宪法审查的理论排除在外——都会不断产生可争辩性的问题。我的意思仅仅是，解释主义在判决

的可预测性方面具有某种竞争优势这个观点，不大站得住脚）。解释主义真正能产生更多可预测性的地方，是在宪法介入的时机方面：譬如，布莱克大法官不会认为，把"罗伊诉韦德案"作为宪法争议案件来对待是妥当的，对此，我们确信无疑，但是，哈伦大法官在那个案件中会有什么态度，我们就捉摸不定了。然而，这只是说明了解释主义者在没有宪法明文许可的情况下是不会介入的。这当然是解释主义进路的一个典型特征，不过，倘若要找出其独特魅力或比较优势的话，我们就必须回到正文中所探讨的诸因素上来。

〔11〕 当然，关键问题是宪法在这方面是否有所不同，这也是本书的一个核心问题。从马歇尔大法官在 1803 年"马伯里诉麦迪逊案"（Marbury v. Madison, 1 Cranch 137. 正是通过该案，美国联邦最高法院的司法审查权才得以确立）中为法院撰写的判决意见书来看，他是否推定了宪法在这方面的特殊性，似乎不是很明朗。马歇尔大法官的推论，很大程度上依赖于这样一个假设，即宪法审查仅仅涉及，将一个法律规定（legally prescribed mandate）与另一个法律规定比较一下，看看它们是否有冲突，这样一个传统的司法功能。如果你对宪法解释持解释主义的立场，或许会比较容易地理解和接受他的推论。亚历山大・比克尔（Alexander Bickel），是我们这个时代杰出的非解释主义理论家，也是马歇尔的推论逻辑的杰出批评者，这绝非偶然。参见 A. Bickel, *The Least Dangerous Branch*（《最小危险部门》），第 1 ~ 14 页（1962 年版）。

〔12〕 同注〔11〕，比克尔书，第 19 页。另请参见第三章。 187

〔13〕 在一些例外的情形下，譬如联邦最高法院在实施州际"贸易条款"（the Commerce Clause）以对抗州的立法时，其判决就可以被国会推翻。这近似于"普通法"的司法裁判模式（a"common law"jurisdiction），因而，正文中所说的民主难题，在很大程度上得到了缓解。

〔14〕 我曾指出，把民主与功利主义哲学传统联系起来考虑，可以更好地理解民主的魅力。Ely, "Constitutional Interpretivism: Its Allure and Impossibility"（《宪法解释主义：其魅力与不可能》），53 *Ind. L. J.* 399, 405 – 408（1978）。由于接下来的分析不依赖于这个论点，故不在文中论述。

〔15〕 *The Federalist*（《联邦党人文集》）第 40 篇，第 292 页（B. Wright ed. 1961）（麦迪逊）（这里省略了原文里的着重号）。

〔16〕 G. Wood, *The Creation of the American Republic*, 1776 – 1787（《美利坚共

和国的缔造:1776 ~ 1787 年》),第 379 页(1969 年)。

〔17〕 另请参见,譬如,同上注,第七章和第八章以及第 532 ~ 533 页;R. Palmer, *The Age of the Democratic Revolution*(《民主革命的年代》),第 1 卷, *The Challenge*(挑战)214 - 215(1959);Morgan,"The American Revolution Considered As an Intellectual Movement"(《作为思想运动的美国革命》),载 *The Reinterpretation of the American Revolution*,1763 - 1789(《美国革命的再解释:1763 年—1789 年》),第 574 ~ 575 页(J. Greene ed. 1968)。

〔18〕 譬如,E. Morgan, *The Birth of the Republic*,1763 - 1789(《共和国的诞生:1763 ~ 1789 年》),第 138 页(1965 年);Kenyon,"Republicanism and Radicalism in the American Revolution:An Old-Fashioned Interpretation"(《美国革命中的共和主义和激进主义:一个传统解释》),19 *Wm and M. Q.* 153(1962)。

〔19〕 *The Federalist*(《联邦党人文集》)第 39 篇,第 280 页(B. Wright ed. 1961)(麦迪逊)。

〔20〕 同上注,第 280 ~ 281 页。另外,汉密尔顿更倾向于从反面来理解共和政体,强调君主政体不是共和政体。这两种看法当然是相容的,但是,汉密尔顿对共和政体的界说,显然更为宽松。一般地,请参见 G. Stourzh, *Alexander Hamilton and the Idea of Republican Government*(《亚历山大·汉密尔顿和共和政体思想》)(1970)。但是,也请参见 *The Works of Alexander Hamilton*(《亚历山大·汉密尔顿著作集》第 2 卷,第 92 页(H. Lodge ed. 1904)。

〔21〕 *The Federalist*(《联邦党人文集》)第 57 篇,第 384 页(B. Wright ed. 1961)(麦迪逊)。

〔22〕 譬如,R. Palmer, *The Age of the Democratic Revolution*(《民主革命的年代》),第 2 卷, *The Struggle*(奋斗)525 - 526(1964);R. Cover, *Justice Accused*(《被控诉的正义》)132(1975);Elkins and Mckitrick,"The Founding Fathers:Young Men of the Revolution"(《建国之父:独立革命中的年轻人》),76 *Pol. S. Q.* 181(1961)。

〔23〕 另请参见 J. Story, *Commentaries on the Constitution of the United States*(《美国宪法评注》),第 327 ~ 330 节(3d ed. 1858);G. Wills, *Inventing America*(《创造美国》)355 - 357(1978)。

〔24〕 当然,我们此后并非总是一帆风顺。说美国内战因奴隶制度和地方控制的问题而起,这固然不为错,不过,我们也可以说,它部分起因于民主问题,这个问

题涉及一国多数人是否能够掌控就全国来说属于少数的一群人的行为。南方试图抵制废奴运动,甚至不惜流血叛乱,这个事实表明,完全有可能产生这样的议题,少 188
数人对其反应如此强烈以至于不愿承认多数统治的正当性。不过,如果可以从这个角度来看待南方所坚持的主张,那么我们也可以把眼光集中到战争的最后结局上,并认为,北方不愿承认南方分裂的事实,表明了多数人的决定,即这个国家应由多数人的意志来掌控,是多么有力量。

〔25〕 譬如,M. Parenti,*Democracy for the Few*(《少数人的民主》)第 57 页(2d ed. 1977)。

〔26〕 事实上,在制宪会议期间,对参议院角色的定位,有过重大的变化:本来,它是作为“上院”代表有产阶级的,这种观念遭到攻击,是可以理解的,因而很快地被现在的一般观念所取代,即参议院代表各州而众议院代表人民。譬如,参见 J. Pole,*Foundation of American Independence*:1763 – 1815(《美国独立的基础:1763 ~ 1815 年》),第 192 页(1972 年版);Diamond,“Democracy and ‘The Federalist’:A Reconsideration of the Framers’ Intent”(《民主与〈联邦党人文集〉:制宪者意图的再思考》),53 *Am. Pol. Sci. Rev.* 52(1959)。

〔27〕 R. Dahl,*Democracy in the United States*(《美国的民主》)137(3d ed. 1976).

〔28〕 A. de Tocqueville,*Democracy in America*(《论美国的民主》)59(Anchor ed. 1959),另请参见,譬如,C. Becker,*The Declaration of Independence*(《独立宣言》)233(Vintage ed. 1958);A. Schlesinger,Jr.,*The Age of Jackson*(《杰克逊时代》)14(1945);H. Hyman,*A More Perfect Union*(《一个更完美的合众国》4(1973)。请比较性地参阅 W. Brock,*Conflict and Transformation*(《冲突与转型》)27(1973)。

〔29〕 R. Dahl,前引注 27,第 493 页。

〔30〕 一般地,请参见 E. Purcell,*The Crisis of Democratic Theory*(《民主理论的危机》)(1973)。

〔31〕 譬如,Berger,“Government by Judiciary:John Hart Ely’s ‘Invitation’”(《司法的统治:约翰 · 哈特 · 伊利的“邀请”》),54 *Ind. L. J.* 277,281 – 282(1979);Strong,“Bicentennial Benchmark:Two Centuries of Evolution of Constitutional Processes”(《两百年的标杆:两个世纪的宪法程序发展》),55 *N. C. L. Rev.* 1,114(1976);Wright,“Professor Bickel,the Scholarly Tradition,and the Supreme Court”(《比克尔教

授、学术传统和最高法院》),84 *Harv. L. Rev.* 769,788(1971)。

〔32〕 Grey,前引注 1,第 705 页。另请参见,譬如,Heymann and Barzelay,"The Forest and the Trees:Roe v. Wade and Its Critics"(《森林与树木:罗伊诉韦德案及其批评者》),53 *B. U. L. Rev.* 765,781(1973);Sandalow,"Judicial Protection of Minorities"(《对少数人的司法保障》),75 *Mich. L. Rev.* 1162,1173(1977);Holland,"Amercian Liberals and Judicial Activism:Alexander Bickel's Appeal from the New to the Old"(《美国的自由派与司法能动主义:新自由派人士亚历山大·比克尔对旧自由派人士的呼吁》),51 *Ind. L. J.* 1025,1042(1976);比较性地参阅 L. Tribe,*American Constitutional Law*(《美国宪法》)10,48(1978)。

第二章 拘泥于条文的解释主义之不可能

〔1〕 甚至连这点也未必如此。从理论上来说,有可能产生这样的情况:38 个
189 州批准了一条修正案,但是所涵盖的人口仅占全国的 40%——别忘了全国超过半数人口集中在 9 个州——而且在那些批准的州里面,显然无法保证会取得全体一致的意见。

〔2〕 民意调查者不厌其烦地反复提醒我们,大多数美国人会反对《权利法案》中的许多条款。例如,CBS News Poll(哥伦比亚广播公司新闻部的民意调查),ser. 70,rpt. 2,1970 年 3 月 20 日。

〔3〕 G. Wood,*The Creation of the American Republic*,1776 - 1787(《美利坚共和国的缔造:1776 ~ 1787 年》),第 379 页(1969 年)(省略了着重号)。

〔4〕 5 *The Writings of Thomas Jefferson*(《托马斯·杰斐逊文集》第 5 卷)116,121(P. Ford ed. 1895)(省略了着重号)。

〔5〕 譬如,*The Federalist*(《联邦党人文集》)第 50 篇(B. Wright ed. 1961)(麦迪逊)。

〔6〕 但是,请比较性地参阅第四章。Bishin,"Judicial Review in Democratic Theory"(《民主理论中的司法审查》),50 *S. Cal. L. Rev.* 1099(1977),尽管作者试图确立司法审查的民主特性,但实际上所确立的仅仅是这样,参见前引文第 1112 页:"总之,如果我们承认根据宪法所创设的政府是民主的这一论点,那么必然会得出,监督和限制多数决的运用,是与民主相符合的,并且也因此是'民主的'。"比较性地参阅 E. Rostow,*The Sovereign Prerogative*(《最高特权》)第五章(1962 年)。其推论

足够稳固,不过其前提却是有问题的。

〔7〕 譬如,Linda,“Judge,Critics,and the Realist Tradition”(《法官、批评家与现实主义传统》),82 *Yale L. J.* 227,254(1972);Winter,“Poverty,Economic Equality,and the Equal Protection Clause”(《贫困、经济平等与平等保护条款》),1972 *Sup. Ct. Rev.* 41,86 - 89;R. Berger,*Government by Judiciary*(《司法的统治》)(1977 年)。请比较 Bork,“Neutral Principles and Some First Amendment Problems”(《中立原则与第一条修正案的若干难题》),47 *Ind. L. J.* 1,3 - 4(1971)和前引书,第 17 页。

〔8〕 参见 W. Shakespeare(莎士比亚),*Macbeth*(《麦克白》),act IV(第四幕),scene I(第一场)。

〔9〕 Linda,前引注 7,第 254 页。

〔10〕 198 U. S. 45(1905). 另请参见,譬如 Coppage v. Kansas,236 U. S. 1(1915);Adkins v. Children' s Hospital,261 U. S. 525(1923)。

〔11〕 410 U. S. 113(1973).

〔12〕 A. Cox,*The Role of the Supreme Court in American Government*(《美国政府中最高法院的角色》)113(1976). 请比较 Frankfurter,“The Red Terror of Judicial Reform”(《司法改革的红色恐怖》),40 *New Republic* 110,113(1924)(“正当程序条款应该远离”)和 Malinski v. New York,324 U. S. 401,414(1945)(弗兰克福特大法官的协同意见书):“这里我们所关心的是‘正当程序条款’的要求……经验已证实,我们前辈不严格界定这一短语的范围是明智的。它所表达的是法律应该符合文明标准。”当然,插入语中所谓的“经验”,也包含了弗兰克福特教授被提拔为最高法院大法官这个事实。但是,请比较性地参阅第 39 页。

〔13〕 就这个观点而言,甚至那些在宪法或者宪法传统中找得到不受文本拘束的实质性审查根据的论者,也甚表赞同。例如,参见 Kelly,“The Fourteenth Amendment Reconsidered”(《第十四条修正案的再考察》),54 *Mich. L. Rev.* 1049,1052(1956);Curtis,“Review and Majority Rule”(“审查与多数决”),载 *Supreme Court and Supreme Law* (《最高法院与至上的法》)177(E. Cahn ed. 1954);Corwin,“The 190
Doctrine of Due Process of Law Before the Civil War”(“内战前的正当法律程序原则”),24 *Harv. L. Rev.* 366,368,372 - 373(1911)。

这一词汇在历史上的早期用法,则显示出它的另外一种略有不同的含义。就词源而言,它源自法国的一个术语:法律程序(process de ley),参见 Dunham,“Magna

Carta and British Constitutionalism"(《大宪章与英国宪政》),载 *The Great Charter*(《大宪章》)26(1965),这个术语传达的意思似乎是,只有根据法律(程序)才能施加重大伤害,可以推测,与此相对的是,任意行事或恣意而为。请比较性地参阅 E. Coke, *Second Part of the Institutes of the Laws of England*(《英格兰法总论第二编》46, 50(1671); Dartmouth College v. Woodward, 4 Wheat. 518, 581(1819)(Daniel Webster 的论点)。实际上,布莱克大法官一度也曾表示,愿意将这种要求加入他的吸收合并论解释(incorporationist interpretation)中:"对我来说,(正当法律程序)唯一正确的含义,就是我们的政府必须依据'国法'(law of the land)行事——也就是说,必须依据经由法院判决解释的成文宪法和法律条文行事。"参见 re Winship, 397 U. S. 358, 382(1970)(布莱克大法官的不同意见书)(很难相信,他说这番话时是当真的,因为这将使每个州法问题都成为一个联邦问题)。把"国法"这个概念等同于正当程序是不是妥当,还远远没有搞清楚。例如,参见 Jurow, "Untimely Thoughts: A Reconsideration of the Origins of Due Process of Law"(《不合时宜的思想:正当法律程序起源的再考察》), 19 *Am. J. Leg. Hist.* 265(1975)。不管怎样,这一可能有的历史含义——采纳这个含义,在第 14 条修正案的脉络下是不可想象的,在第 5 条修正案的脉络下则是没有必要的——并没有授权法院对制定过程并无瑕疵的法律之品质作实质性的评价。请比较性地参阅第六章。

〔14〕 Frank and Munro, "The Original Understanding of 'Equal Protection of the Law'"(《对"法律的平等保护"的原初理解》), 50 *Colum. L. Rev.* 131, 132 n. 6(1950)。但是,请比较性地参阅下引注 79。

〔15〕 Morrison, "Does the Fourteenth Amendment Incorporate the Bill of Rights? The Judicial Interpretation"(《第十四条修正案吸收了权利法案? 司法的解释》), 2 *Stan. L. Rev.* 140, 166(1949)。另请参见,譬如 R. Berger,前引注 7,第 193~214 页;2 L. Boudin, *Government by Judiciary*(《司法的统治》)385 - 386(1932); Linde, "Due Process of Lawmaking"(《立法的正当程序》), 55 *Neb. L. Rev.* 197, 237 - 238(1976); Crosskey, "Charles Fairman, Legislative History, and the Constitutional Limitation on State Authority"(《查理斯·费尔曼、立法史与州权的宪法限制》)22 *U. Chi. L. Rev.* 1, 6(1954); 2 J. Story, *Commentaries on the Constitution of the United States*(《美国宪法评注》)第 1941 节,第 1944 节(T. Cooley ed. 1873)。

〔16〕 13 N. Y. 378(1856).

〔17〕 19 How. 393,450(1857). 参见 D. Fehrenbacher,*The Dred Scott Case*(《德雷特·斯科特案》)381 –384,403 –404(1978)。

〔18〕 譬如参见 State v. Paul,5 R. I. 185(1858);State v. Keeran,5 R. I. 497(1858)。一般地请参见 Corwin,前引注 13,第 474 ~475 页;Warren,"The New Liberty under the Fourteenth Amendment"(《第十四条修正案下的新自由》),39 *Harv. L. Rev.* 431,442(1926)。 191

〔19〕 制定第 14 条修正案的部分意图就是要推翻德雷特·斯科特案判决中黑人不可能成为美国公民的裁定,但那并没有告诉我们第 14 条修正案的制定者对于该案判决求诸(而不是适用)实质性正当程序概念有何看法。拉乌尔·伯杰(Raoul Berger)则否认德雷特·斯科特案判决的相关性,其理由是该案判决"普遍地遭到废奴主义者的唾弃,同时也受到林肯总统的谴责"。R. Berger,前引注 7,第 204 页,注 36,这样的说法似乎过于轻松。

〔20〕 废奴主义者在主张奴隶制的不合宪性或非正义性时,其用词有时也会提到正当程序。一般地请参见 J. tenBroeck,*The Antislavery Origins of the Fourteenth Amendment*(《第十四条修正案的反奴隶制起源》)(1951)。然而,经检验,坦布鲁克(tenBroeck)在论述该问题时是非常有目标性的,所用的参考资料也是非常随意且有目的倾向的。一般而言,正当程序只有在铺陈反奴隶制的众多论据的时候才会被提到,参见前引书,第 66 页;即使被提到,也很少是作为主要论据的,前引书,第 25 ~26 页,第 96 ~100 页;而且,当其被提到时,往往是为了对下述质疑作"我也可以这样质疑你"之类的回应:解放奴隶意味着未经正当程序"溯及既往地"剥夺奴隶主的财产。前引书,第 23 页。所以说,"废奴主义者的正当程序论据,在性质上是反驳性的,在功能上则完全是消极的"。前引书,第 26 页。也许,运用正当程序论据反对奴隶制的人当中,最有名的是阿尔万·斯图尔特(Alvan Stewart),他利用的是正当程序条款的程序意义,强调的是这样一个事实:奴隶们身处未获陪审团审判或公正程序的其他要求的状况(并且在抓到后往往被恢复此种状况)。前引书,第 44 页。另请参见 W. Wiecek,*The Guarantee Clause of the U. S. Constitution*(《美国宪法的保障条款》)155(1972)。经常引以为据的 1856 年和 1860 年《共和党政纲》(Republican Platforms)——譬如参见 Kelly,前引注 13,第 1053 页——对于该解释的态度模棱两可,不过似乎容易产生共鸣。但是,请比较性地参阅前引书,第 119 ~120 页以及注 3 和注 4(1848 年和 1852 年《自由土地党政纲》)。这并不是说正当程序没有被

一些废奴主义者以一种明显是实质性理解的方式提到过——确实有过——而只是说此种求诸实质性正当程序概念的做法是偶尔出现的非常规现象。而且，最近的学术走向也是尽量地减少这种被夸大了的论证方法对于第 14 条修正案背后所蕴含的思想的贡献。参见 R. Cover, *Justice Accused*(《被控诉的正义》)第九章(1975年)。

〔21〕 另请参见第六章。

〔22〕 譬如参见 Frank and Munro，前引注 14，第 133 页；Miller，"The Forest of Due Process of Law: The American Constitutional Tradition"(《正当法律程序的森林：美国宪法传统》)，载 *Nomos XVIII: Due Process*(《律法》第 18 卷:《正当程序》)16(J. Pennock and J. Chapman eds. 1977)。

〔23〕 参见 Oregon v. Mitchell, 400 U. S. 112, 195(1970)(哈伦大法官的部分协同意见和部分不同意见书)。

〔24〕 T. Cooley, *A Treatise on the Constitutional Limitations*(《论宪法的局限》) 66 – 67(2d ed. 1871)。

〔25〕 譬如 R. Berger，前引注 7。

192 〔26〕 Linde，前引注 15，第 237 页。

〔27〕 另请参见 H. Graham, *Everyman' Constitution*(《普通人的宪法》)446 – 447, 487(1968)(尽管出于不同的目的，作者也指出：在创制者和其他人批准之后，对正当程序条款作实质性的解读，以便在法律的脉络中达成他们的事业，一般而言，这是要归于失败的)。

〔28〕 这里跟其他地方一样，首先应该强调的是实际上所使用的宪法语言。然而，就目前的问题来说，在那里是找不到明确答案的，因为"自由"这个术语既可以在狭义上(仅仅指免于对身体的强制)使用，也可以在广义上(指免于几乎任何种类的限制)使用，制定第 14 条修正案的时候也是如此。请比较 Shattuck，"The True Meaning of the Term 'Liberty' in Those Clauses in the Federal and State Constitutions Which Protect 'Life, Liberty, and Property'"(《联邦宪法和州宪法中那些保障"生命、自由和财产"的条款中的"自由"一词的真实含义》)4 *Harv. L. Rev.* 365(1891)(狭义解读)与譬如 2 J. Story，前引注 15，第 1950 节(广义解读)。另请参见 H. Hyman, *A More Perfect Union*(《一个更完美的合众国》447(1973)："到 19 世纪 60 年代中期，一些美国人接受了源自亚当·斯密、边沁和密尔的自由观，认为自由不仅仅指个人

身体自由不受拘束。共和主义者声称,自由还包括民权,即个人私域不受政府不公的干涉。”那些试图尽量缩小正当程序条款范围的人,则强调布莱克斯通对“自由”的狭义界定。譬如 Shattuck,前引文,第 377 页;R. Berger,前引注 7,第 270 页。他们所未能提及的是,布莱克斯通对“生命”一词下了(与“自由”)相近的定义:“个人享有安全的权利,也即,个人对自己的生命、肢体、身体、健康和名誉享有受法律保护和不受干涉的权利。”Miller,前引注 22,第 7 页。既然从宪法语言中(考虑其在当代的用法)不能得出一个清晰的答案,负责任的做法必然是诉诸正当程序条款背后的总体政策意图:未经公正程序,政府不可以伤害你,至少不可以对你施加重大伤害。无论如何,当前联邦最高法院的中间立场(甚至认为可以识别出一条富有深意的原则这个假设)是无法在历史上找到根据的。

〔29〕 譬如 Bell v. Burson,402 U. S. 535(1971);Hannah v. Larche,363 U. S. 420,422(1960);Joint Anti-Fascist Refugee Committee v. McGrath,341 U. S. 123,168(1951)(弗兰克福特大法官的协同意见书)。另请参见 J. Story,前引注 15,第 1945 节。

〔30〕 参见 Board of Regents v. Roth,408 U. S. 564(1972);Perry v. Sindermann,408 U. S. 593(1972);Meachum v. Fano,427 U. S. 215,224 - 225(1976)。

〔31〕 比较 Paul v. Davis,424 U. S. 693(1976)与 Wisconsin v. Constantineau,400 U. S. 433(1971)。

〔32〕 参见 Board of Regents v. Roth,408 U. S. 564,577(1972):“显然,一个人要享有财产利益,并不是只要对该利益有着抽象的需要或欲求即可。他不仅仅要对该利益有着单方面的期待,还必须要对该利益享有合法的主张权。” 193

〔33〕 正当程序始终要求充分的听证,这一主张听来相当不错,且显自由精神,但它没有做深层思考,进而想到这只可能导致,宪法上要求的任何程序所适用的场合将遭缩减。一般地请参见 Eisenberg,“Participation,Responsiveness,and the Consultative Process:An Essay for Lon Fuller”(《参与、回应和商议过程:为朗·富勒而作》),92 *Harv. L. Rev.* 410,419 - 423(1978);比较性地参阅 Goss v. Lopez,419 U. S. 565,580,583 - 584(1975)。

〔34〕 In re Winship,397 U. S. 358,377 - 378(1970)(布莱克大法官的不同意见书)。另请参见 Goldberg v. Kelly,397 U. S. 254,271(1970)(布莱克大法官的不同意见书);Stovall v. Denno,388 U. S. 293,304 - 305(1967)(布莱克大法官的不同意

见书)。

〔35〕 Leland v. Oregon,343 U. S. 790,803(1952)(弗兰克福特大法官撰写的不同意见书,布莱克大法官连署)。另请参见 Edelman v. California,344 U. S. 357,362(1953)(布莱克大法官的不同意见书);Thompson v. Louisville,362 U. S. 199(1960);Pyle v. Kansas,317 U. S. 213(1942);Miller v. Pate,386 U. S. 1(1967)。也请参见 H. Black,*A Constitutional Faith*(《宪法信仰》),33 –34(1968)。

〔36〕 Yarbrough,"Justice Black,the Fourteenth Amendment,and Incorporation"(《布莱克大法官、第十四条修正案与吸收合并》),30 *U. Miami L. Rev.* 231,253 –254(1976)。

〔37〕 16 Wall. 36(1873).

〔38〕 但是请参见下引注 59。

〔39〕 16 Wall. 第 96 页(菲尔德大法官的不同意见书)。

〔40〕 L. Lusky,*By What Right*?(《根据什么权利》)199(1975)。另请参见 Benedict,"Preserving Federalism:Reconstruction and the Waite Court"(《维护联邦主义:重建和韦特法院》),1978 *Sup. Ct. Rev.* 39,59。

〔41〕 但是请比较性地参阅 Colgate v. Harvey,296 U. S. 404(1935),被 Madden v. Kentucky,309 U. S. 83(1940)推翻。

〔42〕 比较性地参阅 Colgate v. Harvey,296 U. S. 404,445(1935)(斯通大法官的不同意见书)。

〔43〕 16 Wall. 第 100 ~101 页。

〔44〕 譬如 E. Foner,*Free Soil*,*Free Labor*,*Free Men*(《自由的土壤、自由的劳动、自由的人》)102,122 – 123(1970);Graham,"The Early Antislavery Backgrounds of the Fourteenth Amendment"(《第十四条宪法修正案的早期反奴隶制背景》),1950 *Wisc. L. Rev.* 479,491,636 –641;J. tenBroeck,前引注 20,第 13 ~14 页,第 104 ~105 页。

〔45〕 但是参见第 24 ~25 页。宪法第 4 条第 2 款很难说是个立法精确的范例,但是它明确把"各州公民的一切特权和豁免权"赋予"每个州的公民",从中可解读出这样一种平等含义,即,当一州公民到另一州时,他或她就获得了当地人所享有的一切法律特权。第 14 条宪法修正案的特权或豁免权条款的句法,则似乎不可避免地包含着实质性权利。

194

〔46〕 16 Wall. 第 104 ~ 105 页。

〔47〕 Adamson v. California,332 U. S. 46,71,74(1947)(布莱克大法官的不同意见书)。

〔48〕 譬如 Graham,"Our 'Declaratory' Fourteenth Amendment"(《我们"宣布"的第十四条修正案》),7 *Stan. L. Rev.* 3,23(1954);L. Lusky,前引注 40,第 202 页;A. Bickel,*The Morality of Consent*(《同意的道德性》),第 40 ~ 43 页(1975 年版)。

〔49〕 譬如 Karst,"Foreword:Equal Citizenship under the Fourteenth Amendment"(《前言:第十四条修正案下的平等公民权》),91 *Harv. L. Rev.* 1,44(1977)。比较性地参阅 Wechsler,"Equal Protection Is a Double-Edged Sword"(《平等保护是一把双刃剑》),载 *One Hundred Years of the Fourteenth Amendment*(《第十四条修正案的一百年》)44 - 45(J. Gerard ed. 1973);Freund,"The Supreme Court and Fundamental Freedoms"(《最高法院与基本自由》),载 *Judicial Review and the Supreme Court*(《司法审查与最高法院》)128 - 129(3d ed. L. Levy 1976)。

〔50〕 这一表述源于 Green,"The Bill of Rights,the Fourteenth Amendment,and the Supreme Court"(《权利法案、第十四条修正案与最高法院》),46 *Mich. L. Rev.* 869,904(1948)。

〔51〕 所接受的解释,即把特权或豁免权条款的保护范围限定于公民,似乎尤其难以与广为接受的下述观点相协调:竭力将其所伴随的平等保护条款,解释成亦能保护外国人,是正确的做法。当然,人们应该仔细思考至少其中的一种立场。但是请比较性地参阅,譬如 Karst,前引注 49,第 44 页。

〔52〕 正当程序条款可以被看作吸收合并《权利法案》中有关"程序"的那些条文的适当媒介。在第 5 条修正案中有一相同条款(除了它适用于联邦政府之外)这个事实,当然会对这样一种看法造成麻烦,但是,通过历史的再考察,发现并不必然如此。在 1855 年 Murray's Lessee v. Hoboken Land and Improvement Co. 一案(18 How. 272)中,联邦最高法院曾以全体一致的形式非常明确地指出——尽管发表此看法是不必要的并且有点怪异——第 5 条修正案的正当程序条款吸收合并了修正案第 4 条、第 5 条、第 6 条、第 7 条和第 8 条中的"程序性"命令,同时也有独立的程序性内涵。同上,第 276 ~ 277 页。另请参见 1873 年的"屠宰场案"(16 Wall. 36,118),布拉德利(Bradley)大法官的不同意见书,其中提到第 5 条修正案的正当程序条款"几乎包含了"《权利法案》的其他所有条文。因此,在第 14 条修正案中安插一

个适用于各州的相同条款,可能就是为了使那些条文得以适用于各州。从而断言针对州的“正当”程序要求包含了——尽管这里和其他场合一样,若推论说这便是所要求的全部,是比较无力的——宪法针对联邦政府所要求的已有一个世纪之久的程
195 序,并不怪异。而且,正是《权利法案》中的“程序性”条文,产生了最重大的影响,第1条修正案的合并过程已经相当顺利地完成,而第2条与第3条修正案,或对或错,事实已经表明没有多大的重要性。

〔53〕 Duncan v. Louisiana,391 U. S. 145,166(1968)(布莱克大法官的协同意见书)。

〔54〕 332 U. S. 46,92 – 123.

〔55〕 Fairman,“Does the Fourteenth Amendment Incorporate the Bill of Rights? The Original Understanding”(《第十四条修正案吸收合并了权利法案?原初的理解》),2 *Stan. L. Rev.* 5(1949)。

〔56〕 譬如参见 Kelly,“Clio and the Court:An Illicit Love Affair”(《克利俄与法院:一起私通事件》),1965 *Sup. Ct. Rev.* 119,132 – 134;Graham,前引注48,第19~20页注80。实际上,费尔曼自己对布莱克的理论的评判,似乎并没有比“证明不了”好多少。他已经证明了相反论点的主张,是由更为热衷的支持者所添加上去的。譬如参见 R. Berger,前引注7,第137页。但是请参见 A. Bickel,*The Least Dangerous Branch*(《最小危险部门》)102 – 103(1962):“我们已有一个关于确切的原初意图的主张,紧随其后的是对该主张的反驳。但是,这些反驳虽能证伪该主张,却不能证明相反的论点。”

〔57〕 *Cong. Globe*,39th Cong. ,1st Sess. 2765 – 2766(1866).“委员会中没有任何成员提出不同的解释或对他的说法有所质疑。”H. Flack,*The Adoption of the Fourteenth Amendment*(《第十四条修正案的接纳》)87(1908)。

〔58〕 费尔曼还主张,就算有人明确说过“权利法案”(the bill of rights)应被吸收合并,也是在19世纪中叶所说的,其含义不会是今天所指的意思,因为当时,“权利法案”这一术语,有时不是用来表示前八或前九条修正案,而仅仅指第5条修正案的正当程序条款和宪法文本第4条的特权和豁免权条款,尤其是众议员宾厄姆喜欢这样使用。参见费尔曼,前引注55,第26页。有时确实会出现这样的用法,可是我认为这并不常见。譬如参见 *Cong. Globe*,39th Cong. ,1st Sess. 1089 – 1090(1866)[众议员宾厄姆的评论,其在批评1833年的 Barron v. Baltimore 案(7 Pet. 243)(此案

拒绝将我们所说的《权利法案》适用于各州）时，曾提到“基于宪法修正案条文的权利法案”］。你还可以发现，霍华德的发言，显然也支持我的看法。

然而，出于论辩的需要，我们退一步，承认费尔曼的主张——即“权利法案”在当时经常仅指称第5条修正案的正当程序条款以及特权和豁免权条款——是正确的。但是现在新增的资料显示，第5条修正案的正当程序条款早已吸收合并了我们称作《权利法案》的其余绝大部分内容，这至少是当时废奴主义者论辩修辞中的部分内容。近来学界倾向于低估出现在内战前的这样一种似乎有点古怪的宪法观点 196
的影响。然而，这一不寻常的观点，在1855年曾为最高法院所采纳。参见前引注52。当然，持此观点者，只要认为他所从事的是吸收合并第5条修正案的正当程序条款，便会相信我们称作《权利法案》的绝大部分内容也被吸收合并进去。而且，我们将看到，有关宪法第4条之特权和豁免权条款的涵盖范围甚广的假设，流传还要广泛。

说 Barron v. Baltimore 案判错了因此属无效判决，这也是当时废奴主义者论辩修辞中的部分内容。参见引自费尔曼的资料，前引，第26～36页，第118～120页。我们当然要警惕对这种观点的影响做过高的估计，但是，至少值得指出，这种观点似乎也为宾厄姆自己所持有。参见 *Cong. Globe*，39th Cong.，1st Sess. 2542－2544（1866）。按照制宪者原初的理解，几乎可以肯定地说，Barron 案是判对的。但是，如果你信奉《权利法案》早已适用于各州这一主张，那么你对第14条修正案是否会使《权利法案》适用于各州这一问题保持沉默，就没有多大意义，不是么？

〔59〕 一般认为，“《权利法案》所保障的一切权利皆因内战后宪法的变迁已适用于各州这一见解，属于屠宰场案所含蓄否定的对第14条修正案的宽松解释”。Gunther，*Cases and Materials on Constitutional Law*（《宪法案例与资料》）505（1975年，第9版）。然而，在仔细研读判决书中的各种意见后，我们将发现，九个大法官也许都持这一见解，我们至少不能排除这种可能性！持这一见解最为明显的，表现在布拉德利（Bradley）的不同意见书中，16 Wall，第118～119页，但似乎不只是他持有这个见解。多数意见指出“如果把我们所考虑的特权和豁免权排除在外，就会被认为不存在这种特权和豁免权，为避免此种情况，我们将大胆提出某些依赖于联邦政府、其全国性特质、其宪法或法律而存在的特权和豁免权”。同上，第79页。在该语境中，引用依联邦宪法而存在的权利，一定是很诱人的，法院也确实在接下来的列举式清单中说道：“和平集会与请愿寻求救济的权利，人身保护令状的特权，是联邦宪

法所保障的公民权利。"同上。虽然《权利法案》中的其他条文没有被提及，但是这句话的含义似乎不会弄错：如果它是宪法中别处的条文所保障的权利——尤其是，如果该权利以前仅仅针对联邦政府而享有——那么它就应该是第 14 条修正案所保
197 障的免于各州侵犯的特权和豁免权（介绍性地引用依宪法而存在的权利，并不是简单地引用第 14 条修正案本身所保障的权利，这一点为法院随后的论述所强调：另一特权，即获得各州公民权的特权，显然不同于其他特权，它是由"我们正在研究的条款"所"赋予的"。同上，第 80 页）。

我们早已知道菲尔德大法官对多数意见心存不满（另有三名大法官加入其不同意见书），在他看来，多数意见的解释没有什么意义，它本应该走得更远。"倘若这一禁止性的条款……如多数意见所认为的那样，仅仅指涉这一条款入宪之前就已为宪法所明文列举或必然隐含属于美国公民的这种特权和豁免权，那么它就是一个多余的条款，制定这个条款是徒劳无用的事情……"同上，第 96 页。从表面上看，这似乎蕴含着一种理解，即多数未曾想要合并《权利法案》。但是我们都充分了解不同意见，我们不应该光看它的表面意思。菲尔德认为，挑战垄断措施的原告应该获胜；《权利法案》的并入——多数意见对第 1 条修正案权利的引用至少强烈地暗示了这一点——对于原告不会有帮助；所以，从菲尔德的眼光来看，多数意见的解释没有什么意义（当然，菲尔德的评判，从技术上讲是准确的：即使按照我提议的解读，多数意见也只是将那些显然隐含在公民权中或早已"明文规定在宪法中"的特权包括在内。但是所提到的已被"明文规定"的权利实际上只是针对联邦政府的。将它们作为针对州政府行为的特权或豁免权包括在第 14 条修正案之下加以保护，这绝非没有什么意义）。

部分由于菲尔德关于多数意见之解释并无多大意义的评判，多数意见的暗示很快就被遗忘了。但它确实像是一个尊重原初理解的相关证据。在法院的判决意见中，米勒（Miller）大法官早就评论说："幸运的是"，重建时期修正案的制定和批准史，"在我们所有人的记忆中，还是很鲜活的，并且其基本面貌——影响着我们现在所面临的问题的解决——是确定无疑的。"同上，第 68 页。对于该案产生的议题来说，一清二楚的是：法院的意见五比四分裂，这表明历史并非那么鲜活和确定无疑。但是，对于九位大法官似乎都已或明或暗予以承认的一个主张——即不论其他，特权或豁免权条款至少使宪法上列举的以前只适用于联邦政府的权利适用于各州——来说，可能确实符合历史原意。

〔60〕 Duncan v. Louisiana,391 U. S. 145,166(1968)(布莱克大法官的协同意见书)。

〔61〕 A. Bickel,前引注 56,第 102 ~ 103 页。 198

〔62〕 6 F. Cas. 546(C. C. E. D. Pa. 1823). 譬如参见“屠宰场案”,16 Wall. 36, 97 - 98(1873)(菲尔德大法官的不同意见书);费尔曼,前引注 55,第 12 页;Graham,前引注 48,第 12 页。

〔63〕 6 F. Cas. 第 551 ~ 552 页(着重号为本书所加)。

〔64〕 拉乌尔·伯杰(Raoul Berger)主张对第 14 条宪法修正案的特权或豁免权条款作非常严格的解释,在他的解读下,科菲尔德案俨然成了严格解释宪法第 4 条的案件,此案也因此成为他书中的重要论据。譬如,R. Berger,前引注 7,第 22 页、第 31 ~ 32 页、第 38 页、第 43 页、第 103 页、第 211 页。就科菲尔德案本身的语言来说,是无法承受此种解读的。另请参见譬如 Kelly,前引注 13,第 1059 页、第 1072 页。当然,对于伯杰的勇敢尝试,是要给予喝彩的。他解读的依据是华盛顿法官的一个表示,即他不准备将州法所保护的“所有权利”都包括在特权和豁免权之下。R. Berger,前引,第 32 页。伯杰强调引文中第二句话里面的“限定”一词,同上,第 22 页、第 31 页,却明显没有注意到,在华盛顿法官的语境中,他其实是要将特权和豁免权“毫不犹豫地限定在”一个箩筐中。华盛顿法官提到了“追求和获得幸福和安全”的权利,这对伯杰来说是致命性的,对此,他通过指出两点予以搪塞:(1)其紧跟在生命和自由之后,因此一定是被看作财产的同义词了;(2)在正当程序条款中,制宪者选择了“财产”这个术语而非“追求幸福和安全”这个短语。同上,第 33 页[晚近,伯杰不再依据科菲尔德案中的这段话,反而认为这是一段“杂乱无章的附带意见”。Berger,“Government by Judiciary:John Hart Ely's 'Invitation'”(《司法的统治:约翰·哈特·伊利的〈邀请〉》),54 *Ind. L. J.* 277,292(1979)]。

〔65〕 直到最近,联邦最高法院还是一贯地拒斥华盛顿法官所作解释中的这一限制方面。譬如参见 L. Tribe, *American Constitutional Law*(《美国宪法》)404 - 412(1978)。但是请比较 Baldwin v. Fish and Game Commission, 436 U. S. 371(1978)与 Hicklin v. Orbeck,437 U. S. 518(1978)。

〔66〕 在论证制宪者的具体观念应该比宪法用语显而易见的基本含义来得更加重要这个观点时,拉乌尔·伯杰指出,对于“哈姆莱特说他能够辨别老鹰和苍鹭(handsaw)”这句话,如果我们信奉“handsaw”这一词的当代含义(即手锯),而不愿

多花些力气去发现在莎士比亚那个年代它是指苍鹭(heron),那么我们就会产生误解——伯杰可能会补充说,尽管在这个例子中不是非常严重。R. Berger,前引注 7,第 370 页。确实如此,但是,尽管伯杰自己显然能够辨别苍鹭(handsaw)和手锯(handsaw),其论证却表明他不能辨别含混(ambiguity)与模糊(vagueness)。当一个词或短语可能要传达两种(或更多种)不同含义中的一种时,援引立法过程中的辩
199 论或其他当代的资料,肯定是为了辨明何种含义是立法者心里所想的。哈姆莱特的例子就是如此。然而,从中绝不能得出结论说,一个含义模糊的术语——即该术语不是代表了两种或更多种概念,而是在应用时会产生众多麻烦的边缘性情境——应该限定在该术语的使用者明确使用过的那几种场合(按此逻辑,就要把哈姆莱特说他能够区分的"飞鸟种类"——不幸,此句未被记录下来——限于老鹰和苍鹭,因为这些飞鸟他都提到过)。恰恰相反,选择一个含义模糊或开放性的术语,除非有相反的证据,一般应该推定这是有意而为的。

无论如何,假设第 14 条修正案的制定者有意将"特权或豁免权"的范围完全限定在 1866 年《民权法案》中所列举的权利,是站不住脚的,这个假设使伯杰的错误更加明显。伯杰反复引用有关《民权法案》保护范围的陈述,好像这些陈述同样适用于第 14 条修正案。譬如,同上,第 27 页、第 30 页、第 33 页、第 35 页、第 36 页、第 118 ~ 119 页、第 165 页、第 170 ~ 171 页、第 175 页、第 241 页。他这样做并非疏忽所致,而是有论证的,即认为二者保护范围的相同本就是制宪者的意图。譬如,同上,第 22 ~ 23 页、第 110 ~ 111 页。但是,二者间"具有十分紧密的关系"这一难以否认的论据(同上,第 23 页注 10,引自 Kelly,前引注 13,第 1057 页),以及同样难以否认的第 14 条修正案的部分意图是为了给《民权法案》提供一个无懈可击的宪法基础这一事实(譬如,同上,第 149 页,第 23 页注 12),都不能证明二者保护范围的等同[第 14 条修正案"体现了"《民权法案》这一简单化的说法,被伯杰随意地使用。引入这一简单化的说法是为了表明,制定第 14 条修正案的意图在于"消除(《民权法案》)合宪性的怀疑并且将它置于未来国会的废止权力之上"(同上,第 23 页),在他处,这一简单化的说法又被用来表明二者保护范围的等同。譬如,同上,第 102 ~ 103 页、第 108 页。在伯杰的论证中,到处是这种跳跃式的思维。某某参议员说他想要保护"诸如"甲、乙和丙这样的权利,结果却被说成,他想要保护的只是甲、乙和丙,譬如,同上,第 29 页、第 35 页、第 42 页、第 103 页;废除限制黑人民权的法律(Black Codes)是制定第 14 条修正案的一个目的,结果却被说成,这是唯一目的。譬如,同

上,第 48 页、第 175 页、第 208 ~ 209 页。事实上,有一些陈述的确表达了二者保护范围等同的意思,但是从言者的措辞中一般都能看出,其是出于尽量减少宪法语言太过宽泛的弊端这一可以理解的愿望。然而,更为重要的是——他处亦同——这样一个事实:这两个文件,姑且不论其中一个是法律,另一个是宪法条文,说的也是截然不同的事情。另请参见,譬如 kelly,前引,第 1071 页;Bickel,"The Original Understanding and the Segregation Decision"("原初理解与隔离判决"),69 *Harv. L. Rev.* 1 (1955);下引注 69。

伯杰主张"特权或豁免权"是一个专门术语(term of art),具有制宪者所理解的特定的内在含义,这是此类主张中的一个(不可思议的是,他对"自然权利"这一词作出了同样的主张。R. Berger,前引,第 35 页、第 102 页、第 174 页、第 211 页、第 213 页)。我们已经检讨了布莱克大法官的主张,他认为"特权或豁免权"是一个指涉前八条或前九条宪法修正案的专门术语(克罗斯基教授同意这个看法,还补充说"该条款再清楚不过了"。Crosskey,前引注 15,第 5 ~ 6 页)。此类主张的第三种看法,则是坦布鲁克和格雷厄姆两位教授所持的,他们认为"特权或豁免权"就像该修正案中的其他用语,是源于传播种族平等思想的废奴主义运动的一个专门术语。"反奴隶制、反种族歧视,正是人们所理解的背景,或者被认为是人们所理解的背景,反过来,宪法修正案的创制者相信人们知道和理解该用语的意思。"Graham,前引注 48,第 22 页。另请参见 tenBroeck,前引注 20,第 3 页。结果表明,上述三者间,不存在"特权或豁免权"的共同理解,对此,你不会感到诧异。R. Cover,前引注 20,第九章。至此,你只要看看这么多"明确理解的"含义是如此的不同,便会想到我们已经得到了结论。"特权或豁免权"没有任何一种大家共同理解的内在含义:它根本不是一个专门术语。 200

〔67〕 比克尔,前引注 66,第 61 页。

〔68〕 同上,第 59 页。

〔69〕 同上,第 63 页。另请参见,譬如 National Mut. Ins. Co. V. Tidewater Transfer Co. ,337 U. S. 582,646(1949)(弗兰克福特大法官的不同意见书)(模糊的条款"有意要从经验中获取含义");W. Wiecek,前引注 20,第 13 页:"在一个其最大优点就是包容性的文件中,试图去寻找概念上的精确,可能是误入歧途的。"拉乌尔·伯杰将这种看待第 14 条修正案的观点,说成是"共谋意图的一个巧妙说法",R. Berger,前引注 7,第 105 页,"在玩弄毫无戒心的人民"。同上,第 107 页。另请参见,同

上,第57页、第112页。然而,这将问题颠倒了过来。开放性的宪法用语,在希望对它作开放性的解释的背景中,获得批准通过,这不是在玩弄诡计。真正玩弄诡计的是,先用明确具体的宪法用语,在获得批准通过后,又对它作自由的解释,或者反过来——这是伯杰所赞同的方法论——先用开放性的宪法用语,在获得批准通过后,又将其含义永久地限定在国会提议各州批准宪法修正案时所列举的具体情形上面。

〔70〕 拉乌尔·伯杰指出:“理解第14条修正案的关键是北方人充满了对黑
201 人的恐惧,共和党人除了少数极端分子外,都受到了其选民的种族主义倾向的影响……”R. Berger,前引注7,第10页。但是参见,譬如W. Brock,*Conflict and Transformation*(《冲突与转型》)293 - 294(1972);M. Benedict,A *Compromise of Principle*(《原则的妥协》)325 - 327(1974);E. Foner,前引注44,第263 ~ 264页,第281页,第284 ~ 285页;Benedict,“Racism and Equality in America”(《美国的种族主义和平等》),6 *Revs. In am. Hist.* 13(1978)。也许,伯杰所谓的“关键”,其最重要的含义,蕴含在下面这个他反复陈述的观点之中:考虑到第14条修正案的制定者所具有的种族主义倾向,很难想象他们是要制定一个有朝一日能够用来支持黑人拥有选举权这一推论的条文。譬如,R. Berger,前引,第55 ~ 60页。奇怪的是,明确规定黑人享有选举权的第15条修正案,仅隔两年就被提出,并获批准通过,对此事实,却没有给出任何解释。最近的研究表明,支持这两个修正案的,基本上是同一批人(the same people),这一点都不令人感到意外。G. Linden,*Politics or Principle*:*Congressional Voting on the Civil War Amendments and Pro-Negro Measures*,1838 - 1869(《政治或原则:关于内战后修正案和支持黑人措施的国会投票,1838 ~ 1969年》)(1976)。当然,这表明第14条修正案的制定者并不认为其中第一款会有那种效果,从而在那个具体问题上支持了伯杰。但是参见第118 ~ 119页。这对伯杰关于“对黑人的恐惧”处于支配地位的说法,特别具有毁灭性,而且,伯杰在论证该观点时,在资料的处理上,也是非常有选择性的。显然,第三十九届国会中存在着种族主义——但是对其选民的种族主义偏好的承认与其自身具有种族主义倾向并不相同。参见譬如K. Stampp,*The Era of Reconstruction* 1854 - 1877(《重建年代:1854 ~ 1877年》),第141页(1965);E. Foner,前引,第108页、第263页、第279 ~ 280页。但是请比较性地参阅,譬如R. Berger,前引,第13页。对当时社会存在的种族主义偏好的承认,无疑是宪法修正案的制定者选择能够适应时代发展的开放性用语的一个原因。但是请比较性地参阅前引注69。无论如何,主张种族偏见是解释第14条修正案的“关键”,

近乎偏执:这就如同主张事前审查制是理解第 1 条修正案的关键。

〔71〕 参见 Bickel,前引注 66,第 44 ~ 45 页、第 60 页。

〔72〕 参见 Williamson v. Lee Opitcal Co. ,348 U. S. 483(1955);一般地请参见第六章。

〔73〕 但是参见第六章的注 69。

〔74〕 A. Cox,前引注 12,第 60 页。

〔75〕 另请参见 Posner,"The *Bakke* Case and the Future of 'Affirmative Action'"(《巴基案与"优待措施"的未来》)67 *Calif. L. Rev.* 171,173(1979):"由于黑人在暴力犯罪中所占的比例特别大,法院运用经济规制案件中的宽松审查标准,只要求黑人携带身份证,而不要求白人携带身份证,这可能是合理的。"

〔76〕 另请参见 Trimble v. Gordon,430 U. S. 762,779 - 780(1977)(伦奎斯特大法官的不同意见书)。 202

〔77〕 347 U. S. 497,500(1954).

〔78〕 O. Holmes,*Collected Legal Papers*(《法律论文集》)295 - 296(1920)。

〔79〕 议会领袖宾厄姆(Bingham)众议员至少最初认为,平等保护的概念蕴含在第 5 条修正案的正当程序条款中。参见 Cong. Globe,35th Cong. ,2d Sess. 983 - 984(1959);Cong. Globe,39th Cong. ,1st Sess. 1033 - 1034(1866)。在辩论的过程中,他开始意识到自己的理解是不同寻常的,这为下述事实所表明:重新起草第 14 条修正案时,他在第一稿中已有的正当程序条款之后,添加了一个平等保护条款。但是,请比较性地参阅第四章。

〔80〕 Linde,前引注 7,第 234 页。

〔81〕 还请回忆起,历史记录显示,就"正当程序"本身纯粹的程序目的而言,第 5 条修正案比第 14 条修正案来得更加清晰。

〔82〕 一般地,参见第四章。

〔83〕 Griswold v. Connecticut,381 U. S. 479,520(1965)(布莱克大法官的不同意见书)。另请参见,譬如 R. Berger,前引注 7,第 390 页;E. Dumbauld,*The Bill of Rights*(《权利法案》)63 - 65(1957)。

〔84〕 5 *Writings of James Madison*(《詹姆斯·麦迪逊文集》)271 - 272(Hunt ed. 1904)。

〔85〕 1 Annals of Cong. 439(1789). 另请参见 3 J. Story,*Commentaries on the*

Constitution of the United States(《美国宪法评注》)第 1861 节(1833);1 Annals of Cong. 435(1789)(麦迪逊最初递交的版本):“宪法中此处或他处保护特定权利的例外规定,不应被解释成会削减人民保留的其他权利的重要性,或者会增加宪法授予的权力,但可以被解释成是这种权力的实际界限,或者仅仅是为了更大的警示作用。”

〔86〕 譬如 5 *Writings of James Madison*(《詹姆斯 · 麦迪逊文集》)431 – 432 (Hunt ed. 1904)。这并不是说,从未有人理解这两个概念之间的确切关系。譬如参见 *The Federalist*(《联邦党人文集》)第 84 篇,第 535 页,注 * (B. Wright ed. 1961)(汉密尔顿):“为证明宪法中有一权力可能使出版自由受到影响,有人会提到征税权。”汉密尔顿接着指出,这个例子是错误的,因为对报纸征税不能侵犯出版自由——但是参见 Grosjean v. American Press Co. ,297 U. S. 233(1936)——但是,这一议论表明,我们的祖先曾想到过,以一种明文列举的权力为依据的政府行为,有可能侵犯到一种明文列举的权利。同样,宪法中自始便含有禁止联邦制定剥夺公民权利的法案以及溯及既往的法律的条文,也表明了这一点,尽管宪法中没有任何条款
203 授予联邦制定此种冒犯性的法律的权力。

〔87〕 所有这一切将遭遇 Alfred Kelly 首先提出来的一个论点,即“倘若第 9 条修正案主要是为了捍卫个人自由,那么也应该能够在同时代一些州宪法的权利法案中找到类似的条文;但是却找不到,联邦宪法第 9 条修正案是独一无二的”。P. Brest,*Processes of Constitutional Decision-making*(《宪法决策的过程》)708(1975),依据 Kelly,前引注 56,第 154 页。“同时代”这一词使得该论点在技术上是正确的:在 18 世纪任何一州的权利法案中都没有这样的条文。但是如此解释——唯有此一解释方能维持该主张的正确性——将使整个论点具有误导性,因为,在那时,州的权利法案并不多见——或者说很多州根本没有权利法案。只有到了 19 世纪,多数州的权利法案才被起草出来,看看这些权利法案的内容,我们将发现,至少有 26 个州的权利法案包含了类似的条文,表示对某些权利的列举不应被理解为轻视由人民保留的其他权利,而且,其中有几个州的权利法案,将此一防止误解的告诫与另一防止误解的告诫,即不应推定未列举的权力,非常明确地区分开来。[Alabama 1819;Arkansas 1836;California 1849;Colorado 1876;Florida 1885;Georgia 1865;Iowa 1846;Kansas 1855;Louisana 1868;Maine 1819;Maryland 1851;Minnesota 1857;Mississippi 1868;Missouri 1875;Montana 1889;Nebraska 1866 – 1867;Nevada 1864;New Jersey

1844; North Carolina 1868; Ohio 1851; Oregon 1857; Rhode Island 1842; South Carolina 1868; Virginia 1870; Washington 1889; Wyoming 1889。这些都可以在七卷本的 *The Federal and State Constitutions*(《联邦和各州宪法》), F. Thorpe ed. 1909 中找到。在州宪法中将防止误解的两种告诫区分开来的州包括上面提到的 Kansas、Nebraska、North Carolina、Ohio 和 South Carolina。]确实,在州宪法中出现此种“小第 9 条修正案”的情形如此普遍,以至于考文(Corwin)教授在 1911 年提到“对某些权利的列举不得被解释成轻视未如此列举的其他权利这一惯常的告诫”。Corwin,前引注 13,第 384 页(着重号为笔者所加)。我一点也不怀疑,这些条文尽管在文字上有若干细微差别,但很多是受第 9 条修正案的启发而制定的:在州宪法中显然有大量的内容是仿制而来的。但这丝毫没有降低这些条文的重要性。由于显而易见的原因,诸州宪法的创制者并没有复制或复述联邦宪法第 1 条第 8 款或有关联邦权力界限的其他条文。但他们的确复制或复述了第 9 条修正案。

因此,在 18 世纪,各州权利法案确实没有包含类似于第 9 条修正案的条款,并且,这一事实值得一提。但是,在 19 世纪,很多州的权利法案中确实有这样的条款, 204
这不仅仅意味着 Kelly 的论点是无效的,而且事实上证实了与其对立的论点。州宪法的制定者,比如说 1819 年 Maine 和 Alabama 的州宪法制定者,认为将实质上等同于第 9 条修正案的条文纳入他们的权利法案是合适的,此一事实完全能够证明,他们从该条文所表达的意思来理解,认为该条文不仅仅关系到对联邦权力的限制。

〔88〕 Wellington, “Common Law Rules and Constitutional Double Standards: Some Notes on Adjudication”(《普通法规则和宪法的双重标准:判决的若干评注》), 83 *Yale L. J.* 221, 274(1973)。

〔89〕 另请参见第 34 页。他好像赞同联邦最高法院能动地运用平等保护条款,直到非得承认分类审查权是一项宽泛而又强大的权力,坦率说无异于实质性审查时,方停下来。譬如,比较 Griffin v. Illinois, 351 U. S. 12(1956)(布莱克大法官撰写的多数判决意见)和 Harper v. Virgina Board of Elections, 383 U. S. 663, 670(1966)(布莱克大法官的不同意见书)。

〔90〕 Griswold v. Connecticut, 381 U. S. 479, 511(1965)(布莱克大法官的不同意见书)。

〔91〕 R. Cover,前引注 20,第 27 页,另请参见第三章。

〔92〕 参见 Purcell, “Alexander M. Bickel and the Post-Realist Constitution”(《亚

历山大·比克尔与后现实主义者的宪法》),11 *Harv. C. R. – C. L. L. Rev.* 521,533(1976)。

〔93〕 譬如 Dr. Bonham's Case(博纳姆医生案),8 Coke Rep.(《柯克判例集》)107,118a(1610)。

〔94〕 Monroe,"The Supreme Court and the Constitution"(《最高法院与宪法》),18 *Am. Pol. Sci. Rev.* 737,740(1924)。

〔95〕 7 Pet. 243(1833)。参见前引注 58。

〔96〕 请比较性地参阅 H. Graham,前引注 27,第 447~448 页。

〔97〕 另请参见 Strong,"Bicentennial Benchmark:Two Centuries of Evolution of Constitutional Processes"(《两百年的标杆:两个世纪的宪法程序发展》),55 *N. C. L. Rev.* 1,42–43(1976)。

第三章 探寻基本价值

〔1〕 A. Bickel,*The Least Dangerous Branch*(《最小危险部门》),第 55 页(1962 年)。

〔2〕 同上,第 103 页。

〔3〕 L. Tribe,*American Constitutional Law*(《美国宪法》),第 452 页(1978 版)。

〔4〕 Sandalow,"Judicial Procetion of Minorities"(《对少数人的司法保障》),75 *Mich. L. Rev.* 1162,1184(1977)。

〔5〕 A. Bickel,前引注 1,第 109 页、第 68 页。另请参见,譬如,同上,第 39 页、第 79 页;Miller and Howell,"The Myth of Neutrality in Constitutional Adjudication"(《宪法裁判的中立性神话》),27 *U. Chi. L. Rev.* 661,664(1960)。这种观点的支配力如此之强,以至于总体上对沃伦法院时期的判决持赞同意见的评论者,也倾向于用具有价值专断色彩的术语,为沃伦法院时期的判决做辩护。如果运用本书以下章节所发展出来的方法,沃伦法院时期的判决可以更好地得到合理化。譬如,参见 Cox,"Foreword:Constitutional Adjudication and the Promotion of Human Rights"(《前
205 言:宪法裁判与促进人权》),80 *Harv. L. Rev.* 91,98–99(1966);Karst,"Invidious Discrimination:Justice Douglas and the Return of the 'Natural-Law-Due-Process Formula'"(《令人反感的歧视:道格拉斯大法官与重返"自然法正当程序"原则》)16 *U. C.*

L. A. L. Rev. 716,720(1969)。

〔6〕 Wright,"Professor Bickel,the Scholarly Tradition,and the Supreme Court"(《比克尔教授、学术传统与最高法院》),84 *Harv. L. Rev.* 769,797(1971)。但是请比较性地参阅,同上,第 785 页。

〔7〕 相近的讨论包括 Arnold,"Professor Hart's Theology"(《哈特教授的神学》),73 *Harv. L. Rev.* 1298(1960);Forrester,"Are we ready for Truth in Judging?"(《对于审判中的真相我们准备好了吗?》),63 *A. B. A. J.* 1212(1977);Craven,"Paean to Pragmatism"(《实用主义的赞歌》),50 *N. C. L. Rev.* 977(1972);L. Tribe,前引注 3,第 453 ~454 页、第 574 页、第 896 页。这一观点似乎也隐含在赞同下述观点的讨论中:认为联邦最高法院"正是另一个政治角色",譬如 Dahl,"Decision-Making in a Democracy:The Supreme Court as a National Policy-Maker"(《民主制下的决策:作为国家决策者的最高法院》)6 *J. Pub. L.* 279(1957);J. Peltason,*Federal Courts in the Political Process*(《政治过程中的联邦法院》)(1955);或者在没有深入关注资料的情况下,断言联邦最高法院应该"在立法机关不行动的时候"行动,参见 M. Shapiro,*Law and Politics in the Supreme Court*(《最高法院中的法律与政治》)240 – 241(1964)。

〔8〕 Linde,"Judge,Critics,and the Realist Tradition"(《法官、批评家与现实主义传统》),82 *Yale L. J.* 227,252(1972)。

〔9〕 譬如参见 Braden,"The Search for Objectivity in Constitutional Law"(《探寻宪法中的客观性》),57 *Yale L. J.* 571,588 – 589(1948):"我们可以初步认为,[弗兰克福特的]客观标准,表达了两样东西:他自身关于其社会的价值观和他自身关于其职能的安全界限的看法。对于一些事物,他强烈地信奉,从而运用其权力来保护它们。对于另外一些事物,他可能也是信奉的,但是不够强烈,因而不愿承担被指滥用职权的风险。"

这一理论进路常常伴随着"民主"部门不是那么民主的主张。然而,此处最重要的著作都先于联邦最高法院引发的一连串立法机关议席重分配、最近的总统提名程序改革以及相较而言重要性或许小一些的国会内部改革,譬如 M. Shapiro,*Freedom of Speech:The Supreme Court and Judicial Review*(《言论自由:最高法院与司法审查》)17 – 21,32(1966),并且,晚近的论者倾向于仅仅依赖早期的作品,而没有注意其间的发展。譬如 Perry,"Substantive Due Process Revisited:Reflections on(and

Beyond) Recent Cases"[《重访实质性正当程序:对最近案件的反思(及超越)》],71 *Nw. U. L. Rev.* 417,467 - 468 和注 308(1977)。另请参见 McCleskey,"Judicial Review in a Democracy:A Dissenting Opinion"(《民主制下的司法审查:一个反对意见》),3 *Hous. L. Rev.* 354,361 - 362(1966)(着重号为笔者所加):([查尔斯]布莱克拿独立机构的官员来类比……更加困难。如果你想起这类官员的地位尚不能使自己免于批评,则是一个好的开端……更重要的是……国会能够界定他们的权力,限
206 制他们的自由裁量权,通过普通立法推翻他们的决定和行为,以及通过授权总统或自己官员免职权的方法,促使他们被免职。倘若你又想到他们的任期更短……以及总统对他们的非正式权力,那么你就会认为,民众的控制似乎足够强大,因而可以将民主的标签贴在他们的身上。

无论如何,在这里采取比较的视角是适当的,毫无疑问,司法部门,至少是联邦层次的司法部门,较之于立法部门和行政部门,要不民主得多。最后,"制度中的一个部分,即便存在着不纯洁和不完美,这也不能作为制度中的另一个部分,完全偏离理想规范的理由"。A. Bickel,前引注 1,第 18 页。另请参见 R. Dworkin, *Taking Rights Seriously*(《认真对待权利》)141(1977):"这个论点假设……州立法机关事实上是对人民负责的,正如民主理论所假设的那般……在一些州,情形远非如此。不过,我想略过这一点,因为它与其说有损作为论据的民主,不如说要求更多的民主……"

〔10〕 *The Federalist*(《联邦党人文集》)第 78 篇,第 490 页(B. Wright ed. 1961)(汉密尔顿)。

〔11〕 譬如 L. Tribe,前引注 3,第 47 ~ 52 页;Dahl,前引注 7;M. Shapiro,前引注 7;Forrester,前引注 7。但是参见 Casper,"The Supreme Court and National Policy Making"(《最高法院与国家决策》),70 *Am. Pol. Sci. Rev.* 50(1976)。

〔12〕 参见 Dahl,前引注 7。即便是这一有限的主张,它也忽略了法院判决本身对于多数人意志的形成所能起到的作用。参见第 70 页。

〔13〕 参见 R. Dahl, *Democracy in the United States*(《美国的民主》)233 - 234 (3d ed. 1976);P. Brest, *Processes of Constitutional Decisionmaking*(《宪法决策的过程》)962(1975)。

〔14〕 参见 Ely,"Legislative and Administrative Motivation in Constitutional Law"(《宪法上立法与行政的动机》),79 *Yale L. J.* 1205,1306 - 1308(1970)。

〔15〕 Choper,"The Supreme Court and the Political Branches:Democratic Theory and Practice"(《最高法院与政治部门:民主理论与实践》),122 *U. Pa. L. Rev.* 810,852 - 854(1974)。就下级联邦法院而言,就没有这么完美地记录了,但是,纵然国会否定过这些法院的管辖权,这种情形也是十分罕见的。

〔16〕 请比较 Choper,前引注 15,第 851 页,与 C. Fairman,*Reconstruction and Reunion*(《重建与再联合:1864 ~ 1888 年》)第一部,*History of the Supreme Court of the United States*(《美国最高法院史》)第 6 卷,第 716 ~ 738 页(P. Freund ed. 1971)。

〔17〕 第 11 条修正案推翻了 Chisholm v. Georgia 案,2 Dall. 419(1793);第 14 条修正案推翻了 Scott v. Sandford 案,19 How. 393(1857);第 16 条修正案推翻了 Pollak v. Farmers' Loan & Trust Co. 案,157 U. S. 429(1895);以及第 26 条修正案推翻了 Oregon v. Mitchell 案,400 U. S. 112(1970)。

〔18〕 M. Miller,*Plain Speaking*(《坦言》)225 - 226(1973);J. Weaver,*Warren:The Man,the Court,the Era*(《沃伦:其人、其法院和其时代》342 - 343(1967)。另请参见 W. Douglas,*Go East,Young Man*(《向东走,年轻人》)320(1974);Mavrinac, 207
"From Lochner to Brown v. Topeka:The Court and Conflicting Concepts of the Political Process"(《从洛克纳案到布朗案:最高法院与相冲突的政治程序观念》)52 *Am. Pol. Sci. Rev.* 641,653(1958)。至少事后看来,一般而言,"错误"似乎在于拥有提名权者的预测装置不够精准,而不在于被任命者的立场发生剧烈转变。

〔19〕 Kurland,"Toward a Political Supreme Court"(《迈向政治性的最高法院》),37 *U. Chi. L. Rev.* 19,20(1969)。

〔20〕 Monaghan,"Constitutional Adjudication:The Who and When"(《宪法裁判:何人与何时》),82 *Yale L. J.* 1363,1366(1973)。

〔21〕 譬如 Dennis v. United States,341 U. S. 494,525(1951)(弗兰克福特大法官的协同意见书);A. Bickel,*Politics and the Warren Court*(《政治与沃伦法院》)198(1965);Hart,"Foreword:The Time Chart of the Justices"(《前言:大法官们的时间表》),73 *Harv. L. Rev.* 84,100 - 101(1959);比较性地参阅 L. Lusky,*By What Right?*(《根据什么权利》)20 - 22(1975)。

〔22〕 一般地参见 1 C. Warren,*The Supreme Court in United States History*(《美国历史上的最高法院》)(1922);W. Murphy,*Congress and the Court*(《国会与法院》)(1962)。

〔23〕 E. Rostow,*The Sovereign Prerogative*(《主权性特权》)165(1965)。

〔24〕 我将在第四章提出,沃伦法院并不认为自己应该在推行基本价值(imposition of fundamental values)方面发挥重要作用。我还会进一步提出,那正是联邦最高法院的声誉实质上并没有受损害的原因,事实上,其声誉在最近的数十年里反而有所提高,不过,那也可能具有欺骗性。沃伦法院被看作是一个能动的法院,这样的看法似乎并没有明显削弱其优点。

菲利普·库兰(Philip Kurland)教授在1964年的文章中坦率地承认:"那些担心最高法院因太过频繁和猛烈地主张权力会陷于毁灭险境的人错了。"Kurland,"Foreword:Equal in Origin and Equal in Title to the Legislative and Executive Branches of the Goverment"(《前言:国家立法部门与行政部门在起源上和地位上的平等》),78 *Harv. L. Rev.* 143,175(1964)。但是沃伦法院的那些判决确实令他不安,譬如参见Kurland,"Earl Warren,the 'Warren Court',and the Warren Myths"(《厄尔·沃伦、"沃伦法院"和沃伦神话》),67 *Mich. L. Rev.* 353(1968),而且到了1969年,他也告诉我们,联邦最高法院"本质上反民主的特性,使它经常处于毁灭的危险中",尽管在过去的五年里,没有发生任何可以证实这一点的事情。Kurland,前引注19,第20页。另请参见A. Bickel,*The Supreme Court and the Idea of Progress*(《最高法院与进步理念》)32(1970),认同沃伦法院在刑事程序领域的能动主义立场,即使这些判决属于联邦最高法院最具争议的案件。

〔25〕 另请参见,譬如Cox,"The New Dimensions of Constitutional Adjudication"(《宪法裁判的新面相》),51 *Wash. L. Rev.* 791,826－827(1976);*Washington Post*(《华盛顿邮报》),July 10,1978,at A4,Col. 1(Harris 调查报告)。

〔26〕 Karst and Horowitz,"Reitman v. Mulkey:A Telophase of Substantive Equal
208 Protection"(《赖特曼诉马尔基案:实质性平等保护的黄昏》),1967 *Sup. Ct. Rev.* 39,79。另请参见M. Shapiro,前引注9,第38～39页。

〔27〕 声称联邦最高法院无需考虑公众意见,显然言过其实了。而且其证明作用也微乎其微:"就是绝对的统治者——像希特勒和皮隆这样的人物……不管怎么专制,有时也必须考虑大众的情感……"H. Mayo,*An Introduction to Democratic Theory*(《民主理论导论》)60(1960)。

〔28〕 P. Roth,*The Great American Novel*(《杰出的美国小说》)19(1973)。

〔29〕 一般地,参见C. Mullett,*Fundamental Law and the American Revolution*,

1760 - 1776(《根本法与美国革命:1760 ~ 1776 年》)(1933);C. Rossiter, *Seedtime of the Republic*(《共和国的孕育时期)(1953);C. Becker, *The Declaration of Independence*(《独立宣言》)第二章和第 240 ~ 248 页(1922);H. Graham, *Everyman' Constitution*(《普通人的宪法》)(1968);Grey, "Origins of the Unwritten Constitution: Fundamental Law in American Revolutionary Thoughts"(《不成文宪法的起源:美国革命思想中蕴藏的根本法》),30 *Stan. L. Rev.* 843(1978)。

〔30〕 W. Blackstone, *Commentaries*(《评注》),引自 J. Stone, *The Province and Function of Law*(《法律的范围和功能》)227(1946)。另请参见,譬如 Corwin, "The 'Higher Law' Background of American Constitutional Law"(《美国宪法的"高级法"背景》),42 *Harv. L. Rev.* 149,152(1928)。事实上,在文中所讨论的那两个时期,人们对自然法的概念并非只有一种理解,更不用说自然法的内容了;"自然法"对于不同的人总是有着非常不同的含义。参见 B. Wright, *American Interpretation of Natural Law*(《自然法的美国解释》)333 - 345(1931);C. Rossiter,前引注 29,第 366 ~ 367 页。请比较性地参阅 A. d' Entrèves, *Natural Law*(《自然法》)第 13 ~ 17 页(1970 年第 2 版)。

〔31〕 R. Cover, *Justice Accused*(《被控诉的正义》)27(1975),在第 39 页有更充分的引用。另请参见,譬如 B. Bailyn, *The Ideological Origins of the American Revolution*(《美国革命的思想意识起源》)198 - 229(1967);G. Wood, *The Creation of the American Republic*,1776 - 1787(《美利坚共和国的缔造:1776 ~ 1787 年》),第 259 ~ 260 页、第 267 ~ 268 页、第 290 ~ 295 页、第 552 页(1969 年);J. Goebel, *Antecedents and Beginnings to* 1801(《先祖与开端到 1801 年》),*HIstory of the Supreme Court of the United States*(《美国最高法院史》)第 1 卷,第 95 页(P. Freund ed. 1971)。探讨那个时代的思想,必须得引用边沁的那段话(尽管经常被误引),否则会被认为是不充分的:"自然权利完全是胡说八道;与生俱来的、不可剥夺的权利,是词藻华丽的胡说——站在高跷上的胡说。" Bentham, "Anarchical Fallacies"(《无政府主义的谬误》),载 *Works of Jeremy Bentham*(《杰里米 · 边沁著作集》)第 2 卷,第 501 页(J. Bowring ed. 1962)(省略了着重号)。

〔32〕 一般地,参见 G. Wood,前引注 31;C. Becker,前引注 29,第 233 ~ 234 页。请比较性地参阅 Horwitz, "The Emergence of an Instrumental Conception of American Law, 1780 - 1820"(《美国法工具观的出现:1780 年—1820 年》),载 *Perspectives in*

American History(《美国历史透视》)第5卷,第287页(D. Fleming and B. Bailyn eds. 1971)。

〔33〕 譬如参见G. Wills,*Inventing America*(《创造美国》)第60页和第二十四章(1978);J. Goebel,前引注31,第89页;R. Palmer,*The Age of the Democratic Revolution*(《民主革命的年代》),第1卷,*The Challenge*(挑战)第181页、第234~235页(1959);C. Rossiter,前引注29,第142~143页、第319~320页、第367页、第376~377页、第437~439页;*Journals of the Continental Congress*(《大陆会议日志》)第1
209 卷,第67页(1974年)(序言将《权利宣言》建立在"不变的自然法、英国宪法原则以及殖民地诸宪章或盟约"的基础上);Vanhorne v. Dorrance,28 F. Cas. 1012,1014-1016(C. C. D. Pa. 1795)(no. 16,857)。

〔34〕 J. Pole,*The Pursuit of Equality in American History*(《美国历史上对平等的追求》)11(1978)。另请参见同上,第46页。

〔35〕 在当时,很多人——信奉主要源于霍布斯和洛克的那种自然法理论——会认为,我们的自然权利已经"融进"了成文的《权利法案》,并因此被成文的《权利法案》保障所取代,参见,譬如Corwin,前引注30,第409页;另请参见下引注41,这个事实在某种意义上似乎与现在的讨论并不相关。我们当前的任务是,探寻用以填充像第9条修正案那样的开放性条文的价值究竟来源于何处,第9条修正案的明确含意似乎是,受保护的权利类型并没有被宪法文件中明文记载的那些权利类型所穷尽。参见第二章。然而,确实难以否认,成文权利法案的入宪构成了并没有全心全意信奉自然权利哲学的某种证据。

〔36〕 譬如参见H. Graham,前引注29,第四章和第七章;C. Fairman,前引注16,第1128~1134页。

〔37〕 另请参见第四章。Salmon P. Chase的主张,被1856年和1860年《共和党政纲》(*Republican Platforms*)所采纳,其认为奴隶制是地方法律的产物,在联邦管辖权内,国会缺乏宪法所赋予的制裁奴隶制的权力。这种观点看似相当合理,却走向了一个不同的论点。一般地参见E. Foner,*Free Soil*,*Free Labor*,*Free Men*(《自由的土壤、自由的劳动、自由的人》)73-74,83(1970)。

〔38〕 B. Wright,前引注30,第332~333页。

〔39〕 R. Cover,前引注31。今天另有一些法律史学家可能会指出,科弗所写的那段历史的早期,表现出高级法思想的相对弱化,这至少不同于之前与之后的时

期，并试图以此来限制科弗的分析结论。譬如参见 Nelson，“The Impact of the Anti-slavery Movement upon Styles of Judicial Reasoning in Nineteenth Century America”（《废奴运动对 19 世纪美国司法推理风格的影响》），87 *Harv. L. Rev.* 513（1974）；比较性地参阅 Horwitz，前引注 32。这样一种观点固然有一定的道理，但不能把它看作是权威性的观点：思想的流行与淡出，并不像冯内古特（Vonnegut）笔下如此众多的人物一样，在历史的舞台上进进出出。虽然科弗一开始表明，高级法思想确实是废奴主义者所有辩词中的一部分，但是他接着说明，对于当代观察家而言，那究竟意味着什么以及不意味着什么。

〔40〕 R. Cover，前引注 31，第 29 页。另请参见同上，第 16～17 页、第 150 页。比较性地参阅 A. d' Entrèves，前引注 30，第 86～87 页、第 91 页、第 93～95 页。

〔41〕 譬如 R. Cover，前引注 31，第 16～18 页、第 25～26 页、第 34 页、第 169 页、第 172 页；W. Brock，*Conflict and Transformation*（《冲突与转型》）111，391 210
（1973）。“考尔德诉布尔案”（Calder v. Bull），3 Dall. 386（1798），通常被引为联邦最高法院“最不含糊地”提及下述这种可能性：一部法律可能因为违反自然法而被判为违宪。参见 P. Brest，前引注 13，第 709～710 页；G. Gunther，*Cases and Materials on Constitutional Law*（《宪法案例与资料》）502－505（1975 年，第 9 版）。这个案件值得再解读。虽然对于判决结果，所有大法官都意见一致，但是并没有法庭意见，四位大法官各自发表了个人意见。艾尔德尔（Iredell）大法官的意见强烈斥责了自然法的概念。库欣（Cushing）大法官的意见对于该问题并没有说什么，因此得看蔡斯（Chase）大法官的意见，在某种程度上还得看帕特森（Paterson）大法官的意见。蔡斯的意见中确实含有看似自然法的言论：“议会的立法行为（因为我不能称之为法律），若与社会契约最重要的原则相抵牾，则不能被看作是立法权的正确运用。”3 Dall.，第 388 页（省略了着重号）。但是他接着跟其他大法官一样，维持了系争法律（即康涅狄格州的一部法律，它推翻了一项司法判决并授权重新审判）。那是为什么？按照蔡斯的说法，“唯一应探究的是，具有此种效果的这个决议或康州法律，是否属于联邦宪法所禁止的溯及既往的法律？”同上，第 387 页（省略了着重号）。对于这个“唯一应探究的问题”，蔡斯表现出了强烈的实证主义立场，甚至带有文义解释主义的态度：“‘溯及既往的法律’是一个专业性的术语，早在美国革命之前，就被立法者、法律人和法学家使用已久，并且已经获得了一种恰当的含义。”同上，第 391 页（省略了着重号）。另请参见同上，第 390 页。尤其是，禁止法律溯及既往的原则，被

认定为不适用于民事案件(实际上,有充分的理由认为这是个历史的错误解释。参见 Ely,前引注 14,第 1312 页,注 324 及引用的资料)。为什么蔡斯的意见因援引自然法而被记住?蔡斯为何盲目固守文本上的用语并且对制宪者的意图取狭义的观点?有一个似乎是显而易见的答案,即系争法律同样满足了蔡斯比较广泛的正义感。但这不是真正的答案,事实也非如此:“任何法律,凡是剥夺或侵害既有法律所赋予的权利的,就具有溯及既往的性质,并且一般而言是不公正的……”3 Dall.,第 391 页(省略了着重号)。倒不如说,关键似乎在于,在美国法的背景中,除宪法明文规定者外,自然法也可以在司法上实施的观念,并不存在。

这在帕特森的意见中说得非常清楚:“我曾经热切希望,宪法中的这个条文能够普遍地适用于溯及既往的法律。这样的法律,毫无原则性和安全性可言,所以,对它
211 们,我总是十分反感。溯及既往的法律,既不符良法的标准,又违背社会契约的基本原则,这样的描述,一般说来,是不会错的。但是,在仔细思量之后,我确信,溯及既往的法律,必须限制在早已被表达的那种含义上,必须取其专业性含义,也就是普遍被接受的通常含义,而不能从其字面上去理解。”同上,第 397 页(省略了着重号)。仔细解读蔡斯的意见,会得出同样的看法。法律若“违背社会契约最重要的原则”,确实归于无效,但那社会契约已经包含在我们的宪法之中。蔡斯承认,他不能“同意州议会是无所不能的或不受任何约束的观点;尽管其立法权不应在州的(of the state)宪法或根本法上受到明文的限制”。同上,第 387 ~ 388 页(省略了着重号)。但是请仔细关注文末 of the state 这三个字(从上下文很容易可以看出,他所用的“state”是指组建成联邦的政治单位之一;他用“government”来指称更抽象意义上的“the state”,即国家)。因此,他在这里所要说的,不外乎是,美国宪法,尤其是禁止法律溯及既往的条款,对州的行为是有约束的,蔡斯意见的其余部分,尤其是他在判决结论上的投票,也与该见解相一致。他并不喜欢系争法律,这一点,他已明确表示,但是,在我们的体制中,唯一可被法院实施的“自然法”,是已为宪法文本所规定的“自然法”:这也就是为什么“唯一应探究的”是禁止法律溯及既往的含义。有同样效果的,参见 Ogden v. Saunders,12 Wheat. 213,347 – 348,351,353 – 354(1827)(首席大法官马歇尔的不同意见书)。因此,蔡斯跟艾尔德尔的争论似乎完全是哲学层面的,就宪法原则的适当渊源而言,他们并无分歧。由此,考尔德案,非但不是自然法可以以宪法的名义实施这一见解的权威说明,在仔细解读之后反而成为反驳此一见解的有力例证。但是参见 Fletcher v. Peck,6 Cranch. 87,143(1810)(约翰逊大法

官的协同意见书)。

〔42〕 C. Haines, *The Revival of Natural Law Concepts*(《自然法观念的复兴》) vii-viii(1930)。

〔43〕 16 Wall. 130,141(1872)(布拉德利大法官的协同意见书)。在 Plessy v. Ferguson,163 U. S. 537,544(1896)案中,作为依据的"事物本质"又一次出现。

〔44〕 B. Wright,前引注 30,第 339 ~ 340 页。另请参见 C. Rossiter,前引注 29,第 366 页、第 375 页。

〔45〕 比较性地参阅 H. Mayo,前引注 27,第 181 ~ 182 页(自然法在历史上同时被援用来支持和反对民主);E. Warren, *The Memoirs of Earl Warren*(《厄尔·沃伦回忆录》)302 – 303(1977)(对布朗诉教育委员会案的反应"受宗教情感的鼓舞"并因此陷入分裂);Katz,"Republicanism and the Law of Inheritance in the American Revolutionary Era"(《美国革命时期的共和主义和继承法》),76 *Mich. L. Rev.* 1,8 – 9 (1977):"自然权利的思维可以在继承法方面导出两个不同的结论。一方面,它完全可以强化继承权,并要求提供宪法的根本保障,以防止通过立法剥夺该权利…… 212
另一方面,《独立宣言》中的自然权利哲学,可能已经激发了激进的平等主义……对传统继承法加以非难……"

〔46〕 参见 C. Becker,前引注 29,第 249 ~ 255 页。

〔47〕 R. Cover,前引注 31,第 152 页。

〔48〕 譬如参见 C. S. Lewis, *The Abolition of Man*(《人将不人》)51 – 61 (1947);Calder v. Bull,3 Dall. 386,388(1798)(蔡斯大法官)。比较性地参阅 *The Federalist*(《联邦党人文集》)第 31 篇,第 236 ~ 237 页(B. Wright ed. 1961)(汉密尔顿)。

〔49〕 R. Unger, *Knowledge and Politics*(《知识与政治》)241(1975)。

〔50〕 另请参见 E. Purcell, *The Crisis of Democratic Theory*(《民主理论的危机》)235(1973);R. Dahl, *A Preface to Democratic Theory*(《民主理论的前言》)45 (1956);比较性地参阅 C. Rossiter,前引注 29,第 437 ~ 438 页。

〔51〕 B. Wright,前引注 30,第 330 ~ 331 页。

〔52〕 但是参见 Meachum v. Fano,427 U. S. 215,230(1976)(斯蒂文斯大法官的不同意见书)。

〔53〕 比较性地参阅 Ely,前引注 14,第 1243 页、第 1246 ~ 1247 页注 130。

〔54〕 参见譬如 R. Dworkin，前引注 9，第 155～156 页；Smart，"An Outline of a System of Utilitarian Ethics"(《功利主义伦理学体系纲要》)，载 J. Smart and B. Williams，*Utilitarianism：For and Against*(《功利主义：赞成与反对》)8(1973)；C. Fried，*An Anatomy of Values*(价值的解剖构造)26－27(1970)；J. Rawls，*A Theory of Justice*(《正义论》)46－53(1971)；Thomson，"A Defense of Abortion"(《为堕胎辩护》)，1 *Phil. And Pub. Aff.* 47(1971)。

〔55〕 73 *Harv. L. Rev.* 1(1959).

〔56〕 譬如参见 Amsterdam，"Perspectives on the Fourth Amendment"(《对第四条修正案的看法》)，58 *Minn. L. Rev.* 349，351－352(1974)。比较性地参阅 Holmes，"Codes and the Arrangement of the Law"(《法典与法律的安排》)44 *Harv. L. Rev.* 725 (1931)；Arnold，前引注 7，第 1311～1312 页。

〔57〕 譬如参见 A. Cox，The Role of the Supreme Court in American Government (《美国政府中最高法院的角色》)第 113 页(1976 年)："我对罗伊诉韦德案(Roe v. Wade)的批评是，法院没有阐明一项原则诫命，其有足够的抽象性，基于当前来自医学、物理学和社会科学的证据，使裁决超越于政治性判决层面之上，因而未能建立判决的正当性。"接下来的讨论表明，的确有，事实上也必定有一个深层次的渊源，所宣称的原则从中获得内容，按照考克斯(Cox)的主张，它将能够发展出"贯穿共同体和持续数个重要时代的根基"。同上，第 114 页。但是参见第 63～69 页。

〔58〕 另请参见 Bork，"Neutral Principles and Some First Amendment Problems"(《中立原则与第一条修正案的若干难题》)，47 *Ind. L. J.* 1，7－8(1971)；Deutsch，"Neutrality，Legitimacy，and the Supreme Court：Some Intersections between Law and Political Science"(《中立性、正当性与最高法院：法律学和政治学的一些交集》)，20
213 *Stan. L. Rev.* 169，187－197(1968)；A. Bickel，前引注 1，第 55 页。

〔59〕 譬如比较 Nixon v. Administrator of General Services 案(433 U. S. 425，1977)和 United States v. Brown 案(381 U. S. 437，1965)。

〔60〕 另请参见 Wright，前引注 6，第 776～777 页；Note，"Civil Disabilities and the First Amendment"(《民权之限制与第一修正案》)78 *Yale L. J.* 842，第 851 页，注 39(1969 年)。

〔61〕 Wellington，"Common Law Rules and Constitutional Double Standards：Some Notes on Adjudication"(《普通法规则与宪法双重标准：判决评注》)，83 *Yale*

L. J. 221,246－247(1973)。

〔62〕 A. Bickel,前引注24,第87页。

〔63〕 A. Bickel,前引注1,第25～26页;另请参见,譬如Willington,前引注61,第246页:"这项工作可被称作哲学方法。"

〔64〕 同上,第249页。

〔65〕 A. Bickel,前引注1,第267页。比较性地参阅Purcell,"Alexander M. Bickel and the Post-Realist Constitution"(《亚历山大·比克尔与后现实主义宪法》),11 *Harv. C. R. － C. L. L. Rev.* 521,554(1976):"在《最小危险部门》一书中,比克尔曾把法院看作是理性的特别声音,特别适合做阐明适当原则的工作;政治过程显得反复无常并且不堪重负。当原则在20世纪60年代后期成为'意识形态',比克尔的首要目标也从实现道德改革转移到确保社会平衡上来,因此,前述的判断不得不倒转过来。司法变得反复无常,政治系统则变得理性。"

〔66〕 McCleskey,前引注9,第360页。事实上,倒是可以主张:法院越是意识到在从事明显的基本价值推理,它就表现得越不显然。譬如参见第50～51页;Scott v. Sandford,19 How. 393(1857);Lochner v. New York,198 U. S. 45(1905);Roe v. Wade,410 U. S. 113(1973)。期望有所改进的理由并不明显。

〔67〕 Arnold,前引注7,第1311页。

〔68〕 J. Rawls,前引注54;R. Nozick,*Anarchy*,*State*,*and Utopia*(《无政府、国家与乌托邦》)(1974)。

〔69〕 Dworkin,"The Jurisprudence of Richard Nixon"(《理查德·尼克松的法理学》),*New York Rev. Books*(《纽约书评》),1972年5月4日,第27页、第35页(1972年),再版于R. Dworkin,前引注9,第149页。

〔70〕 参见B. Ackerman,Private Property and the Constitution(《私有财产和宪法》),第284页,注47(1977年)。

〔71〕 参见Tushnet,"'…And Only Wealth Will Buy You Justice'— Some Notes on the Supreme Court. 1972 Term"("'……只有财富才会买给你正义'——对最高法院1972年开庭期的评注"),1974 *Wisc. L. Rev.* 177,181:"妇女运动普遍被认为是中产阶级运动……事实怎样并不重要。重要的是,人们希望大法官们如何看待事情,考虑到媒体所呈现出来的妇女运动,大法官们如果把这场运动看作与他们的妻子和朋友特别有关的事情,这不应令人觉得诧异。"正好是第95届国会延长了"平等权修

214 宪案”的批准期限,这看起来并不全是巧合。一般地参见 Kaiser and Russell,“A Middle Class Congress — Haves over Have-nots”(《一个中产阶级的国会——富人统治穷人》),*Washington Post*(《华盛顿邮报》),1978 年 10 月 15 日,第 1 页,第 3 专栏。另请参见 Chapman,“The Rich Get Rich,and the Poor Get Lawyers”(《富者愈富,而穷人找律师》),*New Republic*(《新共和》),1977 年 9 月 24 日,第 9 页(律师是社会赏给穷人的为数不多的商品之一,因为掌握权力的律师,已经决定律师是一种真正重要的商品)。

〔72〕 譬如 San Antonio Indep. School Dist. v. Rodriguez,411 U. S. 1,37(1973);同上,第 115 页,注 74(瑟古德 · 马歇尔大法官的不同意见书)。但请比较性地参阅 Dandridge v. Williams,397 U. S. 471,508(1970)(Thurgood Marshall 大法官的不同意见书)。请比较性地参阅 Fiss,“Groups and the equal Protection Clause”(《群体与平等保护条款》),5 *Phil. and Pub. Aff.* 107,144(1976);Tushnet,前引注 71,第 190 页。

〔73〕 McCloskey,“Economic Due Process and the Supreme Court:An Exhumation and Reburial”(《经济正当程序与最高法院:掘尸和再埋》),1962 *Sup. Ct. Rev.* 34,46。

〔74〕 Hart,前引注 21,第 101 页。另请参见,譬如 Tushnst,“The Newer Property:Suggestion for the Revival of Substantive Due Process”(《最新的财产权:复兴实质性正当程序的建议》),1975 *Sup. Ct. Rev.* 261,279:“实质性正当程序的权利应该仅仅建立在负责任的观点的有力支持之上。最高法院应当关注像美国法律协会(American Law Institute)这样的来源……”

〔75〕 R. Dahl,前引注 13,第 24 页。

〔76〕 G. Wills,前引注 33,xiii(转述了 Willmoore Kendall 的话)。

〔77〕 譬如参见 Moore v. City of East Cleveland,431 U. S. 494,503(1977)(鲍威尔大法官撰写的多数意见);Duncan v. Louisiana,391 U. S. 145,176 – 177(1968)(哈伦大法官的不同意见书);比较性地参阅 A. Bickel,前引注 1,第 236 页。

〔78〕 一般地,参见 Kadish,“Methodology and Criteria in Due Process Adjudication—A Survey and Criticism”(《正当程序案件中裁判的方法论和标准——调查和批评》),66 *Yale L. J.* 319,327 – 333(1957)。另请参见 Moore v. City of East Cleveland,431 U. S. 494,549 – 550(1977)(怀特大法官的不同意见书)。

〔79〕 譬如 Wolf v. Colorado,338 U. S. 25,28 – 30(1949)。但是请比较性地参

阅 United States ex rel. Toth v. Quarles,350 U. S. 11,29 – 31,注 11(1955)(里德大法官的不同意见书,弗兰克福特大法官没有加入)。

〔80〕 因此,比如在 Betts v. Brady 案(316 U. S. 455,1942)中,对于按照美国传统是否应该为那些负担不起律师费的人指定辩护律师这个问题,多数意见与不同意见之间得出了截然相反的结论。

〔81〕 438 U. S. 265(1978).

〔82〕 但是,请比较性地参阅 Ely,"Foreword:On Discovering Fundamental Values"(《前言:论探寻基本价值》),92 *Harv. L. Rev.* 5,9 – 10,注 33(1978)。

〔83〕 438 U. S. 第 291 页(鲍威尔大法官)。另请参见,同上,第 290 页(引用了 Hirabayashi v. United States 案,320 U. S. 81,100,1943):"对于自由的人民而言,仅仅因为他们的祖先有所不同而在公民中间作出区分,这在本质上是件可憎的事情……";438 U. S. 第 361 页(布伦南大法官、怀特大法官、马歇尔大法官和布莱克门大法官,支持部分判决意见,反对部分判决意见):"此原则……深植于……"这种 215
引证简直不可避免,因为该判决结论无法在"卡罗琳产品案"(Carolene Products)确立的原则中获得支持(参见第六章),而且,似乎也没有其他价值来源可资佐证。比如,在当代哲学专家或普通百姓之间,绝无可能达成共识说:纠偏性优待措施在道德上是错误的。

〔84〕 鲍威尔大法官几乎是执迷不悟,典型地表现在 Hirabayashi v. United States 案(320 U. S. 81,1943)和 Korematsu v. United States 案(323 U. S. 214,1944)中。438 U. S. 第 287 ~ 291 页(鲍威尔大法官)。

〔85〕 鲍威尔大法官正确指责了斯蒂文斯(Stevens)大法官脱离语境地引用与 1964 年《民权法案》第六编有关的论述,42 U. S. C. § § 2000d 到 2000d – 4(1976):"尽管许多立法者的个别论述,脱离其语境,可以被安排用来支持下述主张:第 601 节规定了一个完全没有种族偏见的体制……这些评论必须在国会所针对的问题……的背景下解读。"438 U. S. 第 284 ~ 285 页。

〔86〕 请比较性地参阅,譬如 L. Tribe,前引注 3,第 944 ~ 946 页:"使用何种概括层次来检测声称自由之主张的系谱,关系重大。显然,同性恋的历史很大程度上是一部不被认同和耻辱的历史……在询问一种宣称的权利是否构成传统自由的一部分时,非常关键的是,以一个足够高的概括层次来定义自由,从而可主张:那些非常规的变种行为与依主流观点受保护的那些常规行为一道受保护。因而,恰当的问

题是,私人之间亲密的性行为是否反映了传统上所尊崇的自由……一旦传统被认为是参照指标,它就提供了一把足以能够包容同性恋以及异性恋变种的保护伞。”

〔87〕 另请参见 Christie,“A Model of Judicial Review of Legislation”(《对立法的司法审查模式》),48 *S. Cal. L. Rev.* 1306,1320(1975)。

〔88〕 Ch. 200,14 Stat. 173;参见 438 U. S. 第 397 ~ 398 页(马歇尔大法官)。马歇尔大法官的描述,并没有充分强调下述事实:这部法律的受益者非常明显,即好处是给“有色”人种或那些“非洲人”后裔的。参见法庭之友“全国有色人种促进会法律辩护和教育基金会”(NAACP Legal Defense and Educational Fund,Inc.)出具的意见书中所引的条款,第 11 ~ 12 页。另请参见,譬如,同上,第 45 ~ 48 页(描述了 1867 年《有色军人申诉法》,J. Res. 30,15 Stat. 26)。我敢肯定,内战前并没有优待少数种族之类的纠偏性措施,但是将这一时期的种族传统当作原则的有关来源,则需要莫大的勇气。

〔89〕 参见第六章。

216 〔90〕 事实上,制宪者非常有智慧,他们很少选择将自己的价值判断固化在宪法中,相反,专注于此类判断所将经由形成的程序。参见第四章。

〔91〕 “The Supreme Court,1976 Term”(《最高法院:1976 年开庭期》),91 *Harv. L. Rev.* 70,136(1977)。

〔92〕 譬如:Duncan v. Louisiana,391 U. S. 145,176 – 177(1968)(哈伦大法官的不同意见书);Poe v Ullman,367 U. S. 497,542(1961)(哈伦大法官的不同意见书);A. Bickel,前引注 1,第 236 页;F. Hayek,*The Constitution of Liberty*(《自由秩序原理》),第 106 ~ 107 页(1960 年)。

〔93〕 Young v. American Mini Theatres,427 U. S. 50,70(1976)(斯蒂文斯大法官主笔的相对多数意见)。

〔94〕 Sandalow,前引注 4,第 1193 页。

〔95〕 譬如 A. Bickel,前引注 1,第 43 页、第 238 页;Grey,“Do We Have an Unwritten Constitution?”(《我们有一部不成文宪法吗?》),27 *Stan. L. Rev.* 703,709(1975);Karst and Horowitz,前引注 26,第 57 ~ 58 页;Michelman,“In Pursuit of Constitutional Welfare Rights:One View of Rawls’ Theory of Justice”(《追寻宪法福利权:罗尔斯正义理论中的一个观点》),121 *U. Pa. L. Rev.* 962,1001 – 1018(1973);Tribe,“Structural Due Process”(《结构性正当程序》),10 *Harv. C. R. – C. L. L. Rev.* 269,

304,311 – 312(1975)。请比较 R. Dworkin,前引注 9,第 126 页,和同上,第 185 页。比较性地参阅 M. Walzer,"Just and Unjust Wars:A Moral Argument with Historical Illustrations"(《正义与非正义的战争:根据历史实例的一个道德论辩》)107(1977)。

〔96〕 另请参见,譬如 A. Cox,前引注 57,第 113 ~ 114 页,第 117 页;Deutsch,前引注 58,第 196 ~ 197 页;Greenawalt,"The Enduring Significance of Neutral Principles"(《中立原则的永久意义》),78 *Colum. L. Rev.* 982,1015 – 1016(1978)。

〔97〕 Wellington,前引注 61,第 284 页。另请参见 Perry,前引注 9,第 421 页(着重号为笔者所加):"说隐私权保障妇女有权作出堕胎决定,必然是在说禁止妇女堕胎的规范目的,缺乏约定俗成的道德支持。"

〔98〕 Wellington,前引注 61,第 299 页。他还主张,他所采取的方法"源自美国民主的本质"。同上,第 285 页。

〔99〕 F. Hayek,前引注 92,第 181 页。

〔100〕 Levinson,"The Specious Morality of the Law"(《法律似是而非的道德性》),*Harper's*,1977 年 5 月,第 35 页,第 40 页。另请参见 3 J. Story,*Commentaries on the Constitution of the United States*(《美国宪法评注》)第 1289 节,第 167 ~ 168 页,注 2(1833):"由于自己认为一项原则一清二楚而相信这是普遍承认的原则是一回事,证明这是事实则是另外一回事……如果由民意决定宪法问题,而不是由政府公职人员经过他们审慎的讨论和判断予以决定,(这在法学史上是一个相当新的取向)那么,拥有某种令人满意和信服的确证模式,以及某种统一的有别于纯粹私人臆测的检验标准,将是可欲的。然而,宪法中并没有规定任何这样一种模式。而且,在作适当探究之后,也许会发现:在同一时间,对同一主题,在东西南北中各处各有不同意见占据上风……人性还从未表现出所有心智在所有事情上都取得一致意见的 217
非凡景象,不论这事情有关真理、道德、政治、市民生活,还是有关宗教,皆是如此。"

〔101〕 Jaffe,"Was Brandeis an Activist? The Search For Intermediate Premises"(《布兰代斯是能动主义者吗? 探寻中间前提》),80 *Harv. L. Rev.* 986,994(1967)。但是,比较性地参阅,同上,第 998 页。另请参见 Braden,前引注 9,第 584 ~ 585 页。

〔102〕 R. Unger,前引注 49,第 78 页。

〔103〕 Breithaupt v. Abram,352 U. S. 432,436(1957). 但是,请比较性地参阅 Schmerber v. California,384 U. S. 767(1966),在这个问题上采取了一种似乎更合理的方法(如果系争强制取证根据第 4 条宪法修正案是合法的话,那么公权力用于制

服强力反抗这个事实将是无关紧要的)。

〔104〕 Furman v. Georgia,408,U. S. 238,299 – 300(1972)(布伦南大法官的协同意见书);同上,第 360 ~ 369 页(马歇尔大法官的协同意见书)。

〔105〕 参见 Roberts v. Louisiana,428 U. S. 325,353 – 355(1976)(怀特大法官的不同意见书)。请比较 Wright,"The Role of the Judiciary:From *Marbury* to *Anderson*"(《司法机关的角色:从马伯里案到安德森案》),60 *Calif. L. Rev.* 1262,1273(1972)(在此文中,加州首席大法官针对反民主的质疑为司法审查辩护时,引用了其法院废除死刑的判决,并认为正是恰当地以当代共同体的价值为依据而得出此判决的),与《加利福尼亚州宪法》第 1 条第 27 款(*Cal. Const.* art. I, § 27)(此规定随后推翻了该法院的判决)。关于死刑的合宪性,另请参见第六章。

〔106〕 A. Bickel,前引注 1,第 237 ~ 238 页。

〔107〕 参见 G. Allport, *The Nature of Prejudice*(《偏见的本质》),第 76 页(1954 年)。

〔108〕 比较性地参阅 Purcell,前引注 65,第 539 页:"尽管比克尔持价值相对主义的观念,但还是忍不住将种族平等的理想作为一个绝对的基础来看待。他……坚持认为,普莱西案判决(Plessy)在道德上是错误的。但是,根据他自己的实用主义标准,人们能够很容易论证普莱西案判决在道德上是正确的。从推理上讲,普莱西案判决符合约定俗成的正确判断标准:该判决想必是建立在绝大多数人共享的道德价值观的基础之上;该判决在它所处的时代以及随后的半个世纪里都已赢得了赞同。人们还能够很容易地论证,隔离但平等原则本身是一项中立的原则。"

〔109〕 譬如参见 C. Curtis, *Lions Under the Throne*(《王座下的狮子》)第 332 页(1947 年);R. Hofstadter, *Social Darwinism in American Thought*(《美国思想中的社会达尔文主义》)第二章(1955 年修订版)。比较性地参阅 R. Billington, *American History after* 1865(《1865 年后的美国历史》),第 86 ~ 98 页,第 161 ~ 178 页(1950 年);G. Kolko, *The Triumph of Conservatism*(《保守主义的胜利》)(1963 年)。

〔110〕 参见 Wellington,前引注 61,第 285 页。另请参见 Perry,"The Abortion Funding Cases:A Comment on the Supreme Court's Role in American Government"(《堕胎资助案件:评最高法院在美国政府中的角色》),66 *Geo. L. J.* 1191,1217(1978);A. Cox,前引注 57,第 88 页。

〔111〕 Wellington,前引注 61,第 311 页。仅仅省略了其中的脚注,它们引自其

中提及的美国法律协会的《模范刑法典》。佩里(Perry)教授则有一个不同的技巧：为证明这个或那个论点反映或没有反映约定俗成的道德,他倾向于引用联邦最高法院的判决。譬如 Perry,前引注 9,第 432 页以及注 95。 218

〔112〕 在这里,甚至佩里教授也不同意威灵顿的看法。参见 Perry,"Abortion, the Public Morals, and the Police Power: The Ethical Function of Substantive Due Process"(《堕胎、公共道德与管治权:实质性正当程序的伦理功能》),23 *U. C. L. A. L. Rev.* 689,733－734(1976)。另请比较 Wellington,前引注 61,第 292～297 页,与 Gerety,"Redefining Privacy"(《隐私的再定义》),12 *Harv. C. R. － C. L. L. Rev.* 233, 279－280(1977)。

威灵顿将他的方法描述为"注意到大众普遍抱持的态度,并从这里出发进行推论"的技术。威灵顿,前引,第 310 页。然而,我们拥有的关于大众普遍抱持的态度的最佳证据(正如在本议题上所展现出来的)——当然是威灵顿想用他的技术来检验的立法之外的证据——似乎有损他的主张。根据有关这个主题的最新盖洛普民意测验,因强奸而怀孕以及怀孕威胁到母亲的生命时,对于仍处于妊娠期前三分之一时期的堕胎行为,大多数美国人事实上的确是支持合法化的(尽管多数人认为,在因强奸而怀孕的情况下,在怀孕处于第二个三分之一妊娠期,以及第三个也就是最后的三分之一妊娠期时,孕妇并无堕胎的权利)。然而,当母亲的身体健康有危险时,对于妊娠期的前三分之一时期的堕胎行为,尽管比例稍低,但还是有多数人支持合法化,而这正是威灵顿特意区分出来认为不足以获得约定俗成的道德支持的情形(在威胁到母亲精神健康的情形下,对于妊娠期的前三分之一时期的堕胎行为,只有 42% 的支持率支持合法化)。大体上而言,在母亲的身体健康有危险时,较之于因强奸而怀孕时,堕胎权所获得的民意支持率更高(根据妊娠期的三阶段划分,前一情形下三个时期的支持率分别为:54%、46%、34%;后一情形下三个时期的支持率分别为:65%、38%、24%),这个事实可能并不能说明很多:在因强奸而怀孕的情形下,在妊娠期的第二和第三个时期之所以获得较低的支持率,可能是因为人们觉得应该在更早一些时候实施堕胎。但是,我们却找不到任何这样一种解释,可以用来说明下述事实:在妊娠期的每一个阶段,在怀孕威胁到母亲的身体健康时,较之于"可能会生出畸形胎儿"时,堕胎权所获得的民意支持率更高(前一情形下三个时期的支持率分别为:54%、46%、34%;后一情形下三个时期的支持率分别为:45%、39%、24%)。参见 Gallup Opinion Index(盖洛普民意指数),Report no. 153(1978 年 4

月)。事实上,你能够看到,在胎儿可能畸形的情况下,在妊娠期的任何一个阶段,堕胎权都没有获得多数人的支持。因此,威灵顿给予我们的保证,也即"大众普遍抱持的态度"所支持的一项权利(其能正当化针对立法的违宪判决),事实上已被验证是多数人所反对的,而"大众普遍抱持的态度"所不支持的一项权利,事实上已被验证是多数人所支持的。当然,我不是说这些民意测验的结果应该用来"纠正"威灵顿
219 的保证,除非我们把它们当作宪法来看待:这并非我们代议制民主国家的立法之道。我引用它们仅仅是为了强调我的结论:倘若法官们有这样一种想法,也即较之于他们选举出来的代表,他们更有能力把握"大众普遍抱持的态度",那么他们一定是在自欺欺人。威灵顿是个相当聪明的法学同僚,当他对"大众普遍抱持的态度"的解读被证明存有疑问时,也就意味着他的方法也应该有所保留。

〔113〕 譬如 Perry,前引注 110,第 1234 页。

〔114〕 譬如 Perry,前引注 9,第 447 页,注 189。

〔115〕 参见前引注 9。

〔116〕 参见同上。我将在第四章和第五章论证,这是法院恰当职能中的一项重要内容。

〔117〕 Choper,前引注 15,第 830 ~ 832 页。

〔118〕 当然,有可能存在这样的情况:由于少数派的抵制,多数派无法通过新法废除旧法。但是,法律陈旧过时本身并不意味着反对该法律的多数派之存在,而且关键是,法律过时与否,法院不大适合从事此项判断。再者,该主张所要求的是理论上的共识,而不仅仅是简单多数。倘若真有共识存在,那么法律就有可能被废止,因为跟宪法条文不同,法律条文一般通过多数决就能够被废止。"格里斯沃尔德诉康涅狄格州案"(Griswold v. Connecticut,381 U. S. 479,1965),可能是人们最喜欢引用的"因法律过时而启动相反共识"的例子。比较性地参阅 A. Bickel,前引注 1,第 148 ~ 156 页,然而,事实上,虽然不断有废止康涅狄格州生育控制法的尝试,但最后都失败了。

〔119〕 在共识这个主题上,存在一个可能的变种,它至少初看起来是吸引人的。其想法是设置一张罗尔斯式的"无知之幕",并询问人们,倘若他们并不知晓自己在社会中所处的地位,那么他们是否还将支持系争立法。比较性地参阅 R. Dworkin,前引注 9,第 181 页:"原初地位很好地被设计用来落实获得平等的关切和尊重的抽象权利……"(马歇尔大法官在 Furman v. Georgia 案中的协同意见书,408 U. S.

238,314,1972,对这些措辞似乎作了一个不错的转述)。但是,通常而言,人们在投票时,知道他们是谁,这完全是符合民主理论的。其中的机巧就在于,挑选出某些场合予以剔除,在这些场合中,他们的观点将导致我们会认为不正当的分类。一般地,参见第六章。

〔120〕 譬如 Wellington,前引注 61;R. Dworkin,前引注 9,第 123 ~ 130 页。

〔121〕 同一论者对于我们这里正在讨论的同一法院经常会有两种形象,回想一下,这个法院具有追寻"道德哲学方法"的"超然性"。这在此处讨论的文字中更显讽刺意味。经常是同一个人,在我心目中,特别是比克尔教授,一方面认为,当立 220
法机关不能准确反映共识时,联邦最高法院应该有所回应;另一方面又激烈批评沃伦法院为使立法机关更具有回应性所做的努力。

〔122〕 譬如参见 H. Mayo,前引注 27,第 96 ~ 97 页。

〔123〕 A. Bullock,*Hitler*,*A Study in Tyranny*[《希特勒:专制研究》,第 367 页(1952 年)]。我无法告诉你,我用了多大的意志力才忍住不把这句话当作这一小节的开篇引语。

〔124〕 参见 H. Mayo,前引注 27,第 217 页。另请参见,同上,第 97 页:"列宁过去就常宣称,其拥有洞察人民'真正'利益的上帝般的天赋。"

〔125〕 另请参见 Young v. American Mini Theatres,427 U. S. 50,86(1976)(斯图尔特大法官的不同意见书);Tribe,前引注 95,第 294 页,注 77。但是,请比较性地参阅,同上,第 304 页,第 311 ~ 312 页。这一点,德沃金教授也略有提到,R. Dworkin,前引注 9,第 142 页,但他也不准备在此基础上做推论。

〔126〕 A. Bickel,前引注 24。

〔127〕 譬如 Chayes,"The Role of the Judge in Public Law Litigation"(《公法诉讼中的法官角色》),89 *Harv. L. Rev.* 1281,1316(1976)。长期以来,一直有要求判决"经得起时间考验"(durable)的呼声,其中便蕴含着同一种类的标准。参见 Ely,"The Wages of Crying Wolf:A Comment on Roe v. Wade"(《喊狼来了的报偿:罗伊诉韦德案的一个评论》),82 *Yale L. J.* 920,946 注 133(1973)中所引的资料。

〔128〕 比较 A. Bickel,前引注 24,第 116 ~ 138 页,与 Wright,前引注 6,第 797 ~ 803 页。

〔129〕 另请参见 Kennedy,"Legal formality"(《法律的形式性》),2 *J. Leg. Stud.* 351,385(1973);Jaffe,前引注 101,第 994 ~ 995 页。比较性地参阅 Karst and

Horowitz,前引注 26,第 79 页。

〔130〕 A. Bickel,前引注 1,第 55 页。

〔131〕 譬如 A. Bickel,前引注 24,第 177 页;A. Bickel,*The Morality of Consent*(《同意的道德性》)第 3 ~ 5 页(1975 年版)。

〔132〕 譬如 A. Bickel,前引注 1,第 239 页。

〔133〕 A. Bickel,前引注 131。比较性地参阅 A. Bickel,前引注 1,第 239 ~ 240 页;A. Bickel,前引注 24,第 87 页。

〔134〕 但是,请比较性地参阅 Bork,前引注 58。

第四章 监督代议程序:作为裁判员的法院

〔1〕 譬如参见 L. Tribe, *American Constitutional Law*(《美国宪法》) 452(1978);Berger,"Government by Judiciary:John Hart Ely's 'Invitation'"(《司法的统治:约翰·哈特·伊利的"邀请"》),54 *Ind. L. J.* 277,287,311 – 312(1979);Wellington,"Common Law Rules and Constitutional Double Standards:Some Notes on Adjudication"(《普通法规则和宪法的双重标准:判决的若干评注》),83 *Yale L. J.* 221,第 305 页,注 280(1973)。

221 〔2〕 用首席大法官的名字来"命名"联邦最高法院,经常具有误导性,在这里也可能有此效果。然而,就此处讨论所涉及的主题而言,似乎并无不妥,因为我认为历史将会以这个主导者的名字记录下来。我们从厄尔·沃伦的早期职业生涯中,就可以发现,他是一个彻头彻尾的民主主义者,他认为,作为一名大法官,其职责就是确保"当权者"("ins")不会生硬地将其他人挡在代议制政府的运作程序或资源分配的大门之外。另请参见 Ely,"The Chief",88 *Harv. L. Rev.* 11(1974)。

〔3〕 譬如参见 Loving v. Virginia,388 U. S. 1,12(1967)(在涉及种族分类的情况下,作了不必要的有关婚姻的"基本自由"方面的补充论证)。

〔4〕 在沃伦法院的所有判决意见中,看起来最有"基本价值"论倾向的,似乎是"格里斯沃尔德诉康涅狄格州案"的判决意见。参见 Griswold v. Connecticut,381 U. S. 479(1965)。然而,仔细查看后就会发现,该案的判决意见表现出强烈的解释主义愿望,它试图将其判决与第 1 条、第 3 条、第 4 条和第 5 条宪法修正案联系起来。同上,第 484 页。而且,通过设想警察为执行系争法律很有可能会采取的措施,特别在建立与第 4 条宪法修正案的联系方面下了苦功夫。同上,第 485 ~ 486 页。

这与伯格法院在"罗伊诉韦德案"中运用的方法有很大的不同。见 Roe v. Wade,410 U. S. 113(1973);参见 Ely,"The Wages of Crying Wolf:A Comment on Roe v. Wade"(《喊狼来了的报偿:罗伊诉韦德案的一个评论》),82 *Yale L. J.* 928 – 930(1973)。当然,如同其他任何时期的联邦最高法院,沃伦法院对宪法中指令性较强的条文,也从"解释主义"的立场出发予以适用。这正是其所应为的:反对解释主义的原因在于,它是不充分的,因为它无法对有些条文作出合理化的解释。另请参见 United States v. Carolene Products Co. ,304 U. S. 144,152 – 153,注 4(1938),本书第 75 ~ 76 页中有摘录。我所指的路径上的差异,关系到不同法院和论者据以赋予宪法中不确定用语内涵的理论。关于伯格法院,一般地参见第六章注 52。

〔5〕 譬如 Dahl,"Decision-Making in a Democracy:The Supreme Court as a National Policy-Maker"(《民主制下的决策:作为国家决策者的最高法院》),6 *J. Pub. L.* 279,283(1957);Rossum,"Representation and Republican Government:Contemporary Court Variations on the Founders' Theme"(《代议制与共和政府:当代法院对建国者所确立的主旋律的变奏》),23 *Am. J. Jurisprudence* 88,91(1978)。

〔6〕 此处看得最透的论者是保罗·弗罗因德(Paul Freund)。参见 Freund,"The Judicial Process in Civil Liberties Cases"(《公民自由案件中的司法过程》),1975 *U. Ill. L. F.* 493;P. Freund, A. Sutherland, M. Howe, and E. Brown, *Constitudional Law*(《宪法》)第四十九章(1977 年第 4 版)。比较 R. Dahl, *A Preface to Democratic Theory*(《民主理论的前言》)58 – 59(1956)与 R. Dahl, *Democracy in the United States*(《美国民主》)234 – 236(1976 年第 3 版)。

〔7〕 304 U. S. 144,152 – 153 注 4(1938)(略去了其中的引证)。

〔8〕 提到"前十"条宪法修正案属于"特别的禁止性规定",一定是无意中的事情。

〔9〕 譬如 Braden,"The Search for Objectivity in Constitutional Law"(《探寻宪法中的客观性》),57 *Yale L. J.* 571,580 注 28(1948)。 222

〔10〕 L. Lusky, *By What Right*?(《根据什么权利》)110 – 111(1975)。

〔11〕 该注脚意在分类列举实施严格司法审查的适当情形,所以,倘若没有第一段的内容,将会是不完整的。

〔12〕 譬如 *Webster's New World Dictionary of the American Language*(《韦伯斯特新世界美语词典》)375(2d college ed. 1976)。一般地,参见 Choper,"The Supreme Court and the Political Branches: Democratic Theory and Practice"(《最高法院与政治部门:民主理论与实践》),122 *U. Pa. L. Rev.* 810,812(1974)。

〔13〕 Freund,前引注6,第494页。

〔14〕 Steele v. Louisville & Nashville R. Co. ,323 U. S. 192,202(1944)。

〔15〕 譬如参见 G. Wood, *The Creation of the American Republic*, 1776 – 1787(《美利坚共和国的缔造:1776~1787年》),第18页、第57~63页、第447页(1969年);Buel,"Democracy and the American Revolution: A Frame of Reference"(《民主与美国革命:一个思想框架》),21 *Wm and M. Q.* 165,第168~176页(1964年)。比较性地参阅 Nelson,"Changing Conception of Judicial Review: The Evolution of Constitutional Theory in the States, 1790 – 1860"(《司法审查观念的变迁:1790~1860年各州宪法理论的演变》),120 *U. Pa. L. Rev.* 1166,第1172页、第1177页(1972年)。

〔16〕 譬如参见 *The Federalist*(《联邦党人文集》)第57篇,第385页(B. Wright ed. 1961)(麦迪逊);G. Wood,前引注15,第25页、第28页、第56页、第231页、第379页;*Va. Bill of Rights of* 1776(1776年《弗吉尼亚州权利法案》)第5节:"州的立法权与行政权应与司法权分立,并应有明确界限;立法机构和行政机构中的成员,通过感受并分担人民的疾苦,可能会避免做出压迫人民的事情来,所以,他们应该定期地恢复平民身份,重新回到当初他们所在的群体……"

〔17〕 Buel,前引注15,第184页。

〔18〕 参见 *The Federalist*(《联邦党人文集》)第57篇,第383~385页(B. Wright ed. 1961)(麦迪逊);Buel,前引注15,第183~185页;G. Wood,前引注15,第447页。

〔19〕 但请比较性地参阅 Rossum,前引注5,第91页。

〔20〕 参见 *The Federalist*(《联邦党人文集》)第39篇,第280~281页(B. Wright ed. 1961)(麦迪逊)。比较性地参阅 *Aristotle's Politics*(《亚里士多德政治学》)139(Modern Library ed. 1943);J. Pole, *The Pursuit of Equality in American History*(《美国历史上对平等的追求》)36(1978)。另请参见 L. Lusky,前引注10,第109页,表明这个主题与卡罗林产品案第四注脚的最后一段具有关联性。

〔21〕 另请参见,譬如2 Del. Laws,第五十三章(S. and J. Adams, 1797);1 N. C. Public Acts,第二十二章(J. Iredell ed. ,F. X. Martin rev. 1804);J. Pole,前引注20,第二章与第三章;G. Wood,前引注15,vii,第70页;Katz,"Republicanism and the

Law of Inheritance in the American Revolutionary Era"(《美国革命时代的共和主义与继承法》),76 *Mich. L. Rev.* 1,14 – 15(1977)。

〔22〕 参见 Katz,"Thomas Jefferson and the Right to Property in Revolutionary America"(《托马斯·杰斐逊与革命时期美国的财产权》),19 *J. L. and Econ.* 467, 481 – 482(1976);前引注 15 所引的资料。

〔23〕 一般地,参见 J. Pole,前引注 20,第 117 ~ 129 页。比较 Katz,前引注 21,和 Katz,前引注 22。 223

〔24〕 参见 *The Federalist*(《联邦党人文集》)第 10 篇(麦迪逊)。另请参见 Kenyon,"Constitutionalism in Revolutionary America"[《革命时期美国的立宪主义》,载 *Nomos XX*:*Constitutionalism*(《律法》第 20 卷:《立宪主义》)84,89(J. Pennock and J. Chapman eds. 1979)];G. Wood,前引注 15,第 410 ~ 411 页、第 606 ~ 607 页;Katz,前引注 22,第 486 ~ 487 页。比较性地参阅 Kenyon,"Men of Little Faith:The Anti-Federalists on the Nature of Representative Government"(《缺乏信心的人:反联邦党人论代议制政府的本质》),12 *Wm and M. Q.* 3(1955)。

〔25〕 一般地,请参见 A. Lovejoy,*Reflections on Human Nature*(《人性的思考》)37 – 65(1961);H. Arendt,*On Revolution*(《论革命》)148 – 151(1963);G. Wood,前引注 15,第 430 ~ 467 页;Adair,"'That Politics May Be Reduced to a Science':David Hume,James Madison,and the Tenth *Federalist*"(《"政治可以被化约为科学":大卫·休谟、詹姆斯·麦迪逊与〈联邦党人文集〉第 10 篇》),20 *Huntington Lib. Q.* 343(1957);Diamond,"Democracy and *The Federalist*:A Reconsideration of the Framers' Intent"(《民主与〈联邦党人文集〉:对制宪者意图的再思考》)53 *Am. Pol. Sci. Rev.* 52(1959)。

〔26〕 *The Federalist*(《联邦党人文集》)第 51 篇,第 357 ~ 358 页(B. Wright ed. 1961)(麦迪逊)。

〔27〕 R. Dahl,*A Preface to Democratic Theory*(《民主理论的前言》)(1956)。

〔28〕 *The Federalist*(《联邦党人文集》)第 10 篇,第 133 ~ 136 页(B. Wright ed. 1961)(麦迪逊)。另请参见 Morgan,"The American Revolution Considered as an Intellectual Movement"(《作为思想运动的美国革命》),载 *Paths of American Thought*(《美国思想之路》)11(A. Schlesinger,Jr. and M. White eds. 1963)。

〔29〕 参见 United States v. Brown,381 U. S. 437,443(1965)。另请参见 *The*

Federalist(《联邦党人文集》)第 47 篇、第 48 篇和第 51 篇(麦迪逊)。

〔30〕 一般地,参见 Nelson,前引注 15。

〔31〕 Ervine's Appeal,16 Pa. 256,268(1851)(法院对自己提出的问题作出的回答是,应该"在法院"得到救济)。另请参见 De Chastellux v. Fairchild,15 Pa. 18,20(1850);第 85 ~ 87 页。

〔32〕 参见 W. Brock,Conflict and Transformation(《冲突与转变》)159 - 160(1973)。

〔33〕 "罗马法谚云:对全体具有拘束力的法律,应该由全体所批准。这句被布莱克顿(Bracton)所接纳的格言",J. Pole,*Political Representation in England and the Origins of the American Republic*(《英格兰的政治代表与美利坚共和国的起源》)4(1966),由于现实上的(我想还有理论上的)原因,显然不能适用于当代美国,但是不管怎样,其所揭示的义务在下述意义上依然是有效的:在立法过程中,少数人的利益不应完全被置于考虑之外或者遭受否定的评价。

〔34〕 R. Dworkin,*Taking Rights Seriously*(《认真对待权利》)180(1977)。另请参见 J. Pole,前引注 20,第 5 页;R. Dahl,*Democracy in the United States*(《美国的民主》)14(3d ed. 1976)。

〔35〕 另请参见 Nelson,前引注 15,第 1180 ~ 1185 页。

〔36〕 C. Becker,*The Declaration of Independence*(《独立宣言》)88 - 89(1958)。另请参见 B. Bailyn,*The Ideological Origins of the American Revolution*(《美国革命的思想意识起源》)166 - 167(1967)。

224 〔37〕 Toomer v. Witsell,334 U. S. 385,395(1948).

〔38〕 参见 Brown v. Maryland,12 Wheat. 419(1827)。

〔39〕 另请参见 McGoldrick v. Berwind-White Coal Mining Co. ,309 U. S. 33,45 - 46 注 2(1940);Raymond Motor Transp. ,Inc. v. Rice,434 U. S. 429,444 注 18(1978)。

〔40〕 比较 South Carolina State Highway Dept. v. Barnwell Brothers,Inc. ,303 U. S. 177,184 - 185 注 2(1938)与 United States v. Carolene Products Co. ,304 U. S. 144,152 - 153 注 4(1938)。

〔41〕 A. Bickel,*The Supreme Court and the Idea of Progress*(《最高法院与进步理念》)37(1970)。

〔42〕 4 Wheat. 316,436(1819).

〔43〕 参见同上,第 428 页:"在施加纳税义务时,立法者依其选民而行事。一般而言,这足以防止压迫性的不当税赋。"另请参见 United States v. County of Fresno,429 U. S. 452,459 –460(1977)。

〔44〕 在 National League of Cities v. Usery(426 U. S. 838,1976)案中,"麦卡洛克案"中的观点似乎已被抛弃。该案宣告:将《公平劳工标准法》(*Fair Labor Standards Act*)扩展适用于州政府雇员是违宪无效的。即使承认法院的论断,即州的利益不足以通过其在国会中的代表得到充分的保护,同上,第 841 ~842 页注 12;但是,参见 Massachusetts v. United States(435 U. S. 444,456,1978)案,就系争法律的要求在多大强度范围内才被允许此等议题而言,下述论点仍是真实可靠的:作为雇主的州政府,其利益将很好地得到参议员和众议员的代表,这些议员能够积极反映众多其他企业——通常包括大中型企业——的意愿。《公平劳工标准法》并非特意针对州政府机构施加繁重的义务,因此也不存在任何实际的危险,在政治上将容许这种义务达到繁苛的程度,以至于严重损害州政府的运作,更不用说威胁到各州"独立自主的存在"。426 U. S. 第 845 页。

〔45〕 *The Federalist*(《联邦党人文集》)第 57 篇,第 385 页(B. Wright ed. 1961)。

〔46〕 D. Wright,"The Role of the Judiciary:From *Marbury* to *Anderson*"(《司法机关的角色:从马伯里案到安德森案》),60 *Calif. L. Rev.* 1262,1268(1972)。另请参见,譬如 Sandalow,"Judicial Procetion of Minorities"(《对少数人的司法保障》),75 *Mich. L. Rev.* 1162,1178(1977);J. S. Wright,"Professor Bickel,the Scholarly Tradition,and the Supreme Court"(《比克尔教授、学术传统与最高法院》),84 *Harv. L. Rev.* 769,784(1971);Murphy,"Constitutional Interpretation:The Art of the Historian,Magician,or Statesman?"(《宪法解释:史学家、魔术家抑或政治家的艺术?》)87 *Yale L. J.* 1752,1764(1978)。

〔47〕 我想有人可能会争辩说:我们的宪法文件,之所以甄选出如此少的价值给予特殊的实质性保障,其缘由在于很多制宪者和批准者设想,那是可以期待联邦最高法院去履行的一项职能。这个主张显然是错误的。司法审查甚至不是制宪者所明确设想的原初宪法的一个特征(尽管它无疑是今日宪法的一个真实特征)。凡是了解事实的人,也不可能主张:在美国重建时期之前,联邦最高法院从事价值界定 225

的工作,时日已久或者十分明显,以至于认为,第 14 条宪法修正案的创制者,是在那时联邦最高法院的职能这一预设下创制的。

〔48〕 一般地,参见第二章。如何使宪法较为宽泛的主旨对具体问题的解决具有意义,有关这方面的一般技巧,对我产生重大影响的是 C. Black, *Structure and Relationship in Constitutional Law*(《宪法中的结构和关系》)(1969)。

〔49〕 Fuller,"American Legal Philosophy at Mid-Century"(《世纪中叶的美国法律哲学》),6 *J. Leg. Educ.* 457,463 –464(1954)。

〔50〕 R. Palmer, *The Age of the Democratic Revolution*(《民主革命的年代》),第 1 卷, *The Challenge*(挑战)190 –193,235(1959);G. Wood,前引注 15,第 3 页。美国殖民地居民甚至相信英国官方有一个"阴谋":试图颠覆在英格兰和美利坚实行的英国宪制,并因此缩减既有的自由。与这一信念相伴而随的,是一种对美国实验的正当性的信心,并因此对美国独立的"管辖权"主张提供了重要支持。一般地,参见 B. Bailyn,前引注 36。

〔51〕 "到 1774 年,就有殖民地居民(比如杰斐逊)辩称:英国议会针对美国的统治行为之所以是无效的,并不是因为这些行为是不正义的——奥蒂斯(Otis)在 18 世纪 60 年代就是这么主张的——而是因为'英国议会没有权利针对我们行使统治权'。"G. Wood,前引注 15,第 352 页。

〔52〕 参见 J. Pole,前引注 20,第 14 ~15 页、第 22 ~24 页;E. Morgon, *The Birth of the Republic*,1763 –1789(《共和国的诞生:1763 ~1789 年》),第 73 页(1956 年)。

〔53〕 H. Arendt,前引注 25,第 147 页。

〔54〕 参见 Kenyon,"Republicanism and Radicalism in the American Revolution: An Old-Fashioned Interpretation"(《美国革命中的共和主义和激进主义:一个传统解释》),19 *Wm and M. Q.* 153,168 –178(1962);J. Pole,前引注 20,第 48 页,第 53 页。但是,请比较性地参阅 G. Wills, *Inventing America*(《创造美国》)(1978)。

〔55〕 另请参见 Katz,"The Origins of American Constitutional Thought"(《美国宪法思想的起源》),载 *Perspectives in American History*(《美国历史透视》)第 3 卷,第 474 页(D. Fleming and B. Bailyn eds. 1969),Nelson,"The Eighteenth-century Background of John Marshall's Constitutional Jurisprudence"(《约翰·马歇尔之宪政法理学的 18 世纪背景》),76 *Mich. L. Rev.* 893(1978)。

〔56〕 参见 3 M. Farrand, *The Records of the Federal Convention of* 1787(《1787

年联邦制宪会议记录》),第163页(1911年)(詹姆斯·威尔逊在宾夕法尼亚州制宪会议上)。

〔57〕 比较性地参阅 *The Federalist*(《联邦党人文集》)第85篇,第542页(B. Wright ed. 1961)(汉密尔顿)。

〔58〕 参见 Comment,"The Bounds of Legislative Specification:A Suggested Approach to the Bill of Attainder Clause"(《专门立法的边界:解读褫夺公权条款的一条进路》),72 *Yale L. J.* 330(1962)。

〔59〕 一般地,参见 Home Building and Loan Ass'n v. Blaisdell,290U. S. 398 (1934);"The Supreme Court,1976 Term"(《最高法院:1976年开庭期》),91 *Harv. L. Rev.* 70,83–84(1977)。 226

〔60〕 参见 1 W. Crosskey,*Politics and the Constitution*(《政治和宪法》)352–360(1953);Ogden v. Saunders,12 Wheat. 213,332(1827)(马歇尔大法官的不同意见书)。

〔61〕 Ogden v. Saunders,12 Wheat,213(1827).

〔62〕 United States Trust Co. v. New Jersey,431 U. S. 1(1977);Allied Structural Steel Co. v. Spannaus,438 U. S. 234(1978).

〔63〕 一般地,参见 City of EL Paso v. Simmons,379 U. S. 497(1965)。

〔64〕 比较性地参阅 Slawson,"Constitutional and Legislative Consideration in Retroactive Lawmaking"(《追溯性立法中的宪法和立法考量》),48 *Calif. L. Rev.* 216,217–218(1960),将"方法上的溯及既往"(将不利后果加诸法律通过前就已完成的行为)与"影响既有权利的溯及既往"(推翻具有赋权效果的既有行为模式)区分开来,并且指出后一概念是不受限制的。

〔65〕 譬如 Ely,"Toward a Representation-Reinforcing Mode of Judicial Review"(《迈向强化代议制的司法审查模式》),37 *Md. L. Rev.* 451,474(1978)。比较性地参阅,同上,第480页。

〔66〕 若完全放弃这个说法,我还是有些犹豫的,因为它源于分散决策权这一适当的"宪法性"考量。然而,除非对这种考量作出可靠的限定,否则它将导致一种无政府状态,从而与我们的宪法秩序相悖。我所能见到的看似合理的限定手段——当然不包括那种实在太大众化的手段:如果喜欢实体上的结果,就调用这种想法,如果不喜欢,就忽略这种想法,或者宣称这种想法"太过了"——有两种,一是指向"传

统上承认的”替代性决策中心,二是指向宪法中提及的那些替代性决策中心。由于前者是出了名的易受操纵,以及直接运作的结果恰好将是保护那些最不需要保护的人,这显然是令人难以接受的。现在剩下的选项就是保护宪法中提及的那些替代性权力中心——教会、媒体,可辩驳的契约和财产(虽然从宪法文件表面来看,至少对后者的特别宪法保障实质上是受限制的)。

〔67〕 另请参见《美国宪法》第1条第9款第6项。此项规定显然有利于北方的商业利益,正如保护奴隶制显然有利于南方的利益。

〔68〕 从法律上讲,这是一个联邦主义的规定,因为各州可以自由决定是否禁止进口奴隶。然而,由于这种权力如此明确地被排除在联邦权力可能享有的范围之外,将这个条款解读为历史事实所告诉我们的那样,似乎是合理的,也就是其试图预先阻止一个特定的实体结果:南方奴隶制的废除。但是,我并不准备为这个观点奋
227 战,因为这里的歧见在深层次上与我总的理论观点完全是一致的。

〔69〕 另请参见 R. Cover, *Justice Accused*(《被控诉的正义》)151 – 152(1975); P. Paludan, *A Covenant with Death*(《死亡之约》)3 – 4(1975); Regents of University of California v. Bakke, 438 U. S. 265, 387 – 390(1978)(马歇尔大法官)。

〔70〕 *The Federalist*(《联邦党人文集》)第84篇,第534页(B. Wright ed. 1961)(汉密尔顿)。另请参见,譬如 J. Pole, *Foundation of American Independence*: 1763 – 1815(《美国独立的基础:1763 ~ 1815年》),第196页(1972); J. Goebel, *Antecedents and Beginnings to* 1801(《先祖与开端到1801年》), *HIstory of the Supreme Court of the United States*(《美国最高法院史》)第1卷,第249页(P. Freund ed. 1971)。

〔71〕 *The Federalist*(《联邦党人文集》)第84篇,第536页(B. Wright ed. 1961)(汉密尔顿)。

〔72〕 *The Federalist*(《联邦党人文集》)第85篇,第542页(B. Wright ed. 1961)(汉密尔顿)。

〔73〕 参见 Palko v. Connecticut, 302 U. S. 319, 326 – 327(1937); Kovacs v. Cooper, 336 U. S. 77, 95(1949)(弗兰克福特大法官的协同意见书,表达了霍姆斯大法官的见解); Blasi, "The Checking Value in First Amendment Theory"(《第一修正案理论中的制衡价值》), 1977 *Am. Bar Found. Research J.* 521。

〔74〕 比较性地参阅第五章注10。

〔75〕 另请参见《美国宪法》第6条第3款(不得以宗教信仰作为担任合众国任何官职或公职的必要资格)。

〔76〕 曾有一项动议,试图以"为了共同防御"这一用语来限定该项权利,结果却被否决。J. Goebel,前引注70,第450页。之所以会如此,可能是因为这个用语被认为是多余的,事实上,它也的确像是考虑到了该修正案的导言性用语——其在当时被认为是合适的,同上——但它不是必需的(美国殖民地时期的"民兵组织",差不多是由许多家中墙上挂着来福枪的"好老弟"组成的,这个事实似乎会破坏为人所接受的解释所提出的私人权利与州组织权利之间的区别。不过,由于该修正案使用了"管理良好的"这一限定性用语,这个问题基本上已经不成为问题)。

〔77〕 但是,请比较性地参阅《美国宪法》第1条第8款第8项(著作权条款)。

〔78〕 当然,事物的功能很少是单一的,这里很多条款也可以被赋予非工具性的意义。譬如参见Tribe,"Trial by Mathematics:Precision and and Ritual in the Legal Process"(《运用数学审判:法律程序中的精确性和仪式性》),84 *Harv. L. Rev.* 1329,1391-1392(1971)。当遇到一个边缘性案件(borderline case)因而需要判断应该适用这些条文中的这个条款还是那个条款时,上述非工具性的意义才可能会凸显出来。然而,我们目前所从事的工作是,试图在总体上描述我们祖先在制宪时所想的我们宪法的本质特征,正是基于这一出发点,我们将集中关注可以辨识的制宪者用力最猛的地方。

〔79〕 参见Rogers v. Richmond,365 U. S. 534(1961)。 228

〔80〕 比较性地参阅Ely,"The Irrepressible Myth of Erie"(《伊瑞案不可抑制的神话》),87 *Harv. L. Rev.* 693,726(1974)。

〔81〕 参见同上,第724~726页、第739~740页。

〔82〕 考虑到近年来流行用"隐私"来涵盖个人自主(尽管这种风尚慢慢地在减弱),我们可以足够明确地指出:隐私似乎是第4条宪法修正案所试图保护的部分内容,这种隐私才可以恰如其分地被称为隐私,即个人保持其不愿散播出去的私人信息的能力。

〔83〕 Katz v. United States,389 U. S. 347,350(1967)。另请参见Griswold v. Connecticut,381 U. S. 479,509(1965)(布莱克大法官的不同意见书),被引于Katz v. United States,389 U. S. 347,350注4(1967)。

〔84〕 参见Weems v. United States,217 U. S. 349,371-373(1910)。

〔85〕 另请参见第六章。

〔86〕 参见第 81 页。

〔87〕 L. Tribe,前引注 1,第 463 页。

〔88〕 Sax,"Takings and the Police Power"(《征收与管治权》),74 *Yale L. J.* 36,75 - 76(1964)。另请参见同上,第 64 ~ 65 页;Sax,"Takings, Private Property and Public Rights"(《征收、私有财产与公共权利》),81 *Yale L. J.* 149,169 - 170(1971);B. Ackerman, *Private Property and the Constitution*(《私有财产和宪法》),52 - 53,68,79 - 80(1977)。我特别感谢保罗·米什金(Paul Mishkin)指出,我早先对这个条款的解读(Ely,前引注 65,第 480 页)作出了过多的让步。

〔89〕 第 9 条宪法修正案是我们正为之寻找解释指引的开放性宪法条款之一,目前我们正在通过探究宪法文件中其他条款的性质寻找解释指引。第 10 条宪法修正案是一个联邦主义条款,强调未列举的权力由各州保留。第 11 条和第 12 条宪法修正案都是关于政府组织的。即便是一个将主权豁免扩展至州的决定,显然也是源于对政府组织机制的关注,而不是源于一个实体上的决定,即让代价由受害方来承担,而不是由人民来分担。无论如何,较好的观点似乎是:第 11 条宪法修正案仅仅想要表明,宪法第 3 条本身并未赋予联邦法院以州为被告的案件的管辖权,但并不禁止国会创设这种管辖权。

〔90〕 第 14 条宪法修正案的第 3 款和第 4 款规定,可以被视为溯及既往的实体性条款,通过禁止任何一州偿还南方州联盟的债务以及通过剥夺南方州联盟领袖的某些政治权利(除非国会通过三分之二票数予以豁免)来"惩罚"南方。

〔91〕 司法上试图巩固宪法中的基本价值的努力,由于同样的原因,遭受了同样的命运。说"德雷特·斯科特诉桑福特案"(Dred Scott v. Sanford)经不起时间的
229 考验,这样轻描淡写是最可怕的。尽管不像斯科特案那么引人注目,"洛克纳诉纽约州案"(Lochner v. New York)也没有经得起时间的考验,甚至在我写这本书的时候,联邦最高法院也正以一种相当微妙的方式从罗伊诉韦德案(Roe v. Wade)撤退。参见第六章注 38。

〔92〕 即使契约条款从来不意在保护未来的契约,该条款适用于现有契约的情形多少年来实际上也并不存在,尽管就后者而言,我们可能正在见证一项复兴运动的早期阶段。

〔93〕 另请参见 Linde,"Due Process of Lawmaking"(《立法的正当程序》),55

Neb. L. Rev 197,255(1975);Kommers,"Abortion and Constitution:United States and West Germany"(《堕胎与宪法:美国与西德》),25 *Am. J. Comp. L.* 255,280(1977)。比较性地参阅 G. Almond and S. Verba,The Civic Culture(《公民文化》)102(1963):在回答"对于这个国家,你最引以为自豪的是什么"这一问题时,85%的美国受访者提到了"国家政治制度";"经济体制"则名列第二,有23%的受访者提到。在另外四个民主国家的民调中,"国家政治制度"的回答都未能超过半数。

〔94〕 我想,如果非得要说出"美国的意识形态",那么自由放任资本主义必然会是一个候选对象。但是请比较性地参阅前引注93。正如我们已经看到,这是一项今天的基本价值论者所不敢承认的价值,这有种种原因,尤其是,他们害怕"洛克纳案"被证明是正确的。

〔95〕 Linde,前引注93,第254页。

〔96〕 参见譬如2 A. Kahn,*The Economics of Regulation*(《规制经济学》)114-115(1971)。

〔97〕 (1)和(2)这两种情形将分别在第五章和第六章予以说明。

〔98〕 A. Bickel,*The Least Dangerous Branch*(《最小危险部门》)24(1962)。

第五章 疏通政治变革的渠道

〔1〕 "过于宽泛"规则还包括一个"起诉资格"要素:即便系争法律规定适用于某些人是合宪的,该规则也赋予他们"在表面上"挑战系争法律规定的能力,这些人也因此得以主张另一些人——系争法律规定的用语同样适用于他们但却是违宪的——的权利。

〔2〕 通常而言,基于管理方便的原因,即使个别人的行为不会造成政府所关切的危险,立法机关也可以合宪地予以禁止。所以,比如,那些没有经过验光培训的人被禁止从事配换眼镜片的工作,尽管他们中有一些人,经个别测试,可以充分证明他们有从事这项工作的能力。另请参见第六章。通过将这种"管理方便"的抗辩理由排除在第1条宪法修正案领域之外,联邦最高法院显然是禁止了另一名目下"过于宽泛的"压制。 230

〔3〕 389 U. S. 258,268,注20(1967)。

〔4〕 参见 Note,"Less Drastic Means and the First Amendment"(《不大严厉的手段和第一条宪法修正案》),78 *Yale L. J.* 464,467-468(1969)。比较性地参阅 D.

Braybrooke and C. Lindblom, A Strategy of Decision(《判决的策略》)(1963)。对一个法律的整体计划之适当性作全盘的"衡量"几乎是令人难以理解的。无论如何,只有当法律限制言论是出于担心该言论产生的后果时,该法律的整体才可能属于第1条宪法修正案范围内的问题(并不直接规制言论的法律,在有些场合的确会限制言论,在这些场合,适用这些法律有可能构成违宪。但是,如果说对于这类法律的每一次适用,都能用第1条宪法修正案进行合理的挑战,那是不可能的)。因此,全盘衡量的不可理解性,构成了"不受保护的言论"方法——这种方法运用于当政府所要防止的邪恶源于受到压制的言论之内容时的情形——的另一个论据。

〔5〕 因此,在"罗贝尔案"中,联邦最高法院宣告《共产党员管制法》(*Communist Control Act*)中的一个条款违宪无效,该条款规定共产党组织中的任何成员"若受雇于国防机构"便构成犯罪。法院认定该禁止性规定过于宽泛,因为这种组织中的成员并不全都是危险分子,因而将他们全都予以禁止是没有必要的。这个判决是正确的,但并不是因为引自首席大法官的判决意见中的那段话所表明的理由,也即将该禁止性规定扩展至这种组织中的全部成员是完全不必要的。如果安全是我们的唯一目标,而不涉及第1条宪法修正案中的自由,那么,我们选择将这类组织中的全部成员阻止在外,会是相当合理的。因此,这个判决的意思一定是,将该禁止性规定扩展至全部成员所导致的对言论的压制,已经超过了基于安全考虑对那样宽泛的一个禁令的需要。评价也因此必然包含在其中,这在法院对下述事实的进一步强调中表现得更为明白:国防机构中并非所有的工作都是极机密的。389 U. S. 第265~267页。法院的意思显然是:如果涉及的是保卫总统与战略空军司令部(Strategic Air Command)之间的热线的工作,那么这种任职资格限制的规定就可以扩展至共产党组织的所有成员,且毫无疑问还可以扩展至我们当中的很多人。

〔6〕 Schenck v. United States, 249 U. S. 47, 52(1919). 另请参见 Frohwerk v. United States, 249 U. S. 204(1919); Debs v. United States, 249 U. S. 211(1919)。

〔7〕 随后的解释表明,即将发生的"实质性邪恶"至少必须是相对严重的。

〔8〕 341 U. S. 494, 510(1951)(相对多数意见)。

〔9〕 Black, "Mr. Justice Black, the Supreme Court, and the Bill of Rights"(《布
231 莱克大法官、最高法院和权利法案》), *Harper's Magazine* 63, 1961年2月。

〔10〕 有人可能会主张,所有"政治性"言论都应该受到绝对的保护[这个主张应该和只有政治性言论才应该受到保护的观点区分开来。参见,譬如 Bork, "Neutral Principles and Some First Amendment Problems"(《中立原则与第一条修正案的若干难题》),47 *Ind. L. J.* 1(1971)。从宪法条文的用语来看,那种观点是难以立足的,因为条文并没有使用限定性用语。比较性地参阅 1 B. Schwartz,*The Bill of Rights:A Documentary History*(《权利法案:文献史》)第 223 页(1971 年)(1774 年 10 月第一届大陆会议致魁北克居民的一封信谈道:出版自由所提升的价值包括"促进真理、科学、道德以及一般人文艺术的发展"等)。当然,第 14 条宪法修正案是否也应该作如此宽泛的解释,则是另外一个问题]。为什么第 1 条宪法修正案中的有些权利应该受到绝对的保护,而有些则不应受到绝对的保护,这并非全然清楚。而且,不管怎样,这种观点都会遭遇同样的难题。除了诸如因政治原因向征兵事务中心扔燃烧弹——这种行为事实上很难被排除在政治性言论类型之外,然而,它当然是不应该受到保护的——之类的例子,我们只需要假设政敌在最危急的时刻进行大规模的蓄意诽谤,或者将正文中的例子改成煽动攻占某个守卫不严的大使馆就可以了。

〔11〕 Brandenburg v. Ohio,395 U. S. 444,456(1969)(道格拉斯大法官的协同意见书)。

〔12〕 Cohen v. California,403 U. S. 15,27(1971)(布莱克门大法官的不同意见书,布莱克大法官也加入其中)。

〔13〕 另请参见 Wellington,"On Freedom of Expression"(《论表达自由》),88 *Yale L. J.* 1105,1136 - 1341(1979)。

〔14〕 此外,这种分析必将表现出相当程度的个案性。在涉及第 1 条宪法修正案的任何场合,也可以说在涉及我们自由的任何场合,我们都希望法院能够发展出具有可预期性的用以控制自由裁量权的规则。他们应当努力这么做。然而这会有难度,因为涉及的情境因素可能如此之多——播音很响的宣传车跟播音不那么响的宣传车是不同的,凌晨三点播音的宣传车跟中午时分播音的宣传车也是不同的,在医院周边地区播音又不同于在公园里播音——以至于我们所能够设计出来的"行为准则"(我再次强调,我们应该朝这个方向努力),很有可能是一种情境一种规则,并且仍然是不完备的。

〔15〕 我最初是在下面这篇文章中提出这一理论的,参见 Ely,"Flag Desecration:A Case Study in the Roles of Categorization and Balancing in First Amendment Analysis"(《亵渎国旗:第一条宪法修正案分析中的类型化与衡量的作用之案例研究》),88 *Harv. L. Rev.* 1482(1975)。下面这篇文章对我帮助很大,参见 Scanlon,"A

Theory of Freedom of Expression”(《表达自由的一个理论》),1 *Phil. and Pub. Aff.* 204(1972)。另请参见 L. Tribe,*Amercian Constitutional Law*(《美国宪法》)580 - 588 (1978)。

〔16〕 对言论自由的限制,很少会以“只是因为政府不喜欢被告所说的话”作
232 为辩护理由,通常都会以言论内容之外的某种危险为理由,比如引起骚乱、非法行为或者暴力推翻政府的危险。因此,主张合宪的理由一定不会是政府所指出来的基本利益,因为那样一来就往往会跟言论无关,而一定会是政府所主张的因果关联。举例而言,如果政府主张一种防止骚乱的利益,那么法院就应该询问,为什么系争案件会牵涉这种利益。如果回答是——在这类案件中通常都会这样回答——被告所说的话产生了骚乱的危险,那么政府的利益就并非与压制言论自由无关,并且,只有在该言论属于少数不受保护的言论类型时,该压制措施才应得到法院的支持。这样一种区分并非总是能够为大法官们所意识到。参见 Feiner v. New York,340 U. S. 315, 319 - 320(1951):“因此,诉愿人之所以被逮捕以及被定罪,都不是因为他的表达行为或者他的言论内容,而毋宁是因为他的言论事实上所引起的反响。”Tinker v. Des Moines Indep. Community School District,393 U. S. 503,526(1969)(哈伦大法官的不同意见书)。

这里可能存在一个诱惑,吸引人们作出下述结论:之前已经有人全然认识到了这一点,或者至少在功能上等同于“对言论内容的规制”与“对言论表达的时间、地方和方式的规制”这种早已有的区分。然而,这将是一个错误的等同,它会给言论自由带来严重损害。因为政府考虑到言论内容对听众可能造成的影响,显然可以“仅仅”规制言论表达的时间、地点和方式。所以,在廷克(Tinker)案中,政府仅仅对表达的地点和方式进行了规制——在校园不得佩戴臂章——但这种规制是出于担心其他同学对这些臂章所传递的讯息会作如何反应,或者这至少是教育主管当局比较赞同的解释。

〔17〕 比较性地参阅 United States v. O' Brien,391 U. S. 367,388 - 389(1968)(哈伦大法官的协同意见书)。

〔18〕 但是参见 L. Hand,*The Bill of Rights*(《权利法案》)(1958)。

〔19〕 1921 年 1 月 2 日勒尼德·汉德(Learned Hand)致泽卡赖亚·查菲(Zechariah Chafee,Jr.)的信,引自 Gunther,“Learned Hand and the Origins of Modern First Amendment Doctrine”(《勒尼德·汉德和第一条宪法修正案的现代原理之起

源》),27 *Stan. L. Rev.* 719,749 – 750(1975)。一般地,参见同上;Masses Publishing Co. v. Patten,244 Fed. 535(1917);Linde,"'Clear and Present Danger' Reexamined: Dissonance in the Brandenburg Concerto"(《"明显且即刻的危险"之再考察:布兰登堡案协奏曲中的杂音》),22 *Stan. L. Rev.* 1163,1168 – 1169(1970)。

〔20〕 321 U. S. 158(1944).

〔21〕 参见 Kovacs v. Cooper,336 U. S. 77(1949)。

〔22〕 United States v. O' Brien,391 U. S. 367,377(1968).但是,请比较性地参阅 Ely,前引注 15,第 1484 ~ 1490 页。

〔23〕 403 U. S. 15,19 – 26(1971).

〔24〕 法院的审查标准,已在后面正文引用的两句话里有所体现,此外(我加 233
了省略号的地方)还要求:这种言论事实上"有可能煽动或制造"即刻的非法行为。395 U. S. 444,447(1969).这两个要素是放在一起被指出来的;显然这两个条件都得满足(因此,在"布兰登堡案"中,法院对系争言论作分析后,发现其内容不属于任何不受保护的言论类型,所以也就不再询问言论内容在情境中是否具有危险性)。要不是在难办的案件中,这两个条件都得满足的要求有可能会被遗忘,并且,对"特定威胁"此一要求的满足,有可能会被认为能够弥补没有真正满足"属于不受保护的言论类型"这个要求的不足,有人可能仅仅赞同(不受保护的言论内容这个要求之外)"特定威胁"此一安全装置。参见 Gunther,前引注 19,第 722 页、第 754 页。另请参见 Linde,前引注 19。

〔25〕 395 U. S. 第 447 页。

〔26〕 认为早期的一些案例能够因为涉及(的确涉及)某些不同的情况(布兰登堡是一个发表了典型的 3K 党言论的 3K 党人)而得以被区别出来的想法,似乎已被断然排除,这不仅是因为联邦最高法院指出,所引用的那个原则适用于所有涉及政府试图取缔鼓吹使用暴力或违抗法律的言论的案件,而且还因为法院引用了丹尼斯案,将其视为发展出那一原则的判例之一。395 U. S. 447. 确实是如此。

〔27〕 在 Virginia State Board of Pharmacy v. Virginia Citizens Consumer Council,Inc. ,425 U. S. 748(1976)案中,联邦最高法院认定广告有资格获得第 1 条宪法修正案的保护。将先前被认为是不受保护的言论类型予以消除,这从表面上看似乎是我所描述的那种趋势的延续。然而,联邦最高法院接着又表示,广告这种商业性言论,跟其他受保护的言论相比较,应该获得"不同程度的保护"。同上,第 771 页以

及注 24。那将怎样操作,目前还不完全清楚,但是它确实表示,一种言论即使不属于不受保护的言论类型,依然可以因为担心人们将对该言论作如何反应而予以禁止,这跟沃伦法院已着手建立的模式是相悖的(当然,如果"虚假广告"被认定为不受保护的言论类型,那么这个架构还是能够维持。然而,人们似乎不大愿意迈出这一步,显然这是出于一种认识论上的"精打细算",不过似乎过了头)。具有相同效果的是 Young v. American Mini Theatres, Inc. 427 U. S. 50(1976)案,该案涉及的是底特律地区的一项法令限制播放"成人"色情电影的影院地点。该案涉及的影片没有被认定为淫秽电影,因此,联邦最高法院认为该案涉及"第 1 条宪法修正案所保护的言论"。同上,第 59 页、第 62 页。但是,联邦最高法院依然维持了这项法令,其声
234 称"即使在受保护的言论范围之内,不同的言论内容可能需要不同的政府规制",同上,第 66 页。并且还总结道:"就处于色情与艺术表达两者界限上的言论而言,其不受限制所具有的利益,较之于有社会和政治意义的理念之传播表达所具有的利益,当然相对不重要。"同上,第 61 页。上述做法显然跟"不受保护的言论"方法截然相反,按照"不受保护的言论"方法,除非系争言论属于某种不受保护的言论类型,否则就应该完全受到保护,免受针对其内容的规制,不管它与其他受保护的言论相较如何。

在 Elrod v. Burns, 427 U. S. 347(1976)案和 Buckley v. Valeo, 424 U. S. 1(1976)案中——这两个案件与 Virginia State Board 案和 Young 案有所不同——涉及的显然都是政治性言论,有迹象表明,联邦最高法院似乎承认了我所主张的那种区分。在这两个案件中,联邦最高法院都指出:政府所主张的利益是通过"压制言论"而获得的利益,427 U. S. 第 363 ~ 364 页,注 17(相对多数意见);424 U. S. 第 17 页,并且还指明,基于这个事实,需要作比较严格的审查。到这里都不错。然而,所谓"比较严格的审查",结果表明其实是一种衡量的测试方法——尽管准确的说应该是要求具有一种"重大而迫切的"(compelling)政府利益——而不是"不受保护的言论"方法,即某种言论只要不属于不受保护的言论类型便能得到绝对的保护。联邦最高法院接着指出,如果政府的规制能够通过衡量法的检测,那么,该规制即使构成"对第 1 条宪法修正案的侵蚀"也将获得维持。427 U. S. 第 360 页;424 U. S. 第 25 页、第 66 页。在这两个判决中,联邦最高法院差不多已经采纳了判决前一年我所极力主张的那种区分,在这种情况下,我还有所抱怨,可能是不礼貌的,参见 Ely,前引注 15,但是,当那种区分跟明显弱化了的实质审查方法联合起来运用时,其意义也就丧

失殆尽。另请参见 L. Tribe，前引注 15，第 656 页："为了判断是否有资格获得第 1 条宪法修正案的保护，求诸另一审查基准是一回事；为了识别既定原则适用中的微妙差异这一很不重要的目的，运用同一审查基准则是另外一回事。"

〔28〕 参见，譬如 Chaplinsky v. New Hampshire，315 U. S. 568（1942）；Miller v. California，413 U. S. 15（1973）。

〔29〕 G. Wood，*The Creation of the American Republic*，1776 – 1787（《美利坚共和国的缔造：1776 ~ 1787 年》），第 23 页（1969 年）。

〔30〕 联邦最高法院并不承认选举是一项宪法权利，这是一个相当普遍的看法。譬如，参见 Brest，"The Conscientious Legislator's Guide to Constitutional Interpretation"（《尽职尽责的立法者的宪法解释指引》），27 *Stan. L. Rev.* 585，595（1975）；比较性地参阅 San Antonio Ind. School Dist. v. Rodriguez，411 U. S. 1，35 注 78（1973）。但是他们很难讲得通。通常，我们称某事物为宪法权利，这意味着国家不能否定任何人享有这一权利，如果国家否定其中某些人享有这一权利，应该有一个很好的理由才能这么做。这也正是在联邦以及各州选举中选举权所具有的地位，因此，当联 235
邦最高法院在"雷诺兹诉西姆斯案"（Reynolds v. Sims，377 U. S. 533，554，1964）中指出"不可否认，美国宪法保护所有符合条件的公民在联邦以及各州选举中选举的权利"时，似乎完全明白其判决的意义。

〔31〕 但是，请参见《美国宪法》第 1 条第 2 款第 1 项："众议院由各州人民每两年选举产生的众议员组成……"；《美国宪法》第 17 条修正案："合众国参议院由每州人民选举的两名参议员组成……"；第 24 条修正案则提及："合众国公民选举……总统或副总统、总统或副总统选举人的权利"，不过，这一规定的目的在于，宣布因未交人头税或其他税而剥夺这一权利的做法为非法。还有几条类似的宪法修正案规定：（在联邦或各州选举中）不得以各种理由来剥夺"公民的选举权"。

〔32〕 譬如比较 Poe v. Ullman，367 U. S. 497，522（1961）（哈伦大法官的不同意见书）和 Carrington v. Rash，380 U. S. 89，97 – 99（1965）（哈伦大法官的不同意见书）。另请参见 R. Berger，*Government by Judiciary*（《司法的统治》），第 392 页（1977 年）。

〔33〕 譬如参见 H. Mayo，*An Introduction to Democratic Theory*（《民主理论导论》）第 120 页（1960）："这些以及其他一些不胜枚举的例子说明，握有政治权力的集团通常都会抵制选举权的扩展……"关于个案研究，请参见 J. Blum，*V Was for*

Victory(《V 代表胜利》)第 250 ~ 251 页(1976)。

〔34〕 395 U. S. 621,627 – 628(1969). 另请参见 Reynolds v. Sims,377 U. S. 533,555(1964):“自由地将选票投给自己选择的候选人的权利,是一个民主社会的核心要素。对这一权利的任何限制都是在打击代议制政府的心脏。”可以提出这样一个主张:如果这两个案件的判决理由互换一下,那么,它们的判决结果将获得更令人信服的支持。参阅 Lee,“Mr. Herbert Spencer and the Bachelor Stockbroker: Kramer v. Union Free School District No. 15”(《赫伯特·斯宾塞先生与单身股票经纪人:克莱默诉联合自由学校第十五选区案》),15 *Ariz. L. Rev.* 457,463(1973)。

〔35〕 参见 Reynolds v. Sims,377 U. S. 533,595 – 602(1964)(哈伦大法官的不同意见书);Oregon v. Mitchell,400 U. S. 112,154 – 200(1970)(哈伦大法官的部分协同意见和部分不同意见书)。

〔36〕 一般地,参见 Van Alstyne,“The Fourteenth Amendment, the ‘Right’ to Vote, and the Understanding of the Thirty-Ninth Congress”(《第十四条修正案、选举“权利”与第三十九届国会的认识》),1965 *Sup. Ct. Rev.* 33;Oregon v. Mitchell,400 U. S. 112,250 – 278(1970)(布伦南、怀特和马歇尔大法官的意见)。第 14 条修正案第 2 款规定:一州某些居民若被剥夺选举权,则该州代表权的基础应予以削减。哈伦主张,这一款规定被理解为排除了将第 14 条修正案第 1 款适用于选举权的任何
236 可能。然而,考虑到这两个条款分别创制而成,以及当时一些支持者表示无意排除其他的救济,哈伦的主张似乎是不可靠的。另请参见第 119 页的注释。实质上,这将哈伦的论据简化为创制者的某些言论,即并无意图要将第 1 款涵盖到选举权,但是,考虑到这一款文字上的宽泛性,这样的言论少之又少这一事实似乎是毁灭性的。吊诡的是,哈伦方面最有利的论据是众议员宾厄姆和参议员霍华德的言论。参见 377 U. S. 第 598 ~ 600 页。这样一种组合我们前面就已见过,跟“吸收合并”的争议有关。参见第二章。吊诡的原因是,在这里,不像在其他地方,这两位议员的言论是在保守或“严格解释”这一方面展示出来的。但是参见第 119 页的注释。有些评论接受这里他们对这一修正案的解释但拒绝那里他们对这一修正案的解释——接受哈伦大法官在选举权方面的论证但拒绝布莱克大法官在吸收合并方面的类似论证——同时丝毫没有解释这种方法论上的矛盾。譬如 R. Berger,前引注 32。这里如同那里,主要的依据和参考应该是真正提出来并获批准的宪法条文之用语。

〔37〕 除了其他不值得一提的论点之外,这一范围有限的主张,其主要论据是

两年之后第 15 条修正案获得批准这一事实，该修正案明确禁止各州基于种族的理由剥夺选举权（另外，第 15 条修正案是在第 14 条修正案通过之后不久获得通过，这个事实也能够用来说明，即使制宪者并没有要将先通过的那个条文适用于选举权的具体意图，那也不应该意味着它不应该被解释成这样，当然，主要的理由还是宪法条文用语的意涵范围。参见第 119～120 页的注释）。

〔38〕 参见 Poe v. Ullman，367 U. S. 497，540（1961）（哈伦大法官的不同意见书）："对政府行为之合宪性的判断，其基础必须是合理的，对宪法条文的解读……不应该以拘泥于文字的方式为之，就好像我们解读税法条文一般，而是应该把宪法当作我们社会的基本章程，它用简约却富有意涵的术语设定了政府原则。"另请参见，譬如 Holmes v. City of Atlanta，350 U. S. 879（1955）（公共高尔夫球场不准采取种族隔离措施）和 Mayor of Baltimore v. Dawson，350 U. S. 877（1955）（公共海滩不准采取种族隔离措施），这两个判决意见，哈伦大法官都加入其中。

〔39〕 另请参见 R. Dworkin，*Taking Rights Seriously*（《认真对待权利》）134－136（1977）。

〔40〕 347 U. S. 483，489（1954）. 另请参见 Bickel，"The Original Understanding and the Segregation Decision"（《原初理解与隔离判决》），69 *Harv. L. Rev.* 1（1955）。

〔41〕 380 U. S. 89（1965）.

〔42〕 383 U. S. 663（1966）.

〔43〕 事实上，得州政府所提供的理由之一，即声称如果军队服役人员有了选票，那么他们就可能开始影响选举，这个论证不仅软弱无力，而且本身是有违宪法的。纵观我们国家的大部分历史，在大多数州，21 岁以下的人没有选举权，理由是 237
他们还太年轻，不了解这些议题，或者说，在他们有权投票之前，对这些议题的兴趣还应该增加一些。当然，21 岁是个凭主观确定的横切点，但是这个选择并不比其他可能选择的固定年龄来得更加主观。那么，不要固定年龄？这似乎会更糟：任何试图通过个案决定方式来测试政治观点成熟与否的计划，其合宪性都将遭到质疑，而且，不管怎样，这样做是不便的。本来完全不需要通过宪法修正案的方式将选举权扩展至妇女，而今天也不会发生这种情况，但是，在 1920 年，平等保护条款几乎还没有被人发现，更不用说适用于选举权了。

〔44〕 另请参见 Baker v. Carr，369 U. S. 186，259（1962）（克拉克大法官的协同意见书）；J. Locke，*Two Treatises on Government*（《政府论》）391（2d ed.，P. Laslett ed. 1967); R. Dahl, *Democracy in the United States*(《美国的民主》) 195 (3d ed. 1976)。

〔45〕 譬如参见 Auerbach,"The Reapportionment Case:One Person,One Vote—One Vote,One Value"(《议席重新分配案件:从一人一票到一票一值》),1964 *Sup. Ct. Rev.* 1,2:"在现时代,没有任何案件比国会选区划分案件和州议会议席重新分配案件更能激起[有关司法审查之适当性的]争议了"。

〔46〕 譬如 Colegrove v. Green,328 U. S. 549,556(1946)。

〔47〕 譬如 Baker v. Carr,369 U. S. 186,268(1962)(弗兰克福特大法官的不同意见书);Reynolds v. Sims,377 U. S. 533,621(1964)(哈伦大法官的不同意见书)。

〔48〕 377 U. S. 533(1964).

〔49〕 譬如 Baker v. Carr,369 U. S. 186,267(1962)(弗兰克福特大法官的不同意见书);同上,第 340 页(哈伦大法官的不同意见书)。

〔50〕 G. Miller,The Supreme Court and the Uses of History(《最高法院和历史的用途》)119(1969):"最高法院判决意见中通俗易懂的'一人一票'原则,现在看来,就好像早先的'无代表不纳税'原则一样,似乎是根深蒂固的。"当然,在一定程度上,这是因为最高法院的判决宣告对公众观点不可避免地会产生影响。

〔51〕 Jaffe,"Was Brandeis an Activist? The Search For Intermediate Premises"(《布兰代斯是能动主义者吗? 探寻中间前提》),80 *Harv. L. Rev.* 986,991(1967)。

〔52〕 譬如参见 Tigner v. Texas,310 U. S. 141(1940)。一般地,参见 Baker v. Carr,369 U. S. 186,336(1962)(哈伦大法官的不同意见书)。

〔53〕 Lucas v. Colorado Gen. Assembly,377 U. S. 713,753 – 754(1964)(斯图尔特大法官的不同意见书)。

〔54〕 参见 M. Shapiro,*Law and Politics in the Supreme Court*(《最高法院中的法律和政治》)219(1964):"几乎所有民主理论家都认为,民治政府最终意味着每个人参与统治的平等机会。"另请参见譬如 H. Mayo,前引注 33,第 62 ~ 64 页、第 70 页、第 126 页;Ranney and Kendall,"Democracy:Confusion and Agreement"(《民主:
238 歧义与共识》),4 *West. Pol. Q.* 430,438 – 439(1951);H. Dean,*Judicial Review and Democracy*(《司法审查与民主》)37 – 38(1960)。比较性地参阅 R Dahl,前引注 44,第 13 页。关于民主被理解成一种应用性的功利主义,参见第一章注 14,从中似乎会导出"每个人只能算作一个单位,没有谁能够算作更多"这一原则,当然,这一原则

同样被很多认为自己不是功利主义者的人所接受。

〔55〕 譬如参见 G. wood,前引注 29,第 170 ~ 171 页(约翰 · 亚当斯);J. Pole, *Foundations of American Independence*:1763 – 1815(《美国独立的基石:1763 ~ 1815 年》,第 87 页(1972)(托马斯 · 杰斐逊);J. Pole, *The Pursuit of Equality in American History*(《美国历史上对平等的追求》)124(1978)(卡罗琳县的约翰 · 泰勒);同上,第 281 页(詹姆斯 · 威尔逊);2 M. Farrand, *The Records of the Federal Convention of* 1787(《1787 年联邦制宪会议记录》),第 241 页(1911)(詹姆斯 · 麦迪逊)。但是,请比较性地参阅 J. Pole, *The Pursuit of Equality in American History*(《美国历史上对平等的追求》)282(1978)(麦迪逊)。另请参见 J. Locke,前引注 44,第 390 ~ 392 页;Baker v. Carr,369 U. S. 186,307(1962)(弗兰克福特大法官的不同意见书):"对于指引了革命的那一代人的政治理论家来说,英国的代表制度当中非常显著的数量上的不平等,是应该予以避免的,而不是应该予以遵循的";Wesberry v. Sanders,376 U. S. 1,27(1964)(哈伦大法官的不同意见书);A. Bickel, *The Least Dangerous Branch*(《最小危险部门》)192(1962)。美国所有州当中有 36 个州的最初的宪法规定,参众两院议席都应完全或基本按照人口分配。Reynolds v. Sims,377 U. S. 533, 573(1964). 另请参见 G. Wood,前引注,第 172 页。尽管如此,在雷诺兹(Reynolds)案判决之前,议席分配不公是我们历史上相当普遍的现象。

〔56〕 一般地,参见 Bonfield,"The Guarantee Clause of Article IV, Section 4:A Study in Constitutional Desuetude"(《宪法第四条第四款的保障条款:宪法上废弃不用条款的一个研究》),46 *Minn. L. Rev.* 513,520 – 526(1962);W. Wiecek, *The Guarantee Clause of the U. S. Constitution*(《美国宪法的保障条款》)第一章和第二章(1972)。

〔57〕 纵观我们的历史,在政治论辩中,共和政体条款经常被调用,不过,其成长的正当性,则是相当一致被承认。一般地,参见同上。另请参见 *Memoir and Letters of Charles Sumner*(《查尔斯 · 萨姆纳的自传和信件》)(第 4 卷:1860 ~ 1874 年),第 258 ~ 259 页(E. Pierce ed. 1893):"文字会随时代而扩展和晋级。我们祖先创建的体制比他们当时所想的要高明。他们制定保障条款,意图仅仅在于避免出现国王?我相信,还有更多的东西——这一切他们当时都还没有充分揭示出来,而我们今天必须按照我们的制度公布出来。"

〔58〕 譬如参见 Comment,"Baker v. Carr and Legislatvie Apportionments:A

Problem of Standards”(《贝克诉卡尔案和议会议席分配:有关标准的难题》),72 *Yale L. J.* 968(1963);Baker v. Carr,369 U. S. 186,323(1962)(弗兰克福特大法官的不同意见书);同上,第 346 ~ 347 页(哈伦大法官的不同意见书)。

〔59〕 Deutsch,“Neutrality, Legitimacy, and the Supreme Court: Some Intersections between Law and Political Science”(《中立性、正当性与最高法院:法律学和政
239 治学的一些交集》),20 *Stan. L. Rev.* 169,247(1968)。

〔60〕 与雷诺兹案属于同一类型的一个案件,即 Lucas v. Colorado Gen. Assembly,377 U. S. 713(1964)案,有时被认为错得特别严重,因为该案中的议席分配不公已经通过全民公决获得了“大多数选民本身”的批准。譬如 A. Bickel, *The Supreme Court and the Idea of Progress*(《最高法院与进步理念》)110(1970)。这个说法乍一听似乎有理,但其实并不准确。打个比方,65% 的选民通过投票赋予自己 80% 的实际立法权力,以及 40% 的选民选出来的代表通过投票确保自己拥有 55% 的实际权力,在这两种情况下,要求司法介入的理由是一样迫切的。

〔61〕 在这方面,伯格法院已经退缩了几分,其在 Gaffney v. Cummings,412 U. S. 735(1973)案中指出:低于 10% 的人口偏差是可以接受的。这同样避免了不可操作性的棘丛:它就像一人一票原则那样具有可操作性。尽管,“一人一票,上下可浮动百分之十”,听起来不大像个宪法原则。

〔62〕 372 U. S. 335(1963).

〔63〕 参见 A. Lewis, *Gideon's Trumpet*(《吉迪恩的号角》)123 - 24,126 - 127(1964)。

〔64〕 384 U. S. 436(1966).

〔65〕 另请参见 Monaghan,“Foreword: Constitutional Common Law”(《前言:宪法性普通法》),89 *Harv. L. Rev.* 1,20 - 23(1975)。

〔66〕 一般地,参见 G. Gunther, *Cases and Materials on Constitutional Law*(《宪法案例与资料》)671 - 678(1975 年第 9 版)。

〔67〕 Gunther,“Foreword: In Search of Evolving Doctrine on a Changing Court: A Model for a Newer Equal Protection”(《前言:寻找转型法院中的演化原则:一个新的平等保护模式》),86 *Harv. L. Rev.* 1(1972)。

〔68〕 譬如 Weinberger v. Wiesenfeld,420 U. S. 636,650(1975);McGinnis v. Royster,410 U. S. 263,270(1973);Massachusetts Bd. of Retirement v. Murgia,427 U.

S. 307,314(1976)。

〔69〕 譬如参见 New Orleans v. Dukes,427 U. S. 297,304(1976);Weinberger v. Wiesenfeld,420 U. S. 636,648(1975);Trimble v. Gordon,430 U. S. 762,767 – 768(1977);Gunther,前引注 67,第 46 ~ 47 页。

〔70〕 一般地,参见 G. Gunther,前引注 66,1978 年增补,第 97 页、第 216 ~ 217 页。

〔71〕 州政府律师若发现某个立法目的在政治上是难堪的或过时的,那么,对于是否援引这个立法目的,他或她就会有所犹豫,参见 L. Tribe,前引注 15,第 1083 ~ 1088 页,这个观点似乎容易受到同样的批评——还有这样一个疑问:为什么州政府抱有一个宪法允许的但是政治上难堪的立法目的就要受到惩罚呢。参见 Linde,“Due Process of Lawmaking”(《立法的正当程序》),55 *Neb. L. Rev.* 197,221(1976)。

〔72〕 另外,如果州检察长与主导的立法多数意见不一致,他或她可能因此而避免援引可以挽救该立法的立法目的。 240

〔73〕 比较 Sturgis v. Attorney General,358 Mass. 37(1970)和 Eisenstadt v. Baird,405 U. S. 438(1972)。“通常”这一词是对正文中的论点的限定,从而将违宪的立法目的的情形排除在外。最契合分类的立法目的,几乎总是实际催生该分类的立法目的。然而,当这个立法目的违反宪法时,它非但不能挽救该分类,反而会使该分类归于无效。

〔74〕 “说明立法之认定及目的,乃是匿名的起草人、委员会成员以及利益相关方的法律顾问的任务,而不是立法者的任务。在占优势的判例法下,这种说明是为了提供任何可以说服法院的理由。除了此一目的之外,立法人员既没有理由关注它们,也没有理由对它们的真实性或相关性进行辩论,只要他喜欢这个法案就行。” Linde,前引注 71,第 231 页。

〔75〕 出现在州宪法中的某些要求,比如每部法律都只能处理一个主题,并且该主题应该忠实地体现在法律的名称当中,显然,这些要求至少部分是为了促进政治问责。虽然,政治问责可能最终必然依赖于特殊利益集团和政治对手的意愿,也就是要看他们在多大程度上愿意严格地依照法律规定,并就此向我们其余人总结陈词,就此而言,这样的要求似乎有点多余,但是,实际上这可能表示一个比较有益的方向。然而,认为联邦法院应该将此一要求制度化,就有些牵强附会了。

〔76〕 另请参见 R. Dahl,前引注 44,第 200 页。尽管以持续不断的公民参与为

出发点的民主理论近来已不流行，但是，请比较性地参阅 C. Pateman, *Participation and Democratic Theory*(《参与和民主理论》)(1970)，通过对决策者的定期选举，人民大众的影响力是可以被感知的，这已经成为共识。譬如参见 J. Schumpeter, *Capitalism, Socialism, and Democracy*(《资本主义、社会主义与民主》)269－283(1942)。

〔77〕 此处所使用的"立法程序"，包括行政首脑作为法案的签署者和否决者所发挥的功能。

〔78〕 通常的假设是，无论禁止授权原则是怎样从联邦宪法中推导出来的，禁止授权原则仅仅对联邦政府适用。关于这一点，有人可以指出《美国宪法》第1条第1款，其规定："本宪法授予的全部立法权，属于……合众国国会。"若要通过解释将禁止授权原则适用于州层面，就不得不以共和政体条款作为文本上的依据。不过，就涉及授权给未经选举产生的官员这一情形而言，我们很难明白，为什么前面这个条款就比后面这个条款来得更加贴切。一个政府，除非其重要决策是通过经由选举而产生的官员作出的，否则称不上"共和"政府，这一主张丝毫没有轻率鲁莽的成分：事实上，我们已经明白，这非常接近于"共和"这一术语的核心含义。然而，我也
241 知道，作为一个实践问题，联邦的禁止授权原则，即使在联邦政府层面复兴了，也不大可能通过联邦法院扩展到州政府层面——光光出于共和政体条款已闲置已久这一理由就足矣。不过，实际上，禁止授权原则在州政府层面远比在联邦政府层面来得活跃，这归功于州法院对州宪法条文的解释之努力。

〔79〕 M. Parenti, *Democracy for the Few*(《少数人的民主》)248(1977)。另请参见，譬如 Bruff and Gellhorn, "Congressional Control of Administrative Regulation: A Study of Legislative Vetos"(《国会对行政规章的控制：立法性否决权研究》), 90 *Harv. L. Rev.* 1369, 1373 注 10(1977)。

〔80〕 Cutler and Johnson, "Regulation and the Political Process"(《规制与政治过程》), 84 *Yale L. J.* 1395, 1400(1975)。

〔81〕 122 *Cong. Rec.* H10,685(daily ed. Sept. 21, 1976).

〔82〕 122 *Cong. Rec.* H10,673(daily ed. Sept. 21, 1976).

〔83〕 293 U. S. 388(1935).

〔84〕 295 U. S. 495(1935).

〔85〕 FPC v. New England Power Co., 415 U. S. 345, 352－353(1974)(马歇尔大法官的协同意见书)。但是，请比较性地参阅 National Cable Television Ass'n. v.

United States,415 U. S. 336(1974)。

〔86〕 让行政机关发布标准来约束自己,譬如参见 Davis,“A New Approach to Delegation”(《授权的新方法》),36 *U. Chi. L. Rev.* 713(1969),确实能够起到促进规则性和公平警示的作用,但是,就增强民选官员对行政人员的控制和问责而言,并无多少助益。

越来越多的普通法律条文要求行政法规在生效之前必须向国会的一院或两院提交(在那里它们可以被“否决”),这确实大大强化了这种控制和问责。然而,收益并不是没有代价的。一方面,这一手段似乎将进一步促成正常政府程序的倒置,因为很好理解,其效果必然是鼓励最初的授权来得更加宽松。譬如参见 Bruff and Gellhorn,前引注 79,第 1427 页。更为重要的是,它还提供给特殊利益集团另外一个封闭的、一点也不公开的竞技场,在这里,特殊利益集团可以运用他们的实力展开游说,比较性地参阅下文注 91,首先他们可以给行政人员施加压力,倘若失败了,他们还可以给国会中有关委员会(及其成员)施加压力。因此——即使暂且不论下述论点,即一项在指令上足以满足禁止授权原则的法律,依然可能因为其保留立法性否决权而违宪,因为这违背通常所理解的联邦权力分立原则——针对缺乏指示性的授权这个问题,此类法律可能产生与其缓解效果同样多的恶化效果。

〔87〕 但是参见 T. Lowi,*The End of Liberalism*(《自由主义的终结》)297 – 298(1969);Wright,“Beyond discretionary Justice”(《超越裁量正义》),81 *Yale L. J.* 575(1972);McGowan,“Congress,Court,and Control of Delegated Power”(《国会、法院和对授权的控制》),77 *Colum. L. Rev.* 1119,1127 – 30(1977)。这两位富有经验和能 242
力的哥伦比亚特区巡回法院的法官可能正在发动攻击——该法院比其他法院更多地涉及对行政行为的审查——这的确给下述习惯思维带来很大冲击:禁止授权原则的复兴,在理论上也许是好的,但在实践中是不可行的。

〔88〕 譬如 Stewart,“The Reformation of American Administrative Law”(《美国行政法的重构》),88 *Harv. L. Rev.* 1669,1695(1975)。

〔89〕 参见 E. Redman,*The Dance of Legislation*(《立法之舞》)17 – 18(1973)。

〔90〕 Stewart,前引注 88,第 1695 页。

〔91〕 “‘让事务脱离政治’[意味着]让事务脱离大众控制。这是特殊利益集团的惯用手段,以便使政府的权力脱离广大民众的控制,并使之转移到具有特殊利益的少数人手中。” P. Appleby,*Policy and Administration*(《政策与行政》)162

(1949)。

〔92〕 另请参见 Wright,前引注 87,第 585 页。

〔93〕 同上。

第六章　确保少数人的利益得到代表

〔1〕 譬如 Mavrinac,"From *Lochner* to *Brown v. Topeka*:The Court and Conflicting Concepts of the Political Process"(《从洛克纳案到布朗案:联邦最高法院与相冲突的政治程序概念》),52 *Am. Pol. Sci. Rev.* 641,657(1958);A. Bickel,*The Supreme Court and the Idea of Progress*(《最高法院与进步理念》)37(1970)(当然比克尔教授也批评了沃伦法院在确保少数族群能够参与政治程序方面的能动主义)。

〔2〕 J. Pennock,*Democratic Political Theory*(《民主政治理论》)8－9(1979)。另请参见 Wellington,"On Freedom of Expression"(《论表达自由》),88 *Yale L. J.* 1105,1137(1979)。

〔3〕 譬如 R. Dahl,*A Preface to Democratic Theory*(《民主理论的前言》)(1956);R. Dahl,*Who Governs*?(《谁在统治?》)(1961)。另请参见,譬如 A. Bickel,前引注 1,第 85 页。

〔4〕 譬如参见 W. Gamson,*The Strategy of Social Protest*(《社会抗争的策略》)(1975);T. Lowi,*The Politics of Disorder*(《骚乱的政治学》)(1971);P. Bachrach,The Theory of Democratic Elitism(《精英民主论》)83－92(1967);E. Schattschneider,*The Semi-Sovereign People*(《半主权的人民》)(1960)。多元民主理论的主要创立者已开始承认这一理论的局限,譬如 R. Dahl,*Democracy in the United States*(《美国的民主》)54(3d ed. 1976),但是法律界的很多人仍然在援引原先不作限制的那种理论。譬如 Posner,"The Defunis Case and the Constitutionality of Preferential Treatment of Racial Minorities"(《德夫尼斯案与优待少数族裔的合宪性》),1974 *Sup. Ct. Rev.* 1,30－31;Sandalow,"Judicial Protection of Minorities"(《对少数人的司法保护》),75 *Mich. L. Rev.* 1162,1190－1191(1977)。

〔5〕 一般地,参见 Ely,"Legilative and Administrative Motivation in Constitutional Law"(《宪法上立法与行政的动机》),79 *Yale L. J.* 1205(1970)。

〔6〕 R. Nozick,*Anarchy, State, and Utopia*(《无政府、国家与乌托邦》)153－155(1974)。

〔7〕 Ely,前引注 5,第 1208~1212 页。 243

〔8〕 Palmer v. Thompson,403 U. S. 217,224(1971).

〔9〕 Village of Arlington Heights v. Metropolitan Housing Development Corp., 429 U. S. 252,265(1977). 另请参见 Washington v. Davis,426 U. S. 229(1976)。

〔10〕 这样一种选择违背了代表的义务,代表应该给予他或她的全体选民平等的关切与尊重。参见第 157 页;Dept. of Agriculture v. Moreno,413 U. S. 528,534(1973):"国会想要损害某个政治上不受欢迎的群体这一愿望,并不构成一项合法的政府利益。"

〔11〕 联邦最高法院有时拒绝考虑这一点——虽然它前后一贯地(并且是正确地)将不利于少数族裔的种族色彩鲜明的分类视为是"可疑的",并且推定其违宪——这是舍本逐末的做法。不利于少数族裔的种族分类之所以"可疑",是因为我们怀疑这是种族偏见思维的产物,而种族偏见思维正是第 14 条宪法修正案所特别想要予以根除的。参见 Personnel Adm'r of Massachusetts v. Feeney,99 S. Ct. 2282,2292(1979)。联邦最高法院同时也是以此理论来处理有关种族色彩鲜明的分类的,然而,像关闭杰克逊市游泳池这样的政府行为,它并没有以种族为理由,但是诉愿人想要有一个机会来证明这是种族偏见思维的产物,对此,联邦最高法院会倾向于宣告它不在宪法制裁的范围之内。

〔12〕 Palmer v. Thompson,403 U. S. 217,224-225(1971).

〔13〕 参见 Ely,前引注 5,第 1266~1268 页、第 1308 页。

〔14〕 这一短语出自汉斯·林德(Hans Linde),尽管他并不是在这个场合所使用的。Linde,"Due Process of Lawmaking"(《立法的正当程序》),55 *Neb. L. Rev.* 197(1975)。

〔15〕 一般地,参见 Ely,前引注 5。受教于一片批评之声,我承认,我在 1970 年过度扩张了这个论点,当时我指出:如果能够提供另外的理由予以说明,那么违法动机的证明丝毫就不具有相关性。

〔16〕 另请参见 Christie,"A Model of Judicial Review of Legislation"(《对立法的司法审查模式》),48 *S. Cal. L. Rev.* 1306,1354(1975)。Brest,"Palmer v. Thompson:An Approach to the Problem of Unconstitutional Legislative Motive"(《帕尔默诉汤普森案:违宪立法动机难题的一个解决方法》),1971 *Sup. Ct. Rev.* 95,此文在这一点上也是很有帮助的,并且在很多方面有助于我纠正和改进在我原来的文章中所持的

观点。我还受益于下面两篇文章:Samford,"Toward a Constitutional Definition of Racial Discrimination"(《迈向种族歧视的宪法定义》),25 *Emory L. J.* 509(1976)以及 Simon,"Racially Prejudiced Governmental Actions:A Motivation Theory of the Constitutional Ban against Racial Discrimination"(《带有种族偏见的政府行为:宪法禁止种族歧视的动机理论》),15 *San Diego L. Rev.* 1041(1978)。

〔17〕 "卡罗琳产品案"的第四脚注提及"针对"宗教上的、国籍上的以及种族
244 上的少数人"所制定的法律",这一定是在有意显示动机分析,因为它引用了下面这两个案件作为例证:Pierce v. Society of Sisters,268 U. S. 510(1925)以及 Meyer v. Nebraska,262 U. S. 390(1923),尽管这两个案件中的系争法律都没有公然作此种分类。

〔18〕 但是参见,譬如 Karst,"The Costs of Motive-Centered Inquiry"(《以动机为中心的探究之代价》),15 *San Diego L. Rev.* 1163,1165(1978)。

〔19〕 Carter v. Jury Comm'n,396 U. S. 320,343(1970)(道格拉斯大法官的部分不同意见书)。

〔20〕 一般地,参见 Ely,前引注 5,第 1284~1289 页。

〔21〕 364 U. S. 339,347(1960).

〔22〕 391 U. S. 367,384(1968).

〔23〕 在另一方面,法院已经作出这样的命令,以便纠正蓄意的歧视。理由很清楚:既然种族已经被考虑进去了,那么也就应该以某种方式将种族因素考虑在内,以便恢复到倘若一开始未曾考虑种族因素可能会有的状况。参见 Ely,前引注 5,第 1289~1291 页。

〔24〕 376 U. S. 52(1964).

〔25〕 393 U. S. 97,109(1968).

〔26〕 可能会有这样的情况:将所有人类起源理论的学习甚至生物学课程全部予以取消的背后,隐藏着违宪的动机。最明显的例子是阿肯色州当局为回应"埃珀森案"判决所采取的措施。

〔27〕 393 U. S. 233,237(1968).

〔28〕 某个反战人士因为其言论而被征召入伍,从效果上看,不管他是随机被选中的或者是依据某个合法的标准而被选中的,还是因为他的观点而被选中的,都没有什么差别。当然,倘若宣告征兵挑选是以政治言论为基础的,那就会对言论构

成实质性的威胁;这样一种威胁(我想,不管它是否被实施)单单因为其影响就会构成对第1条宪法修正案的侵犯。但是,我们所关心的还不仅止于此,即使没有宣告这个标准,以政治言论为基础的挑选显然也是违宪的。

〔29〕 391 U.S.第384~385页。

〔30〕 参见Giragi v. Moore,301 U.S. 670(1937)。比较性地参阅Associated Press v. N. L. R. B.,301 U.S. 103(1937)。

〔31〕 主张该法律的分类不合理,也是讲不通的。只对较大的企业征税并非不合理,尽管每周发行量两万份的这个界限,在一定程度上是武断的,但是任何其他的数字都是如此。或许有个例外,那就是主张零:这种情形可以依据下述律令得到合理化,即如果某些期刊被征税了,那么所有期刊都必须被征税,并且应该基于支付能力设定一个统一的税率。这样一个宽泛的预防性法则,可以立足在下述理论之 245
上:尽管只对那些发行量超过一定数量的企业征税,这种裁量权通常是可以忍受的,但是,第1条宪法修正案中的自由是如此的脆弱,而歧视某些思想观点同时又得不到有效的司法审查的可能性又是如此之高,所以,在第1条宪法修正案的领域内,课加赋税必须是普遍的和统一的。然而,将这样一个理论强加给1936年的这个判决意见,似乎是弄错了时代。这个判决意见的用语清楚地表明:当时联邦最高法院想要宣告路易斯安那州的一项特别税无效,而它之所以这么做是因为这项特别税立法的动机。在"奥布赖恩案"中,首席大法官沃伦所撰写的判决意见,进行了一些创造性的解释,他告诉我们,在"葛罗斯金案"的判决意见中,法院的意思应该是:系争赋税被宣告无效,单单是因为其影响效果本身。但是,这样一种判决意见似乎还是可以受质疑的:法院坚持主张对发行量有限的期刊课以跟发行量较大的期刊同样的税率,这似乎旨在保护"业已确立的"思想观点。

〔32〕 297 U.S. 233,250(1936).

〔33〕 同上,第251页。

〔34〕 Record,第43页,Grosjean v. American Press Co.,297 U.S. 233(1936)。

〔35〕 因此,比方说,肯定得有陪审员,但是任何人都没有当陪审员的宪法权利。同样,没有任何人享有要求将其住址划进塔斯克基市边界线之内的宪法权利:"戈米利恩案"的关键在于,政府在分配非宪法性的权利时是以违宪的分类标准为基础的。任何人都不享有要求开放市立游泳馆的实体性宪法权利:这就使得在"帕尔默案"中考虑政府行为的动机变得非常重要。在我们已经讨论过的其他案件中,

也是一样,任何人都不享有接受达尔文理论(甚至生物学课程)教育的宪法权利,不享有获得 IV-D 征兵分类的宪法权利,也不享有免于捐税的宪法权利。在所有这些案件中,是挑选原则有违宪法。

〔36〕 证明存在违宪的动机,应该足以宣告政府行为无效:在所有这些案件中,立法的正当程序都已经被违反了。我之所以在文中说此类证明不具有相关性,是因为在这些情形下,动机问题无需考虑:剥夺这种利益本身就已构成违宪。

〔37〕 一般地,参见 Note,"Legislative Purpose, Rationality, and Equal Protection"(《立法目的、合理性与平等保护》),82 *Yale L. J.* 123(1972)。

〔38〕 然而,有时可能并非如此。"斯金纳诉俄克拉荷马州案"(Skinner v. Oklahoma,316 U. S. 535,1942)就是一个例子,此案本应在此基础之上作出判决。考虑到若承认系争区分的真正目的(想要让盗窃犯受到比盗用公款者更严厉的处罚)
246 就会使得斯金纳案所适用的法律成为溯及既往的法律(并且还可以强而有力地主张该法律违反了宪法上禁止"残酷和非常的刑罚"此一条款),州政府不能依据那个目的来为自己辩护,州政府也找不出其他与该分类具有合理联系的目的(斯金纳案还涉及立法者的一项歧视,即立法者偏向于其可以体会认同的一群罪犯,而歧视其无法体会认同的一群罪犯。因此,在几个可能的选项里,斯金纳案中实际所运用的基本价值方法论,似乎是最不可取的)。在联邦最高法院先前的"罗伊诉韦德案"(Roe v. Wade,410 U. S. 113,1973)判决的背景下进行思考,"马厄诉罗伊案"(Maher v. Roe,432 U. S. 464,1977)可作类似的一个分析,在该案中,联邦最高法院认定:穷人根据法律有权获得资助的金额当中,不包括堕胎手术费用,此种立法是合宪的。联邦最高法院据以认定此项立法性选择合宪的目的,即阻碍堕胎这一目的,在四年前的"罗伊诉韦德案"中却被令人瞩目地宣告为违宪。这就只剩下节省纳税人的金钱此一目的,可资援引,然而,此一目的与阻碍穷人堕胎二者之间甚至不具有合理的联系(当然,根据"罗伊诉韦德案",系争法律本应受到比这更为严格的审查)。比较性地参阅 Linde,前引注 14,第 229 页(在涉及立法管辖权受限制的机构作出的行为时,更有可能径直援用合理性审查标准,因为很多目的会被排除在外);United States v. Brown,381 U. S. 437(1965)(直接的或"重复性"的辩护理由不会被援用,因为根据第 1 条宪法修正案,该理由将是违宪的,因此,政府被迫诉诸间接的或"经验性的"辩护理由,用以支持褫夺公民权的法案)。

〔39〕 另请参见 Simon,前引注 16。

〔40〕 关于此等情境下明确行事的成本，参见 Karst，前引注 18，第 1165 页。

〔41〕 Ely，"The Constitutionality of Reverse Racial Discrimination"（《反向种族歧视的合宪性》），41 *U. Chi. L. Rev.* 723，726（1974）。

〔42〕 Note，"Mental Illness：A Suspect Classification？"（《精神疾病：一项可疑分类？》），83 *Yale L. J.* 1237，1251（1974）。

〔43〕 P. Brest，*Processes of Constitutional Decision-making*（《宪法决策的过程》）489（1975）。

〔44〕 参见 Lee v. Washington，390 U. S. 333，334（1968）（布莱克大法官、哈伦大法官和斯图尔特大法官的协同意见书）。

〔45〕 基于此一理论对囚犯实施永久性的隔离，是站不住脚的，即使设定的目的同样是为了维持种族之间的和平（因而具有同样的重要性），仍然如此。但是参见 Korematsu v. United States，323 U. S. 214（1944）（法院依据不可否认的目的之重要性，判定日裔美国人重新安置计划合宪有效，但是没有充分考虑是否还有其他与该目的更为契合的分类形式）。

〔46〕 在极为罕见的情形下，即使明显依据种族来分类从而使少数种族处于不利地位的一项法律，也可能满足特别审查的要求，举例来说，比如一项法律规定： 247
想要结婚的黑人，而不是白人，应接受镰状细胞性贫血症检测，如果检查出来有此病，还应听取遗传学上的咨询性意见。另请参见 Hamm v. Virginia Bd. of Elections，230 F. Supp. 116（E. D. Va.），*aff' d per curiam sub nom* Tancil v. Woolls，379 U. S. 19（1964）。然而，如果政府试图禁止种族之间的通婚，并且辩称，这是为了抑制镰状细胞性贫血症的扩散——我知道这听起来好像是我杜撰的，但是参见"麦克劳克林诉佛罗里达州案"（McLaughlin v. Florida，379 U. S. 184，1964）被告答辩状第 44 页——政府的这种过分要求，其危害远大于政府所欲消除的危害，因而对政府行为带有种族偏见的怀疑也就难以得到消除。（还请注意，政府所主张的目的可归结为：将该疾病控制在黑人夫妇所生的孩子中。）类似的分析和结论，用在卡斯特（Karst）教授所举的一个虚拟案例中，也将是适当的：在这个案例中，政府要求选民在登记投票时指明种族，并且辩称，这是为了防止舞弊。Karst，"'A Discrimination So Trivial'：A Note on Law and the Symbolism of Women's Dependency"（《"一个如此细微的歧视"：关于法律和妇女独立之象征的评注》），35 *Ohio St. L. J.* 546，549（1974）［是的，判断政府现在所主张的目的是否真的是其行为的动机所在，这必然会涉及平衡，但

这却是带有标准的平衡。另请参见 Clark,“Legislative Motivation and Fundamental Rights in Constitutional Law”(《宪法中的立法动机与基本权利》),15 *San Diego L. Rev.* 953,981(1978)]。

〔47〕 参见第 151 页。

〔48〕 譬如参见 Trimble v. Gordon,430 U. S. 762,777(1977)(伦奎斯特大法官的不同意见书)。

〔49〕 最具戏剧性的,请比较 Boddie v. Connecticut,401 U. S. 371(1971)和 Ortwein v. Schwab,410 U. S. 656(1973)。但是参见 Memorial Hosp. v. Maricopa County,415 U. S. 250(1974);Department of Agriculture v. Moreno,413 U. S. 528(1973)。

〔50〕 参见譬如 James v. Valtierra,402 U. S. 137(1971);Dandridge v. Williams,397 U. S. 471(1970)。另请参见第 162 页。

〔51〕 参见 Fiallo v. Bell,430 U. S. 787(1977);Mathews v. Lucas,427 U. S. 495(1976)。

〔52〕 参见 Foley v. Connelie,435 U. S. 291(1978);Ambach v. Norwick,99 S. Ct. 1589(1979)。有一种诱人的想法认为,伯格法院在这些方面的表现,部分已通过其在性别歧视领域的表现得到了弥补,其在后一领域的拓展,确实比先前任何时候,包括沃伦法院时期,来得更加广泛。然而,在这个领域的扩展,同样不是一帆风顺,而且,事实上,在其中一些比较著名的案件中,宣告违宪无效的是不利于男人的法律,这表明联邦最高法院此处的行为动机,不仅仅是为了保护弱势者。参见 Ely,“Foreword:On Discovering Fundamental Values”(《前言:论探寻基本价值》),92 *Harv. L. Rev.* 5,9 注 22 和注 30(1978)。“加州大学董事会诉巴基案”(University of
248 California Regents v. Bakke)此一判决更是加重了此一怀疑:歧视白人的法律,如果确实不需要受到“特别审查”的话,至少要接受高于通常标准的审查,这一点,在此案判决的各种意见中,都有所表示,对此加以认真关注的话,定会增添几分怀疑。438 U. S. 265,299(1978)(鲍威尔大法官);同上,第 361~362 页(布伦南大法官、怀特大法官、马歇尔大法官和布莱克门大法官的部分协同意见和部分不同意见书)。

伯格法院的宪法理论之观念基础究竟是什么?最保险的回答,同时就此案而言,可能也是最准确的回答,是温斯顿·邱吉尔(Winston Churchill)说过的一句话,据传,他对某人给他端上的一份甜点说道:它似乎缺少一个主题。然而,我们可以识别出浓厚的强加价值(value-imposition)的方法论因素。最明显的例子是 1973 年的堕胎案判决："罗伊诉韦德案"(Roe v. Wade,410 U. S. 113,1973)。试图以程序方面的理由来为该案判决做辩护的努力已经失败,原因很显然:在堕胎议题中,麻烦的真正根源并不是这个议题特别不适合通过民主程序来决定,而毋宁是通过民主程序作出的决定,相当一贯地产生了我们很多人,包括我自己,都会强烈反对的价值选择。参见 Ely,"The Wages of Crying Wolf:A Comment on Roe v. Wade"(《喊狼来了的报偿:罗伊诉韦德案的一个评论》),82 *Yale L. J.* 920(1973)。这一强加价值的方法论,在伯格法院的判决中,一直是一个浓厚的因素,其主要表现在性别、婚姻、生育子女(不生育子女)和儿童抚养这一"领域"(但不限于此一领域)——但是参见 Ely,"On Discovering Fundamental Values"(《论探寻基本价值》),第 11 页注 40——尽管带有明显的不协调以及(至少在堕胎案中)明显的政治妥协,"我们会保护它的,因为它似乎很重要"这样一种方法特别容易受政治妥协影响。

从这个角度来看,当前联邦最高法院在性别歧视领域的所作所为,就比较容易解释了。以性别为依据的分类,被当作宪法上的可疑分类来处理,并不是基于"卡罗琳产品案"中的原理——若以此原理为基础,司法能动主义只会针对不利于妇女的法律——而毋宁是因为其触及联邦最高法院针对"性别—儿童"此一领域所宣告的那一套基本价值的一部分。在 1974 年,图什内特(Tushnet)教授阐述了这一核心观点,并且还更进一步指出:如同伯格法院特别积极地加以保护的其他价值,这一组价值似乎也与中产阶级的利益相关。Tushnet,"'…And Only Wealth Will Buy You Justice'— Some Notes on the Supreme Court. 1972 Term"(《"……只有财富才会买给你正义"——对最高法院 1972 年开庭期的评注》),1974 *Wisc. L. Rev.* 177,181. 当然,对于这个一般性主张,人们能够找出一些反例,但是,任何例子都没有支持这个一般性主张的"马厄诉罗伊案"(Maher v. Roe,432 U. S. 463,1977)那么有力。在马厄案中,联邦最高法院判定:各州政府根据医疗援助计划,支付各种手术和疗程费用,其中包括孕妇分娩费用,但是不包括非治疗性堕胎费用,这么做是合宪的。参见前引注 38。因此,在"罗伊诉韦德案"之前,只有那些富到能够负担坐飞机去日本做堕胎手术的有钱人才能堕胎,而现在,中产阶级实际上能够堕胎了,但穷人还是不能。这 249
根本不符"卡罗琳产品案"中的原理。

我们已经知道,联邦最高法院曾在"巴基案"中表示,不利于白人的种族偏见至少要受到准特别审查,此一观点显然源于一种价值导向的法理学。事实上,我们甚至有理由怀疑,从"卡罗琳产品案"的角度来看,当前联邦最高法院表现最佳的方面——其对言论自由的保护——不是源于“卡罗琳产品案”中的原理,甚至也不是源于布莱克式的对宪法条文用语的尊重,而毋宁是源于这样一种法理学,其将联邦最高法院的职责界定为保护联邦最高法院认为真正具有根本性的那些价值。在1976年的一个判决中,联邦最高法院驳回了根据第1条宪法修正案提出的一个主张,斯蒂文斯大法官撰写了相对多数意见,他解释说:“我们很少有人会愿意,为了维护公民们选择观看戏院里展出的‘特定的性行为’的权利,而把我们的儿女送出去打仗。”Young v. American Mini Theatres, Inc. ,427 U. S. 50,70(1976). 幸运的是,在联邦最高法院所展现的美国价值星图中,表达自由的位阶通常要比这高得多。

〔53〕 譬如 Parham v. Hughes,99 S. Ct. 1742,1745(1979)(相对多数意见);Frontiero v. Richardson,411 U. S. 677,686(1973)(相对多数意见)。

〔54〕 譬如参见 In re Griffiths,413 U. S. 717,718 注 1(1973)。

〔55〕 譬如 Levy v. Louisana,391 U. S. 68(1968);Weber v. Aetna Casualty and Surety Co. ,406 U. S. 164(1972)。的确,在这些案件中,非婚生子女被剥夺了有关法律权能,并且只有父母(通过认领)才能消除这种状况。然而,在 Glona v. American Guarantee & Liability Ins. Co. ,391 U. S. 73(1968)案中,父母也被剥夺了有关法律权能(他们本来可以消除上述状况)。

〔56〕 譬如 Frontiero v. Richardson,411 U. S. 677,686(1973)(相对多数意见);Sail' er Inn, Inc. v. Kirby,5 Cal. 3d 1,18(1971);O' Fallon,“Adjudication and Contested Concepts:The Case of Equal Protection”(《裁判与争议性概念:平等保护的例子》),54 *N. Y. U. L. Rev.* 19,62(1979)。

〔57〕 “Developments in the Law—Equal Protection”(《法律的发展——平等保护》),82 *Harv. L. Rev.* 1065,1127(1969)。另请参见,譬如 Sail' er Inn, Inc. v. Kirby, 5 Cal. 3d 1,19(1971)。

〔58〕 通常,援引劣等的标记此一标准,是将其作为区分纠偏性优待措施计划与针对少数人的歧视的方法。然而,依据适宜用来判断是否属于可疑分类的因素,仍然可以区分出优待措施计划,而不必参考劣等的标记此一标准。参见第 170 ~ 172 页。

〔59〕 Graham v. Richardson,403 U. S. 365,372(1971).

〔60〕 Sugarman v. Dougall,413 U. S. 634,657(1973)(不同意见书)。另请参见,譬如 Braden,“The Search for Objectivity in Constitutional Law”(《探寻宪法中的

客观性》),57 *Yale L. J.* 571,581(1948)。 250

〔61〕 Goodman,“De Facto School Segregation:A Constitutional and Empirical Analysis”(《事实上的学校种族隔离:宪法上的一个经验分析》),60 *Calif. L. Rev.* 275,313(1972)。

〔62〕 但是,比较性地参阅第160~161页。

〔63〕 Goodman,前引注61,第315页。

〔64〕 在说明为何对种族分类实施特别审查时,经常提到两个因素:一是,纵观我们的历史,少数种族一直遭受不利的待遇,譬如Frontiero v. Richardson,411 U. S. 677,684(1973)(相对多数意见);二是,种族“通常……与任何正当的公共目的无关”。“Developments in the Law”(《法律的发展》),前引注57,第1108页;另请参见Frontiero v. Richardson,411 U. S. 677,686(1973)(相对多数意见)。单靠其中任何一个因素,都无法充分说明为何需要实施特别审查。有些少数人群体(比如敲诈勒索者),一直被法律置于不利境地,但是这么做有很好的理由。一项特征几乎与所有法律情境无关(大多数特征都是这样),此一事实并不意味着:在罕见的情境下,当此一特征确实重要时,抓取此一特征就一定是错的了。虽然如此,这两个因素联合起来后,就会变得很有意义。一个群体再三被置于不利境地,却不能提供令人信服的理由,此一事实应该会使我们怀疑:任何将该群体挑选出来使之处于不利地位的立法。我们有理由怀疑:曾导致产生过去时代那些罪恶昭彰的敌视性立法的偏见,在很大程度上,也导致产生了当代那些表面上看起来比较能够让人接受的分类。

〔65〕 假设一部法律规定:任何曾犯有入室盗窃罪的人,将永远无法获得行医执照。乍一看,此一规定似乎提出了一个非常不同的问题。该分类与确保能力和可信度此一目的之间的契合度,显然比更为精细化的分类(将一些入室盗窃者排除出去,将一些非入室盗窃者纳入进来)与该目的之间可能有的契合度,要低得多。问题在于,该分类还与劝阻试图入室盗窃者此一目的非常契合(讨论中的当事人也许能够完全改过自新,但是这么规定,对于其他人来说,由于知道被定为入室盗窃罪的人还将永远被剥夺行医资格,因此能起到一定的威慑作用)。所以,如果永远不能成为一名执业医生此一附加的惩罚,作为刑罚的一部分(还要处以一定刑期的徒刑),事先已经规定,那么,我们就很难主张,这么规定是违宪的,虽然,我们完全可以从刑罚学的角度主张,这么规定是不文明的,因而要求取消此一附加的惩罚。不过,制定新的法律,规定那些早先已被定罪的人也将不能从事此项职业,这就有所不同了。在

这种情况下，分类与目的之间非常契合，并因此能满足“特别审查”的要求，但是，所援引的立法目的似乎违背了禁止法律溯及既往此一原则（实际上，基于此一附加的惩罚没有资格当作一项“刑罚”的这个见解，联邦最高法院很可能不会如此认为，但
251 是，在我看来，那是对禁止溯及既往条款的错误解释。参见 Ely，前引注 5，第 1312 页注 324）。

〔66〕 譬如 Regents of the University of California v. Bakke，438 U. S. 265，404（1978）（布莱克门大法官）。

〔67〕 *Webster's New World Dictionary of the American Language*（《韦伯斯特新世界美语词典》）1396 – 1397（2d college ed. 1976）。

〔68〕 Williamson v. Lee Optical Co.，348 U. S. 483（1955）.

〔69〕 此一底线性的“合理性”审查标准，在理论上很难说得通——并不是因为立法者必然是非理性的，譬如 Dixon，“The Supreme Court and Equality：Legislative Classifications，Desegregation，and Reverse Discrimination”（《最高法院和平等：立法分类、去除隔离和反向歧视》），62 *Corn. L. Rev.* 494，497，500（1977），而是因为截然相反的理由：如果把所有相互冲突的立法目的都一一考虑在内，那么，系争分类与其中的目的肯定至少会有合理的关联（事实上联系还相当紧密）。立法者行事并非没有理由（不过他们有时的确基于违宪的理由而行事）。一般地参见 Note，前引注 37。此外，本书的一个核心观点是：在特定个案中，除非有特别的理由可以表明，民主程序不值得信任，否则，对民主程序之产物的实质性审查，无论多么“微弱”，也是不正当的。另请参见 Linde，“Without 'Due Process'：Unconstitutional Law in Oregon”（《未经“正当程序”：俄勒冈案中的违宪性法律》），49 *Ore. L. Rev.* 125（1970）；Loewy，“A Different and More Viable Theory of Equal Protection”（《一个不同的更加切实可行的平等保护理论》），57 *N. C. L. Rev.* 1，50 – 51（1978）。

然而，我们已经知道，如同其更强大的兄弟“特别审查”标准（尽管远非如此频繁地被运用），“合理性”审查标准可以间接地用以宣告基于违宪动机的政府行为无效。前引注 38。然而，当不存在与系争分类具有合理联系的正当目的时，直接推论出其中存在违宪动机此一结论，实际上很可能是不可避免的：因此，很难以合理性审查标准是一种重要的事实发现工具为由来说明保留合理性审查标准的必要性。然而，可以争辩的是，之所以应该保留合理性审查标准，是因为法院（和诉愿人）可以用它来宣告（抨击）某些基于违宪动机的立法违宪无效，而用不着真的用这些术语

表明这一点——对于合理性审查标准的此一优点,过去我一直满不在乎,直到读了卡斯特教授的那篇论文之后,稍有改变,卡斯特教授在那篇论文里细致地探讨了以动机为中心的公开探究所需要付出的代价。Karst,前引注 18。然而,这似乎是不够的。可以将合理性审查标准用作发现违宪动机的策略性方法的案件,同样很可能是(尽管并非必然是)系争分类足够可疑以至于应该接受特别审查的案件。因此,可将违宪动机清除出来此一方面的收益,似乎相当具有风险性,而且,此一收益必须跟下述代价相衡量:普遍授予司法机关"合理性"(此一术语的含义显然是富有弹性的)审查权,势必会诱导法官去行使一般性的和不正当的实质性审查权。

如果说冈瑟教授所建议的"明确表达的目的"此一要求是可行的话,那么,合理 252
性审查标准看起来似乎会更为有用。比较性地参阅前引注 38。然而,事实上,我并不相信此一方法是可行的,除此之外,如果真的只要求存在一个合理的联系就可以了,那么似乎很可能会有一个或更多个明确表达的目的可以用来支持该法律。

不过,我想,在现实中,合理性审查标准将来被放弃不用的可能性很小,所以,我最大的希望是,法院会明白,合理性审查标准只有在作为发现不正当的立法目的的间接方法时,才是站得住脚的。

〔70〕 只要这个方法是以讨论中的陈规旧习究竟是"真的"还是"假的"此一问题为中心的,我们就不需要为此方法心忧。譬如 Alexander,"Introduction:Motivation and Constitutionality"(《导论:动机与合宪性》),15 *San Diego L. Rev.* 925,944(1978);Clark,前引注 46,第 967 页。陈规旧习并不是真的或假的(我想,除非出现一种不大可能出现的情况,即讨论中的那一类别成员,无一人具有所属的特征),而是通过它们可能出现的反例的相对多少来区分的。

〔71〕 另请参见 P. Brest,前引注 43,第 1010 页。

〔72〕 将案件发回,交由同一裁判庭重审,此一救济方式是有问题的,因为当初导致误解产生的条件很可能仍然存在。我会在阐明产生误解的各种可能来源之后,再来专门关注这个救济方面的问题。

〔73〕 有学者作出了类似的区分,参见 G. Allport,*The Nature of Prejudice*(《偏见的本质》)78(1954)。

〔74〕 Mathews v. Lucas,427 U. S. 495,520(1976)(斯蒂文斯大法官的不同意见书)。

〔75〕 选民的组成结构,基本上与立法人员的组成结构相一致(可能需要将性

别除外),就此而言,自我吹捧的一般化分类,在选举时刻可能产生更大的实质性利益。

可以想象,有这样一些法律,它们对那些立法决策者而言,似乎造成了精神上的损失,但却获得了实质性的利益。按照这里所建议的分析,任何一种获益都足以使该法律至少在最初看起来是令人怀疑的。在这点上,问题就变成:因此所产生的怀疑,是否能够通过一个有说服力的有利解释而得以消除。依据法律的自我贬抑特征所作的一个解释,有时会足以消除此种怀疑,有时则不行。举例而言,一部限制犹太人进入州立大学学习的法律,其辩称,这是基于一个自我贬抑的一般化观点,即犹太人往往是更好的学生,因此,如果我们根据他们各自成绩的优劣来作录取决定的话,那就难以保证学生群体的多元性,这样的理由是难以拯救这部法律的。在这种情况
253 下,就最终的动机问题而言,立法机关中处于主导地位的群体,其所获的实质性利益远比自我贬抑此一合理化解释来得重要。

也有一些法律,有可能是反过来的。现在假设歧视妇女的分类应该被视为可疑分类,比较性地参阅第 164 ~ 170 页。那么,一部只征召男人而排除女人服兵役的法律,就应该被视为最初是令人怀疑的,因为其中包含着一个自我吹捧的一般化观点,即男人在身体上比女人更强。然而,在我看来,因此所产生的怀疑,差不多马上就能够得到消除,因为从实质性利益的角度看,这部法律使男人处在相对不利的地位是很明显的。一部免除妇女支付扶养费的法律,看上去其合宪性更为显然(考虑到一般的文献通常假设一部法律的合宪性必然与这部法律的品质密切相关,而此一假设是我所反对的,因此我最好明确指出,上述两项分类我都是反对的。我认为,如果要征兵的话,女性也应该被征召,我还认为,在有适当经济能力的条件下,女性应该和男性一样,都有责任根据要求支付赡养费。我只是不认为上述两项分类是违宪的)。这样一部有关扶养费的法律,跟征兵法和其他很多使男性相对处于不利地位的法律有所不同,这部法律对立法者他们自己的个人权益也构成了威胁,此一事实有力地表明其不具有可疑性的本质(此外,作为其基础的一般化观点——即在我们这个男性主宰的社会里,中年妇女比中年男子更难在经济上实现自立——也很难说是一个吹捧男性的一般化观点)。当然,在有关扶养费的法律上,联邦最高法院已走向另一条道路。Orr v. Orr,99 S. Ct. 1102(1979). 总的来说,我倾向于认为,一项分类在实质性利益方面的影响,是更为硬性的数据,其通常要“优越于”另一个层面的任何精神性方面的影响。但这也可能是一个过于一般化的观点。

〔76〕 这里具有里程碑意义的著作是威廉·格雷厄姆·萨姆纳(William Graham Sumner)的《民俗》(*Folkways*)一书,1906 年年初版。譬如参见此书第 14 ~ 15 页:"犹太人将所有人分为犹太人和非犹太人。他们自认为是'被上帝选中的民族'。希腊人和罗马人则把所有外人都叫作'野蛮人'。在欧里庇得斯(Euripedes)的悲剧《伊菲格妮娅在奥利斯》(*Iphigenia in Aulis*)中,伊菲格妮娅说:希腊人应该统治野蛮人,而不是相反,这是适宜的,因为希腊人是自由人,而野蛮人是奴隶。阿拉伯人自认为是最高贵的民族,而其他民族或多或少是野蛮的。在 1896 年,中国执掌教育的大臣及其顾问们编撰了一份手册,其中有这样一段文字:'中华帝国是多么的伟大和荣耀!她是世界上最大最富的国家。世界上的伟大人物全都来自中国。'在所有国家的文献中,都可以发现类似的声明,尽管可能并没有用如此天真的话来表达。在俄国的书籍和报纸中,也可以看到俄国负有文明开化的使命这样的话题,正 254
如在法国、德国和美国的书籍和杂志中经常可以看到的那样,这些国家所负的文明开化的使命,被认为是很好理解的。现在每个国家都自认为是文明的领导者,自认为是最好的,最自由的和最智慧的文明,而其他国家的文明则较差。在几年之内,我们普通人就学会了将拉丁裔的外国人都叫作'西班牙佬'(dagos),并且'西班牙佬'已经成为一个轻蔑的绰号。这些都是种族中心主义的例子。"萨姆纳受到了罗伯特·默顿(Robert Merton)的批评,理由是没有充分认识到"外部群体"(out-groups)有时可以成为正面参照的对象。R. Merton, *Social Theory and Social Struture*(《社会理论与社会结构》)第 331 页,第 352 页(1968 年第 3 版)。该批评是没错的,但是可以肯定的是,这样的例子并不常见。而且,在这种情况下,会存在强大的压力,要求明确承认"外部群体"的优越性仅仅是数据统计意义上的,进而会要求避免作出不可反驳的法律推定,而赞同比较个别化的检测。最后,与可疑的立法分类此一主题最为相关的是:社会中处于统治地位的那些群体,通过自我吹捧的一般化观点来合理化自己的统治这样一种倾向。对于此种倾向,我想默顿是不会提出质疑的。

〔77〕 G. Allport,前引注 73,第 372 页。

〔78〕 另请参见,譬如同上,第 42 页、第 121 页、第 134 页、第 153 页、第 319 ~ 320 页、第 390 ~ 391 页;Bettelheim,"The Dynamism of Anti-Semitism in Gentile and Jew"(《非犹太人和犹太人中的反犹主义动力》),42 *J. Abnormal and Social Psych.* 153(1947)。

〔79〕 "一个镇上七岁大的孩子们被问及,'我们镇上的孩子优秀,还是斯密斯

非尔德镇(附近一个镇)上的孩子优秀?'几乎所有的孩子都回答'我们镇上的孩子优秀'……外人总是被认为较差,没有那么'好'。但是这里面并不必然包含敌意的成分。"G. Allport,前引注73,第42页。

〔80〕 Fredrickson,"The Legacy of Malthus"(《马尔萨斯的遗产》),*New York Times Book Review*(《纽约时报书评》),1977年3月13日,第7页。

〔81〕 如果此种一般化的观点被用来当作一部使少数人处于有利地位的法律之基础——比如说,大学提高犹太裔学生的录取率,理由是这些最好的学生会更好地利用大学的教育资源——这将不是一个宪法应当关切的问题。有着充分的政治防护机制,可以用来防止:处于优势地位的多数人毫无远见地接受一个过分贬抑自己的一般化观点,并在此基础上使自己处于不利的地位(不用我多说,这正是这样的法律难以获得通过的原因)。更有可能的是,会利用此种一般化的观点,去合理化一部设置了犹太裔学生录取率上线的法律,理由是如果我们光看考试成绩的话,那么大学中将都是犹太裔学生了。尽管此一做法披上了自我贬抑的一般化观点的外衣
255 (因而我们推定这部法律是值得信赖的),但是这部法律明显是违宪的,因为这部法律显然充斥着十分严重的反犹主义情绪。

至于非主流群体采纳主流群体自我标榜的一般化观点这一特殊情形,我在后面会讨论。

〔82〕 参见 Massachusetts Bd. of Retirement v. Murgia,427 U. S. 307,313-314(1976)。

〔83〕 另外,"我就是这么苦过来的——它使我成为我现在这个样子——所以,为什么你就不应该这样?"是我们全都见到过的一种态度,并且,人们经常忽视未来,直到未来降临在他们身上。这不大可能会对"年轻"的终点产生很大影响,因为在大多数情形下,有关成熟度的某种要求显然是妥当的,并且,除了主观的划界之外,似乎没有其他切实可行的或者可靠的方法。参见第五章注43。

〔84〕 请回想一下,斯通大法官的公式同时包括偏见以及分散性和孤立性。另请参见 Note,前引注42,第1254~1258页。早先我曾批评过这种修正说法,主要是因为它使得分析更为复杂。Ely,前引注41,第734~735页注45。虽然这种修正说法确实有点复杂,但它似乎是适当的。我特此承认错误。

〔85〕 比较性地参阅 Simon,前引注16,第1051页注23;G. Allport,前引注73,第263页。

〔86〕 参见同上，第172～173页、第226页，第16章；G. Murphy，L. Murphy，and T. Newcomb，*Experimental Social Psychology*（《实验社会心理学》）（1937）。

〔87〕 譬如G. Allport，前引注73，第35页，第346～347页；Ambach v. Norwick，99 S. Ct. 1589，1597（1979）（布莱克门大法官的不同意见书）："这些纽约州的法律，绝大多数起源于第一次世界大战那个疯狂和激进的时期，狭隘的乡土观念和对外国人的恐惧，是当时的主要心态。"

〔88〕 James v. Valtierra，402 U. S. 137（1971）.

〔89〕 另请参见Simon，前引注16，第1112页、第1126～1127页。

〔90〕 163 U. S. 537（1896）.

〔91〕 这种情况似乎正在发生改变，这主要是因为同性恋者从长远出发，为减少我们对他们的偏见，越来越愿意承受在短期内我们的偏见对他们的压力。如果本书可以不断加印，不让脱销，直到这一讨论变得过时，那我会很高兴的。

〔92〕 这意味着，剥夺同性恋者某些利益（最有可能的是就业机会）的法律，必须从与正当的且实质性的目的极为契合这个角度来辩护。然而，这几乎是不大可能的。将同性恋性行为界定为犯罪的法律（姑且不考虑模糊性问题，事实上，多数此种法律规定都有含混不清这个问题）提出了一个难题。联邦最高法院似乎不同意这个看法，Doe v. Commonwealth's Attorney，425 U. S. 901（1976），但是某些论者肯定会指出：这样的法律侵害了宪法上某种未列举的基本权利。对于这方面的主张，我的 256
观点已经说得很清楚了（然而，这并不表示，联邦最高法院没有试图协调Doe案判决和堕胎案判决，是可以原谅的）。出于一种真诚的想法，即认为这种行为是不道德，从而将该行为界定为非法，这也丝毫不存在违宪的问题：大多数刑法条文内容至少带有这样的色彩（认为某一行为是不道德的，从而试图阻止所有人做这一行为，跟仅仅出于对某一群体成员的敌视，而使这一群体处于相对不利的地位，二者是不同的。但是参见O'Fallon，前引注56，第71～75页。在养育我的孩子们的过程中，我叫他们不要做我认为不道德的事情，如果他们做了，我甚至会惩罚他们，我这么做可能会受到某些人的谴责，但我的罪过也仅仅是父爱主义方面或诸如此类，这与完全不考虑孩子们的利益或者把他们的利益放在次要的位置是根本不同的）。这并不意味着，政府以"不道德"的名义，就可以为其纯粹是为了伤害其所讨厌的某个群体而制定的法律提供辩护。比如说，立法机关不能以不道德为由，将穿戴犹太圆顶小帽或黑人短袖套衫这些行为界定为非法行为。因此，这里的问题就归结为：系争禁止

性规定是出于一个真诚的想法，即认为该行为有违道德（或者其他任何理由，只要不单纯是为了伤害所涉及的人），此一主张究竟是否可信。对于我们当中反对将同性恋行为界定为非法行为的那些人来说，诱人的做法是，试图全然依据下述事实来反驳，即同性恋性行为，至少就成年人之间的自愿行为而言，没有任何人受到真实的伤害。但是，老实说，这会被认为是骗人的。

〔93〕 社会对于"非婚生子女"的偏见，同样使他们处于"隐蔽的"状态，此一偏见也因此难以获得纠正。然而，至少可以主张，当立法机关已将系争权利（因他人过失而死亡所能获得的赔偿金、无遗嘱情况下的继承，等等）扩展至已获父亲认领——当然，父亲也因此负有抚养的义务，以表明父亲对该小孩的确具有某种亲密的情感——的非婚生子女时，它已经尽可能地使该立法与其目的之间达到紧密的"契合"程度。任何人都不可能说，该立法是完美的，特别是，如果走进政府大楼去认领一个小孩，并不是件容易的事情，在这样的亚文化背景下，就更是如此。但是，这样的规定，至少以某种"客观"的方式，努力接近为人父者对子女可能有的爱与责任的情感——我倾向于认为，此一努力足以否定该法律条文可能表明是偏见行为的推论。因此，下述看法至少是有关这些案件的一个比较融贯的看法：在 Trimble v. Gordon, 430 U. S. 762（1977）案之前，联邦最高法院完全把事情颠倒了过来，它将留有认领此一安全舱口的各种立法宣告为无效，但是——在 Labine v. Vincent, 401 U. S. 532（1971）案中——却维持了并未留有此一安全舱口的一项立法。比较 Parham v.
257 Hughes, 99 S. Ct. 1742（1979）和 Caban v. Mohammed, 99 S. Ct. 1760（1979）。

〔94〕 "我最好的朋友当中有一些是黑人"已成为对白人伪善的嘲讽，但是，大多数男人最好的那个朋友的确是个女人，这倒有助于消除种族之间持续存在的真正敌意和恐惧。实施第 15 条宪法修正案，经常遭致白人激烈的反抗，不过，实施第 19 条宪法修正案，则显得比较平稳，两相比较之下，很耐人寻味。当然，第 19 条宪法修正案的批准，也是通过不懈斗争而争取来的，但是，一旦获得通过，表面上看是相当有风度地被接受了。另请参见 Wasserstrom, "Racism, Sexism, and Preferential Treatment: An Approach to the Topics"（《种族歧视、性别歧视和优待：有关这些论题的方法》），24 *U. C. L. A. L. Rev.* 581, 589（1977）。

〔95〕 参见 J. Pole, *The Pursuit of Equality in American History*（《美国历史上对平等的追求》）320, 322（1978）。

〔96〕 430 U. S. 482, 503（1977）（马歇尔大法官的协同意见书），引用了 G. Allport,前引注 73,第 150～153 页;A. Rose,*The Negro's Morale*(《黑人的精神面貌》),第 85～96 页(1949);G. Simpson and J. Yinger,*Racial and Cultural Minorities*(《种族和文化上的少数人》,第 192～195 页、第 227 页、第 295 页(1972 年第 4 版)。Bettelheim,"Individual and Mass Behavior in Extreme Situations"(《极端情况下的个人和大众行为》),38 *J. Abnormal and Social Psych.* 417(1943)。另请参见 L. Tribe,*American Constitutional Law*(《美国宪法》),第 1044 页注 12(1978);Simon,前引注 16,第 1079 页注 87;G. Allport,前引注,第 142 页("一个人的名声,不管是真是假,如果无关人格特质,是不可能被灌输进其头脑的"),第 159～160 页;Brown v. Board of Education,347 U. S. 483,494(1954):"仅仅因为他们的种族而把他们与其他相同年龄和条件的人隔离开来,使得人们产生他们在社会中低人一等的感觉,这对他们的内心和思想造成了难以消除的影响。"

〔97〕 参见 A. de Tocqueville,*Democracy in America*(《论美国的民主》)319(Anchor ed. 1959).

〔98〕 譬如 Schlesinger v. Ballard,419 U. S. 498,508(1975)。

〔99〕 譬如参见第 105～106 页。

〔100〕 比较性地参阅 Bickel and Wellington,"Legislative Purpose and the Judicial Process:The Lincoln Mills Case"(《立法目的与司法程序:林肯制造厂案》),71 *Harv. L. Rev.* 1(1957)。

〔101〕 尽管有更多的男性赞成"平等权修宪案",但无论是男性,还是女性,赞成者皆过半数(虽然仅仅过半数显然还不足以保证该修宪案获得批准)。

〔102〕 我们经常会听到一种说法:"我不在意黑肤色作为一个考虑因素——我只是不想它成为唯一的考虑因素。"这是胡说八道。从来没有人主张说,比如,医学院的学生应该单纯根据种族来遴选,而不应该考虑其他任何因素。此外,任何将黑肤色作为一个积极因素考虑在内的纠偏性优待措施,即使会将其他众多因素考虑在内,必然会产生这样一些未被录取的申报者,他们如果是黑人的话就会被录取,在这个意义上,他们被拒绝在校门之外,"仅仅"是因为他们不是黑人。

〔103〕 Ely,"Foreword:On Discovering Fundamental Values"(《前言:论探寻基本价值》),92 *Harv. L. Rev.* 5,9－10,注 33(1978)。 258

〔104〕 当然,各种纠偏性优待措施是否违反 1964 年《民权法案》或其他制定法,则是一个不同的问题。比较性地参阅 United Steelworkers of America v. Weber,

99 S. Ct. 2721(1979)。

〔105〕 鲍威尔大法官在“巴基案”判决意见中多次指出一个事实：作为多数人的白人是由众多不同种族的白人群体所组成的，而每一个白人种族群体在我们全体人口中又构成少数人。譬如参见 438 U. S. 第 295～297 页。另请参见 Sandalow, “Racial Preferences in Higher Education：Political Responsibility and the Judicial Role”（《高等教育中的种族照顾政策：政治责任与司法角色》），42 *U. Chi. L. Rev.* 653，694（1975）。这没有错，但是联邦最高法院在历史上也已经认识到，这些各种各样的白人种族群体，经常会忽略他们的不同之处，而选择作为一个统一整体来行动，在立法分类时将白人放置在分界线的这一边，而将一个或多个非白人群体放置在分界线的另一边。绝大多数时候，他们选择将自己放在相对有利的位置上（在这种情况下，说“作为多数人的白人”实际上是少数人群体的集合，简直把我们当作了傻瓜，无论如何都称不上是一个中肯的说法）。然而，在“巴基案”的情况下，我们当中把自己定义为白人的那些人，已选择忽略我们之间所存在的任何差别，并且，为了将某些我们觉得过去曾遭受过不公待遇的非白种少数人放在有利的位置，将一般意义上的白种人放在了相对不利的位置。另请参见下文注 109。

〔106〕 一般地，参见第四章。另请参见 Railway Express Agency, Inc. v. New York，336 U. S. 106，112－113（1949）（杰克逊大法官的协同意见书）。F. Hayek，*The Constitution of Liberty*（《自由秩序原理》）210（1960）。

〔107〕 决策者自身的地位，不大可能会受到他们所制定的纠偏性优待措施方案的威胁。参见 Greenawalt，“Judicial Scrutiny of ‘Benign’ Racial Preference in Law School Admissions”（《法学院招生中“善意”种族照顾政策的司法审查》），75 *Colum. L. Rev.* 559，573－574（1975）。同时，决策者当中的这些人，当然不会个别地受到他们所制定的法律或政策的威胁。除非有理由将分类视为可疑分类，否则我们通常不认为分类是可疑的，这里的关键是，使分类具有可疑性的因素并不存在。然而，确实令人困扰的是，实际上，做出此种决定的人常常是全体教员，而这些人相对处在远离政治压力的位置。参见同上；Sandalow，前引注 105，第 695～696 页。即使假设法院不愿复兴禁止授权原则，法院也应该施加压力，确保纠偏性优待措施计划表述得清晰明确，这样，政治官员至少可以享有充分的信息，以便选择是否予以介入。困惑在这个领域是常见的。

〔108〕 Ely，前引注 41。另请参见 Ely，前引注 103，第 9～10 页、第 12～14 页、

第40～42页。

〔109〕 当然，如果白人学生中大约有40%的学生是犹太人，那么受纠偏性优待措施方案的影响未被录取的白人学生中，（若要使此一方案在宪法上不具有可疑性，则最好）也会有大约40%的学生是犹太人。在这种情况下，受此方案伤害的人群中，犹太人所占的比例的确远远高于犹太人在总人口中所占的比例。倘若没有认识到，其中的原因在于，犹太人在被录取的人中所占的比例是不成比例的高，这会是一个颇具煽动性的数据。白种犹太族裔学生的比例可能从40%降到36%，但是，白种“非犹太族裔”学生的比例，会相对从60%降到54%，这的确对一般意义上的白人不利，但是无论如何，我都无法理解，在这个模式下，跟其他白人比较起来，犹太人处在更为不利的地位。 259

如果有人说，教员中的白种非犹太人，对黑人的认同感，较之于对犹太人的认同感，会更为强烈，因此当他们拿4个犹太人名额“换取”10个黑人名额时（“很不幸”，在这个过程中，他们牺牲了6个更明显是“自己人”的名额），是基于一种自利的动机而行为的，这种说法是荒唐的。在大学和职校教员中，犹太族裔经常会有相当高的比例，即使不考虑这种情况，上述说法也完全错估了白种非犹太裔教员可能会有的有关认同感。多数白种非犹太裔教员，出身于中上阶层的新教徒家庭，其中绝大多数属于圣公会教徒或加尔文教徒（长老会教徒—公理会教友），因此，他们当中很多人跟他们的犹太裔同事，在背景和观念上，有相当多的共同点。Lipset and Ladd, “The Changing Social Origins of American Academics”（《转变中的美国学者社会出身》），载 *Qualitative and Quantitative Social Research*（《定性和定量的社会研究》）319（R. Meton, J. Coleman, and P. Rossi eds. 1979）（当然，这些是成见，但是，我正在回应一个以成见为基础的论点）。即使此一关联性变得相当薄弱—由于受反犹主义影响，此一关联性在某种程度上当然会减弱——那些特定的非犹太裔次级群体（跟犹太裔群体一样），在白人学生群体中所占的比例很可能是不成比例的高，因此也会“不成比例地”遭受纠偏性优待措施方案的伤害（犹太人大约占我们人口的2%，圣公会教徒大约占3%。大约有59%的成年美国犹太人上过大学；对于圣公会教徒而言，上过大学的占到58%。长老会教徒大约占我们人口的5%，但是其中上过大学的占到50%。浸信会是新教中最大的教派，大约有21%的浸信会教徒上过大学，浸信会教徒在全国人口中也占21%。一般地参见 *Public Opinion*, November/December 1978，第33～34页）。圣公会教徒和加尔文教徒“不成比例地”受到纠偏性优待措施方案的影响，却没有人大呼不满，其原因在于，我们知道，这些群体在大学教员（及其他）中所占的比例相当高（犹太人、加尔文教徒和圣公会教徒在全国人口中大约仅占10%，但是在全国大学教员中大约占到了三分之一。在一些“享有盛誉”的大学
260 里面，这三个群体的教员所占“比例过高”的现象，事实上还要惹人注目。Lipset and Ladd，前引文）。但是考虑到伤害必须不加区分地针对所有白种申请人此一要求，处于中上阶层的新教徒教员们——假设他们将自己想象成为这样一个次级群体，并依此来思考，尽管我对此表示怀疑，但这是我所正在回应的那个论点所假设的——必然会为**其他**（诸如犹太人之类）那些会不成比例地遭受伤害的群体提供“实质代表”（从而对这些群体已有教员的实际代表形成补充）。

〔110〕 鲍威尔大法官的观点，即作为多数人的白人群体是由诸多少数人群体组成的，可能与他手头的案件并没有什么关系。但是这个观点本来应该抑制住他对“哈佛计划”的溢美之词，特别是像这样的话：“来自于爱达荷州的一名乡下男孩可以为哈佛大学带来一名波士顿男孩所不能提供的东西。同样，一名黑人学生常常能够带来一名白人学生所不能提供的东西。”引自438 U. S. 613。这段话是致命的一击——对于东北部城市的白人学生来说是致命的，因此对于犹太人和其他某些白种人次级群体来说是致命的。不管地区照顾政策的原因是什么——这类政策是否很恰当，对此，我持怀疑态度，至少在学校层面，并不需要为保持一个“全国性的”形象而操心——很不幸的是，鲍威尔的溢美之词背离了他自己的观点，并因此诱导学校进一步去推进那些方案，这些方案将会造成东北部白人学生录取比例过低的结果。

〔111〕 出于某些原因，逮捕已被免于此项要求。

〔112〕 参见 Goldberg and Dershowitz，“Declaring the Death Penalty Unconstitutional”（《宣告死刑违宪》），83 *Harv. L. Rev.* 1773，1789（1970）。

〔113〕 408 U. S. 238，253（1972）（道格拉斯大法官的协同意见书）。

〔114〕 参见 Goldberg 和 Dershowitz 所引用的材料，前引注112，第1792～1793页；Polsby，“The Death of Capital Punishment? *Furman v. Georgia*”（《死刑的消亡？弗曼诉乔治亚州案》），1972 *Sup. Ct. Rev.* 1，29 注97。

〔115〕 参见同上，第29页。

〔116〕 408 U. S. 第256～257页（道格拉斯大法官的协同意见书）。

〔117〕 Gregg v. Georgia，428 U. S. 153（1976）；Woodson v. North Carolina，428 U. S. 280（1976）；Roberts v. Louisiana，428 U. S. 325（1976）.

〔118〕 438 U. S. 586(1978).

〔119〕 428 U. S. 第303页(相对多数意见)。

〔120〕 另请参见C. Black, *Capital Punishment: The Inevitability of Caprice and Mistake*(《死刑:任性和错误的必然性》)第7章(1974)(分析了德克萨斯州的有关立法)。

〔121〕 参见Gregg v. Georgia, 428 U. S. 153, 165–166注9(1976); Coker v. Georgia, 433 U. S. 584, 590–591(1977)。在Coker案中的死刑判决被推翻了,因为这是针对强奸罪而判的。但是乔治亚州的判刑标准,也就是在Gregg案中得到维持的用于认定谋杀罪的判刑标准,在后一案件中并没有被否决。 261

〔122〕 428 U. S. 206–207.

〔123〕 C. Black,前引注120。

〔124〕 408 U. S. 第251~252页(道格拉斯大法官的协同意见书)。另请参见上一条注释所引用的资料,第249~252页。

〔125〕 从某种意义上说,刑期一旦服满,坐牢也跟死刑一样,是"不可挽回"的,但是至少一旦开始坐牢,就可以提出复议和得到减刑。

〔126〕 参见Shapiro v. Thompson, 394 U. S. 618, 630(1969); United States v. Guest, 383 U. S. 745, 757–758(1966)。比较性地参阅Edwards v. California, 314 U. S. 160(1941)。

〔127〕 6 Wall. 35, 44(1868).联邦最高法院还指出了联邦政府的需要,即联邦政府必须可以自由调动其官员和雇员。同上,第43~44页。

〔128〕 譬如参见L. Hartz, *The Liberal Tradition in America*(《美国自由传统》) 64–65(1955)。

〔129〕 Nelson, "The Eighteenth-century Background of John Marshall's Constitutional Jurisprudence"(《约翰·马歇尔之宪政法理学的18世纪背景》), 76 *Mich. L. Rev.* 893, 921(1978)。另请参见譬如Madison, "Memorial and Remonstrance against Religious Assessments"(《反对宗教征税评估的请愿抗议书》)110,引自Everson v. Board of Education, 330 U. S. 1, 69(1947)(附在Rutledge大法官的不同意见书之后)。

〔130〕 譬如参见F. Turner, *The Frontier in American History*(《美国历史上的边疆》)38(1920)。

〔131〕 一般地，参见 A. Hirschman, *Exit*, *Voice and Loyalty*(《退出、呼吁和忠诚》)(1970)。

〔132〕 此一更改了的理论基础，显然也支持完全离开美国移居他国的权利。

结 语

〔1〕 Perry, "The Abortion Funding Cases: A Comment on the Supreme Court's Role in American Government"(《堕胎资助案件：评最高法院在美国政府中的角色》), 66 *Geo. L. J.* 1191, 1216(1978)。

〔2〕 Wellington, "Common Law Rules and Constitutional Double Standards: Some Notes on Adjudication"(《普通法规则和宪法的双重标准：判决的若干评注》), 83 *Yale L. J.* 221, 304 - 305(1973)。

索　引

263

（索引中的页码为原书页码，检索时请查本书边码。页码后紧跟的注，或为脚注，或为尾注。尾注后紧跟数字，表明是第几个尾注——译者）

附录　美利坚合众国宪法*

我们合众国人民，为建立一个更完善的联邦，树立正义，保障国内安宁，提供共同防务，促进公共福利，使我们自己和后代永享自由之幸福，特为美利坚合众国制定本宪法。

第一条

第一款　本宪法所授予的全部立法权，均属于合众国国会，合众国国会由参议院和众议院组成。

第二款　众议院由各州人民每两年选举产生的众议员组成；每个州的选举人应具备选举该州州议会中人数最多一院议员的选举人所需的资格。

凡年龄不满二十五岁，成为合众国公民不满七年，在一州当选时不是该州居民者，不得担任众议员。

【众议员名额和直接税税额，应在合众国所辖各州之间，按人口比例分配。各州人口总数，按自由人总数加上所有其他人口的五分之三予以确定。自由人总数包括按契约须服一

---

* 此中译本取自：李道揆著《美国政府和美国政治》（商务印书馆 1999 年版），下册，第 775 ~779 页。同时参考王希著《原则与妥协：美国宪法的精神与实践》（北京大学出版社 2014 年版）所附译本、朱曾汶《美国宪法及其修正案》（商务印书馆 2014 年版）等译本，对照美国宪法英文本，略经修订而成。——译者注

定年限劳役的人,但不包括未被征税的印第安人。】[1]人口的实际统计在合众国国会第一次会议后三年内和此后每十年内,依法律规定的方式进行。每三万人选出的众议员人数不得超过一名,但每州至少须有一名众议员;在进行上述人口统计以前,新罕布什尔州有权选出三名,马萨诸塞州八名,罗得岛州和普罗维登斯种植地一名,康涅狄格州五名,纽约州六名,新泽西州四名,宾夕法尼亚州八名,特拉华州一名,马里兰州六名,弗吉尼亚州十名,北卡罗来纳州五名,南卡罗来纳州五名,佐治亚州三名。

任何一州的联邦众议员出现缺额时,该州行政当局应发布选举令,以填补此项缺额。

众议院选举本院议长和其他官员,并独享提起弹劾的权力。

第三款 合众国参议院由各州【州议会选举的】[2]两名参议员组成,任期六年;每名参议员有一票表决权。

参议员在第一次选举后集会时,立即分为人数尽可能相等的三个组。第一组参议员席位在第二年年终空出,第二组参议员席位在第四年年终空出,第三组参议员席位在第六年年终空出,以便三分之一的参议员得每二年改选一次。【在州议会休会期间,如因参议员辞职或其他原因而出现缺额时,该州行政长官在州议会下次集会填补此项缺额前,得任命临时参议员。】[3]

凡年龄不满三十岁,成为合众国公民不满九年,在一州当选时不是该州居民者,不得担任参议员。

合众国副总统任参议院议长,但没有表决权,除非发生赞成票和反对票票数相等的情况。

参议院选举本院其他官员,并在副总统缺席或行使合众国总统职权时,选举一名临时议长。

参议院独享审判一切弹劾案的权力。为此目的而开庭时,全体参议员须宣誓或作代誓宣言。合众国总统受审时,最高法院首席大法官主持审判。无论何人,非经出席参议员三分之二的同意,不得被定罪。

---

〔1〕 这一段即为有关奴隶制的"五分之三条款",已被1868年批准的第14条修正案第2款和1913年批准的第16条修正案修正。

〔2〕 已被1913年批准的第17条修正案第1款修正(改由各州人民选举产生)。

〔3〕 已被第17条修正案第2款修正。

弹劾案的判决,不得超出免职和剥夺担任和享有合众国的荣誉职务、受托职务或受薪职务的资格。但是对被定罪之人,仍可依法予以起诉、审判、判决和惩罚。

第四款　举行参议员和众议员选举的时间、地点和方式,在各个州由该州州议会规定。但除选举参议员的地点外,国会得随时以法律制定或修改这类规定。

国会每年至少应开会一次,除非国会以法律另订日期外,此会议在【十二月第一个星期一】〔4〕举行。

第五款　各院是本院议员的选举、选举结果和资格的审查者,各院议员过半数,即构成议事的法定人数;不足法定人数时,可逐日休会,各院有权规定敦促缺席议员出席会议的办法和罚则。

各院可规定本院议事规则,惩罚本院议员扰乱秩序的行为,并经三分之二议员的同意,可将议员开除。

各院应有会议记录,并不时予以公布,但是各院认为需要保密的部分除外。在出席会议的五分之一议员的要求下,各院议员对于任何问题的赞成票和反对票,应载入会议记录。

在国会开会期间,任何一院,未经另一院同意,不得休会三日以上,也不得把开会地点移到各院会堂之外。

第六款　参议员和众议员应得到服务报酬,此项报酬由法律确定并由合众国国库支付。他们在出席各自议院会议期间和往返于各自议院途中,除犯叛国罪、重罪和妨害治安罪外,在一切情况下均享有不受逮捕的特权;他们在各自议院发表的演说或辩论,在其他任何地方均不得受到质问。

参议员或众议员在任期内,不得被任命担任在此期间设置或增薪的合众国管辖下的任何文官职务。凡在合众国政府供职的人,在其任职期间不得担任任何一院的议员。

第七款　所有征税议案均应由众议院提出,但参议院得像对其他议案一样,提出修正案或表示赞同。

每一议案,在经众议院和参议院通过后,在成为法律前,须送交合众国总统。总统如批准该议案,即应签署;如不批准,则应将该议案同其反对意见退回最初提出该议案的议院。该院应将此项反对意见详细载入本院会议记录并进行复议。如经复

---

〔4〕　已被1933年批准的第20条修正案第2款修正(改从1月3日正午开始)。

议后,该院三分之二议员同意通过该议案,该议案连同反对意见应一起送交另一议院,并同样由该院进行复议,如经该院三分之二议员赞同,该议案即成为法律。但在复议时,两院的表决均应通过投赞成票和反对票的方式来决定,对该议案投赞成票和反对票的议员姓名应载入各院会议记录。如议案在送交总统后十天内(星期日除外)未经总统退回,该议案如同总统已签署一样,即成为法律,除非因国会休会而使该议案不能退回,在此种情况下,该议案不能成为法律。

凡须由参议院和众议院一致通过的命令、决议或表决(关于休会问题除外),须送交合众国总统,如同处理议案的规则,该项命令、决议或表决在生效前,须由总统批准,如总统不批准,须经参议院和众议院复议,三分之二议员再次通过,方能生效。

第八款 国会有权:

一、规定和征收税款、关税、进口税和货物税,以偿付国债、提供合众国共同防务和公共福利,但一切关税、进口税和货物税应全国统一;

二、以合众国的信用借款;

三、规制对外贸易、州际贸易以及同印第安部落的贸易;

四、制定全国统一的归化法和破产法;

五、铸造货币,厘定本国货币和外国货币的价值,并确定度量衡的标准;

六、规定有关伪造合众国证券和通用货币的罚则;

七、设立邮政局和修建邮政道路;

八、保障著作家和发明家对各自著作和发明在限定期限内的专有权利,以促进科学和工艺的进步;

九、设立最高法院以下的法院;

十、界定和惩罚在公海上所犯的海盗罪和重罪以及违反国际法的犯罪行为;

十一、宣战,颁发缉拿敌船许可证和报复性拘捕证,制定陆上和水上捕获规则;

十二、招募陆军和供给军需,但此项用途的拨款期限不得超过两年;

十三、建立和维持一支海军;

十四、制定陆海军统辖和管理规则;

十五、规定征召民兵,以执行联邦法律、镇压叛乱和击退入侵;

十六、规定民兵的组织、装备和纪律,统辖为合众国服役的那些民兵,但民兵军官的任命以及按国会所定纪律训练民兵的权力,由各州保留;

十七、对于由某些州让与合众国、经国会接受而成为合众国政府所在地的地区

(不得超过十平方英里),在任何情况下行使排他性的立法权;对于经州议会同意、由合众国在该州购买的用于建造要塞、弹药库、兵工厂、船坞和其他必要建筑物的一切地方,行使同样的权力;

十八、为上述各项权力的行使,以及本宪法授予联邦政府或联邦政府中任何部门或官员的一切其他权力的行使,制定必要和适当的法律。

第九款 现有任何一州认为应予接纳之人的迁移或入境,在1808年以前,国会不得加以禁止,但对此种人的入境,可征每人不超过十美元的税金。[5]

不得中止人身保护令的特权,除非发生叛乱或入侵,公共安全要求中止这项特权。

不得通过褫夺公权的法案或溯及既往的法律。

【除非按照本宪法前文所规定的人口普查或统计结果的比例,不得征收人头税或其他直接税。】[6]

不得对任何一州输出的货物征收税款或关税。

制定任何贸易或税收规则,不得给予一州港口以优惠于他州港口的待遇,开往或开出一州的船舶,不得被强迫在他州入港、出港或缴纳关税。

未经立法拨款,不得从国库支拨款项。一切公款的收支报告和账目,应不时予以公布。

合众国不得授予贵族爵位。凡在合众国政府受俸或任职的人,未经国会同意,不得从任何国王、君主或外国接受任何礼物、俸禄、官职或任何一种爵位。

第十款 任何一州都不得:缔结条约,加入联盟或彼此结盟;颁发缉拿敌船的许可证或报复性拘捕证;铸造货币;发行纸币;使用金银币以外之物作为偿还债务的法定货币;通过任何褫夺公权的法案、溯及既往的法律或损害契约义务的法律;或授予任何贵族爵位。

任何一州,未经国会同意,不得对进口货物或出口货物征收任何关税,但为执行本州检查法令所绝对必需者除外。任何一州对进口货物或出口货物所征关税,其净收入应充作合众国国库使用;所有这类法律得由国会加以修正和控制。

任何一州,未经国会同意,不得征收任何船舶吨位税,不得在和平时期保持军队

---

〔5〕 此项规定即为"进口奴隶条款"。

〔6〕 已被第16条修正案修正。

或战舰，不得与他州或外国缔结协定或盟约，不得进行战争，除非实际遇到入侵，或危险迫在眉睫，刻不容缓。

第二条

第一款 行政权属于美利坚合众国总统。总统任期四年，副总统的任期相同。总统和副总统按以下方法选举：

每个州依照该州议会所定方式选派选举人若干人，其数目同该州在国会应有的参议员和众议员总人数相等。但国会的参议员或众议员，或在合众国政府受俸或供职的人，不得被选派为选举人。

【选举人在各自州内集会，投票选举两人，其中至少有一人不是选举人本州的居民。选举人须开列名单，写明所有被选人和每人所得票数；在该名单上签名作证，将封印后的名单送合众国政府所在地，交参议院议长收。参议院议长在参议院和众议院全体议员面前开拆所有证明书，然后计算票数。得票最多的人，如所得票数超过所选派选举人总数的半数，即为总统。如获得此种过半数票的人不止一人，且得票相等，众议院应立即投票选举其中一人为总统。如无人获得过半数票，该院应以同样方式从名单上得票最多的五人中选举一人为总统。众议院选举总统时，以州为单位计票，每州众议员合投一票；三分之二的州各有一名或多名众议员出席，即构成选举总统的法定人数，选出总统需要所有州的过半数票。在每种情况下，总统选出后，剩下的人中得选举人票最多的人，即为副总统。但如果有两人或两人以上得票相等，参议院应投票选举其中一人为副总统。】〔7〕

国会得确定选出选举人的时间和选举人投票日期，该日期在全合众国应为同一天。

无论何人，除生为合众国公民或在本宪法采用时已是合众国公民者外，不得当选为总统；凡年龄不满三十五岁、在合众国境内居住不满十四年者，也不得当选为总统。

【如遇总统被免职、死亡、辞职或丧失履行总统职权的能力时，总统职权应移交给副总统。国会得以法律规定，在总统和副总统两人被免职、死亡、辞职或丧失任职能力时，应由哪位官员代理行使总统职权，该官员应代理总统直到总统恢复任职能

---

〔7〕 此项规定已被第12条修正案修正。

力或新总统选出为止。】[8]

总统在规定的时间，应得到服务报酬，此项报酬在其当选担任总统任期内不得增加或减少。总统在任期内不得接受合众国或任何一州的其他俸禄。

总统在开始执行职务前，应作如下宣誓或代誓宣言："我庄严宣誓（或声明）我一定忠实执行合众国总统职务，竭尽全力维护、保护和捍卫合众国宪法。"

第二款　总统是合众国陆军、海军和应征为合众国服役的各州民兵的总司令。总统可要求各行政部门首长就他们各自职责范围的任何事项发表书面意见。总统有权对危害合众国的犯罪行为发布缓刑令和赦免令，但弹劾案除外。

总统经咨询参议院并取得出席参议员三分之二同意，有权缔结条约；总统有权提名大使、公使和领事、最高法院法官，以及本宪法未作另行规定，而须由法律规定的合众国所有其他官员，并经咨询参议院和取得其同意后，有权任命上述官员，但国会如认为适宜，可通过立法，将这类下级官员的任命权，授予总统一人、法院或各部部长。

总统有权委任人员，以填补在参议院休会期间可能出现的官员缺额，此项委任在参议院下期会议结束时满期。

第三款　总统应不时向国会报告联邦情况，并向国会提出他认为必要和妥善的措施供国会审议。在非常情况下，总统可召集两院或任何一院开会。如两院对休会时间有意见分歧，总统可使两院休会到他认为适当的时间。总统应接见大使和公使。总统应负责使法律得到忠实执行，并委任合众国的所有官员。

第四款　总统、副总统和合众国的所有文职官员，因叛国、贿赂或其他重罪和轻罪而受弹劾并被定罪时，应免去其职务。

第三条

第一款　合众国的司法权，属于最高法院和国会规定和设立的下级法院。最高法院和下级法院的法官如行为端正，得继续任职，并应在规定的时间得到服务报酬，此项报酬在他们继续任职期间不得减少。

第二款　司法权的管辖范围包括：根据本宪法、合众国法律以及合众国已缔结或将缔结的条约而产生的一切普通法和衡平法案件；涉及大使、公使和领事的一切

---

〔8〕已被第25条修正案修正。

案件；关于海事法和海事管辖权的一切案件；合众国为一方当事人的诉讼；两个或多个州之间的诉讼；【一州和他州公民之间的诉讼；】[9]不同州公民之间的诉讼；同州公民之间因他州土地出让而主张土地权属的诉讼；一州或其公民同外国、外国公民或其属民之间的诉讼。

涉及大使、公使和领事以及一州为一方当事人的一切案件，最高法院具有第一审管辖权。对上述所有其他案件，不论法律方面还是事实方面，最高法院具有上诉审管辖权，但国会可规定例外，并且应按照国会规定的规章。

除弹劾案外，一切犯罪由陪审团审判；此种审判应在犯罪发生的州内举行；但如犯罪不发生在任何一州之内，审判应在国会以法律规定的一个或几个地点举行。

第三款 只有同合众国作战，或者投靠、帮助、庇护合众国敌人者，才构成对合众国的叛国罪。任何人，非经两名证人证明同一公然的叛国行为、或本人在公开法庭上供认，不得被定为叛国罪。

国会有权宣布对叛国罪的处罚，但是，如果剥夺叛国罪犯的公权，不得造成血统玷污，除非被剥夺者依然在世，否则也不得没收其财产。

第四条

第一款 各州对于他州的法律、档案和司法裁决，应给予充分的信任和尊重。国会可制定一般法律，规定这类法律、档案和司法裁决及其效力获得证明的方法。

第二款 每个州的公民享有各州公民的一切特权和豁免权。

在任何一州被指控犯有叛国罪、重罪或其他罪行的人，逃脱法网而在另一州被抓获时，该州应根据他所逃出之州的行政当局的要求，将他交出，以便解送到对该犯罪行为有管辖权的州。

【根据一州法律须在该州服役或劳动的人，如逃往他州，不得因他州的法律或法规而免除此种劳役或劳动，而应根据有权得到此劳役或劳动之当事人的要求将他交出。】[10]

第三款 新州得由国会接纳加入本联邦；但不得在任何其他州的管辖范围内组成或建立新州；未经有关州议会和国会的同意，也不得合并两个或两个以上的州或

---

〔9〕 已被第11条修正案修正。

〔10〕 此项规定为“逃奴条款”，已被第13条修正案修正。

几个州的一部分组成新州。

国会有权处置属于合众国的领土或其他财产，并制定一切必要的管理规则；宪法中的任何条文，不得被解释为偏袒合众国的诉求或任何一州的诉求。

第四款　合众国应保障本联邦各州实行共和政体，保护各州免遭入侵，并应州议会或州行政长官（在州议会不能召开时）的请求平定内乱。

第五条

在参众两院各三分之二议员认为必要时，国会应提出本宪法的修正案，或根据各州三分之二州议会的请求，召开制宪会议提出修正案。不论哪种方式提出的修正案，经各州四分之三州议会或四分之三州制宪会议的批准，即实际成为本宪法的一部分而发生效力；采用哪种批准方式，得由国会提出建议。但是，【在 1808 年以前制定的修正案，不得以任何形式影响本宪法第一条第九款第一项和第四项；】[11] 任何一州，不经其同意，不得被剥夺在参议院中的平等投票权。

第六条

在本宪法被批准之前所欠的一切债务以及所订立的一切契约，在本宪法下，如同在邦联时期，对合众国一样有效。

本宪法和按照本宪法所制定的合众国法律，以及合众国已缔结或将缔结的一切条约，都是全国的最高法律；每个州的法官都应受其约束，即使州的宪法和法律中有与之相抵触的内容。

上述参议员和众议员，各州州议会议员，以及合众国和各州所有行政和司法官员，应宣誓或庄严声明拥护本宪法；但不得以宗教信仰作为担任合众国任何官职或公职的必要资格。

第七条

本宪法经九个州制宪会议的批准，即在批准本宪法的各州生效。

本宪法于耶酥纪年 1787 年，即美利坚合众国独立后第 12 年的 9 月 17 日，经出席制宪会议各州的一致同意而制定。

---

〔11〕　此规定已经过时。

我们谨在此签名作证。

主席、弗吉尼亚州代表:乔治·华盛顿

新罕布什尔州:约翰·兰登　尼古拉斯·吉尔曼

马萨诸塞州:纳撒尼尔·戈勒姆　鲁弗斯·金

康涅狄格州:威廉·塞缪尔·约翰逊　罗杰·谢尔曼

纽约州:亚历山大·汉密尔顿

新泽西州:威廉·利文斯顿　威廉·帕特森

戴维·布里尔利　乔纳森·戴顿

宾夕法尼亚州:　本杰明·富兰克林　托马斯·菲茨西蒙斯

托马斯·米夫林　贾雷德·英格索尔

罗伯特·莫里斯　詹姆斯·威尔逊

乔治·克莱默　古维诺尔·莫里斯

特拉华州:乔治·里德　理查德·巴西特　小冈宁·贝德福德

雅各布·布鲁姆　约翰·迪金森

马里兰州:詹姆斯·麦克亨利　丹尼尔·卡罗尔

圣托马斯·詹尼弗的丹尼尔

弗吉尼亚州:约翰·布莱尔　小詹姆斯·麦迪逊

北卡罗来纳州:威廉·布朗特　休·威廉森

理查德·多布斯·斯佩特

南卡罗来纳州:约翰·拉特利奇　查尔斯·平克尼

查尔斯·科茨沃斯·平克尼　皮尔斯·巴特勒

佐治亚州:威廉·费尤　亚伯拉罕·鲍德温

证人:威廉·杰克逊,秘书

(另有16名代表未签署宪法,罗得岛州的代表没有参加制宪会议)

宪法修正案

按照原宪法第五条、由国会提出并经各州批准、增添和修改美利坚合众国宪法的条款

(前十条修正案于1789年9月25日提出,1791年12月15日批准,被称为《权利法案》。)

第一条修正案

国会不得制定关于下列事项的法律:确立国教或禁止信教自由;剥夺言论自由或出版自由;或剥夺人民和平集会和向政府请愿伸冤的权利。

第二条修正案

管理良好的民兵组织是保障自由州的安全所必需的,因此人民持有和携带武器的权利不得侵犯。

第三条修正案

在和平时期,未经房主同意,士兵不得驻扎在任何住宅;除依法律规定的方式,战时也不得驻扎。

第四条修正案

人民的人身、住宅、文件和财物不受无理搜查和扣押的权利,不得侵犯。除依据可信的理由,以宣誓或代誓宣言保证,并详细说明搜查地点和扣押的人或物,不得发出搜查和扣押状。

第五条修正案

无论何人,除非根据大陪审团的报告或起诉书,不受死罪或其他重罪的审判,但发生在陆、海军中的案件,或战时或国家危急时发生在服现役的民兵团中的案件除外。任何人不得因同一犯罪行为而两次遭受生命或身体的危害。在任何刑事案件中,不得强迫任何人自证其罪;未经正当法律程序,不得剥夺任何人的生命、自由或财产。非经公平补偿,私有财产不得充作公用。

第六条修正案

在一切刑事诉讼中,被告享有下列权利:由犯罪行为发生地的州和地区的公正陪审团予以迅速和公开的审判,该地区应事先已由法律确定;得到关于其被指控的性质和理由的通知;同原告证人对质;以强制程序获得对其有利的证人;获得为其辩护的律师的协助。

第七条修正案

在普通法诉讼中,其争执价额超过二十美元的,由陪审团审判的权利应受到保护。已经由陪审团裁决的事实,在合众国的任何法院中,除非按照普通法规则,不得重新审查。

第八条修正案

不得要求过多的保释金，不得处以过重的罚金，不得施加残酷和非常的刑罚。

第九条修正案

本宪法对某些权利的列举，不得被解释为否定或轻视由人民保留的其他权利。

第十条修正案

宪法未授予合众国、也未禁止各州行使的权力，由各州各自保留，或由人民保留。

第十一条修正案

（1794 年 3 月 4 日提出，1795 年 2 月 7 日批准）

合众国司法权的管辖范围，不得被解释为包括由他州公民，或外国公民或其属民对合众国一州发起的或提出的任何普通法或衡平法诉讼。

第十二条修正案

（1803 年 12 月 9 日提出，1804 年 6 月 15 日批准）

选举人在各自州内集会，投票选举总统和副总统，其中至少有一人不是选举人本州的居民。选举人须在选票上写明被选为总统之人的姓名，并在另一选票上写明被选为副总统之人的姓名。选举人须将所有被选为总统之人和所有被选为副总统之人分别开列名单，写明每人所得票数；在该名单上签名作证，将封印后的名单送合众国政府所在地，交参议院议长收。参议院议长在参议院和众议院全体议员面前开拆所有证明书，然后计算票数。获得总统选票最多的人，如所得票数超过所选派选举人总数的半数，即为总统。如无人获得这种过半数票，众议院应立即从被选为总统之人名单中得票最多的但不超过三人中间，投票选举总统。众议院选举总统时，以州为单位计票，每州众议员合投一票。三分之二的州各有一名或多名众议员出席，即构成选举总统的法定人数，选出总统需要所有州的过半数票。【当选举总统的权力转移到众议院时，如该院在次年 3 月 4 日前尚未选出总统，则由副总统代理总统，如同总统死亡或宪法规定的其他丧失任职能力的情况一样。】〔12〕得副总统选票

〔12〕 已被第 20 条修正案第 3 款代替。

最多的人，如所得票数超过所选派选举人总数的半数，即为副总统。如无人得过半数票，参议院应从名单上得票最多的两人中选举副总统。选举副总统的法定人数由参议员总数的三分之二构成，选出副总统需要参议员总数的过半数票。但依宪法无资格担任总统的人，也无资格担任合众国副总统。

第十三条修正案

（1865年1月31日提出，1865年12月6日批准）

第一款　在合众国境内受合众国管辖的任何地方，奴隶制和强制劳役都不得存在，但用以处罚已被依法判刑的人，不在此限。

第二款　国会有权以适当立法实施本条。

第十四条修正案

（1866年6月13日提出，1868年7月9日批准）

第一款　所有在合众国出生或归化于合众国并受其管辖的人，都是合众国和他们居住州的公民。任何一州，都不得制定或实施限制合众国公民的特权或豁免权的法律；未经正当法律程序，不得剥夺任何人的生命、自由或财产；在其管辖范围内，也不得拒绝给予任何人以平等的法律保护。

第二款　众议员名额，应按各州人口比例进行分配，此人口数包括一州的全部人口数，但不包括未被征税的印第安人。但在选举合众国总统和副总统选举人、国会众议员、州行政和司法官员或州议会议员的任何选举中，一州【年满二十一岁】[13]并且是合众国公民的任何男性居民，除因参加叛乱或其他犯罪外，如其选举权遭到拒绝或受到任何方式的限制，则该州代表权的基础，应按以上男性公民的人数同该州年满二十一岁男性公民总人数的比例予以削减。

第三款　无论何人，凡先前曾以国会议员、或合众国官员、或任何州议会议员、或任何州行政或司法官员的身份宣誓维护合众国宪法，后来又反对合众国宪法，参加暴动或叛乱，或帮助、庇护合众国敌人的，都不得担任国会参议员或众议员、或总统和副总统选举人，或担任合众国或任何州的文职或军职官员。但国会得以两院各三分之二的票数取消此种限制。

---

〔13〕 已被第26条修正案修正。

第四款　凡是法律认可的合众国公债,包括因支付平定暴动或叛乱有功人员的养老金和奖金而产生的债务,其效力不得有所怀疑。但合众国或任何一州,都不得承担或偿付因资助针对合众国的暴动或叛乱而产生的债务,或因失去奴隶、解放奴隶而提出的赔偿要求;所有这类债务和要求,都应被认为是非法和无效的。

第五款　国会有权以适当立法实施本条规定。

第十五条修正案

(1869 年 2 月 26 日提出,1870 年 2 月 3 日批准)

第一款　合众国公民的选举权,不得因种族、肤色或以前是奴隶而被合众国或任何一州加以拒绝或限制。

第二款　国会有权以适当立法实施本条。

第十六条修正案

(1909 年 7 月 12 日提出,1913 年 2 月 3 日批准)

国会有权对任何来源的收入规定和征收所得税,无须在各州按比例进行分配,也无须考虑任何人口普查或人口统计。

第十七条修正案

(1912 年 5 月 13 日提出,1913 年 4 月 8 日批准)

合众国参议院由每州人民选举的两名参议员组成,任期六年;每名参议员有一票表决权。每个州的选举人应具备该州州议会人数最多一院选举人所必需的资格。

任何一州在参议院的代表出现缺额时,该州行政当局应发布选举令,以填补此项缺额。但任何一州的议会,得授权本州行政长官任命临时参议员,直到人民依该议会指示举行选举补齐缺额时为止。

本条修正案不得作如此解释,以致影响在本条修正案作为宪法的一部分生效以前所选出的任何参议员的当选或任期。

第十八条修正案

(1917 年 12 月 18 日提出,1919 年 1 月 16 日批准)

第一款　本条批准一年后,禁止在合众国及其管辖下的一切领土内酿造、出售和运送作为饮料的致醉酒类;禁止此等酒类输入或输出合众国及其管辖下的一切领土。

第二款　国会和各州都有权以适当立法实施本条。

第三款　本条除非在国会将其提交各州之日起七年以内，由各州议会按本宪法规定批准为宪法修正案，不得发生效力。[14]

第十九条修正案

（1919年6月4日提出，1920年8月18日批准）

合众国公民的选举权，不得因性别而被合众国或任何一州加以拒绝或限制。

国会有权以适当立法实施本条。

第二十条修正案

（1932年3月2日提出，1933年1月23日批准）

第一款　总统和副总统的任期应在本条未获批准前原定任期届满之年的1月20日正午结束，参议员和众议员的任期在本条未获批准前原定任期届满之年的1月3日正午结束，他们继任人的任期在同时开始。

第二款　国会每年至少应开会一次，除国会以法律另订日期外，此会议在1月3日正午开始。

第三款　如当选总统在规定的总统任期开始以前去世，当选副总统应成为总统。如在规定的总统任期开始时，总统尚未选出，或当选总统不合乎资格，则当选副总统应代理总统，直到产生一名合乎资格的总统时为止。国会得以法律规定，如当选总统和当选副总统均不合乎资格，谁将成为代理总统之人，或宣布遴选代理总统之方式。此人应代理总统直到产生一名合乎资格的总统或副总统时为止。

第四款　当选举总统的权利转移到众议院时，而可被该院选为总统的人中有人死亡，以及当选举副总统的权利转移到参议院时，而可被该院选为副总统的人中有人死亡，对这些情形，国会可以通过立法提供解决办法。

第五款　第一款和第二款应在本条批准以后的10月15日生效。

第六款　本条除非在其提交各州之日起七年以内，由四分之三州议会批准为宪法修正案，不得发生效力。

---

〔14〕　此修正案已被第21条修正案废除。

第二十一条修正案

（1933 年 2 月 20 日提出，1933 年 12 月 5 日批准）

第一款 美利坚合众国宪法修正案第十八条现予废除。

第二款 在合众国任何州、领地或属地，以销售和使用为目的运送或输入致醉酒类，凡违反当地法律的，均予以禁止。

第三款 本条除非在国会将其提交各州之日起七年以内，由各州制宪会议依本宪法的规定批准为宪法修正案，不得发生效力。

第二十二条修正案

（1947 年 3 月 24 日提出，1951 年 2 月 27 日批准）

第一款 无论何人，当选担任总统职务不得超过两次；无论何人，在他人当选总统任期内接任总统职务或代理总统职务两年以上，不得当选担任总统职务一次以上。但本条不适用于在国会提出本条时正在担任总统职务的任何人；也不妨碍本条开始生效时正在担任总统职务或代理总统职务的任何人，在此届任期结束前继续担任总统职务或代理总统职务。

第二款 本条除非在国会将其提交各州之日起七年以内，由四分之三州议会批准为宪法修正案，不得发生效力。

第二十三条修正案

（1960 年 6 月 16 日提出，1961 年 3 月 29 日批准）

第一款 合众国政府所在的特区，应依国会规定的方式选派一定数目的总统和副总统选举人，其人数如同特区是一个州一样，等于它在国会有权拥有的参议员和众议员人数的总和，但不得超过人口最少之州的选举人人数。他们是在各州所选派的选举人以外增添的人，但为了选举总统和副总统的目的，应被视为一个州选派的选举人；他们在特区集会，履行第十二条修正案所规定的职责。

第二款 国会有权以适当立法实施本条。

第二十四条修正案

（1962 年 8 月 27 日提出，1964 年 1 月 23 日批准）

第一款 合众国公民在总统或副总统、总统或副总统选举人、国会参议员或众议员的任何预选或其他选举中的选举权，不得因未交纳任何人头税或其他税而被合众国或任何一州加以拒绝或限制。

第二款　国会有权以适当立法实施本条。

第二十五条修正案

（1965 年 7 月 6 日提出，1967 年 2 月 10 日批准）

第一款　如遇总统被免职、死亡或辞职，副总统应成为总统。

第二款　凡当副总统职位出缺时，总统应提名一名副总统，经国会两院过半数票批准后就职。

第三款　凡当总统向参议院临时议长和众议院议长提交书面声明，声称他不能够履行其职务的权力和责任，直至他向他们提交一份相反的声明为止，其权力和责任应由副总统作为代理总统履行。

第四款　凡当副总统和行政各部门的多数主管或国会立法规定的此类机构的多数主管，向参议院临时议长和众议院议长提交书面声明，声称总统不能够履行总统职务的权力和责任时，副总统应立即作为代理总统承担总统职务的权力和责任。

此后，当总统向参议院临时议长和众议院议长提交书面声明，声称丧失能力的情况不存在时，他应恢复总统职务的权力和责任，除非副总统和行政各部门的多数主管或国会立法规定的此类机构的多数主管，在四天之内向参议院临时议长和众议院议长提交书面声明，声称总统不能够履行总统职务的权力和责任。在此种情况下，国会应决定这一问题，如在休会期间，应为此目的在四十八小时以内集会。如国会在收到后一书面声明后的二十一天以内，或如适逢休会期间，则在国会按照要求集会以后的二十一天以内，以两院三分之二票数决定总统不能够履行总统职务的权力和责任，副总统应继续作为代理总统履行总统职务的权力和责任；否则总统应恢复总统职务的权力和责任。

第二十六条修正案

（1971 年 3 月 23 日提出，1971 年 7 月 1 日批准）

第一款　年满十八岁和十八岁以上的合众国公民的选举权，不得因为年龄而被合众国或任何一州加以拒绝或限制。

第二款　国会有权以适当立法实施本条。

第二十七条修正案

（1789 年 9 月 25 日提出，1992 年 5 月 7 日批准）

任何改变参议员和众议员服务报酬的法律，在新一届众议员选出之前不得生效。[15]

〔15〕 此条修正案最初于 1789 年，作为“权利法案”的一部分，由第一届国会提交各州批准，由于此条修正案没有附加批准时间的限制，在前十条修正案批准约两百后终获批准。

译后记

之前,《民主与不信任》已有两个中译本,一个是大陆简体版(朱中一、顾运合译,法律出版社 2003 年版),另一个是台湾繁体版(刘静怡等译,商周出版社 2005 年版),那么,我为何不惜花费颇多时日和精力重译此书呢?

重译此书的缘由,得从两年前说起。当时我正值博士毕业准备离京之际,那天在北大跟翟小波师兄小聚告别后,回社科院研究生院的公交车上,收到小波兄给我发的短信,他请我重译此书,且讲了重译的意义:第一,这是一本好书,值得再译,第二,能够为宪政学子提供一个好的译本,是件有功德的事情。当时,我其实还不知道有台湾繁体版这个译本,只知道大陆简体版原译本的翻译质量在学界有一些批评之声,而且,那个译本是中英文对照版,长达 82 页的注释和索引也被尽数删除。关于台湾繁体版译本,现在看来,一则,它毕竟不易为读者买到;二则,它的翻译质量固然要比简体版原译本好,但五人合译一本专著多少也会留有一些缺憾;再者,如果能够超越之前两个译本,那的确是件善事。这些都可以正当化我的此项翻译工作。

当时犹豫一番之后,我最终答应了此项译事。因为此项工作,除了有上述外在的意义,还有内在的意义,即本书的主题与自己的学术兴趣颇为符合。早在本科阶段,我就对权利与司法问题颇感兴趣,在硕士阶段则对宪政与人权、法律方法论问题很感兴趣,在博士阶段又对选举与民主问题产生了浓厚兴趣。当然,这些问题或兴趣点是相互关联的,有着密切的联系,而《民主与不信任》的主题,恰恰都涉及民主、司法、权利、法律方法等这些问题。现在回过头来看,我当时的直觉是正确的,翻译此书对于我自己的学术研究颇有意义。举例来说,伊利教授在本书中论证了联邦最高法院在宪法裁判中推定宪法上未列举的程序性权利的正当性,比如,结社自由,但同时反对推定宪法上未列举的实体性权利,比如隐私权,这一观点可以促使我去反思我的硕士学位论文——《宪法审判中的权利推定研究》。又如,伊利教授从民主程序和组织结构的视角强调了选举权的重要性,力挺沃伦法院所确立的"一人一票"原则,他的这个研究视角可促使我反思博士阶段以来的选举权研究。

伊利在本书中所提出来的强化代议制民主的司法审查理论,之所以在美国法学界获得持续的广泛关注,与民主制度、司法审查制度在美国所处的重要地位是分不开的。在我国,2001 年有关"齐玉苓案"司法解释的出台,引发了"宪法司法化"的讨论,此后,历经 2003 年的"孙志刚案"和"河南种子案",司法审查成为宪法学界的关注焦点。2008 年,"齐玉苓案"司法解释被最高人民法院公开废止,建立具有司法性质的宪法审查制度,特别是建立美国式的司法审查制度的理论主张,受到了政法实践的批判。然而,现在不适合,并不表示永久不适合。美国版本的司法审查制度不适合,并不表示其他版本的司法审查制度不适合。将来,随着我们的人大制度不断走向民主,法治建设不断走向纵深,司法审查制度的需求就会显现出来。显然,本书有助于我们加深理解司法审查的制度基础、困境和意义。本书对民主和宪法阐发了独到的见解,民主和宪法事关每一个人,相信无论是专业读者还是普通读者,都能从本书中找到意义。

我试图把这项翻译当作我研究工作的一部分,从事邓正来先生所倡导的那种研究性翻译。尽管在翻译过程中,我并非心无旁骛,专做这件事情,而是有所停顿,但经过断断续续两年多的时间,我自认为是以比较认真负责的态度完成了这项工作,至于小波兄当时所要求的"译文质量要超过前两个译本",则自然交由读者评判了。在翻译中,前两个译本,我都有所对照和参考,在此,对前两个译本的译者付出的劳动表示感谢。在对照中,每当我发现疏漏、"望文生义"的译法,甚至完全相反的错译时,就会唏嘘不已,一则庆幸自己得以避免,二则越发使我如履薄冰、谨小慎微。在有引注的地方,遇难处时,我会找出所引原文,在网上找出注释中的文章,因此也发现了几处原书印刷上的小错误和作者引证时的小错误,这些都在译文中纠正过来了。在文字方面,我尽量用短句来表达,做到通俗易懂。译事难为,读者诸君,若发现错漏之处,或有任何批评建议,还请不吝赐教(批评意见可发送至本人邮箱:albertzzm@gmail.com)。

我要感谢小波兄对我的信任,将此重要译事交给我,近些年来,他的一些学术旨趣影响着我。感谢小波兄和法律出版社易明群女士对此译事的耐心和催促。感谢孙笑侠、方立新、林来梵、夏勇等老师在我本硕博期间对我学术兴趣的激发和指引。本书翻译得到了上海市人文社科重点研究基地华东政法大学外国法与比较法研究院的项目支持。感谢自我工作以来,华东政法大学的何勤华、李秀清、何敏、顾亚璐等老师对我的帮助和支持。感谢时常与我切磋的同事和学友。最后,今年是《民主与不信任》出版三十周年,谨以此译本作为纪念,献给已故的伊利教授。

张卓明

2010 年 9 月 6 日于沪

修订记

今年年初,法律出版社韩向臣先生告诉我,《民主与不信任》一书快要售罄,社里有意再版此书,并愿将此书纳入"天下"丛书系列,因此邀请我修订此书。我曾在此书的翻译上投入不少心力,视它如同自己的孩子,当然希望其品质能得到进一步的提升,同时,近几年的法学思考也未曾远离此书主题,因此,尽管手头上尚有未完成的其他译事,还是毫不犹豫地接受了此项修订工作。

为了修订工作的顺利开展,我将其列入自己的中心工作,且与自己的教学工作结合起来。因此,我在法理专题课上讲"法的创制"和"法的实现"时,特意从"民主过程"和"司法审查"两个角度切入,与同学们分享此书中的一些观点。而且,还专门成立了以研读此书为目标的"民主读书会",有十来位本科生和研究生自愿报名参加,每两周聚一次,每一次读一章,一学期下来,这本书就读完了。通过该读书会,读书小组成员更透彻地理解了本书,已有同学写出了质量较高的书评,我则收获了同学们提出的不少修改意见,从文字到句法,从标点到译法,不一而足。每个人都有自己语言表达上的习惯和前见,没有语言上的深度交往和密切沟通,我们可能就不清楚自己的这种习惯和前见。在自己看来是一个习以为常的表达,在他人看来可能是一个新颖的,晦涩难懂的,甚至令人难以接受的表达。在读书会上的相互探讨和字斟句酌,给了我们每个成员认识和超越自己语言习惯和前见的机会。这就如同伊利在书中所说,偏见的克服,需要沟通,成见的改变需要其他视角的介入。译文通俗易懂又不失雅致,是本书修订的一个基本目标。借助于这个读书会,相信本书修订版在文字表达上能有所改进。特别感谢为此付出辛劳和贡献智慧的读书小组成员们,他们有的专门从长宁校区赶到松江校区参加读书会,有的学习和实习任务重,但还是认真地完成会前阅读,积极参与会上讨论。

时间如白驹过隙,距离上次写译后记,转眼间已有近七年。在这期间,我跟随外法史专家何勤华教授在职读了三年的博士后,撰写了《选举权的司法保障——以美国宪法判例为中心》的博士后出站报告。出站后,我又带着同一研究主题,在美国哥伦比亚大学法学院访学一年,旁听了当时在哥大法学院兼职授课的耶鲁大学法学院阿希尔·阿玛尔(Akhil Reed Amar)教授的《解读宪法》、哥大法学院理查德·布里福(Richard Briffault)教授的《立法学》等课程,因此,对美国宪法和美国民主有了更深入的了解。此外,还参与了何勤华教授主持的国家社科基金重大项目《法律文明史》的子课题"现代公法的变革",承担了宪法中"司法审查"部分的写作。因此,这几年围绕民主与司法审查的研究工作,对于深化理解和修订本书有很大的帮助,同时,本书的修订工作也可视为自身研究工作的内在组成部分。

在七年前的译后记中,我曾说本书译文质量是否超过前两个译本,得交由读者评判。感谢清华大学法学院的高鸿钧教授,他曾告诉我比较过这几个译本,认为我的译本最好。这对于我而言,是很大的一个鼓励。经过半年多的修订工作,我敢断言这个修订本比原译本有所提高,主要是语言文字上的改进,但也有几个细节上的错误得到了纠正。需要说明的是,在第五章"疏通政治变革的渠道"中,"言论自由"这一节标题,是我按自己的理解添加的,英文原书和原译本中是没有的。在我看来,这既符合伊利所理解的民主过程的本义,也突出了言论自由在美国民主政治中的重要性。"译者导言"主体部分曾发表于《南京大学法律评论》2011 年春季卷,后被人大复印资料《宪法学、行政法学》2011 年第 10 期全文转载。这得感谢南京大学法学院熊静波师兄的支持。在这次修订中,主要对"译者导言"最后一部分作了扩展论述,加强了对伊利的司法审查理论的反思和评论。

伊利带着强烈的民主信念,将美国宪法解释成一部以程序和结构为中心的民主宪法,因此,美国宪法成为一部可以自我完善和不断发展的宪法。伊利不迷信历史上制宪者头脑中的具体想法,而是信奉其所解读的这部民主宪法本身,认为当代的美国人民有权发展宪法和民主,联邦最高法院也有权通过司法审查给予协助。伊利是一位民主的斗士,他的学术写作和论辩,不仅试图在理论上解释、建构和捍卫这部民主宪法,而且还参与到了美国宪法的民主化过程中。伊利的民主和司法审查理论,是 20 世纪中叶在美国占据主导地位的法律程序理论在新时代的复兴和发展。他将法律程序从诉讼、审判等传统上的法律程序概念领域扩展到民主政治领域,表现出了他对民主政治法治化的追求。

伊利的理论在美国本土有着持续的影响力。在2015年联邦最高法院宣告同性婚姻在全美合法的“奥博格菲尔诉霍奇案”(Obergefell v. Hodges)中，首席大法官约翰·罗伯茨(John Roberts)发表的不同意见书就直接引用了《民主与不信任》上的一句话：“实际上他们所‘探寻的’很可能是他们自己的价值观，不管他们是否充分意识到这一点。”(本书边码第44页)既然民主与司法审查是当今世界相当普遍的两种观念和制度，本书的影响力必然不限于美国。德国哲学家哈贝马斯有关法律和民主法治国的商谈理论就曾受本书启发，其于1992年在德国出版的名著《在事实与规范之间》多次引用了本书。

今年5月24日台湾地区“司法院”在“同性二人婚姻自由案”中宣布：台湾地区“民法典”没有规定相同性别二人得成立“亲密性及排他性之永久结合关系”，违反了台湾地区“宪法”上的婚姻自由和平等权。如果“立法机关”在两年内未作出有关规定，相同性别二人就有权按照“民法典”中婚姻章的规定，向户政机关办理结婚登记(释字第748号)。仔细阅读理由书后，我惊奇地发现，该案多数意见和不同意见尽管没有直接引用本书上的某一句话，但都深受本书基本论点的影响。如多数意见理由书指出：“性倾向属难以改变之个人特征(immutable characteristics)……同性性倾向者因人口结构因素，为社会上孤立隔绝之少数，并因受刻板印象之影响，久为政治上之弱势，难期经由一般民主程序扭转其法律上劣势地位。是以性倾向作为分类标准所为之差别待遇，应适用较为严格之审查标准。”一份不同意见理由书则指出：“婚姻制度攸关人伦秩序与社会及文化价值观，故应透过民主程序形成其内容，不适合由释宪机关过度介入”；“考虑释宪机关抗多数之困境(Countermajoritarian Difficulty)，国内民众就是否立法承认同性婚姻或同性伴侣制度并未形成共识,就此涉及一个国家社会及文化价值观变动之重大歧异议题,释宪机关并未较立法机关有能力作成更正确之判断,且立法院就此议题已有许多不同内容之议案在审议中,民主程序并未失灵……”显然,正反双方分别运用了本书的两个基本论点:法院应监督民主程序,保护少数人的利益;同时,法院应尊重民主程序,价值选择问题得由立法机关来决定。我想这两份理由书的撰写者肯定都非常熟悉伊利的司法审查理论,如此才能娴熟地将其论点运用于自己的论证中,以至于视之为一种广为接受的共识,而无需提及具体出处。所以,无论就主题而言,还是就影响力而言,本书被纳入“天下”丛书系列,是名正言顺的。

张卓明

2017 年 8 月 21 日

图书在版编目(CIP)数据

民主与不信任：司法审查的一个理论 / (美) 约翰•哈特•伊利 (John Hart Ely) 著 ; 张卓明译. -- 北京：法律出版社, 2018

书名原文: Democracy and Distrust: A Theory of Judicial Review

ISBN 978-7-5197-2159-6

Ⅰ. ①民… Ⅱ. ①约… ②张… Ⅲ. ①司法监督—研究—美国 Ⅳ. ①D971.264

中国版本图书馆CIP数据核字(2018)第075475号

民主与不信任

——司法审查的一个理论

MINZHU YU BUXINREN

—— SIFA SHENCHA DE YIGE LILUN

[美]约翰·哈特·伊利 著

张卓明 译

策划编辑 高 山

责任编辑 韩向臣

装帧设计 李 瞻

出版 法律出版社

总发行 中国法律图书有限公司

经销 新华书店

印刷 固安华明印业有限公司

责任校对 晁明慧

责任印制 陶 松

编辑统筹 学术·对外出版分社

开本 A5

印张 12.25

字数 281千

版本 2018年8月第1版

印次 2018年8月第1次印刷

法律出版社 / 北京市丰台区莲花池西里7号(100073)

网址 / www.lawpress.com.cn

投稿邮箱 / info@lawpress.com.cn

举报维权邮箱 / jbwq@lawpress.com.cn

销售热线 / 010-63939792

咨询电话 / 010-63939796

中国法律图书有限公司 / 北京市丰台区莲花池西里7号(100073)

全国各地中法图分、子公司销售电话：

统一销售客服 / 400-660-6393

第一法律书店 / 010-63939781/9782 西安分公司 / 029-85330678 重庆分公司 / 023-67453036

上海分公司 / 021-62071639/1636 深圳分公司 / 0755-83072995

书号: ISBN 978-7-5197-2159-6

定价: 65.00元